Joachim Engelmann · Gemälde von Günter Dorn

Die Schlachten Friedrich des Großen

DÖRFLER

INHALT

ZUR EINFÜHRUNG

Von 21 Schlachten der preußischen Armee in 9 Kriegsjahren und 3 1/2 Monaten hat sie zwei Drittel gewonnen und 7 verloren, davon 4 durch Generale des Königs, und das bei ständiger Unterlegenheit, außer bei Mollwitz, Prag und Roßbach. Das setzte die Welt in Staunen, auch wenn es nicht von ungefähr kam. Die Koalitions-Schlachten im Westen sind dabei nicht berücksichtigt.
König Friedrich II. schrieb, die Kriege hätten 180 000 Mann verschlungen, davon 143 846 blutige Verluste, drei Korps bei Olmütz, Maxen und Landeshut fast ganz aufgerieben, dazu eine Besatzung von Breslau, zwei von Schweidnitz, je eine in Torgau und Wittenberg verloren. In Ostpreußen seien 20 000 Zivilisten, in Pommern 6 000, in der Neumark 4 000, in der Kurmark 3 000 und in Schlesien noch mehr umgekommen. Das war ein Zehntel der Bevölkerung Alt-Preußens.
Die Österreicher lieferten 14 Schlachten und verloren dabei 120 722 Mann, über 20 000 durch Krankheit, dazu zwei Besatzungen von Schweidnitz und eine in Breslau. Die Russen schlugen 4 große Schlachten, die sie 45 000 Mann kosteten. Durch endlose Märsche und Krankheit sollen sie insgesamt 120 000 Mann eingebüßt haben. Dafür spielten sich ihre Feldzüge in Feindesland ab. Ohne die Kapitulation von Pirna verloren die Sachsen 12 480 Mann, von den Kriegsschäden in Sachsen abgesehen. Die Franzosen gaben 200 000 Mann an, dabei wohl die Feldzüge im Westen und auch in Übersee eingerechnet, und die Reichstruppen 28 000 Mann, hier waren es 8 686.
Wie tief das Geschehen in die Familien eingriff, zeigte v. Priesdorff an 20 Familien: In den drei Kriegen fielen von rd. 6 000 Offizieren 1 550, davon 1756/58 33 von 60 Generalen. Von den Familien Kleist fielen 23 Angehörige, Münchow 14, Blankensee, Rohr und Schwerin je 11, Wedel, Zitzewitz, Herzberg, Massow, Billerbeck je 9, Seydlitz, Frankenberg, Schenckendorff je 8, Winterfeld, Krosigk, Arnim, Bredow, Schulenburg, Sydow und Puttkamer je 7! Einzelne Familien haben sich ausgeblutet. 1745 urteilte Friedrich II.: »Schätzt man die Dinge nach ihrem wirklichen Wert ein, so ist zuzugeben, daß der Krieg ein sehr unnützes Blutvergießen war, und daß Preußen durch eine Kette von Siegen weiter nichts erreichte als die Bestätigung des Besitzes von Schlesien.«

Bei aller Belastung hatte der König vor seinen Gegnern einen großen Vorsprung durch seine konzentrierte Führungs-Position: Armee und Finanzen lagen in seiner Hand. Die damaligen Heere waren teuer und kostbar; sie konnten nicht durch Wehrpflicht wieder aufgefüllt werden. Deshalb galt es, das Instrument der hochdisziplinierten Armee zu nutzen, ihren Bestand aber zu wahren. Nicht umsonst dienten die winterlichen Operations-Pausen der Auffrischung und Ergänzung, und die Zahl der sommerlichen Schlachten blieb begrenzt. Als Königs-Feldherr besaß er unumschränkte Verfügungsgewalt über alle Kriegsmittel. Dazu war die Befehlsgewalt einheitlich, das Kriegsziel von ihm bestimmt; er mußte sich höchstens vor seinem Gewissen verantworten. Im Gegensatz zu den Gegnern an keine Befehle gebunden, konnte er unabhängiger und kühner sein, denn sie kämpften mit Bündnis-Armeen, Fremdvölkern und ganz verschiedenen Kriegszielen. In Verteidigung aus der inneren Linie führte er den Kampf durch räumlich und zeitlich begrenzte, offensive Ausfälle mit schnellen, heftigen Schlägen gegen den jeweils gefährlichsten und nahesten Feind, also taktische Angriffe bei strategischer Defensive. Dazu blieben im Gegensatz zum militärischen Zeitgeist als Mittel nur Schlachten, um notwendige Entscheidungen zu suchen, statt sich aufdrängen zu lassen, und die feindlichen Streitkräfte zu zertrümmern. Statt geschickter Behauptung wichtiger Positionen und Ausmanövrieren des Gegners unter Vermeidung einer Schlacht mußte es ihm darum gehen, trotz Risiko durch Angriff, wo nur möglich, dem Gegner das Gesetz des Handelns aufzuzwingen und die Menschenkraft seiner Armee zu zerschlagen. 1757 sagte er: »Jede Bataille ist ein großer Schritt vorwärts zum Verderben des Feindes«; sie galten ihm als letze Mittel der Politik, während seine Kritiker vom 'ewigen Bataillieren' sprachen. Bei allem einfallsreichen, um Auswege nicht verlegenem, unabhängigen Denken blieb er sich der Risiken und ihrer Grenzen bewußt.

Jede Schlacht will eine scharf zusammengefaßte Machtprobe zweier Parteien mit Führung, Menschenkraft und Waffen auf Tod und Leben in engem Raum weniger Kilometer binnen weniger Stunden mit einer Entscheidung auf Zeit. Nur sechs Schlachten dauerten länger als fünf Stunden. Wochenlanges kunstvolles Manövrieren mit Abtasten der Gegner ging voraus mit weitreichenden Märschen, in denen die preußische Armee an Schnelligkeit und Disziplin Meister war. In der Regel wurden die Armeen nicht aus dem Lande, sondern aus Magazinen verpflegt, daher die Abhängigkeit vom Versorgungs-System. Durch Täuschungs-Manöver im Anmarsch verwirrte der König vielfach seine Gegner über seine Angriffs-Richtung. Direkte Übergänge aus der Marsch- oder Lager-Ordnung bei Überfällen waren

Ausnahmen, in der Regel, vor allem bis 1745, war ein planvoller geschlossener Aufmarsch nötig mit Mitte und zwei Flügeln zu je zwei Kampflinien, »Treffen« genannt, die nur aus einer Waffengattung bestanden. Der König vereinfachte das Verfahren. Gelegentlich gab es noch ein drittes Treffen oder eine Reserve. Kein Teil der Schlachtordnung kämpfte selbständig; wurde er abgetrennt oder geschlagen, litt das Ganze. Der Ablauf einer Schlacht brachte abgehobene Reiter- und Infanterie-Gefechte, die den Gesamt-Verlauf bestimmten. Der König führte seine Angriffe meist ohne Schema gegen Flanke oder Rücken des Feindes mit einem vorgezogenen Flügel, während der andere zurückgehalten wurde. War die beste Stoßrichtung erreicht, sicherten Schnellfeuer und Bajonettangriff der Infanterie wie die geschlossenen Attacken der Kavallerie den Erfolg, um den Feind gegen ein unpassierbares Hindernis zu drängen.

Die Kampfführung mit Brigaden von 4-5 Bataillonen lockerte zunehmend die Linear-Taktik und paßte sich Gelände und Kampf-Plan an. Bei Dunkelheit wurde meistens der Kampf abgebrochen. Wer das Schlachtfeld behauptete, galt als Sieger. Das meist unbekannte Gelände konnte nur kurz erkundet oder im Überblick beurteilt werden. Karten waren Mangelware und ungenau. Oft halfen Landeseinwohner. Der Feldherr mußte mit einem kurzen Blick, »coup d'oeil« genannt, instinktiv den entscheidenden Ansatz-Punkt herausfinden und danach seine Befehle geben. Beherrschende Höhen, Deckungsräume, gesicherte Anmarschwege, Höhenunterschiede, Wasserläufe, Hindernisse, Ortschaften, Straßen bestimmten mit den Kampfverlauf. Überraschungen waren dabei aber unvermeidlich. »Meine erste Regel gilt der Wahl des Geländes und die zweite dem Schlachtplane selbst«, schrieb der König. Wegen der langen Schlacht-Fronten suchte man möglichst übersichtliche Ebenen als Kampffeld, die den Überblick über das eigene wie das feindliche Heer erleichterten, sofern es der Gegner zuließ. Wegen der Flanken-Empfindlichkeit lehnte man die Flügel an ein Geländehindernis wie einen Fluß, Sumpf, Wald, Berg oder auch ein Dorf, weil die Truppen sie kaum in Ordnung durchschreiten konnten. Kroaten boten da oft Überraschungen. Man darf nicht übersehen, daß damals die Besiedlung viel geringer, andererseits die Kultivierung schwächer war. Die häufigen Querfeldein-Märsche mit Bataillons-Geschützen blieben eine erhebliche Strapaze. Der günstigste Zugang zum Schlachtfeld mußte daher sorgfältig überlegt werden. Bei den damaligen Bewegungs-Möglichkeiten blieb das Gelände ein wichtiger Faktor.

Friedrich II. hielt mit der militärischen Entwicklung Schritt durch intensive Verbesserung der Ausbildung, Vermehrung der Kavallerie, vor allem der Husaren, Verwendung leichter Frei-Truppen und Verstärkung der Artillerie. »Wer die Bedürfnisse der Armee nicht kennt, wer es nicht versteht, die Truppen zu schulen und zu führen, der wird — und wäre er ein großer General oder der schlaueste Politiker — niemals Großes ausrichten«, schrieb er. Schon bei der Entwicklung zum Gefecht kam es auf rasche und exakte Bewegungen an. Störungen des Handlungsablaufes kamen genug von selbst. Die Schlacht war die blutige Bewährungsprobe der Ausbildung, der Führung und des Vertrauens in sie. Ohne Nachrichtenmittel führte der König nur durch Adjutanten 30 bis 40 000 Mann wie ein Bataillon. Trotz rücksichtslosem Einsatz der Kräfte vertrauten die Soldaten dem König, den sie auf dem Marsch, im Lager, in der Schlacht bei Wind und Wetter mitten unter sich sahen. Sie kannten ihn genau. Der Einfluß seiner Persönlichkeit, sein Streben nach Gerechtigkeit, seine vorbildliche Pflichterfüllung und seine Festigkeit im Unglück, verbunden mit der Fähigkeit zur Krisenbewältigung auch während der Schlacht, banden die Soldaten in einmaliger Weise an den König. Ein riskanter Weg und Kampf um die Selbstbehauptung nur mit der Armee verstärkten die Identifizierung. Dabei war Schlachten-Führung nur ein Teil der Gesamtpersönlichkeit Friedrichs des Großen.

»Man kann in der Tat nur so lange Friedensvorschläge machen, als das Waffenglück mit einem ist. Ist man selbst der Unterlegene, so findet man den Feind jeder Versöhnung abgeneigt«, schrieb er. Seine Feind-Beurteilungen trafen fast immer zu bis in das Persönlichkeitsbild des feindlichen Feldherrn, die psychologische Bündnis-Situation und die Denkungsweise der gegnerischen Regierungen. Am ehesten war ihm wohl Laudon gewachsen; die Sachsen waren schwach, und die Franzosen blieben innerlich Gegner Österreichs. Wenn auch die Russen in der Führung schwerfälliger und abhängig von riesigen Nachschubwegen waren, so waren sie in großer Übermacht, härter im Kampf und mit erheblicher Artillerie ausgerüstet. Ihr Vertrauen zu Österreich war niemals groß und ab 1758/59 erheblich gestört. Nicht nur das Ausbluten seiner Infanterie, sondern auch ihr Beispiel brachte den König zur Vermehrung der Artillerie seit 1758/59. Er war fest davon überzeugt, daß die überlegene Feuerkraft der Artillerie die Schlachten entscheide: »Die durch die Artillerie im letzten Krieg erzielten Ergebnisse sind das Hauptelement des Erfolges der Armee«, stellte er fest. Im letzten Augenblick haben die Russen die Preußen immer geschont. Sie waren potentielle Bundesgenossen gegen Österreich und Polen, keine Rivalen; die preußische Ausbildungshilfe für die Armee in den 30er und 40er Jahren des Jahrhunderts war noch lebendig. Neben England war Rußland eigentlicher Gewinner des Siebenjährigen Krieges, weniger Preußen in seiner politisch-strategischen Mäßigung.

Selbst Franz Mehring, 1846-1919, sozialistischer Politiker und Marxist, urteilte über Friedrich den Großen so: »Unter den verkommenen Fürsten seiner Zeit war Friedrich in seiner Art ein ganzer Kerl.... Sein Glück machte ihn nicht übermütig. Und das Unglück trug er mit Standhaftigkeit, die respektabel war. Die blödsinnige Verschwendung der damaligen Höfe hielt er sich vom Leibe und namentlich auch den Tand des Größenwahns«.

SCHLACHTENÜBERSICHT der Preußischen Armee 1741 — 1762

Ort	Datum	Staat	Zahl	Dauer in Stunden	Verluste	Prozent d. Stärke
1. Schlesischer Krieg						
MOLLWITZ	10. 4.1741	Preußen	22.000	5	4.850	22,0
		Österreich	18.100		4.551	25,0
CHOTUSITZ	17. 5.1742	Preußen	23.500	5	4.819	20,5
		Österreich	28 000		6.332	22,6
2. Schlesischer Krieg						
HOHENFRIEDEBERG	4. 6.1745	Preußen	55.000	5	4.737	8,6
		Österreich	53.664		10.332	19,0
		Sachsen	25.100		3.450	13,7
SOOR	30. 9.1745	Preußen	22.562	5	3.876	17,0
		Österreich	42.000		7.444	17,7
		Sachsen				
KESSELSDORF	15.12.1745	Preußen	30.000	2	5.036	16,7
		Sachsen	31.200		10.440	33,4
Siebenjähriger Krieg						
LOBOSITZ	1.10.1756	Preußen	28.000	4	2.873	10,3
		Österreich	33.354		2.863	8,6
PRAG	6. 5.1757	Preußen	67.000	5	14.300	21,3
		Österreich	61.000		13.400	22,0
KOLIN	18. 6.1757	Preußen	33.000	6	13.768	41,7
		Österreich	54.000		9.000	16,6
GROSS JÄGERSDORF	30. 8.1757	Preußen	24.700	5	4.520	18,3
		Rußland	54.800		5.989	10,9
ROSSBACH	5.11.1757	Preußen	22.000	2 1/4	548	2,5
		Reich	10.900		3.552	32,6
		Frankreich	30.200		6.600	21,8

Ort	Datum	Staat	Zahl	Dauer in Stunden	Verluste	Prozent d. Stärke
BRESLAU	22.11.1757	Preußen	28.000	9	6.350	22,7
		Österreich	83.606		5.851	7,0
LEUTHEN	5.12.1757	Preußen	35.000	4 1/2	6.382	18,2
		Österreich	65.000		22.000	33,8
ZORNDORF	25. 8.1758	Preußen	36.000	10	12.797	35,5
		Rußland	44.000		20.000	45,4
HOCHKIRCH	14.10.1758	Preußen	29.000	4	9.097	31,3
		Österreich	78.000		7.587	9,7
KAY	23. 7.1759	Preußen	27.400	4	6.776	24,7
		Rußland	52.300		4.833	9,2
KUNERSDORF	12. 8.1759	Preußen	49.000	6	18.969	38,0
		Rußland	59.800		14.181	23,7
		Österreich	19.200		2.331	12,0
MAXEN	20.11.1759	Preußen	15.000	6	13.741	91,6
		Österreich/	32.000			
		Reich			934	2,9
LIEGNITZ	15. 8.1760	Preußen	26.750	2	3.394	12,6
		Österreich	100.760		8.334	8,3
TORGAU	3.11.1760	Preußen	44.000	8	16.670	37,8
		Österreich	53 000		15.897	29,9
BURKERSDORF	21. 7.1762	Preußen	55.000	4	1.610	2,9
		Österreich	75.000		4.000	5,3
FREIBERG	29.10.1762	Preußen	22.657	3	1.440	6,3
		Reich/	31.000		7.000	22,5
		Österreich				

Der Durchschnitt der preußischen Verluste betrug 23,8 % gegenüber 19 % der Napoleonischen Kriege und 12,5 % des Krieges 1870/71.

MOLLWITZ

10. April 1741

Der plötzliche Einmarsch der preußischen Armee in Schlesien am 16.12.1740 mit dreifacher Überlegenheit — die Masse der österreichischen Armee stand noch in Ungarn — war nicht nur wegen des Zeitpunktes eine Überraschung, sondern weil der gerade erst seit sechs Monaten regierende König Friedrich II. wie vorher Karl XII. von Schweden seine Armee selbst führte.
Nach Bereinigung der Lage in Niederschlesien durch die Eroberung von Glogau am 9.3.1741 wandte sich der König Oberschlesien zu, woraus ihn die verdoppelten österreichischen Truppen nach Nordwesten verdrängten. Am 9.4. rasteten die durch schwere Märsche angestrengten Preußen zehn Kilometer südostwärts des von den Österreichern gehaltenen Brieg, um die Verbindungen nach Ohlau und Breslau zu decken. Mit 17 000 Mann Infanterie waren die Preußen an Zahl und Qualität dem Gegner fast doppelt überlegen, ebenso die Artillerie, an Kavallerie aber zur Hälfte unterlegen. Da Friedrich die Wegnahme von Ohlau mit dem Artillerie-Park, Munition und Verpflegung befürchten mußte, »so war kein Mittel für mich übrig, als den Feind anzugreifen«, wie er später schrieb.
Nach Versammlung der Armee am 10. April um sieben Uhr bei den Windmühlen von Pogarell/Alzenau und der Befehlsausgabe traten die Preußen bei leichtem Frost und aufsteigender Sonne querfeldein in vier Marschgruppen, die Infanterie innen, den Marsch auf Ohlau an. Ihre Führung teilte der König mit Feldmarschall Kurt Christoph v. Schwerin, 28 Jahre älter als er und 1730 Beisitzer im Kriegsgericht über ihn. 1740 durch den König zum Feldmarschall befördert, blieben beide trotz aller Verehrung doch Rivalen, waren aber befreundet, was Friedrich nicht hinderte später zu urteilen: »Sehr tapfer und geschickt, aber zu lebhaft«.
In den rechten Kavallerie-Flügel waren zwei, in den linken ein Grenadier-Bataillon eingeschoben. Bald stieß die Vorhut unter Graf Rothenburg mit vier Schwadronen des Dragoner-Regimentes 3/4 und drei Schwadronen Husaren-Regiment 2 bei Pampitz-Neudorf auf die Kavallerie-Vorposten des Feindes, der mit Front gegen Ohlau im Raum Grüningen-Mollwitz-Laugwitz-Bärzdorf im Quartier lag und vom Auftauchen der Preußen in seinem Rücken gegen 11 Uhr völlig überrascht wurde. Der österreichische Feldherr Graf Neipperg ließ sofort seine Truppen alarmieren, während sich die Preußen gegen 12 Uhr der Straße Brieg-Pampitz näherten. Anstatt aber nun den Glücksfall der Überraschung sofort auszunutzen — »ich hatte zu der Zeit nicht genug Einsicht, um davon zu profitieren«, sagte der König später — ließ er zwischen Hermsdorf und Pampitz bis 13 Uhr schulmäßig eine reguläre Schlachtordnung formieren. Die Österreicher rechneten mit einem sicheren Sieg.
Das Gelände war offen und wenig bedeckt, in der linken Flanke nur vom schwer überschreitbaren Kleinen Bach durchschnitten, der einen einzigen Übergang auf dem Wege von Pampitz nach Mollwitz besaß. Westlich des Pampitzer Höhenzuges begrenzte der Conradswaldauer Bach das Schlachtfeld. Vor dem Ortsrand von Mollwitz entwickelte sich langsam die österreichische Armee, beiderseits von massierter Reiterei gedeckt. Rechts war zwischen Hermsdorf und Schüsselndorf die Festung Brieg zu sehen. Da das Gelände für den preußischen Aufmarsch um 800 m zu eng war, wurden mehrere Bataillone zwischen den Treffen und ins zweite Treffen eingeordnet; der linke Kavallerie-Flügel kam zunächst hinter das zweite Treffen. Gegen 13.30 Uhr ließ der König antreten und die schweren Geschütze vor der Front auf 1 200 Meter das Feuer eröffnen, das bald mitten im linken Kavallerie-Flügel des Feindes an der Windmühlen-Höhe ostwärts Mollwitz lag. Während Schwerin am Kleinen Bach noch die Grenadier-Bataillone als Seitendeckung umgliederte und den linken Kavallerie-Flügel Posadowsky's auf den Höhenrücken zwischen Kleinem und Conradswaldauer Bach vorschob, entstand durch das gleichzeitige Vorgehen des rechten Flügels eine schräge Front der Preußen.
Kurz nach 14 Uhr setzten sich die sechs österreichischen Regimenter Römers mit mehr als 4 500 Reitern in Bewegung, um dem preußischen Artilleriefeuer zu entgehen, dem auf 1 300 Meter herangekommenen rechten Flügel der Preußen auszuweichen und Zeit für die von Laugwitz und Bärzdorf anrückenden österreichischen Regimenter zu gewinnen. Römer holte nach Nordosten aus bis vor Grüningen und attackierte nun von Norden her den rechten Flügel der Preußen mit wildem Geschrei. Schulenburgs Kavallerie wurde sofort über den Haufen geworfen. Nur die Grenadier-Bataillone 3/27 und 5/21 hielten eisern stand. Ein Gegenstoß des Königs an der Spitze des Kür.Rgt. 11 wurde durch den gewaltigen Anprall in wildem Getümmel an der preußischen Front entlang fortgerissen bis zu den sumpfigen Wiesen des Kleinen Baches. Beim Grenadier-Bataillon 20/22 gelang es dem König, dem Durcheinander zu entkommen. Die gesamte Artillerie vor der Front aber war verloren. Versprengte Schwadronen schlossen sich den Regimentern Posadowsky's am Nordwestrand von Pampitz an. Die Infanterie-Regimenter und Gre-

Schlacht bei Mollwitz
Ordre de Bataille.

Erstes Treffen.

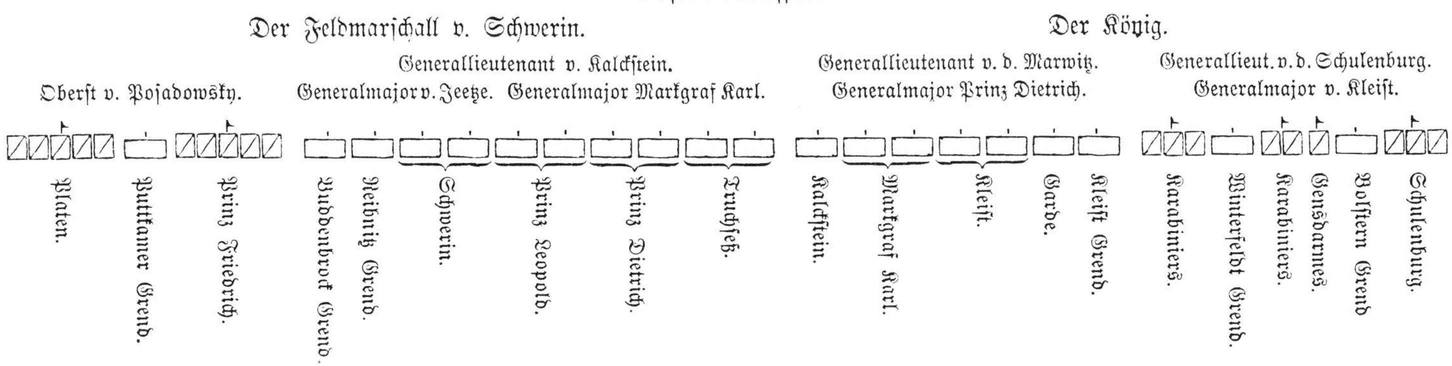

Zweites Treffen.

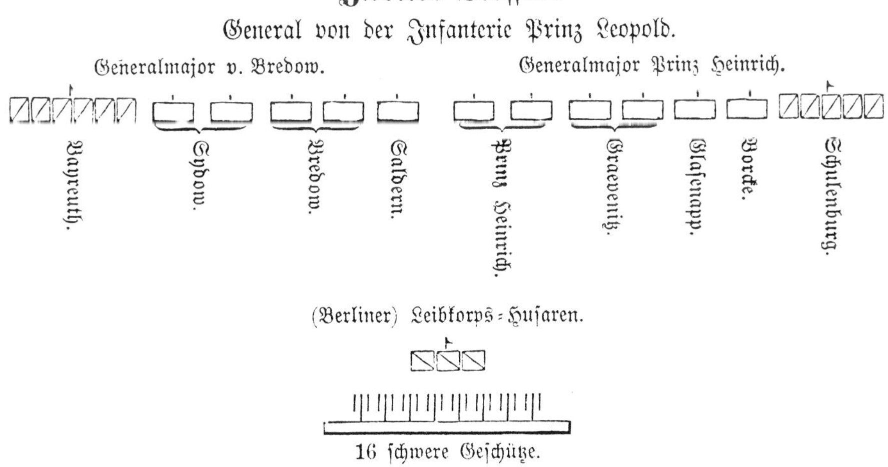

Ordre de Bataille.

der Oesterreichischen Armee in der Schlacht bei Mollwitz.*)

Oberbefehlshaber: Feldmarschall Graf Neipperg.

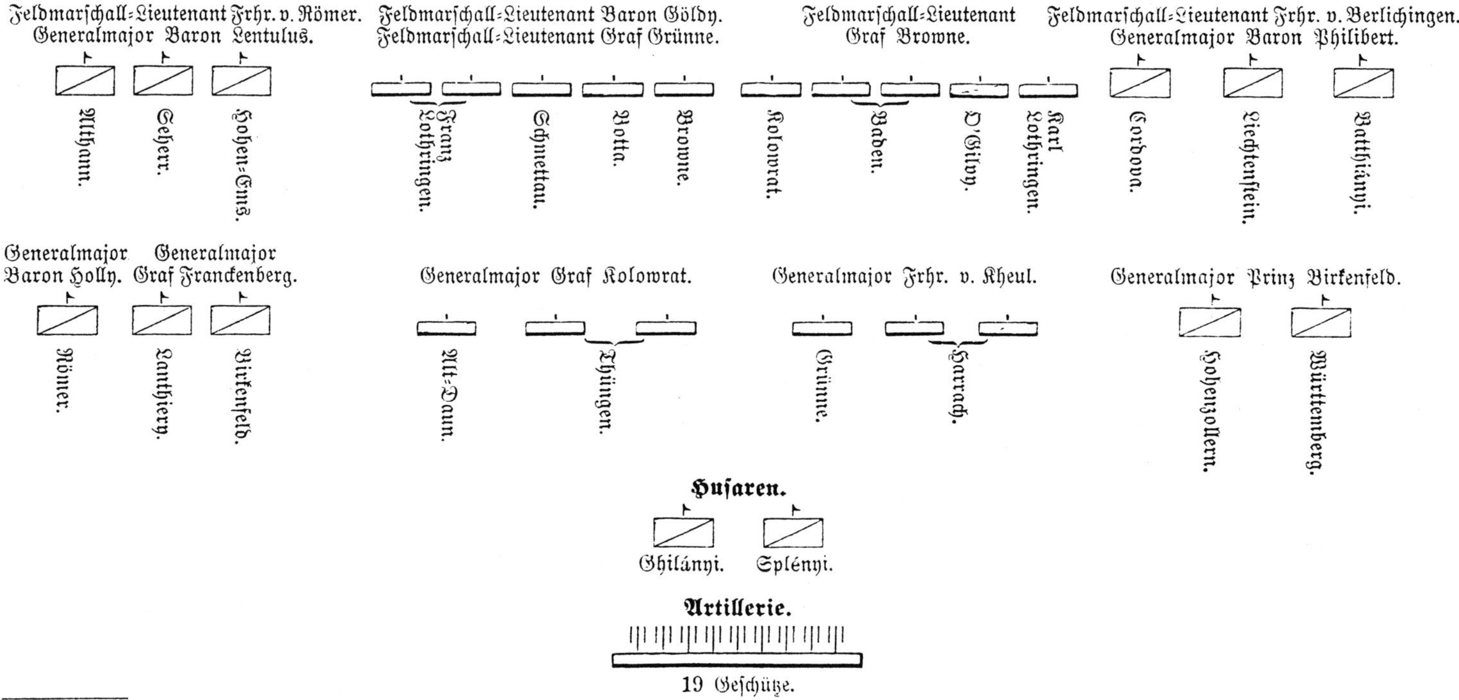

*) Die Ordre de Bataille der Oesterreichischen Armee ist nach den in den Mittheil. d. k. k. Kriegs-Archivs, Wien 1887, I, Tafel II, gegebenen Plänen der Schlacht so aufgestellt worden, wie sie thatsächlich gebildet wurde, so daß also der ursprüngliche rechte Flügel zum linken geworden war.

Mollwitz, 10. April 1741. *Das Preußische Infanterie-Regiment Nr. 10 im Angriff.*

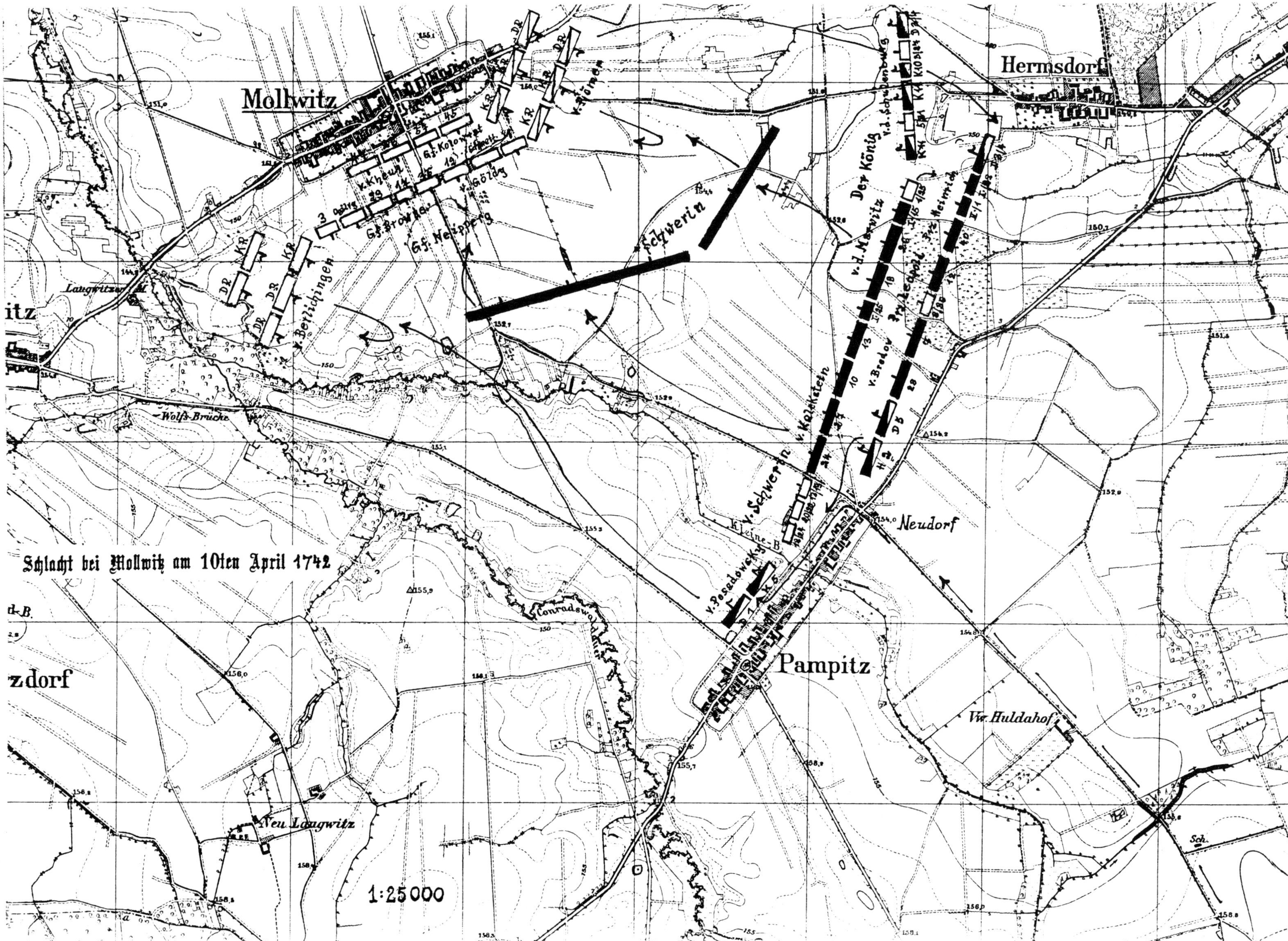

Mollwitz
Hermsdorf
Pampitz
Neudorf
Schwerin
Der König
Gf. Neipperg
v. Berlichingen
v. d. Marwitz
v. Schwerin
v. Kalckstein
v. Posadowsky
v. Bredow
Vw. Huldahof
Neu Laugwitz
Wolfs-Brücke
Kleine-B.
Schlacht bei Mollwitz am 10ten April 1742
1:25000

nadiere des rechten Flügels aber hatten unerschüttert und rücksichtslos feuernd die österreichische Attacke ablaufen lassen und damit einen Zusammenbruch verhindert, vor allem das I./IR 15 und IR 26. Ebenso wiesen sie noch zwei weitere Attacken von nordwestlich Hermsdorf mit ihrem Feuer ab, zuletzt auf vierzig Schritt, hier besonders das IR 19 und I./IR 25, so daß sich die angreifenden Österreicher zerstreuten.

Gegen 15.30 Uhr hatten die Österreicher ihren Aufmarsch vollendet, ihre Artillerie beschoß den rechten Flügel der Preußen. Als Schwerin dort den König im Gedränge feindlicher Reiter entdeckte, fürchtete er für sein Leben, das dem Staat erhalten bleiben mußte, und schlug ihm vor, ihm das Kommando zu überlassen und sich nach Oppeln zu begeben. Der König lehnte zuerst rundweg ab. Auf dem kritischen Höhepunkt der Schlacht noch eine Führungskrise! Als sich die Lage verschärfte, drängte Schwerin den König erneut, sein Leben zu sichern, von dem das Schicksal von Heer und Staat abhinge. Darauf verließ Friedrich II. das Schlachtfeld und sandte dem Fürsten von Anhalt die Nachricht, die Schlacht sei verloren. Die Verstimmung mit Schwerin ist erst 1756 gewichen; am Feldzug 1745 hat Schwerin nicht teilgenommen.

Als der König fortgeritten war, fragten die Generale Schwerin, wohin denn der Rückzug gehen solle. »Auf den Leib des Feindes!« war seine Antwort. Er zog die beiden Grenadier-Bataillone vom rechten Flügel heran, unterband das weitere Schießen des zweiten Treffens, ritt vor das I./IR 15 als Richtungstruppe, munterte die Soldaten kräftig auf und gab den Befehl zum erneuten Angriff, wie auf dem Exerzierplatz. Es war 16 Uhr.

Das Vorgehen des linken Flügels wurde vom Bachgrund des Kleinen Baches beengt und durch die Attacke der fünf Regimenter des rechten Kavallerie-Flügels der Österreicher verzögert, die aber in dem wirksamen Feuer zum Stehen kam. Der Erfolg der ersten Attacken wiederholte sich nicht. Diesen Augenblick nutzte Oberst v. Posadowsky mit den vier preußischen Kavallerie-Regimentern zum Schlag aus der Nachhand aus, wurde aber im Übergang über den Kleinen Bach von Berlichingen wieder zurückgeworfen. Inzwischen war auch der rechte Flügel der Preußen noch einmal vom österreichischen Kürassier-Regiment Hohen-Ems und Teilen des Römer'schen Flügels angegriffen worden. Wütendes Feuer der Infanterie in Front und Flanken verhinderte jeden Erfolg. Die feindliche Reiterei verschwand vom Schlachtfeld. Trotz aller Verluste rückte der rechte Flügel der Preußen unaufhörlich vor, »mit überraschender Gleichförmigkeit, wie von einer einzigen Triebkraft bewegt. Ihre Haltung war bewundernswert trotz des unausgesetzten Feuers. Ihre Artillerie arbeitete ohne Unterbrechung. Ihr Feuer ging wie ein stetes Donnerwetter«, bestätigten österreichische Augenzeugen. Neipperg zog seine Regimenter am linken Flügel zusammen; zum Vorgehen ließ sich seine Infanterie nicht mehr bewegen.

Da erkannte Schwerin — trotz zweier Verwundungen hatte er das Kommando behalten — daß es jetzt nur noch auf umfassendes Vorgehen des noch kampfkräftigen linken Flügels der Preußen ankam, um den Gegner vom Südwestrand von Mollwitz her zu umfassen und in einer großen Schwenkung nach rechts völlig zum Weichen zu bringen. Er befahl daher dem General v. Kalckstein, Vorrücken und Angriff des linken Infanterie-Flügels mit allen Mitteln zu forcieren. Neben der Standhaftigkeit der Infanterie des rechten Flügels 'entschied diese Bewegung die Schlacht', wie das Generalstabswerk feststellte. Die Österreicher drängten sich in dichten Haufen um ihre Fahnen, ließen den Mut sinken, ihre Schlachtordnung riß an vielen Stellen auf. Unter diesen Umständen gab Graf Neipperg um 18 Uhr den Befehl zum Rückzug nach Norden, gedeckt von der Kavallerie, um bei Hünern den Conradswaldauer Bach zu überschreiten und noch in der Nacht Grottkau zu erreichen, verfolgt von Zietens Husaren und den Schwadronen Gen.Mjr. v. Geßlers, der gerade von Ohlau her eintraf.

Die Preußen lagerten auf dem Schlachtfeld. Von 21 600 Mann hatten sie 4 659 Mann und 190 Offiziere tot oder verwundet verloren, fast ein Viertel, am meisten beim IR 26 Kleist, IR 10 Prinz Dietrich, I./IR 15 Garde und IR 19 Markgraf Karl, überwiegend auf dem rechten Flügel. Dessen drei Grenadier-Bataillone hatten die Hälfte eingebüßt, acht Geschütze, 17 Fahnen und Standarten der Sieger gewonnen. Die Österreicher verloren von 19 000 Mann mit 4 328 Mann und 223 Offizieren im Verhältnis noch mehr. Auf beiden Seiten war der Verlust an höheren Offizieren groß.

Der Gegner räumte mit seiner angeschlagenen Armee Oberschlesien bis auf Neisse, der König konnte die Festung Brieg einschließen.

In einer Bewertung der Schlacht sagte er: »Mollwitz war meine Schule; ich stellte tiefe Betrachtungen über meine dort begangenen Fehler an, aus denen ich in der Folge Nutzen zog«.

Die Standhaftigkeit der Infanterie und die Entschlossenheit ihrer Offiziere waren über jedes Lob erhaben, die Verwendung von Artillerie vor der Front bereits recht modern. Nur die Kavallerie war noch zu schwach und zu unbeweglich. Die direkten Erfahrungen des Königs unter ihr führten zu all seinen Maßnahmen und Weisungen, die ihre Kampfkraft systematisch hoben. Sein Urteil lautete: »Die Kavallerie ist nicht wert, daß sie der Teufel holet«. Das schwerste Opfer aber hatte er selbst gebracht, als er sich auf Schwerins Bitten herbeiließ, das Schlachtfeld zu verlassen. Er urteilte: »Dieser Tag wurde einer der bemerkenswertesten, weil zwei kleine Heere über das Schicksal Schlesiens entschieden«.

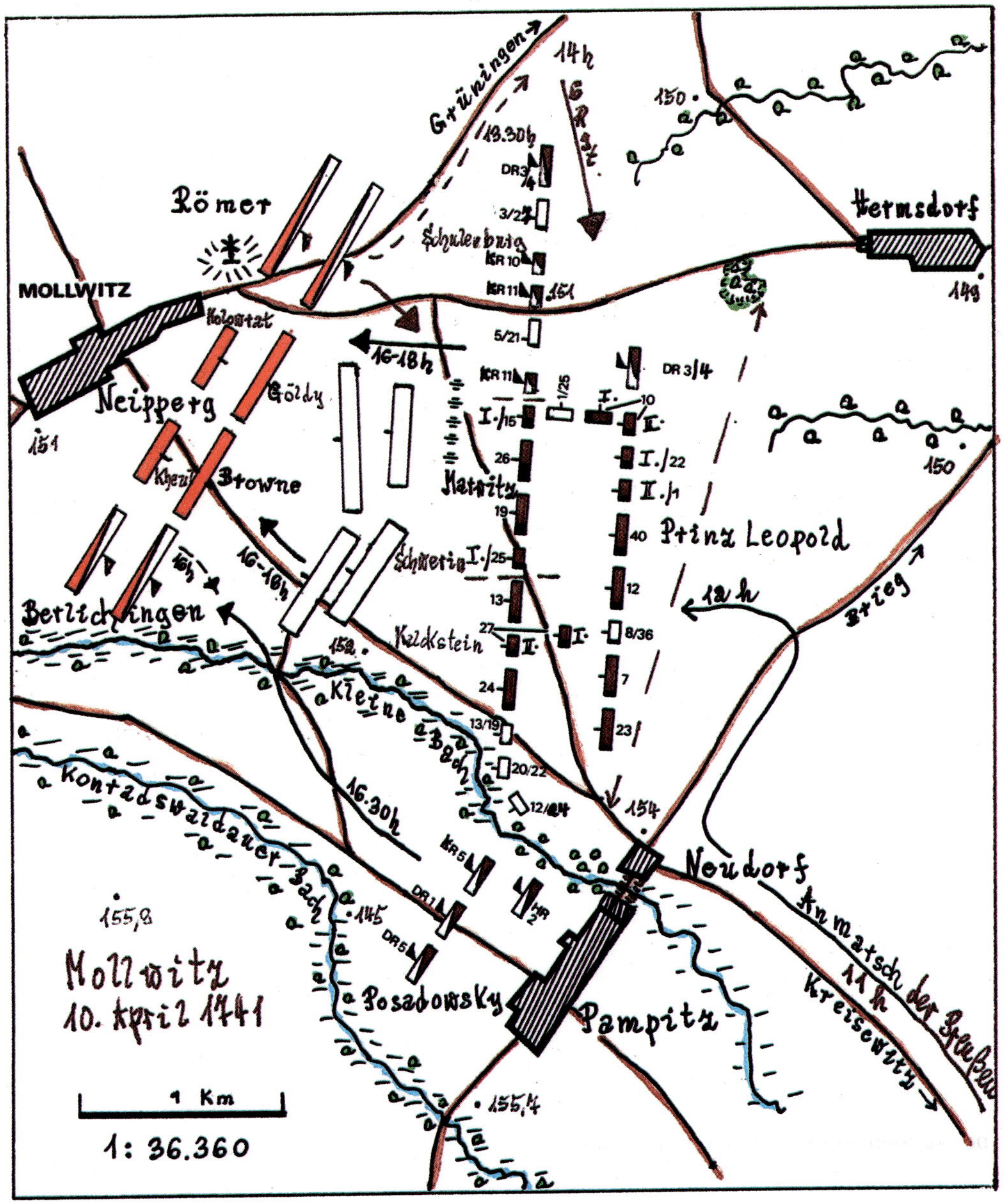
Mollwitz
10. April 1741
MOLLWITZ
Römer
Neipperg
Göldy
Browne
Berlichingen
Hermsdorf
Grüningen
Schulenburg
Prinz Leopold
Schwerin
Kalckstein
Neudorf
Pampitz
Posadowsky
Kleine Bach
Brieg
Kreisewitz
1 Km
1: 36.360

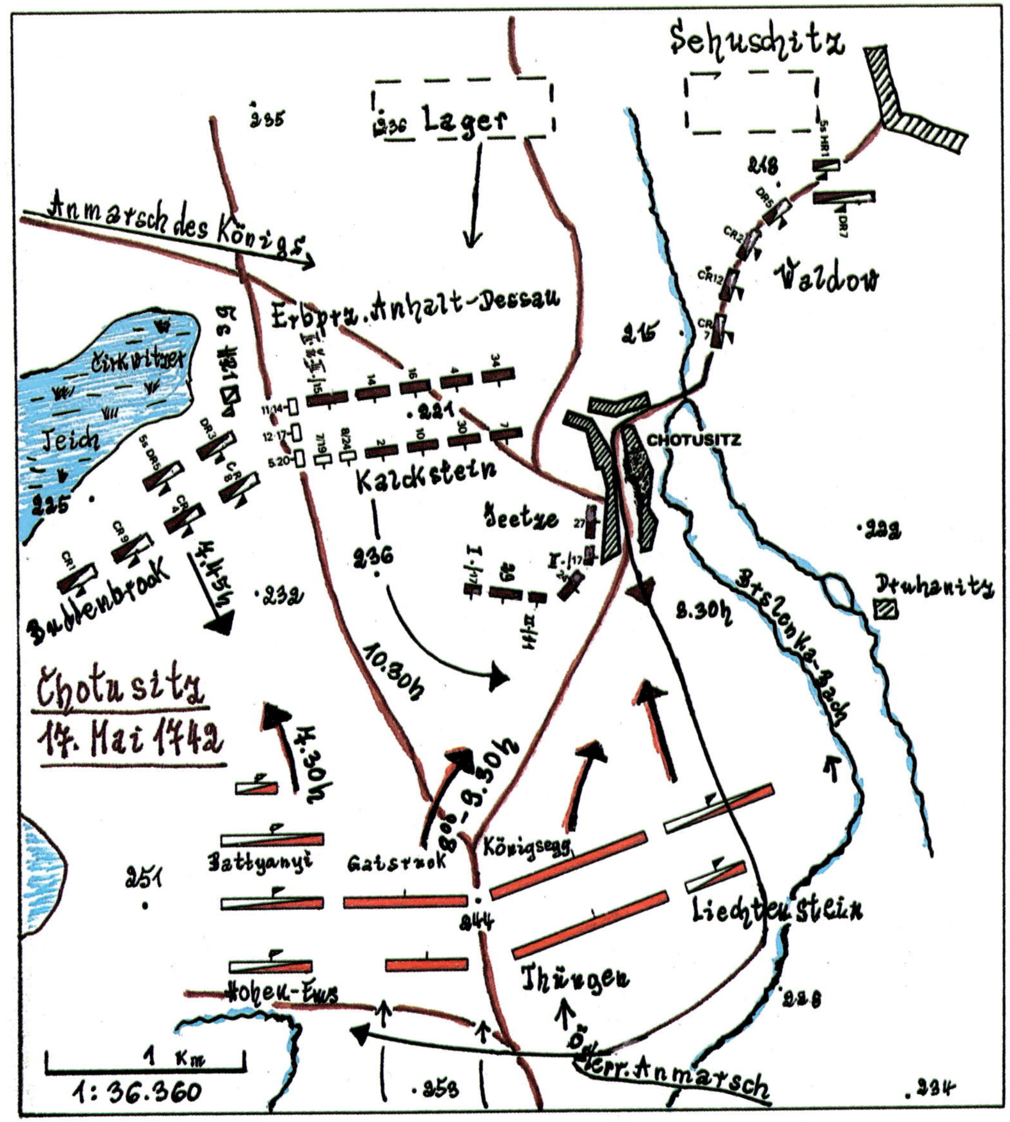
Chotusitz
17. Mai 1742
Sehuschitz
Lager
Anmarsch des Königs
Erbprz. Anhalt-Dessau
Waldow
CHOTUSITZ
Kalckstein
Zeetze
Buddenbrook
Jeich
Battyanyi
Königsegg
Liechtenstein
Thüngen
Hohen-Ems
Drahanitz
Brslenka-Bach
Österr. Anmarsch
1 Km
1: 36.360

CHOTUSITZ

17. Mai 1742

Die nächste Schlacht wurde am 17.5.1742 bereits mitten in Böhmen geschlagen, nachdem der König Mähren geräumt und seine Truppen um Czaslau, Chrudim und Leitomischl zusammengezogen hatte, verstärkt durch vier Bataillone, vier Kavallerie-Regimenter des Fürsten Leopold von Anhalt-Dessau und die acht Bataillone, vier Kavallerie-Regimenter des Erbprinzen Leopold von der oberen Elbe. Insgesamt waren es 35 Bataillone, 70 Eskadronen mit 23 500 Mann. Seit 4.5. war die Österreichische Armee von Olmütz auf Deutschbrod und Prag im Anmarsch gemeldet. Der König beschloß, sich ihr vorzulegen, nachdem sich die Friedensverhandlungen mit Österreich zerschlagen hatten. »Mein Entschluß ist gefaßt, den Krieg mit allem Nachdruck zu betreiben, um den Wiener Hof auf den erforderlichen Punkt der Erniedrigung zu bringen; ich habe viel Verdruß, aber ich sehe kein Mittel«,schrieb er. Der König teilte seine Armee und marschierte mit einem Drittel nach Kuttenberg; der Erbprinz sollte die Truppen verpflegen und dann folgen, um auf den Höhen zwischen Czaslau und Chotusitz die Straße nach Kuttenberg zu sperren und die Flanke des Königs zu decken. Am 16.5. hatten aber die Österreicher bereits Czaslau genommen und bedrohten die Flanke des Erbprinzen, der nur die Enge zwischen Cirkwitzer Teich und Chotusitz sperren konnte, dazu den Ort vom IR 24 besetzen ließ. Der König rechnete nicht mit dem Angriff von Prinz Karl von Lothringen, sondern wollte am 18.5. selbst angreifen. Wären die Österreicher bereits am 16.5. vorgestoßen, wäre entweder der Erbprinz vom König getrennt oder die Preußische Armee von der Straße nach Prag abgedrängt worden. Nach 18 stündigem Marsch durch die Hitze, Staub und hügeliges Gelände und dürftiger Verpflegung waren die preußischen Regimenter äußerst ermüdet. Während sie ins Lager zogen, brachen die Österreicher auf, um sie in nächtlichem Vorgehen möglichst zu überfallen.

Das Gelände umfaßt in Nord-Süd-Richtung zwei Hochflächen, die sich zur Enge zwischen Cirkwitz und Chotusitz unterschiedlich neigen, im Osten von der sumpfigen Brslenka-Niederung und im Westen vom Klenarka-Bach und einer Teich-Kette begrenzt. Das Brslenka-Tal war 300 Meter breit und um 5 Meter tief, dazu stellenweise voll nasser Wiesen, der Bach selbst 0,50 Meter tief, aber mit meist steilen Rändern. Sein Verlauf ergab zwischen Sehuschitz und Czaslau eine günstige Verteidigungs-Stellung. Die beiden Brücken am Nordwestrand von Czaslau für die Straßen nach Kuttenberg und Chotusitz waren massiv aus Stein. Der Cirkwitzer Teich bildete damals eine große Wasserfläche, als Anlehnung gut geeignet. Chotusitz besitzt eine etwa 50 Meter breite Hauptstraße mit beiderseits aufgereihten Häusern; von Süden her ist es nicht einzusehen. Der Unterschied der Hochflächen zu dem Dorf beträgt mehr als zehn Meter. Daher war es zur Veteidigung ungeeignet, während der Besitz der Hochflächen entscheidend blieb.

Die um 19.30 Uhr aufgebrochene österreichische Armee stieß mit ihren beiden Kolonnen auf Schwierigkeiten, so daß sie mit ihren letzten Verbänden erst um 4 Uhr morgens südlich und südostwärts von Czaslau versammelt war. Der Durchmarsch von 16 500 Mann Infanterie, 8 200 Mann Kavallerie, 3 300 Husaren und Kroaten mit 40 Geschützen durch die Stadt und über die Brslenka sowie der Aufmarsch zogen sich bis 7.30 Uhr hin, ehe Prinz Karl den Befehl zum Angriff geben konnte. In dieser Zeit konnten sich die Preußen gefechtsbereit machen, aber auf der vorgesehenen Höhenstellung stand inzwischen der Feind. Erbprinz Leopold schob die Kavallerie des rechten Flügels gedeckt am Ufer des Cirkwitzer Teiches vor, um in der Mitte Platz zu gewinnen und die Flanke des Gegners zu bedrohen, ließ den linken Kavallerie-Flügel auf das festere Gelände südlich des Tiergarten Sehuschitz vorrücken, Jeetze nordostwärts Chotusitz und Kalckstein am Nordrand der Ost-West-Senke aufmarschieren. Als die Österreicher antraten, traf der König mit acht Bataillonen, zehn Schwadronen gerade rechtzeitig auf dem Schlachtfeld ein. Da die feindliche Kavallerie bereits auf 2 000 Meter herangekommen war und die preußische Artillerie das Feuer eröffnete, gab der König Buddenbrock auf dem rechten Flügel den Befehl zur Attacke, obwohl der linke Infanterie-Flügel unter Jeetze mit der Spitze erst den Nordrand von Chotusitz erreicht hatte.

Da der Schwerpunkt des Zentrums und rechten Flügels der Österreicher gegen Chotusitz gerichtet war, traf der Stoß der 20 Kürassier-Schwadronen unter Geßler, gefolgt von 10 Dragoner-Schwadronen unter Graf Rothenburg, die österreichische Vorhut und ihren linken Kavallerie-Flügel, vor allem die Regimenter Liechtenstein, Württemberg, Podstatzky und das Dragoner-Regiment Philipert in Front und Flanke überraschend und massiv. Damit war zunächst Luft und Zeit gewonnen für den Aufmarsch des linken Infanterie-Flügels der Preußen südwestlich Chotusitz. Ehe sich aber die preußischen Schwadronen zum Angriff gegen das zweite Treffen wieder sammelten, führten die Pálffy- und Birkenfeld-Kürassiere mit den Diemar-Dragonern ohne feste Ordnung eine Gegen-Attacke, so daß sich der

Schlacht bei Chotusitz

Ordre de Bataille.

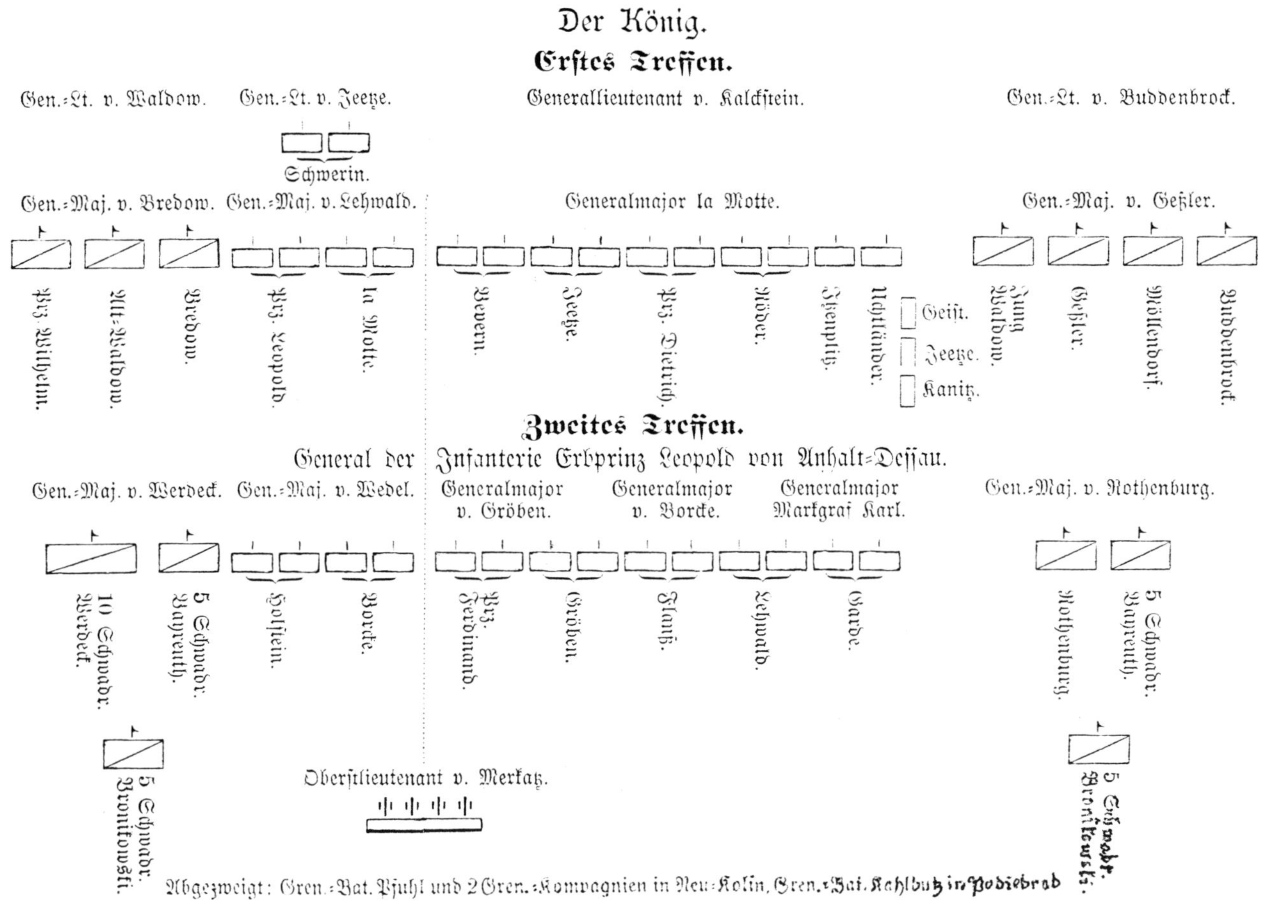

Ordre de Bataille der Oesterreichischen Armee

Schlacht bei Chotusitz

Prinz Karl von Lothringen und Feldmarschall Graf Königsegg.

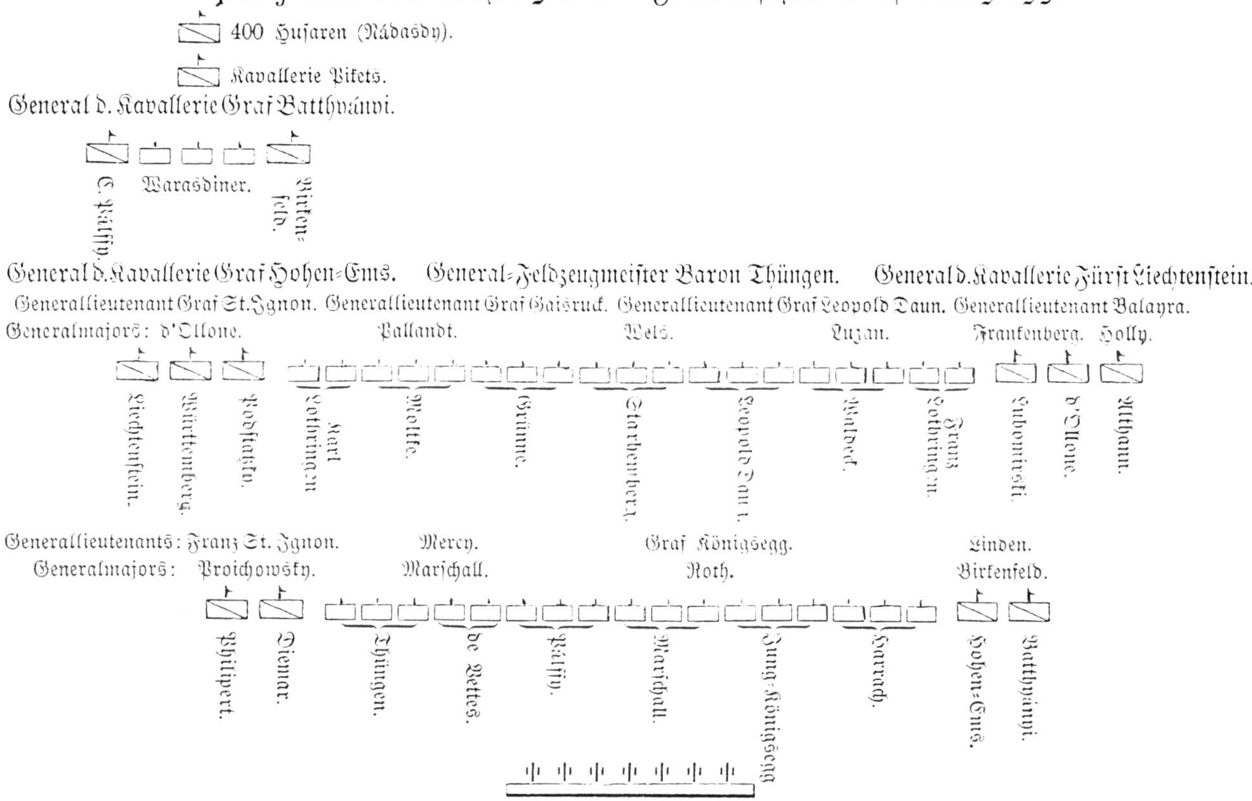

Abgezweigt: 1 Bataillon Karl Lothringen bei Ronow im alten Lager, 1 Bataillon de Vettes südlich Tschaslau bei der Bagage.
Abgezweigt, jedoch in den Lauf der Schlacht eingreifend: Husaren-Regiment Dessewffy südlich Tschaslau bei der Bagage, Husaren-Regimenter Pestvármegyi und Károlyi vor der Front gegen Kuttenberg und das Preußische Lager. Die Szegediner Husaren unbekannt wo.

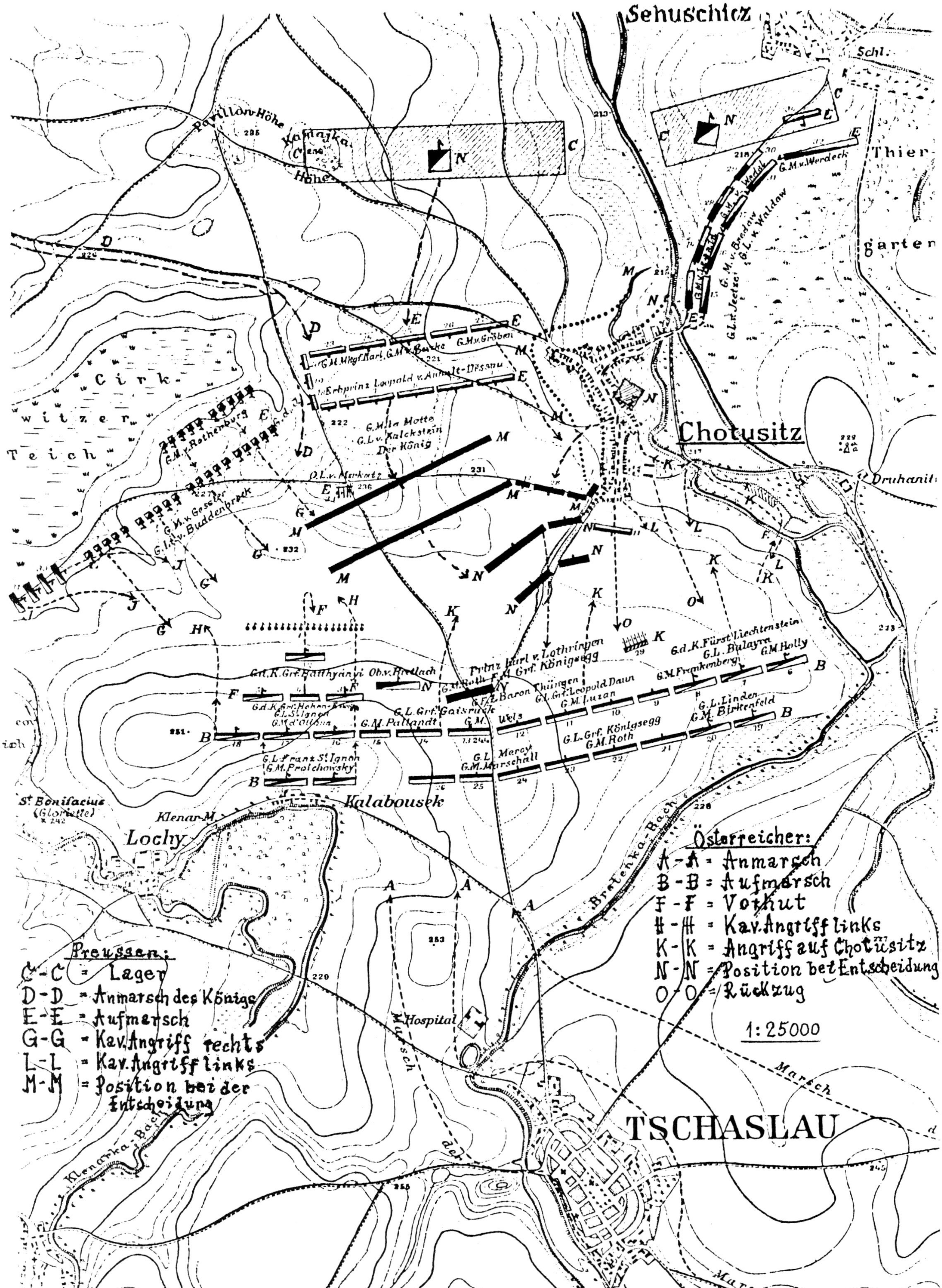

Sehuschitz
Chotusitz
TSCHASLAU
Kalabousek
Lochy
Cirkwitzer Teich
Pavillon-Höhe
Kamajka Höhe
Thiergarten
Druhanitz
Hospital
St Bonifacius (Gloriette)
Klenar-M.
Brslenka-Bach
Klenarka-Bach
Marsch
Preussen:
C-C = Lager
D-D = Anmarsch des Königs
E-E = Aufmarsch
G-G = Kav. Angriff rechts
L-L = Kav. Angriff links
M-M = Position bei der Entscheidung
Österreicher:
A-A = Anmarsch
B-B = Aufmarsch
F-F = Vorhut
H-H = Kav. Angriff links
K-K = Angriff auf Chotusitz
N-N = Position bei Entscheidung
O-O = Rückzug
1:25000

Chotusitz, 17. Mai 1742. Die Grenadiere des Regiments v. Holstein-Beck (Infanterie-Regiment 11) im Bataillon Kanitz (11/14) säubern ab 11 Uhr den Südteil von Chotusitz von der feindlichen Nachhut.

Kampf in erbittertes Handgemenge auflöste. Dennoch brach Graf Rothenburg mit seinen Dragonern und fünf Schwadronen Husaren-Regiment 1, die eben von Kuttenberg eintrafen, auch in die Infanterie-Regimenter Karl Lothringen, Moltke und Thüngen ein. Überraschend eingreifende österreichische Husaren, vermutlich die Regimenter Desswffy, Károlyi und Pestvármegyi, zwangen die Dragoner aber, sich ihnen zuzuwenden. Am Ende kämpften 35 preußische Schwadronen in wildem Getümmel gegen 42 österreichische und Husaren, die erst nach stundenlangem Kampf die Oberhand bekamen. Gleichzeitig erschienen die hinter der österreichischen Infanterie vom linken Flügel her durchgestoßenen Kürassier-Regimenter 2, 12 und 7, indem sie das Inf.Rgt. de Vettes von rückwärts durchbrachen. Die Reiterei beider Seiten war kaum noch kampffähig. Sonst hätte sich die feindliche Kavallerie sofort gegen Chotusitz geworfen.
Hier war die preußische Reiterei unter Waldow unter Schwierigkeiten über die Brslenka-Niederung gegen die anreitende feindliche Kavallerie vorgegangen, deren Angriff aufgehalten wurde. Die Kür.Rgt. 2 und 12 konnten beide Kavallerie-Treffen durchbrechen und dann hinter dem zweiten Infanterie-Treffen der Österreicher bis zum anderen Flügel jagen. Nach Verlust der Hälfte und 3 000 Meter Attacke waren sie kaum noch einsatzfähig. Um Chotusitz, hinter das die Dragoner-Regimenter 7 und 5 Werdecks zurückgeworfen waren, standen 10 preußische Bataillone unter Erbprinz Leopold in schwerem Infanterie-Gefecht gegen den massierten Haupt-Angriff des Feindes, vor allem der Regimenter Waldeck, Leopold Daun, Starhemberg und auch Franz Lothringen, unterstützt von starker Artillerie. Unter Einsatz von Reserven unter Wedel gelang es, das Dorf lange zu halten, bis Grenadiere und Kroaten östlich umfassend bis zur Hauptstraße vordrangen und ein heftiger Häuserkampf entbrannte, der das Dorf in Flammen setzte. Da sich die Ordnung der Bataillone beider Seiten gelöst hatte, kam die überlegene Feuer-Disziplin der Preußen nicht mehr zur Wirkung. Nach mörderischen Verlusten gelang es dem Feind, die Preußen gegen 9 Uhr an die West- und Nordseite von Chotusitz zu drängen, wenn auch unter Einsatz seiner gesamten Infanterie bis auf drei Regimenter. Der zähe Widerstand der Preußen und der Ortskampf hatten sie sich hier festbeißen lassen.

Der rechte Infanterie-Flügel unter dem König mit 21 frischen Bataillonen, gedeckt in der Mulde, war noch voll einssatzbereit. Der König hatte den Verlauf mit Spannung verfolgt und beobachtet, wie sich die österreichische Infanterie immer mehr nach Chotusitz hinzog, die feindliche Kavallerie ebenfalls verschwand und vor der Front nur noch Teile der Infanterie des Gegners standen. Seine Erfolge hatten den Höhepunkt überschritten. Da gab der König gegen 10.30 Uhr den Befehl zum Angriff, zunächst 600 Meter geradeaus durch die Mulde nach Süden auf den Nordrand der anderen Hochfläche und dann links schwenkend mit der gesamten Linie, die Bataillons-Geschütze vor den Zwischenräumen im Feuer nach Erreichen der Höhe. 'Nach einer Stunde höchster Spannung war der Augenblick der Entscheidung gekommen', sagt das Gen.Stb.-Werk. Das unaufhaltsame Vorgehen der Preußen kam für die Österreicher ganz unerwartet. Ehe sie umfaßt und in der Senke von Chotusitz gegen die Brslenka gedrückt wurden, gaben Prinz Karl von Lothringen und Feldmarschall Graf Königsegg die Befehle zum Rückzug, den Generalmajor Roth mit den Inf.Rgt. Harrach, Marschall, Jung-Königsegg deckte. Die Trümmer des linken preußischen Flügels rafften sich zum Gegenangriff auf, vor allem das IR 27 mit dem Bajonett. Die völlig erschöpften Sieger nahmen um 11 Uhr Chotusitz wieder, besetzten erst am Nachmittag Czaslau und bezogen 5 Kilometer südostwärts davon Stellung. Der König ernannte Erbprinz Leopold zum Feldmarschall.

Die Preußen hatten 128 Offiziere, 3 946 Unteroffiziere und Mannschaften durch Tod oder Verwundung, dazu 18 Offiziere, 711 Soldaten als vermißt verloren, außerdem 2 535 Pferde und 12 Feldzeichen. Sie hatte 1 200 Mann gefangengenommen und 17 Geschütze erbeutet. Die meisten Verluste hatte die Infanterie des linken Flügels, vor allem IR 24, 11, 27, 17 und 16 sowie die Reiter-Regimenter außer Kür.Rgt. 4 und Hus.Rgt. 1, während der König nur 184 Mann einbüßte. Die Österreicher verloren 154 Offiziere, 2 808 Soldaten durch Tod und Verwundung, aber 41 Offiziere, 3 325 Soldaten als vermißt, dabei viele Überläufer zu den Preußen nach der Schlacht. Der König schrieb: »Die Umstände der Bataille sind so kritisch gewesen als jemals die von Mollwitz, daß wir Ursache haben, Gottes Gnade zu preisen, der uns den Sieg gegeben«. Am 11.6.1742 beendete der Friede von Breslau den ersten Krieg um Schlesien.
Die Schlacht war im Grunde ein großes Begegnungs-Gefecht. Auf beiden Seiten fehlte es an Aufklärung und Gelände-Kenntnis. Die Nicht-Besetzung der Brslenka-Stellung durch Erbprinz Leopold war ein gefährlicher Fehler. Die preußische Kavallerie hat sich in Geschlossenheit und Wucht erheblich besser bewährt, aber ihre rechte Attacke leider unterbrochen. Aus Buddenbrocks Angriff zog der König entscheidende Lehren für seine Reiter-Taktik. Den rechten Infanterie-Flügel hat er auf Kosten des linken zurückgehalten und sich damit bewußt die ausschlaggebende Reserve gesichert. Die feindliche Infanterie war am Ende auch ausgeblutet, obwohl sie bessere strategische Bedingungen hatte, so daß sie dem Schlußangriff nicht mehr standhielt. Österreich hatte einen gefährlichen Gegner bekommen.

HOHENFRIEDEBERG

4. Juni 1745

Nach dem unglücklichen Ende des böhmischen Feldzuges 1744 und kleineren Gefechten zwischen Grafschaft Glatz und Oberschlesien im Frühjahr 1745 stand der König allein dem Angriff der verbündeten Österreicher und Sachsen gegenüber. Er suchte die Entscheidung: »Es bleibt mir kein Ausweg. Von allen Mitteln in meiner Lage ist die Schlacht das einzige«. Am 27.4. schrieb er: »Ich habe den Rubicon überschritten; ich will meine Macht aufrechterhalten oder alles soll zu Grunde gehen«. Er entblößte Oberschlesien und zog seine Armee am 27.5. bei Frankenstein zusammen, als sich Sachsen und Österreicher nach dem Marsch über die Sudeten bei Landeshut versammelten. Durch Ausweichen und Schein-Manöver suchte er, den Gegner mehr in die Ebene zu locken. Am 30.5. stand er mit seinen Hauptkräften zwischen Reichenbach und Faulbrück, sein Korps du Moulin zwischen Striegau und Stanowitz, zwischen beiden das Detachement Nassau bei Zedlitz am Nonnenbusch. Von hier aus waren die Ausgänge des Gebirges deutlich einzusehen.
In tastendem Vormarsch erreichten die Verbündeten bis 2.6. eine Stellung zwischen Alt-Reichenau und Bolkenhain mit der Vorhut in Hohenfriedeberg, das leichte Korps Nadasdy bei Freiburg. Am 3.6. rückten sie 'sorglos und geräuschvoll' ab 16 Uhr mit insgesamt 63 Bataillonen, 50 Grenadier-Kompanien zu Fuß, 129 Schwadronen, 40 Geschützen in die Ebene vor, die Österreicher zwischen Hohenfriedeberg und Günthersdorf, die Sachsen nördlich davon bis Pilgramshain. Der König wußte, daß sie ihm entgegenkommen würden: »Man kann die Tage erraten, wann sie marschieren werden, weil es ständiger Brauch bei ihnen ist, daß der Soldat alle Marsch-Tage vorher kochen muß. Sieht man vormittags viel Rauch, so kann man Staat darauf machen, daß sie denselben Tag ein Mouvement vornehmen«, äußerte er später. Ihre bis abends eingenommene lockere Linie von rd. 7 Kilometern war fast doppelt so breit wie die reguläre Schlacht-Ordnung von ca. 4 Kilometern.
Im preußischen Lager mit seinen 64 Bataillonen, 111 Schwadronen herrschte absolute Stille. Der König wollte nachts nach Striegau vorgehen, um den ahnungslosen Gegner am frühen Morgen zu überfallen. Kurz vor 20 Uhr ließ er aufbrechen, an Infanterie um 6 000 Mann unterlegen, dafür bei Grenadieren und Husaren doppelt so stark sowie an Rgt. Geschützen um die Hälfte, an schweren um ein Drittel überlegen. Der kommende Tag sollte die Entscheidung bringen.
Das Schlachtfeld war eben und hatte die Form eines Vierecks mit den Eckpunkten Hohenfriedeberg, Kauder, Häslicht, Striegau, begrenzt im Südwesten vom Vorgebirge, im Nordwesten durch die Wütende Neiße, im Nordosten von den Striegauer Bergen mit Brechels- und Kuh-Berg, im Südosten durch das Striegauer Wasser. Zwischen Pilgramshain und Günthersdorf teilte die Lange Beele mit ihrer 1 Kilometer breiten Niederung, der 'Gule', das Schlachtfeld. Sie war von Teichen durchsetzt, mit Bäumen und Büschen bewachsen. Die Teiche hatten wenig Wasser, aber Dämme als Umrandung wie auch der Weg Pilgramshain-Günthersdorf quer durch. Die von Abzugsgräben durchschnittenen Felder, mit Weiden besetzt, und das Striegauer Wasser mit seinem erhöhten Ufer minderten die Übersicht und waren hinderlich für die Kavallerie.
Beim Abmarsch ließ der König Lager-Feuer brennen und die Zelte stehen. Die Infanterie sollte im Gefecht ab 200 Meter feuern, ab 30 Schritt mit dem Bajonett einbrechen. Jeder Erfolg der Kavallerie war sofort auszunutzen, die Dörfer den Grenadieren zu überlassen und die Artillerie mit allen Mitteln vorzubringen. Noch in der Nacht nahm du Moulin Fuchs- und Galgen-Berg, während die Sachsen den Breiten Berg besetzten. Am 4.6. erreichte die Armee gegen 2 Uhr Gräben und überschritt nach einer Ruhepause das Striegauer Wasser. Als um 4 Uhr die Sachsen das Feuer eröffneten, ging du Moulin auf Pilgramshain vor, so daß sie dorthin ausweichen mußten. Die Preußen besetzten den Breiten Berg und brachten auf dem Fuchs-Berg sechs 24Pfünder in Stellung. Die alarmierten Verbündeten marschierten jetzt auf. Der König ließ am rechten Flügel die Infanterie mehr nach Norden ausgreifen und Buddenbrock mit der Kavallerie anreiten. Die Infanterie hatte vom rechten Flügel ablaufend brigadeweise anzugreifen.
Von den 26 Schwadronen Rothenburgs warf die Brigade Goltz die feindliche Brigade Bernes. Als die Brigade Bredow von den Sachsen umfaßt wurde, schlugen die Hus.Rgt. 4, 5, 6 sie wieder heraus. Durchgebrochene sächsische Schwadronen trieb das Drag.Rgt. 6 zurück. Die feindlichen Reiter gerieten zwischen das Feuer der Grenadiere du Moulins und des rechten Infanterie-Flügels. Der zweite Angriff des Herzogs von Weißenfels führte zum Handgemenge, in dem die Preußen den Gegner durch Pilgramshain bis Eisdorf zurückwarfen. Der Einsatz der Reserve fegte den Gegner vom Schlachtfeld. Diesen Erfolg nutzte Prinz Dietrich und trat um 6 Uhr mit 21 Bataillonen zum Angriff auf die Gule, Nahtstelle der Verbündeten, an: vorn sechs Grenadier-Bataillone und IR 3, rechts zu du Moulin verbreitert durch IR 11 und 17, links verlängert durch IR 22, links gestaffelt IR 12, 28 und 4, dahinter

Schlacht bei Hohenfriedeberg

Ordre de Bataille
des Preußischen Heeres.

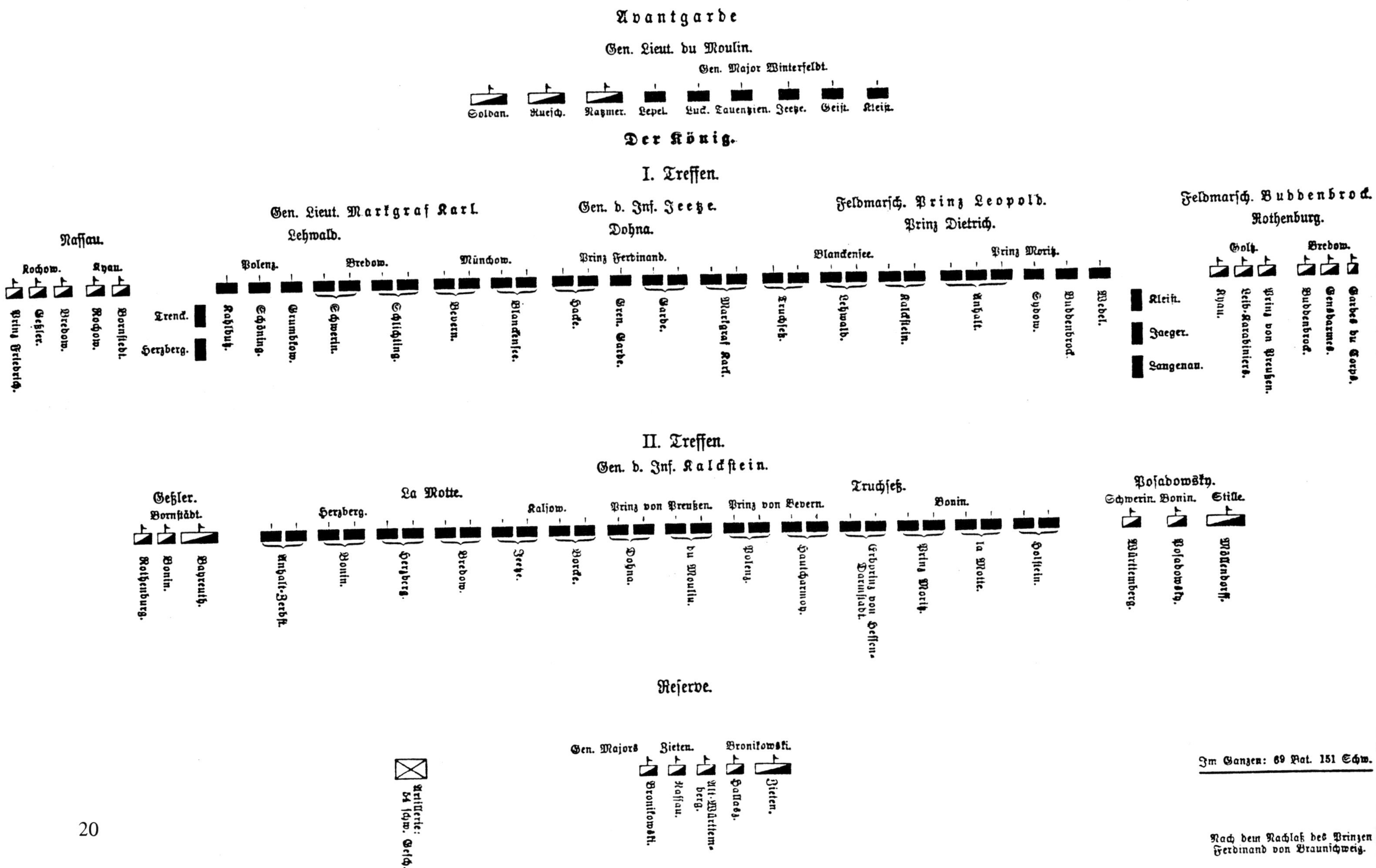

Ordre de Bataille
des Oesterreichisch-Sächsischen Heeres.
Schlacht bei Hohenfriedeberg

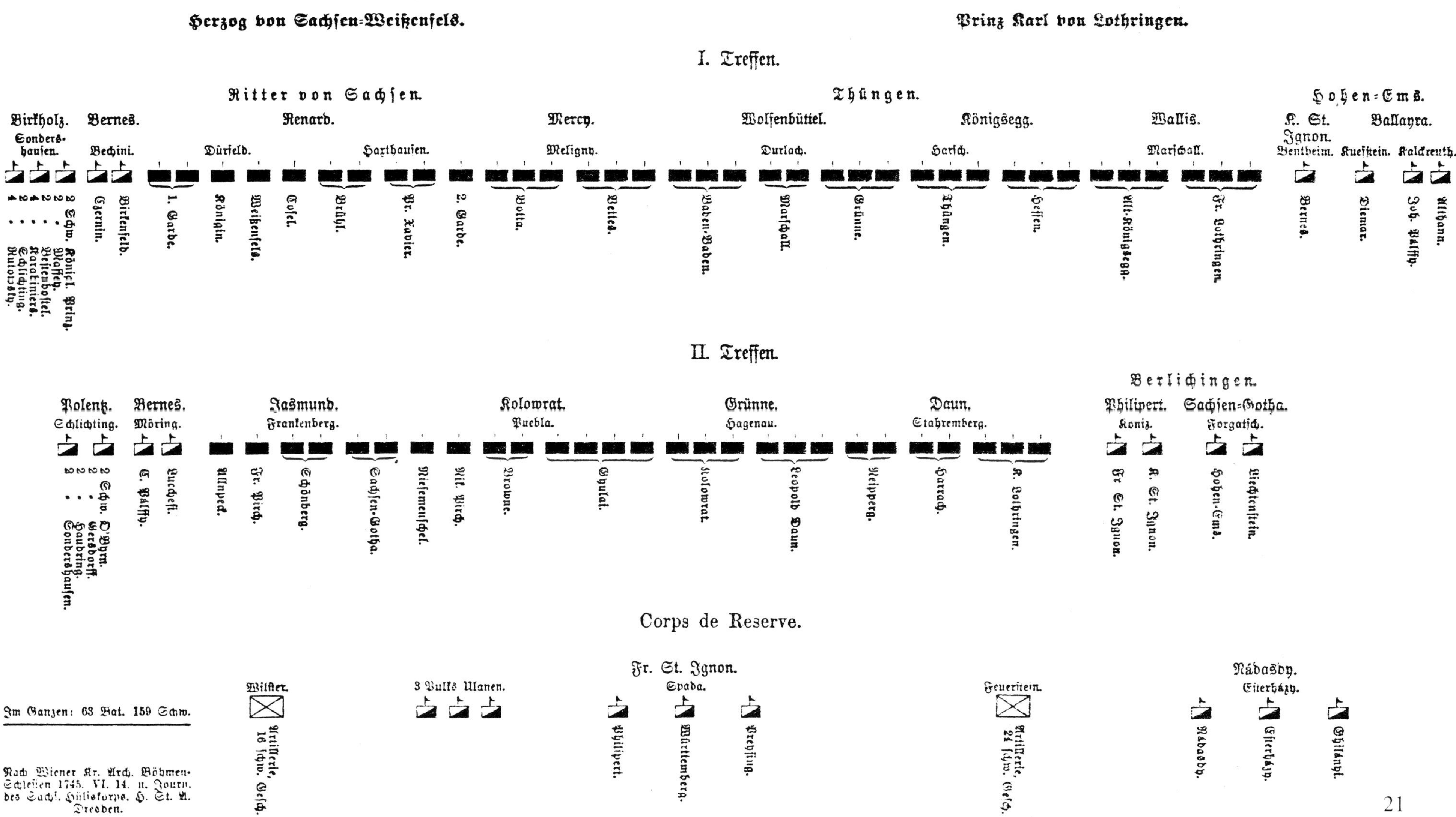

Im Ganzen: 63 Bat. 159 Schw.

Nach Wiener Kr. Arch. Böhmen-Schlesien 1745. VI. 14. u. Journ. des Sächs. Hilfskorps. H. St. A. Dresden.

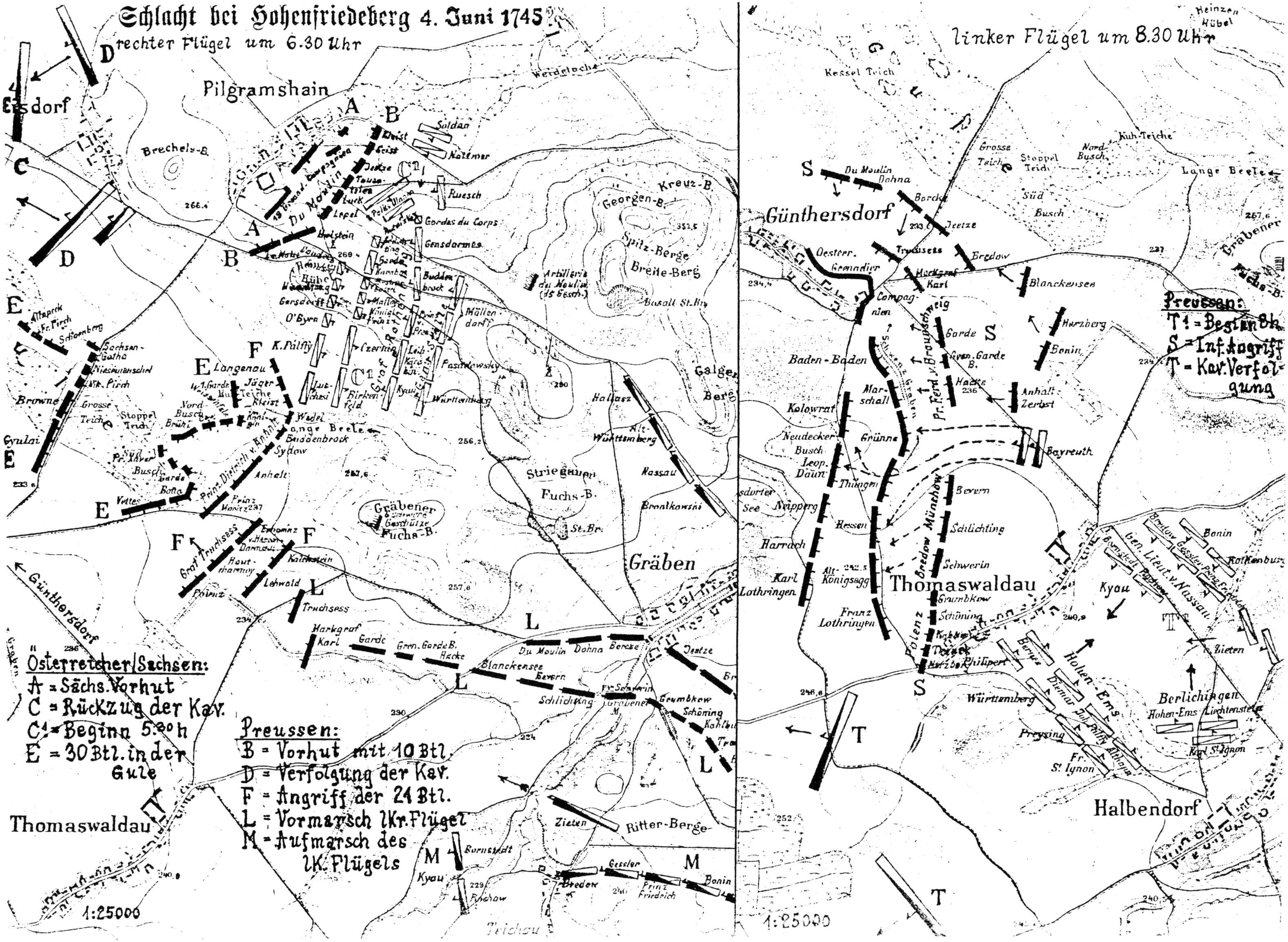

Schlacht bei Hohenfriedeberg 4. Juni 1745
rechter Flügel um 6.30 Uhr
linker Flügel um 8.30 Uhr
Pilgramshain
Brechels-B.
Georgen-B.
Kreuz-B.
Spitz-Berge
Breite-Berg
Striegauer Fuchs-B.
Gräbener Fuchs-B.
Gräben
Galgen Berg
Ritter-Berge
Thomaswaldau
Günthersdorf
Halbendorf
Kessel Teich
Grosse Teiche
Stoppel Teich
Nord Busch
Süd Busch
Kuh-Teiche
Lange Beete
Baden-Baden
Kolowrat
Neudecker Busch
Berlichingen
Zieten
Bayreuth
Österreicher/Sachsen:
A = Sächs. Vorhut
C = Rückzug der Kav.
C1 = Beginn 5.30 h
E = 30 Btl. in der Gule
Preussen:
B = Vorhut mit 10 Btl.
D = Verfolgung der Kav.
F = Angriff der 24 Btl.
L = Vormarsch lK. Flügel
M = Aufmarsch des lK. Flügels
Preussen:
T1 = Beginn 8h
S = Inf. Angriff
T = Kav. Verfolgung
1:25000
1:25000

IR 25 und 14, während die schwere Batterie vom Fuchs-Berg die Gule unter Feuer nahm. Verheerendes Kartätsch- und Gewehrfeuer von 30 Bataillonen empfing ihr unaufhaltsames Vorgehen. Der Gegner wich auf das zweite Treffen aus und stellte sich erst in der Tiefe des Gehölzes in zahlreichen Gräben. Ostwind blies den Sachsen Pulverdampf und Staub ins Gesicht. Durch die Einnahme des Nordbusches umfaßt, zog sich das zweite Treffen des Feindes auf den Weg Pilgramshain-Günthersdorf zurück. Graf Truchseß nahm den Südbusch und flankierte den Gegner von Süden. Die Teiche wurden durchwatet, der Damm erstürmt; der Feind wich in Unordnung auf Häslicht. Mit der Eroberung der Gule war ein tiefer Einbruch gelungen. Inzwischen hatte du Moulin, verstärkt durch IR 11 und 17, die sächsischen Grenadiere abgedrängt und zersprengt. Um 7 Uhr zog der linke Flügel der Verbündeten nach Nordwesten ab. Die latente Gefahr für Zentrum und linken Flügel der Preußen war gebannt.
Inzwischen waren die Österreicher zwischen Günthersdorf und Thomaswaldau gefechtsbereit. Der König ließ die IR 13 und 19 von der Gule gegen Günthersdorf einschwenken und sie durch die in vollem Laufe herbeieilende Brigade Braunschweig von Südosten unterstützen. Die Österreicher versäumten einen Sofort-Angriff in diesen Aufmarsch und begnügten sich mit einer Kanonade. Nassaus Kavallerie kam verspätet heran, weil bei Teichau die Brücke eingebrochen war, so daß Kyau mit den KR 8 und 9 bei Thomaswaldau zunächst allein attackieren mußte. Zieten folgte rasch nach, nachdem er eine Furt gefunden hatte. Nassau brachte auf demselben Wege die restlichen 25 Schwadronen nach vorn, so daß die Preußen in Einzelgefechten am linken Flügel ihr Feld behaupteten. Als Thomaswaldau von den Preußen genommen war, fluteten die 66 österreichischen Schwadronen bis Hohenfriedeberg, von den Preußen heftig verfolgt.

Der König wollte die Österreicher bei Günthersdorf von Norden her aufrollen. Beim Aufmarsch des linken Infanterie-Flügels bis 8.30 Uhr blieben beide Flanken der Brigade Braunschweig offen. Hinter die linke rückte das Drag.Rgt. 5 unter Oberst Otto Martin v. Schwerin. Sobald die Nachbar-Brigaden zur Stelle waren, wurde angetreten: IR 15 auf Günthersdorf, IR 6 und 1 südlich davon, die IR 23, 7, 2 und 24 zwischen Günthersdorf und Thomaswaldau, die Gren. Brigade Polenz auf Thomaswaldau, das zuerst fiel und den feindlichen Kavallerie-Flügel vom Zentrum der Österreicher trennte. Günthersdorf wurde von den IR 13 und 19 von Norden, von dem II. und III./IR 15, der Garde, von Südosten umfaßt, unterstützt vom IR 1 und den Brigaden Münchow und Bredow südlich anschließend gegen die Mitte der österreichischen Schlachtordnung. Sie erlitten schwere Verluste. Durch Feuer und hartnäckigen Angriff erschüttert, an den Flügeln im Stich gelassen, der Führung Thüngens und Launs durch Tod und Verwundung beraubt, begann das Regiment Thüngen inmitten der tapfer haltenden österreichischen Infanterie zu wanken. Da brach kurz vor Erlahmen der preußischen Angriffskraft gegen 9 Uhr das Dragoner-Regiment Ansbach-Bayreuth (Nr. 5), an der Spitze Gen.Lt. v. Geßler, Oberst v. Schwerin, die Majors v. Jürgas und v. Chazot, mit seinen zehn Schwadronen genau in die entstandene Lücke ein, erweiterte sie und stieß in einem beispiellosen Siegesritt durch das zweite Treffen durch. 20 Bataillone wurden durch den Schluß-Stoß eines einzigen Reiter-Regiments völlig zersprengt, das 2 500 Gefangene, 66 Fahnen einbrachte bei eigenen Verlusten von 94 Mann. Die Schlacht war gewonnen; die Verbündeten marschierten nach Reichenau ab.
Die Preußen hatten 190 Offiziere, 259 Unteroffiziere, 4 302 Mann verloren, insgesamt 4 751 Soldaten. Sie eroberten 72 Geschütze. 83 Fahnen und Standarten, 8 Paar Pauken, deren Zahl sich noch erhöhte. Dazu nahmen sie 5 655 Österreicher, 3 378 Sachsen gefangen, zusammen 9 033 Mann. Die schwersten Verluste hatten die Gren.Btl. 3/6, 15/18, 2/17 und die IR 1, 7, 24 dazu die KR 1, 8, 9 und DR 1. Die Verbündeten büßten insgesamt rd. 13 800 Mann ein, und zwar 10 285 Österreicher und 3 450 Sachsen, reichlich ein Viertel. Der Verlust an Generalen und Stabsoffizieren war auf beiden Seiten erheblich. Eine Verfolgung unterblieb, weil der König seine Armee schonen und nicht ins Gebirge vorgehen wollte. Er ehrte seine Regimenter, besonders das Drag.Rgt. 5, einmalig. Später schrieb er: »Die Welt ruht nicht sicherer auf den Schultern des Atlas als Preußen auf einer solchen Armee«. Planung, Initiative der mittleren Führung und Zusammenwirken aller Waffen bis zur Artillerie mit ihren vermehrten schweren Geschützen errangen einen glänzenden Erfolg aus Kräfte-Konzentration und Beweglichkeit. Der zielbewußte Angriff gewann durch den ungewöhnlichen nächtlichen Anmarsch nicht nur die Überraschung, sondern am rechten Flügel die Überhöhung des Gegners und die Umfassung seines linken Flügels. Während die Verbündeten zwei getrennte Schlachten schlugen, hielt der König das Gesetz des Handelns fest, ohne sich an eine schematische Ordnung zu binden oder zum persönlichen Eingreifen in vorderster Linie verführen zu lassen. Die Artillerie, weit voraus, wirkte unausgesetzt von den beherrschenden Punkten in alle Phasen der Schlacht ein. Die Kavallerie errang nach vier Jahren erstmals ihr bleibendes Übergewicht über den Gegner. Der Angriffsschwung der Infanterie litt weder unter Geländeschwierigkeiten noch unter großen Verlusten.

Hohenfriedeberg, 4. Juni 1745. *Das Infanterie-Regiment Nr. 6 (Grenadiergarde) südlich der Gule im Gefecht mit dem Österreichischen Infanterie-Regiment Nr. 23 (Baden-Baden).*

Hohenfriedeberg, 4. Juni 1745. *Einbruch des Dragoner-Regiments Nr. 5 (Bayreuth) um 9 Uhr in das Österreichische Infanterie-Regiment Thüngen südlich Günthersdorf.*

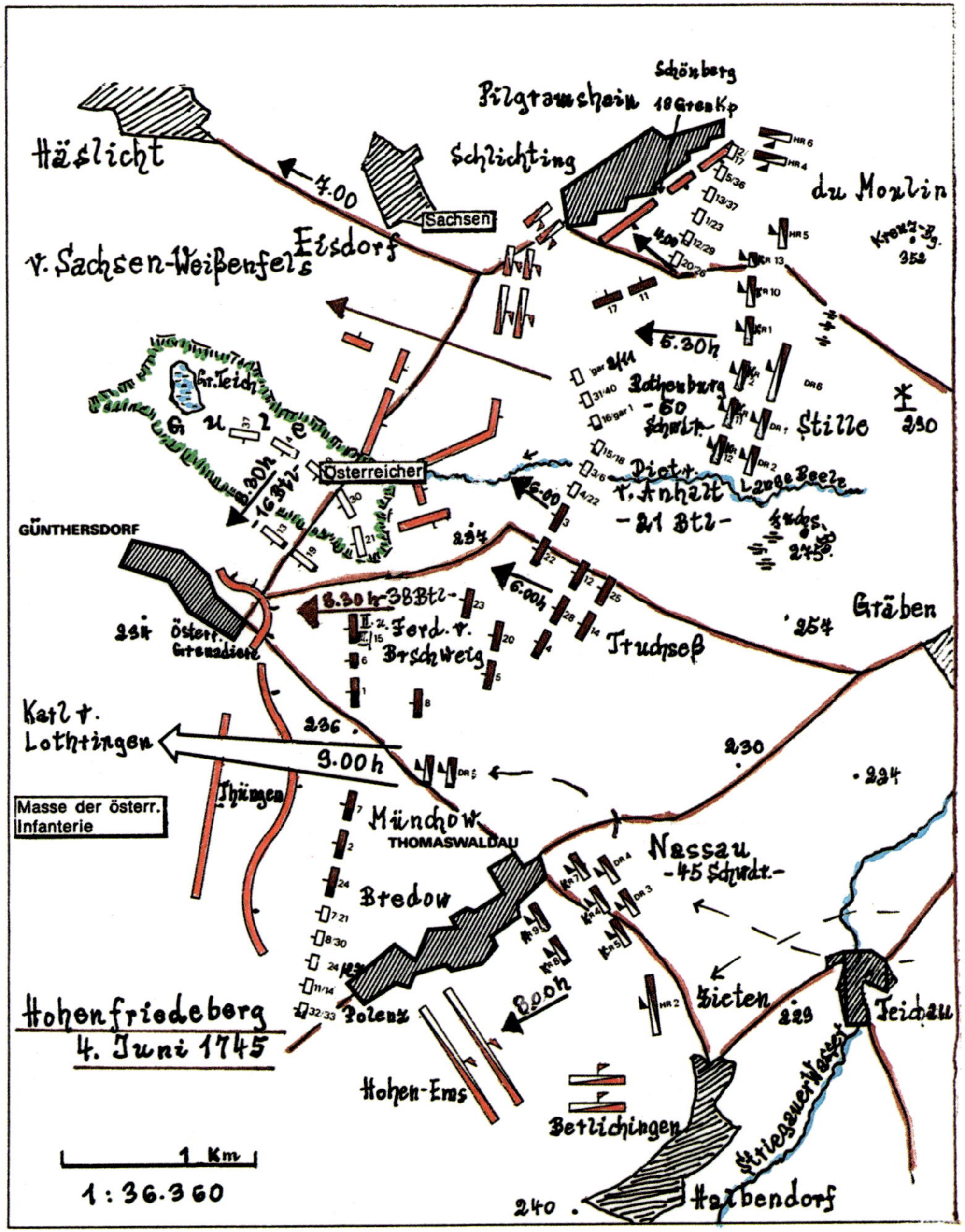
Häslicht
Pilgramshain
Schönberg
10 Gren Kp
Schlichting
Sachsen
du Moulin
v. Sachsen-Weißenfels
Eisdorf
Gr. Teich
Österreicher
Dietr. v. Anhalt
-21 Btl-
Rothenburg
-50 Schwdr-
Stille
GÜNTHERSDORF
österr. Grenadiere
Ferd. v. Brschweig
Truchseß
Gräben
Karl v. Lothringen
9.00 h
Masse der österr. Infanterie
Thüngen
Mündow
THOMASWALDAU
Nassau
-45 Schwdr.-
Bredow
Polenz
Zieten
Teichau
Hohen-Ems
Betlichingen
Striegauer Wasser
Halbendorf
Hohenfriedeberg
4. Juni 1745
1 Km
1:36.360

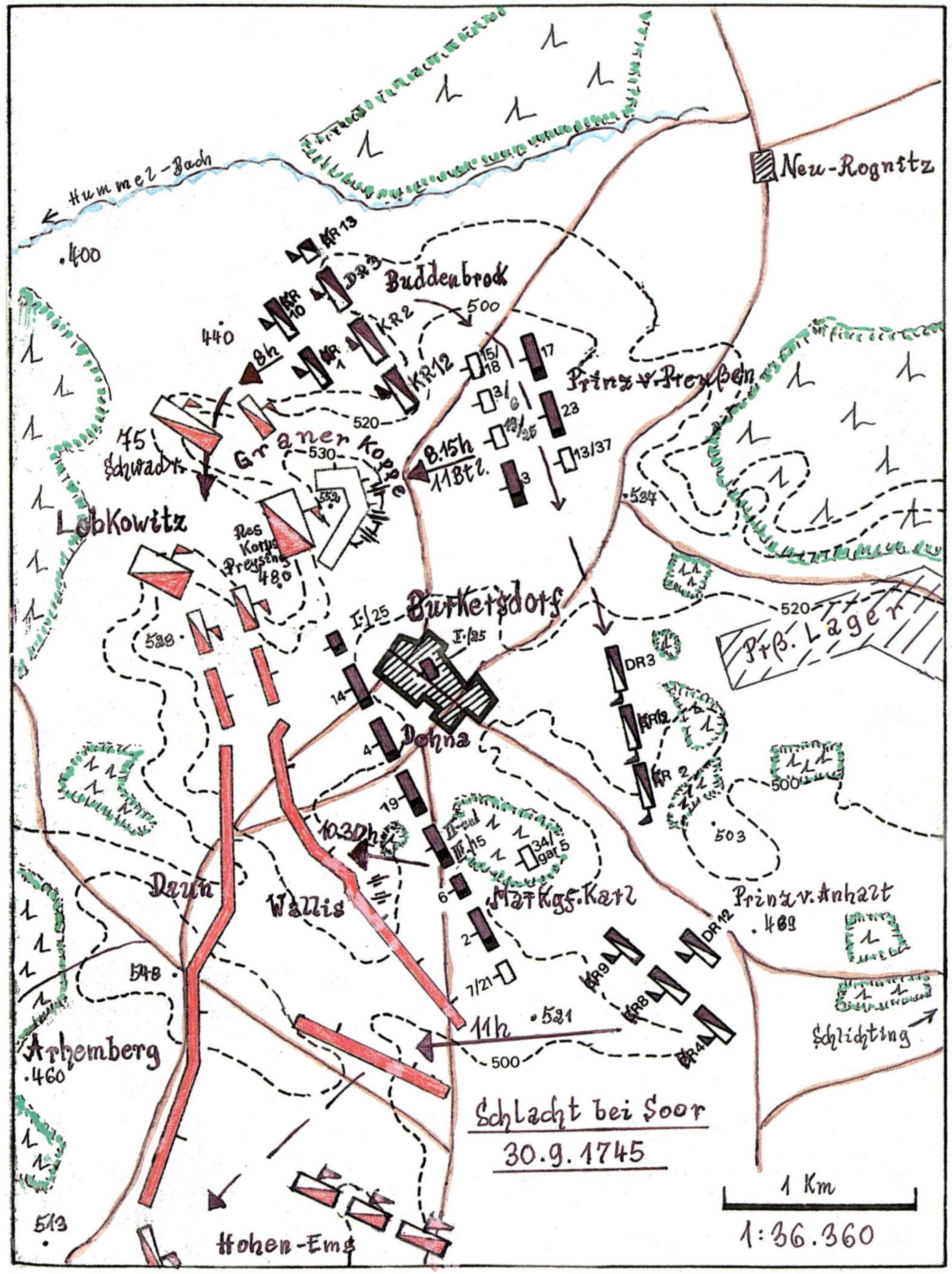
Hummel-Bach
Neu-Rognitz
Buddenbrock
Prinz v. Preußen
Graner Koppe
75 Schwadr.
8.15h
11 Btl.
Lobkowitz
Res Korps Preysing
Burkersdorf
Prß. Lager
Dohna
10.30h
Markgf. Karl
Prinz v. Anhalt
Daun
Wallis
Arhemberg
11h
Schlichting
Hohen-Ems
Schlacht bei Soor
30.9.1745
1 Km
1:36.360

SOOR

30. September 1745

Wenige Tage später folgte der König mit der Armee den Österreichern ins Gebirge und hielt drei Monate lang Prinz Karl von Lothringen gegenüber die Stellung zunächst zwischen Hohenelbe und Trautenau, dann auf dem Westufer der Elbe bei Chlum. Er wollte die Verbindung zu seinen schlesischen Magazinen erhalten und wartete die polititsche Entwicklung ab. Aber seine Hoffnung auf einen günstigen Frieden wurde immer geringer. Es blieb beim Klein-Krieg: »Hier haben wir die Superiorität über den Feind, und hat es unsere Kavallerie dahin gebracht, daß sie vom Feind recht respektiert wird«, schrieb er. Dafür entsandte er je ein Korps nach Oberschlesien und Sachsen sowie ein Detachement nach Crossen an die polnische Grenze. Mitte August ging er auf das Lager Semonitz, dann am 19.8. auf Staudenz südostwärts Trautenau zurück. Er wollte sich nach Schlesien zurückziehen. Die Österreicher folgten ihm zum südlichen Gebirgsrand zwischen oberer Elbe und Aupa, um mit 42 000 Mann sein Lager von 22 000 Mann vor dem Landeshuter Paß zu überfallen. Der König erwartete kein ernsthaftes Unternehmen der Feinde, wollte aber dem Gegner durch Verlegung seines Lagers nach Trautenau am 30.9. zuvorkommen. Es lag wenig günstig an einem Vorderhang ohne jede Tiefe, mit dem rechten Flügel nordwestlich Staudenz unweit Burkersdorf, der linke nördlich Nieder-Raatsch, durch die Aupa geschützt, vor sich Sumpf-Wiese, Teiche und einen zur Aupa fließenden Wasserlauf. Vier Grenadier-Bataillone und fünf Husaren-Schwadronen waren zur Sicherung weit vorgeschoben. Im ersten Treffen standen 22 Bataillone, 35 Schwadronen, im zweiten nur 6 Bataillone, 11 Schwadronen.
Nach eingehender Erkundung erteilte Prinz Karl von Lothringen am 28.9. den Angriffsbefehl für den nächsten Tag bei Tagesanbruch. Mit 39 327 Mann, davon 12 706 Reiter, waren die Verbündeten den Preußen fast doppelt überlegen. Um 23 Uhr besetzte Lobkowitz die beherrschende, vom König aber ausgesparte Graner Koppe mit nach und nach 10 Bataillonen, 15 Gren. Kompanien zu Fuß, 30 Schwadronen und 15 Gren. Kompanien zu Pferde und Karabiniers, dazu einer Batterie von 16 schweren Geschützen. Danach rückte das Haupt-Heer in zwei Treffen während der Nacht auf den Höhenzug südlich der Graner Koppe mit dem rechten Flügel von 6 Kavallerie-Regimentern bis vor Deutsch-Praußnitz, davor südwestlich Burkersdorf eine zweite schwere Batterie . Kurz vor Tagesanbruch war der Aufmarsch vollendet und alles erhöhte Gelände besetzt, dazu der Gegner von leichten Truppen eingeschlossen. Eine vernichtende Niederlage der Preußen schien unabwendbar.

Das Gelände war eine wellige Hochebene in Ost-West-Richtung von 7 Kilometern, in Nord-Süd-Richtung im Westteil 4 Kilometer breit, nach Osten aber zwischen Wasserläufen bei Ober- und Nieder-Raatsch spitzwinklig auslaufend. Südlich davon lag der riesige, unwegsame Königs-Forst. Im Norden und Westen war es von steilen Höhenzügen, im Süden durch das tief eingeschnittene Bach-Tal, im Osten von dem zur Aupa abfallenden Waldhang umschlossen. Teiche, kleine Waldstücke und sumpfige Wiesenstreifen behinderten alle Bewegungen. Die Dörfer mit ihren ärmlichen Holzhäusern waren ohne Verteidigungs-Wert. Die Graner Koppe (552 m) bot als höchster Punkt weite Übersicht. Ihre Ost- und Südhänge waren sanft, ihre Nord- und Westhänge steil. Die Hauptstraße von Königinhof nach Trautenau führte über Burkersdorf und Neu- Rognitz; die anderen Wege waren schlecht und kaum befahrbar.
Prinz Karl verzögerte jedoch seinen Angriff, sei es wegen der Enge seiner Aufstellung, mangelnder Angriffsbereitschaft seiner Truppen oder Festhalten an seiner überlegenen Stellung. Im Grund wollte er sich wohl angreifen lassen, um dann nachzustoßen. Als der König um 5 Uhr seinen Generalen den Marschbefehl nach Trautenau diktierte, traf die Meldung ein von dem kampfbereiten Aufmarsch des Feindes, den man vom Lager aus sehen konnte. Von der Graner Koppe fielen die ersten Kanonen-Schüsse. Der König erkannte mit einem Blick, daß nur schneller Angriff helfen konnte und eine Umgehung der Graner Koppe möglich war. Er befahl den sofortigen Rechtsabmarsch und zog im Feuerbereich der Geschütze an der Front des Feindes vorbei. Er wußte, was er seinen Soldaten zutrauen konnte. In kaum einer Stunde waren die Preußen gefechtsbereit: »Der Feind ruckte auf das Allergeschwindeste zusammen, welches zu bewundern war, indem er höchstens eine Stunde zubrachte zu seiner Formierung«, meinte ein Österreicher. Anfangs begünstigte Nebel den riskanten Marsch bis vor Neu-Rognitz. Dann begann das feindliche Artilleriefeuer; unter schweren Verlusten war bis 8 Uhr die Gefahr eigener Überflügelung ins Gegenteil verkehrt.
Vom Fleck ließ der König den Feldmarschall v. Buddenbrock und General v. d. Goltz mit den Kür.Rgt. 1 und 10 in vollem Lauf den steilen Hang zur Graner Koppe hinaufstürmen, dahinter unter Posadowsky und Katzler Kür.Rgt. 13, Drag.Rgt. 3 und KR 2 und 12 als zweites Treffen. Die Verwegenheit, die für unersteigbar gehaltene Höhe zu Pferde anzugreifen, setzte die Elite der österreichischen Reiterei in Verwirrung; die Karabiniers und Grenadiere wurden geworfen und rissen die

Ordre de Bataille*)

des Preußischen Heeres in der Schlacht bei Soor am 30sten September 1745.

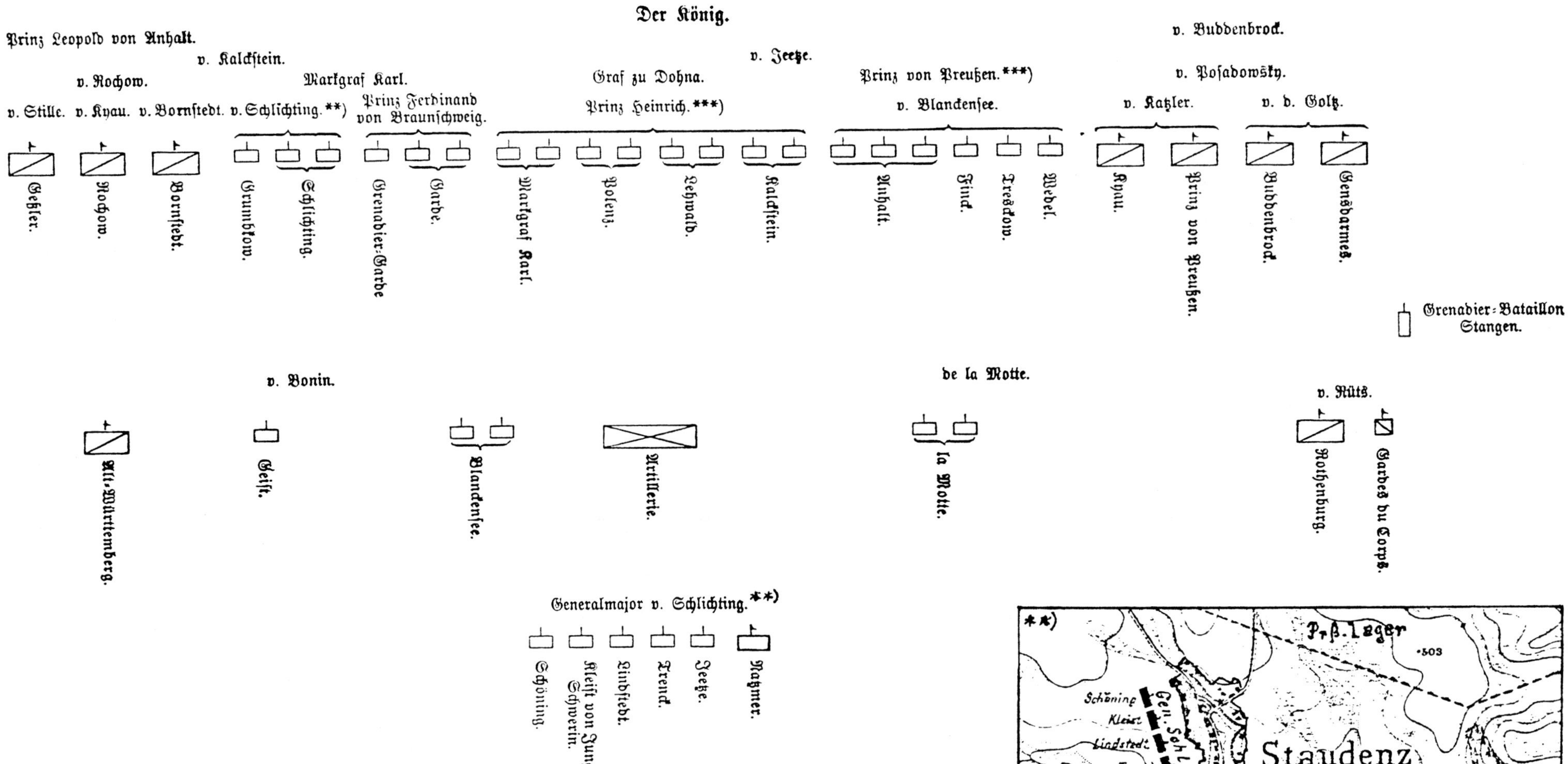

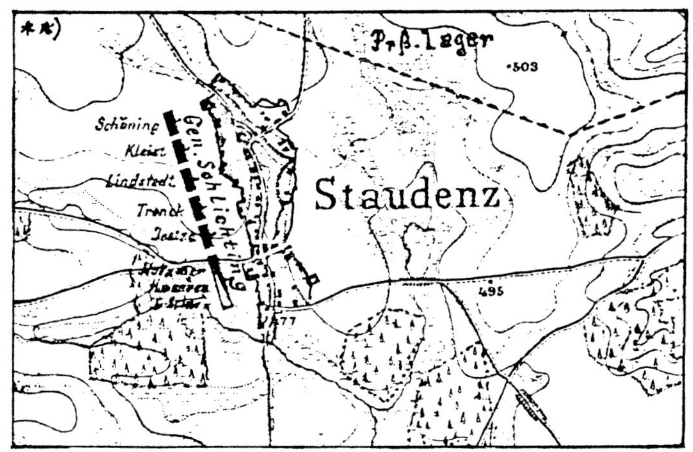

Eigenhändige Aufzeichnungen des Herzogs Ferdinand von Braunschweig. Kr. Arch. Gen. St. *)

Genmajor v. Schlichting führte seine Brigade nicht, da ihm die Rückendeckung unterstellt war. **)

Prinz von Preußen und Prinz Heinrich befanden sich während der Schlacht beim Könige. ***)

Ordre de Bataille

des Oesterreichisch-Sächsischen Heeres in der Schlacht bei Soor am 30sten September 1745.

Prinz Karl von Lothringen.

Linker Flügel.

Feldmarschall Fürst Lobkowitz.

Kolowrat. — 15 Karab. u. Gren.-Komp. zu Pferde.

Meligni. — Neipperg. / Harrach.

Hagenbach. — 10 Gren. Komp. zu Fuß. / Wurmbrand.

Königsegg. Marschall. — Alt-Königsegg. / Karl Lothringen. / Franz Lothringen.

Franz Lothringen. / 5 Gren. Komp. zu Fuß. / Alt-Königsegg. / Karl Lothringen.

Feldmarschallleutenant Preysing.

Soyer. — Bernes / Serbelloni.

Bechini. — Philippert. / Württemberg. / Preysing.

Rechter Flügel.

Feldmarschall Herzog von Arhemberg.

Feldzeugmeister Wallis. — General der Kavallerie Hohen-Ems.

Feldmarschallleutenants: Polenz. — Prinz von Sachsen-Gotha. — Mercy. — Balayra.

Generalmajors: Radicati. Buchner. Bentheim. Minckwitz. Harsch. Heusler. Bostanzi. Durlach. Sincere. Daun. Kalckreuth.

Czernin. / Birkenfeld. / O'Byrn. / Vitzthum. / Dallwitz. / Garde. / Prinz Xaver. / Botta. / Vettes. / Bayreuth. / Wolfenbüttel. / Marschall. / Kolowrat. / Baden-Baden. / Damnitz. / Hessen. / Diemar. / Joh. Pálffy. / Althann.

Feldzeugmeister Graf L. Daun.

Feldmarschallleutenants: Bernes. — Dungern. — Prinz Ludwig Ernst von Braunschweig. — Karl St. Ignon.

Generalmajors: Möringer. Cosa. Puebla. St. André. Wurmbrand. Sproda.

Karl Pálffy. / Lucchesi. / Sachsen-Gotha. / Browne. / Gyulai. / Siebenbürger. / Andlau. / O'Gylvi. / Plaz. / Grünne. / Daun. / Waldeck. / Neipperg. / Harrach. / Karl St. Ignon. / Hohen-Ems. / Liechtenstein.

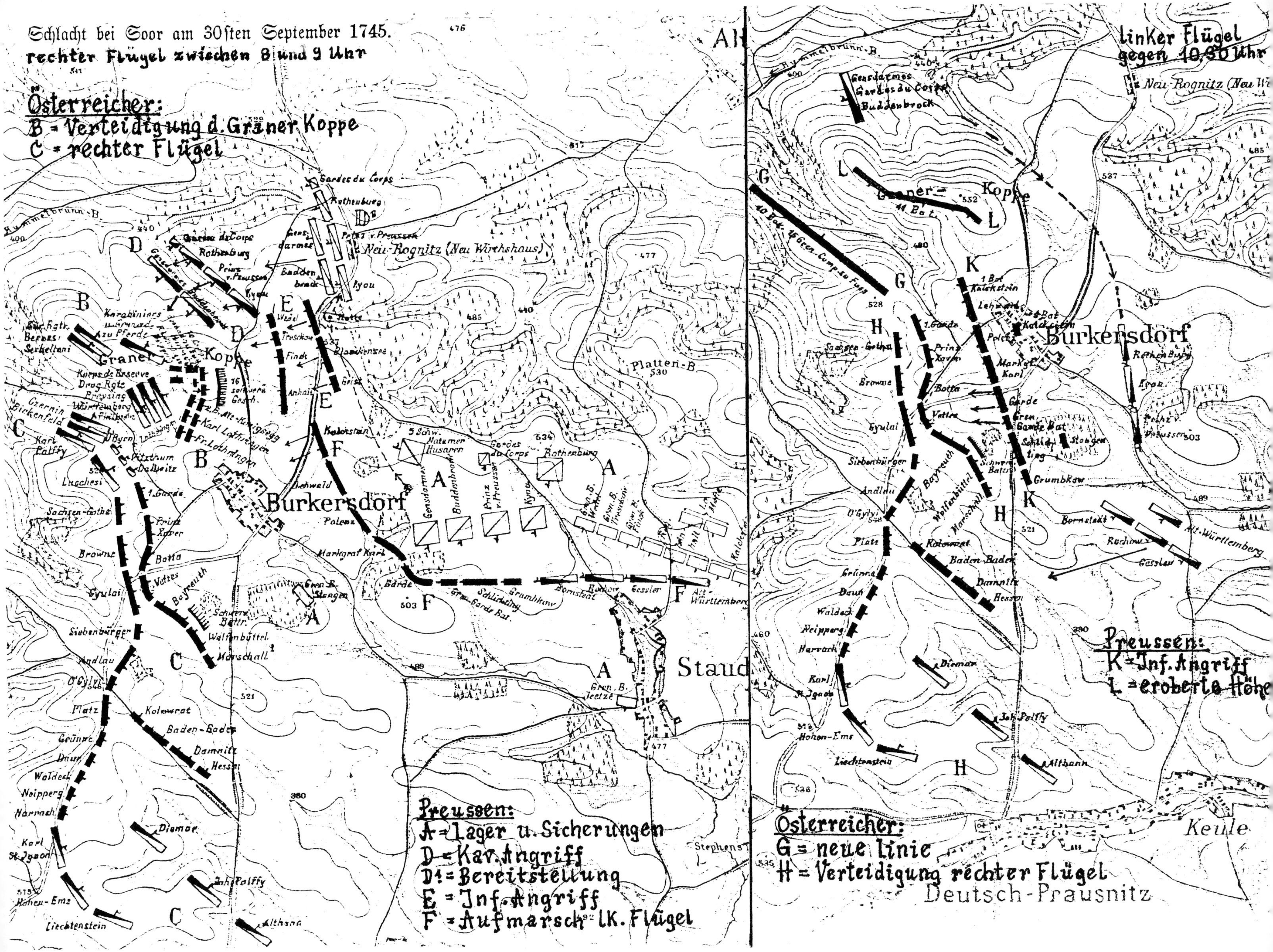
Schlacht bei Soor am 30sten September 1745.
rechter Flügel zwischen 8 und 9 Uhr
Österreicher:
B = Verteidigung d. Grüner Koppe
C = rechter Flügel
Preussen:
A = Lager u. Sicherungen
D = Kav. Angriff
D1 = Bereitstellung
E = Inf. Angriff
F = Aufmarsch lk. Flügel
Burkersdorf
Neu-Rognitz (Neu Wirthshaus)
Platten-B.
Staud
linker Flügel
gegen 10.30 Uhr
Neu-Rognitz (Neu W
Burkersdorf
Preussen:
K = Inf. Angriff
L = eroberte Höhe
Österreicher:
G = neue linie
H = Verteidigung rechter Flügel
Keule
Deutsch-Prausnitz

Kür.Rgt. Bernes und Serbelloni mit fort. 27 von 45 Schwadronen der feindlichen Vorhut verschwanden in den Waldschluchten Richtung Nieder-Soor. Heftiges Gewehrfeuer in der linken Flanke zwang die preußischen Reiter zum rückwärtigen Sammeln. Gleichzeitig waren die 6 Bataillone der Brigade Blanckensee über den 600 Meter freien Osthang auf die schwere Batterie vorgegangen. Als sie 150 Meter vor den Geschützen im furchtbaren Granat- und Geschützfeuer stockten und zu feuern begannen, führte Oberst Benda mit 5 Grenadier-Kompanien einen Gegenstoß, der die Preußen schrittweise über Tote und Verwundete hinweg wieder zurückdrängte. Vater und Sohn Blanckensee fielen. Wenn die frischen 10 Bataillone, 10 Gren. Kompanien des Feindes den Erfolg jetzt rasch nutzten, war der preußische Angriff verloren. Benda blieb ohne Hilfe. Inzwischen hatte der König in höchster Bedrängnis aus dem zweiten Treffen die IR 17, 23 und Gren.Btl. 13/37 zur Verstärkung herangeführt. Diese 11 Bataillone brachen unter Erbprinz Leopold mit dem Bajonett in die große Batterie ein. Keine der 75 österreichischen Schwadronen hatte in den schweren Kampf der Infanterie eingegriffen. Eingeengt vom Gelände, drehten die Regimenter ab und wandten sich zur Flucht. Der Verlust der feindlichen Schlüsselstellung hatte seiner Verteidigung das Rückgrat gebrochen.

Ursprünglich hatte der König jetzt die Höhenstellung des Feindes von der Graner Koppe aus aufrollen wollen und daher Mitte und linken Flügel zurückgehalten. Vom II./IR 15 aus meinte er, ein Vorgehen des Feindes auf Burkersdorf zu beobachten. Als er ein Bataillon IR 25 dorthin eindrehen ließ, glaubten die nachfolgenden Bataillone, sich auf gleicher Höhe anschließen zu sollen, die vier Kavallerie Regimenter Rochows links daneben. Der Aufmarsch geriet auf 500 Meter Entfernung in das Feuer der schweren Batterie südwestlich Burkersdorf; zudem war die Graner Koppe noch nicht ganz genommen. Als der Angriff mit geschultertem Gewehr stockte und auch Peleton-Feuer den Gegner nicht erschütterte, sprang Prinz Ferdinand von Braunschweig vom Pferd, ließ das Feuer einstellen und setzte sich an die Spitze des II./IR 15, der Garde. In mitreißendem Schwung riß er seine Brigade die Höhe hinauf, um mit dem Bajonett in die Regimenter Vettes und Botta (IR 34 und 12) einzubrechen. Die benachbarten Brigaden Dohna und Schlichting schlossen sich an. Die 14 Bataillone des ersten Treffens der Österreicher wichen zurück und rissen das dicht aufgeschlossene zweite Treffen mit. Gegen 11 Uhr räumte das österreichisch-sächsische Heer die Stellung und zog in den schützenden Wald ab, unter erheblichen Nachhut-Kämpfen und Widerstand bis Altenbuch und Soor. Die Süd-Schwenkung des rechten preußischen Flügels hatte das Aufgeben der Stellung beschleunigt.

Auf dem rechten Flügel des Feindes standen nach Absendung der Kür.Rgt. Bernes und Serbelloni immer noch zwei Dragoner- und vier Kürassier-Regimenter mit 36 Schwadronen den nur 20 preußischen Schwadronen gegenüber. Sie hätten die linke Flanke der preußischen Infanterie bei ihrem schweren Kampf sehr gefährden können, blieben aber 'untätige Zuschauer'. Als die KR 2, 12, und DR 3, vom König vom rechten Flügel entsandt, gerade im Augenblick des beginnenden Rückzuges des Gegners eintrafen, setzt Gen.Lt. v. Rochow zur Attacke an, der die Österreicher auf Deutsch-Praußnitz auswichen. Da zersprengten sie die Nachtruppen, IR Damnitz und Kolowrat (40 und 17), völlig und nahmen noch 23 Offiziere, 828 Mann gefangen. Um 13 Uhr war das Schlachtfeld vom Gegner völlig geräumt. Die Preußen errichteten auf den Höhen im Bogen zwischen Nieder-Soor und Deutsch-Praußnitz ihr Lager. »In der Tat wäre jede andere Armee als die preußische unter den gleichen Umständen einer Katastrophe ausgesetzt gewesen«, urteilt Jany. Der König bekannte: »Ich hätte verdient gehabt, geschlagen zu werden, wenn nicht die geschickte Führung meiner Generale und die Tapferkeit meiner Truppen mich gerettet hätten«. Statt den Preußen in den Rücken zu fallen, hatte Nadasdy Lager und Hauptquartier geplündert.

Die Preußen büßten ein Viertel ihrer Soldaten ein: 145 Offiziere und 3 766 Unteroffiziere und Mannschaften, davon 34 Offiziere, 852 Soldaten tot. Am stärksten betroffen waren die Gren.Btl. 15/18 , 19/25, 3/6 und 7/21 sowie die Infanterie-Regimenter 3, 23, 17, 19, 25, 14 und 2, dazu das Kür.Rgt. 2. Die höchsten Verluste hatten die II. und III./IR 15 mit 404 Ausfällen. Die Österreicher verloren 179 Offiziere, 6 510 Mann; davon entfielen auf die 15 Kav.Rgt. nur 10%. Die Sachsen verloren insgesamt 35 Offiziere, 720 Mann bei nur sechs eingesetzten Bataillonen. Die Gesamtverluste der Verbündeten umfaßten 214 Offiziere, 7 230 Mann, von denen 36 Offiziere, 3 072 Mann gefangen waren. Die Preußen erbeuteten 8 Fahnen und 19 Geschütze. Der König hielt den Feldzug für beendet.

Infolge des Nebels und der Ahnungslosigkeit der Preußen hatte der geschickte Aufmarsch der Verbündeten alle Chancen für sich. Nicht sofort zum Angriff übergegangen zu sein, war ihr größter Fehler. Prinz Karl hatte keine Sieges-Erwartung; er rechnete mit dem Rückzug des Königs. General v. Stille schrieb: »Wir haben am 30.Sept. einen Kampf gehabt, dessen Hartnäckigkeit und Heftigkeit, verbunden mit anderen Umständen, ihn über Hohenfriedeberg stellen. Die Schlacht bei Soor ist glorreicher«. Überall griff der König rechtzeitig führend ein: »In solcher Gefahr und Not bin ich mein Tage nicht gewesen als den 30sten und doch herausgekommen«. Seine Soldaten dachten weder an den Gegner und seine Vorteile, sondern an nichts als Schlagen und Siegen.

Soor, 30. September 1745. Einbruch des Infanterie-Regiments Nr. 23 (v. Blanckensee) gegen den feindlichen Gegenstoß in die große Batterie auf der Graner Kuppe auf dem Höhepunkt der Schlacht.

KESSELSDORF

15. Dezember 1745

Auch nach der Schlacht bei Soor planten Österreich und Sachsen einen Großangriff auf die preußischen Kerngebiete, obwohl der König aus politischen Gründen den Anschein der Neutralität Sachsens respektierte. Die sächsische Armee sollte, verstärkt durch ein österreichisches Korps, von Leipzig aus das Korps des Fürsten Leopold von Anhalt-Dessau bei Halle angreifen, Prinz Karl von Lothringen gleichzeitig über Bautzen auf Frankfurt/Oder vorgehen. Das sächsische Gebiet ging damals fast bis zum Schwielow-See bei Potsdam. Berlin war rasch bedroht, zumal es kaum eine Verteidigung besaß. Später wurde umgeplant: die Sachsen sollten auf Guben marschieren, das Hilfskorps Berlin bedrohen. Am 11.11.1745 entschloß sich der König, den Alten Dessauer in Sachsen einfallen zu lassen, sobald die Österreicher in die Lausitz vordrangen. Am 23.11. schlug er selbst bei Kath. Hennersdorf die Österreicher zurück und drängte nun Fürst Leopold, ebenso gegen die Sachsen vorzugehen, um sie zum Frieden zu bringen. Mit 28 Bataillonen, 63 Schwadronen, 32 schweren Geschützen trat der Fürst am 29.11. den Vormarsch an und nahm am 3.12. Eilenburg, am 6.12. Torgau. Der König wurde ungeduldig, weil der Schlag erfolgen mußte, ehe Prinz Karl zu Hilfe kam. Zur Unterstützung zog der König bis Bautzen vor. Weiteres Zögern stelle den Erfolg des Feldzuges in Frage. »Mein Feldmarschall ist der einzige, der meine deutlichen Befehle nicht verstehen kann oder will«, schrieb er ihm ärgerlich. Fürst Leopold nahm am 12.12. Meißen, das dann der König übernahm, während der Fürst in ein Lager zwischen Röhrsdorf und Naustadt ging, mit rd. 30 000 Mann, gesichert von den Hus.Rgt. 6 und 7. Das Sächsisch-österreichische Heer unter dem Grafen Rutowsky, natürlicher Sohn August des Starken und Erstürmer von Prag am 26.11.1741 an der Seite der Preußen, stand seit dem 13.12. hinter dem Zschoner Grund nordwestlich Dresden zwischen Kesselsdorf und Kemnitz an der Elbe. Es umfaßte mit 39 Bataillonen, 58 Schwadronen, 51 leichten und 42 schweren Geschützen 31 000 Mann, davon 11 Bataillone, 14 Schwadronen der Österreicher am rechten Flügel. Prinz Karl hatte am 14.12. mit rd. 18 000 Mann Dresden erreicht.

Das Schlachtfeld zwischen Elbe, Wilder Sau und Weisseritz war offen und wellig mit teilweise scharf eingeschnittenen Schluchten. Es fällt von Nordwesten zum Zschoner-Bach ab, der bis Zöllmen sumpfig, aber überwindbar, nordostwärts davon für Kavallerie ungangbar, für einzeln die Felshänge erkletternde Infanteristen aber ersteigbar war. Der Wüste-Berg zwischen Kesselsdorf und Zöllmen gewährt Sicht bis Kaufbach und Roitzsch, fällt aber nach Süden und Südwesten schluchtenreich ab. Von der Höhe 302 ostwärts Kesselsdorf führte der beste Zugang zum Wüste-Berg, während Kesselsdorf in einer von Westen nach Osten führenden Mulde liegt, die das Gelände nach Westen bis 600 Meter, nach Südwesten nur bis 300 Meter beherrscht. Seine Gehöfte, von Hecken, Zäunen und Mauern umgeben, und tief eingeschnittenen Straßen und Wege boten beste Deckung.

Am 15.12. brachen die Preußen in vier Marschsäulen um 7.30 Uhr auf und bogen südlich Wilsdruff nach Osten ab, während die Hus.Rgt. 6 und 7 mit Unterstützung des Drag.Rgt. 8 die leichte Reiterei Sybilskys bis kurz vor Kesselsdorf zurückwarfen, bis sie Artilleriefeuer bekamen. Vom Steinhübel überblickte der Fürst die drei Treffen des Feindes und die starke Besetzung von Kesselsdorf. Gleichzeitig entwickelte sich sein Heer, der linke Kavallerieflügel bei Roitzsch, der linke Infanterie-Flügel zwischen Hufen-Busch und Kessel-Bach, der rechte bis zum Lerchen-Busch an der Wilsdruffer Straße, der rechte Kavallerieflügel nach vorn abgewinkelt bis über den Fürstenweg südostwärts Kesselsdorf: 35 Schwadronen links, 23 Bataillone im ersten Treffen, 12 im zweiten Treffen, 40 Schwadronen rechts, drei schwere Batterien am Lerchen-Busch, im Winkel zwischen Brückel-Bach und Kessel-Bach und am Hufen-Busch. Trotz der glatt gefrorenen leichten Schneedecke vollzogen sich alle Bewegungen zügig und in bester Ordnung. Ein Angriff von Südosten hätte die Stellung des Gegners aus den Angeln gehoben, deren Eckpunkt Kesselsdorf war.

Um 14 Uhr begannen 3 Gren.Btl. und IR 3 den Angriff auf das Dorf den glatten Hang hinauf unter dem verheerenden Feuer der feindlichen Artillerie. Als die dezimierten Grenadiere stockten, riß sie Herzberg mit dem Regiment Anhalt wieder vor bis in die große Batterie am Rande des Dorfes. Aber die sächsischen Grenadiere hielten, und General Wilster führte mit den Gren.Btl.Gfug, le Fée, Brüggen, Hetterodt und Gersdorff einen erfolgreichen Gegen-Angriff. Als Fürst Leopold das Zurückweichen beobachtete, befahl er Oberst v. Lüderitz mit seinem Drag.Rgt. 4 die sofortige Attacke im gestreckten Galopp, der die Sachsen nicht gewachsen waren. Während der Vorstoß der Sachsen das Dorf entblößte und die Batterie am Feuern hinderte, stieß Lehwald mit den IR 30, 9, 22 und 20 vom Brückel-Grund aus flankierend überraschend gegen die Hochfläche nördlich des Dorfes vor, jagte die Reiter-Regimenter Prinz Karl, Rutowsky, Sybilsky in die eigene Infanterie und er-

Ordre de Bataille

des Preußischen Heeres für die Schlacht bei Kesselsdorf am 15ten Dezember 1745.

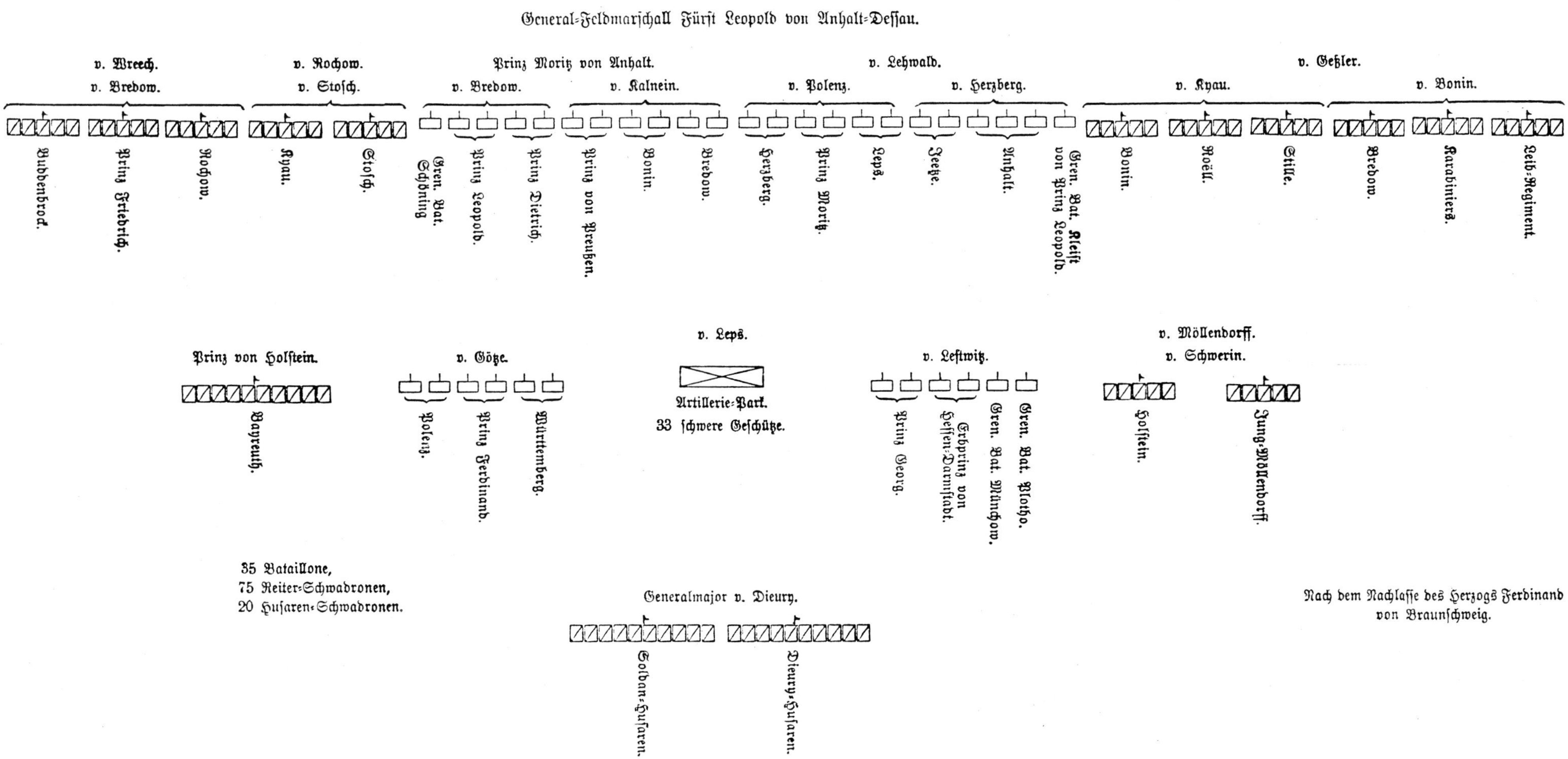

35 Bataillone,
75 Reiter-Schwadronen,
20 Husaren-Schwadronen.

Nach dem Nachlasse des Herzogs Ferdinand von Braunschweig.

Ordre de Bataille

des Sächsisch-Oesterreichischen Heeres für die Schlacht bei Kesselsdorf am 15ten Dezember 1745.

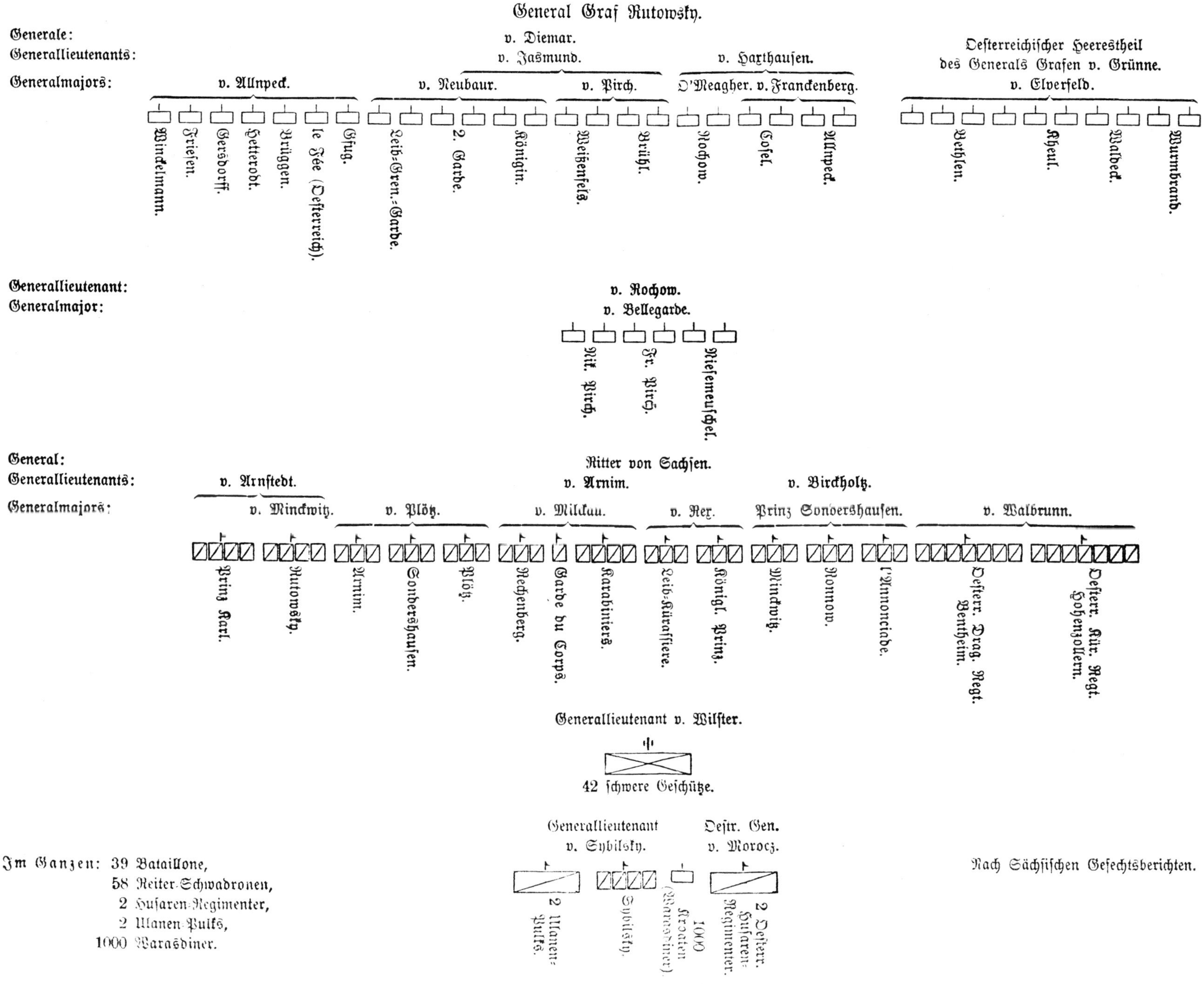

Im Ganzen: 39 Bataillone,
58 Reiter-Schwadronen,
2 Husaren-Regimenter,
2 Ulanen-Pulks,
1000 Warasdiner.

Nach Sächsischen Gefechtsberichten.

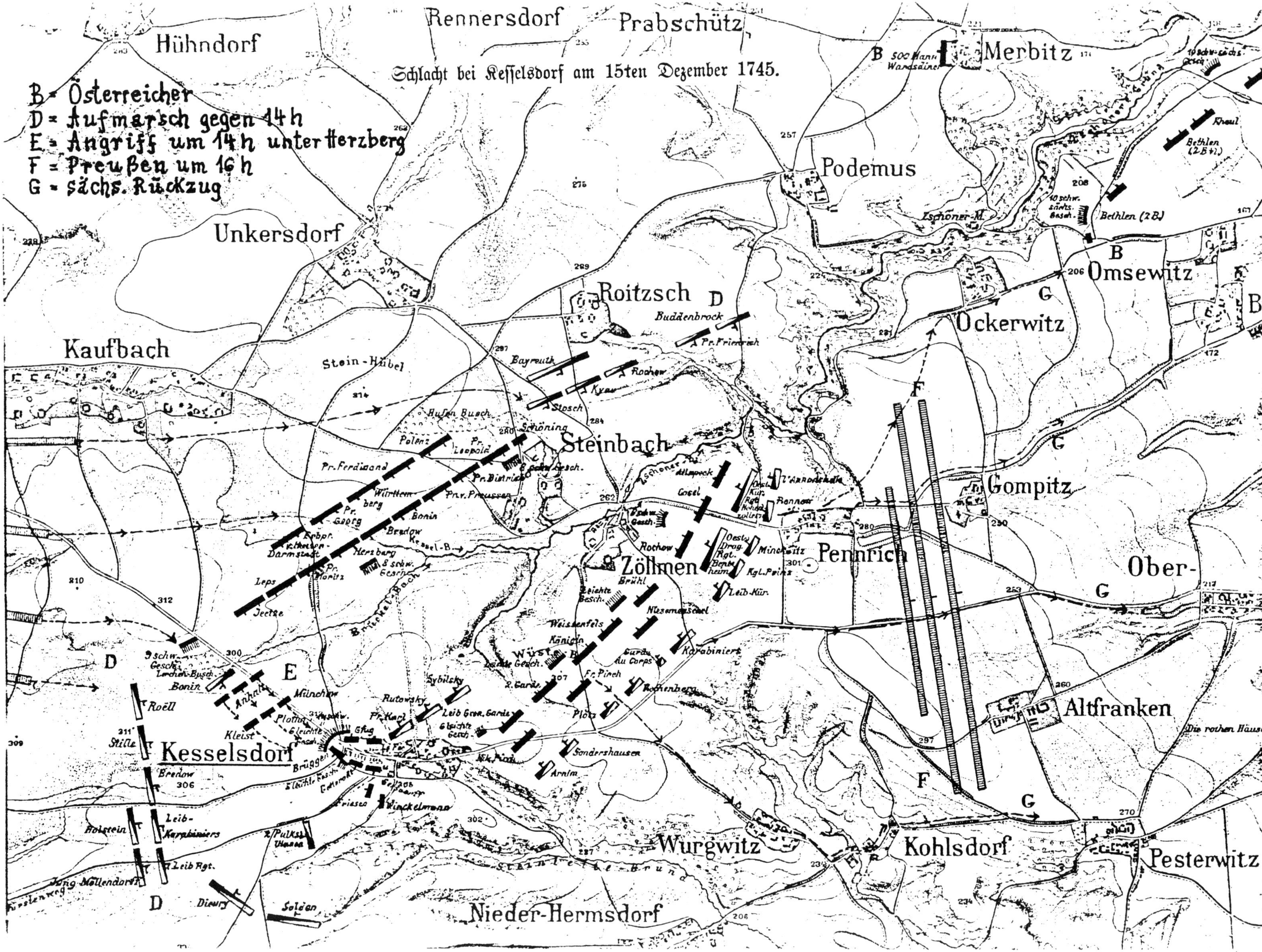

Schlacht bei Kesselsdorf am 15ten Dezember 1745.
B = Österreicher
D = Aufmarsch gegen 14 h
E = Angriff um 14 h unter Herzberg
F = Preußen um 16 h
G = sächs. Rückzug
Rennersdorf
Prabschütz
Hühndorf
Merbitz
Podemus
Unkersdorf
Roitzsch
Omsewitz
Ockerwitz
Kaufbach
Stein-Hübel
Steinbach
Gompitz
Pennrich
Zöllmen
Ober-
Altfranken
Die rothen Häuser
Kesselsdorf
Wurgwitz
Kohlsdorf
Pesterwitz
Nieder-Hermsdorf
Buddenbrock
Pr. Friedrich
Bayreuth
Rochow
Kyau
Stosch
Schöning
Polenz
Pr. Leopold
Pr. Ferdinand
Pr. Dietrich
Württemberg
Pr. v. Preussen
Pr. Georg
Bonin
Bredow
Erbpr. v. Hessen-Darmstadt
Herzberg
Pr. Moritz
Leps
Jeetze
Brühl
Weissenfels
Königin
Garde du Corps
Karabiniers
Rochow
Minckwitz
Kgl. Prinz
Leib-Kür.
Cosel
Rutowsky
Sybilsky
Pr. Karl
Leib Gren. Garde
Münchow
Anhalt
Kleist
Röell
Stille
Bredow
Holstein
Leib-Karabiniers
Leib Rgt.
Jung-Möllendorf
Dieury
Solden
Winckelmann
Sondershausen
Arnim
Plötz
Rochenberg
Bethlen (2 B.)
Kheul

oberte mit dem IR 30 die große Batterie von 24 Geschützen und das Dorf von Norden. Die Reste der Brigade Herzberg riß der Angriff mit. Trotz eines Gegenstoßes Allnpecks mit dem Gren.Btl. Winckelmann und dem I./IR Nik. Pirch von Süden und Norden brach Geßler mit den KR 3, 11, 7 und den DR 9, 10 von Südwesten durch das Dorf und die Schluchten südlich davon dem linken Flügel des Feindes in die Flanke, während Kyau mit den KR 6, DR 7 und 4 ostwärts ausholte und das Dorf umfaßte. Die sächsische Infanterie sah sich in Front, Flanke und Rücken angegriffen, das Dorf ging in Flammen auf, sächsische Artillerie-Bespannungen jagten zurück, General Allnpeck wurde gefangengenommen. Kesselsdorf, Eckpunkt des linken Flügels der Sachsen, war erobert.

Inzwischen war auch der linke Infanterie-Flügel unter Prinz Moritz von Anhalt angetreten. Die unbesetzten Dörfer Steinbach und Zöllmen boten etwas Deckung, um den offenen Graben mit seinen morastigen Rändern zu überwinden, ehe der schneebedeckte Hang erstiegen werden mußte. Der Prinz führte die Brigade Kalnein mit den IR 21,5 und 18 südwestlich von Zöllmen vorbei gegen die steile Höhenstellung des Feindes, während die Brigade Bredow mit den IR 10, 27, 4 und dem Gren.Btl. 8/30 durch beide Dörfer und nördlich davon vorging. Die beiden schweren Batterien sowie die Bataillons-Geschütze vom Rande des Kessel-Grundes hielten die sächsischen Batterien auf dem Wüste-Berg und bei Zöllmen nieder. Da die Warasdiner die befohlene Besetzung der Dörfer versäumt hatten, hatte Rutowsky den IR Brühl und Rochow noch die Besetzung befohlen, aber die Preußen waren schneller. Als sie am Zschoner-Bach vor dem glatten Hang verhielten, sprang Prinz Moritz vom Pferde und als erster in das eiskalte Wasser. Zwei Musketiere trugen ihn hinüber. Die Brigade gewann die Hochfläche und stieß am Südrand Zöllmen auf die sächsischen Regimenter.

Das verheerende Kartätsch- und Gewehrfeuer des Feindes beantworteten seine Bataillone auf 60 bis 70 Schritt; Pulverdampf verhüllte die Reihen. Den Abgrund im Rücken war jedes Stehenbleiben gefährlich. Mit lautem Kommando 'Marsch' setzte sich Prinz Moritz an die Spitze des IR 18, das mit gefälltem Bajonett in die Regimenter Brühl und Weißenfels der Brigade Pirch einbrach und sie auf die Regimenter Niesemeuschel und Franz Pirch zurückwarf. Da ritten die Reiter-Regimenter Karabiniers, Rechenberg, Plötz und Garde du Corps zur Gegen-Attacke an. Aber Gen.Lt. v. Leps hatte schon mit seinem zweiten Treffen den Hang erstiegen und die Lücken gefüllt. Im Feuer der frischen Bataillone brach die Attacke zusammen. Die zurückflutenden Regimenter ritten die eigene Infanterie nieder und wurden von ihr beschossen. Das Zentrum der Sachsen war durchbrochen, sie wandten sich in Unordnung nach Wurgwitz zurück. Vergeblich versuchten Graf Rutowsky und der Herzog von Weißenfels, den Rückzug aufzuhalten. Als die Preußen ihre Geschütze von Steinbach bis auf die Hochfläche brachten, geriet der Feind in den rückwärtigen Schluchten in Panik.

Der Gegenangriff des linken Infanterieflügels der Sachsen wurde in der linken Flanke von der aus Kesselsdorf hervorbrechenden Infanterie und von der Kavallerie der Peußen auch im Rücken gefaßt. General v. Jasmund entkam mit 800 Mann Richtung Dresden. Der Angriff der Kavallerie-Brigade Kyau von rückwärts bis zum Wüste-Berg erstickte jeden Versuch einer sächsischen Gegen-Attacke, die Hus.Rgt. 6 und 7 verfolgten die Reste des linken sächsischen Flügels bis zur Dunkelheit und machten viele Gefangene. Zwischen Zöllmen und Pennrich hatte inzwischen die Brigade Bredow, gefolgt vom IR 4, durch eine Schlucht die Höhe erklommen und sich in Trupps von 30 bis 60 Mann auf die Inf.Rgt. Allnpeck, Cosel und Rochow geworfen, ihren Gegenstoß zerschlagen und einen Angriff des Kür.Rgt. l 'Annonciade zusammengeschossen. Haxthausen ging auf Ockerwitz — Gompitz zurück; sein letzter Widerstand bei Pennrich wurde gebrochen. Binnen zwei Stunden war die Schlacht entschieden, ohne Einsatz des linken Kavallerie-Flügels der Preußen und der Österreicher bei Omsewitz wie unter Prinz Karl, der in Dresden blieb.

Die Preußen verloren 135 Offiziere, 4 901 Mann, davon die Infanterie mit 4 759 Mann ein Viertel. Sie nahmen 158 Offiziere, ca. 6 500 Mann gefangen und eroberten 48 Geschütze, 8 Fahnen und ein Paar Pauken. Die Sachsen büßten an Toten und Verwundeten 58 Offiziere, 3 752 Mann ein. Die stärksten Verluste hatten die preußischen IR 3, 10, 27 und 30, das Gren.Btl. 41/44 und die KR 6 und DR 4.

Mangel an tatkräftiger Führung und Reaktionsvermögen hatte die tapfer kämpfenden Sachsen um den Erfolg gebracht. Die Stellung schien verführerisch günstig, war aber so ausgedehnt, daß ein Fünftel der Truppen so abseits stand, daß es nicht eingreifen konnte. Das Gelände bot der Kavallerie keine Entwicklungsmöglichkeiten, ihre Aufstellung hinter der Infanterie verhinderte eine geschlossene Aktion. Kesselsdorf bildete zwar einen guten Stützpunkt, konnte aber leicht umfaßt werden, ohne daß aus der übrigen Front Hilfe möglich war. Die Schnelligkeit des preußischen Angriffs, sein Standhalten im Feuer und die Überwindung der Geländeschwierigkeiten beim Einbruch in die für unangreifbar gehaltene Stellung waren für die Sachsen ein Schock. Der Unterschied zwischen der hergebrachten Führung des Fürsten und dem sich entfaltenden Genie des Königs wird deutlich. Die Truppe ließ ihren Feldmarschall nicht im Stich. Am 17.12. fiel Dresden; der König bot Frieden an: »Man kann nur so lange Friedensvorschläge machen, als das Waffenglück mit einem ist. Ist man der Unterlegene, findet man den Feind jeder Versöhnung abgeneigt«. Das erschöpfte Preußen hatte ihn nötig.

***Kesselsdorf*, 15. Dezember 1745.** *Zweiter Ansturm des II. Treffens linker Flügel um 3 Uhr am Nachmittag mit den Infanterie-Regimentern Nr. 18 und 46 gegen den Wüste-Berg.*

Kesselsdorf, 15. Dezember 1745

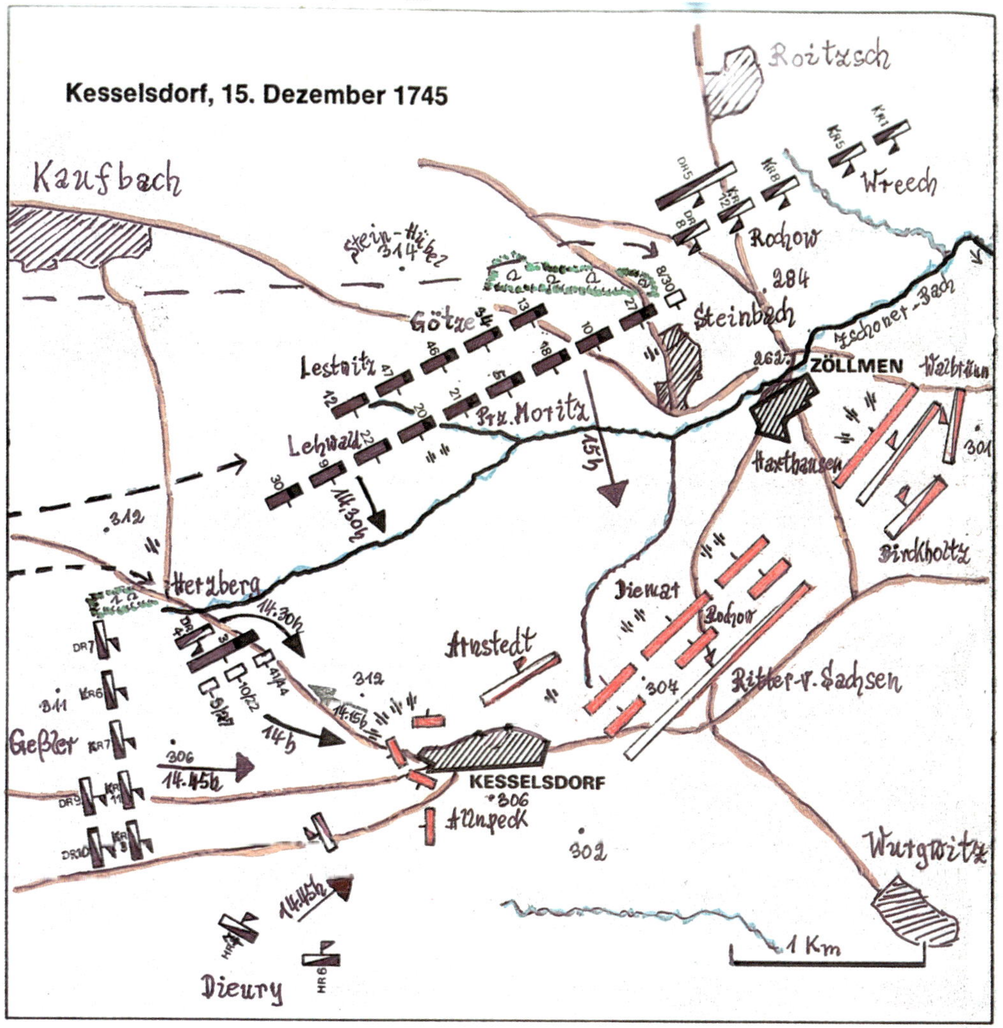

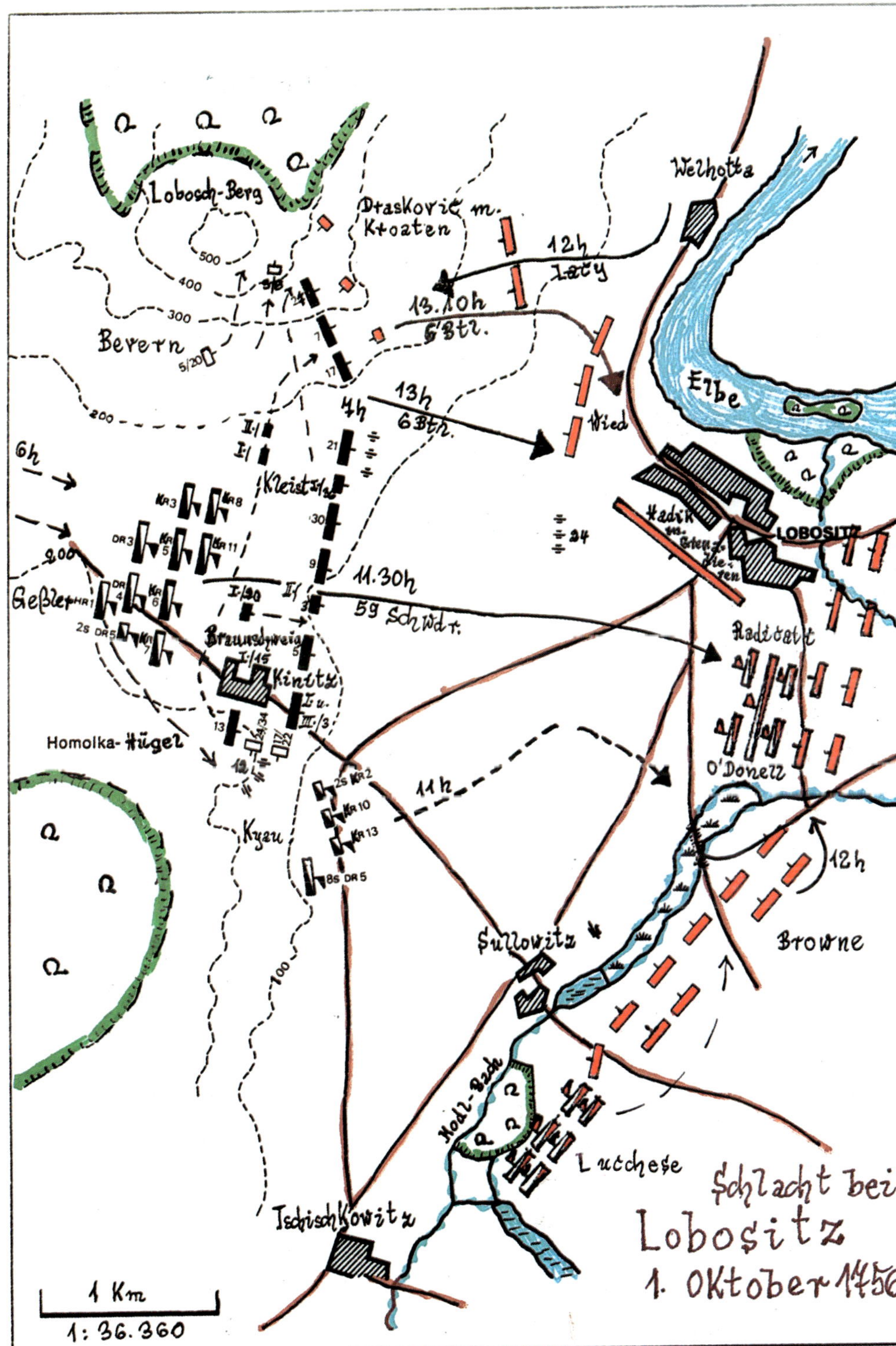

Schlacht bei Lobositz 1. Oktober 1756

LOBOSITZ

1. Oktober 1756

Erst Mitte Juni 1756 verdichteten sich Meldungen über ein Bündnis zwischen Frankreich und Österreich sowie umfassende Rüstungen Rußlands. Ende Juni setzten die Verteidigungs-Vorbereitungen Preußens ein. Der König schrieb seiner Schwester: »Wir haben einen Fuß im Bügel, und ich glaube, der andere wird bald folgen«. Auch in Sachsen wurde man unruhig. Als sich Ende Juli bestätigte, daß der Überfall der Verbündeten sicher, aber auf das Frühjahr 1757 verschoben war, entschloß er sich zum Angriff und setzte Anfang August die Mobilmachung des Feldheeres bis zum 25.8. in Gang. »Es bleibt mir nichts anderes übrig, als zuvorzukommen statt überrumpelt zu werden!«, schrieb er. Trotz vorgeschrittener Jahreszeit war eine Besetzung Sachsens nicht zu umgehen, wegen seiner nahen Grenzen zwischen Magdeburg und Berlin, seinen offenen Zugängen sowohl nach Schlesien wie nach Böhmen und der Feindseligkeit seiner Regierung. Am 29.8. marschierte er ein, am 6.9. stand seine Armee bei Dresden, ab 10.9. war die Sächsische Armee mit knapp 20 000 Mann im Lager bei Pirna eingeschlossen. Der König brauchte Sachsen nicht nur als 'Operations-Basis', sondern er hoffte auch, sie als Bundesgenossen gegen Österreich zu gewinnen. Je länger die Preußen vor Pirna festlagen, desto eher ging der Zeitvorsprung vor den Österreichern in Böhmen verloren. Als Feldmarschall Brown am 14.9. mit seiner Armee von 37 400 Mann von Kolin auf Budin an der Eger vorrückte, schob der König Sicherungstruppen über den Paß von Peterswald-Nollendorf bis Aussig vor, verstärkte sie allmählich und übertrug das Korps Feldmarschall Keith. Es ging darum, einen Ausbruch der Sachsen und ihren Entsatz durch die Österreicher zu unterbinden. Am 28.9. übernahm er im Lager Johnsdorf nördlich Aussig den Befehl und rückte am 30.9. zwischen Wellemin und Bilinka ins Lager, während Brown gleichzeitig mit 52 Bataillonen, 72 Schwadronen und 98 Kanonen zwischen Lobositz und Sulowitz hinter dem Modl-Bach aufmarschierte. Ohne Zelte lagerten die 26 Bataillone, 61 Eskadrons des Königs mit insgesamt 102 Geschützen, davon 52 schwere, in tiefster Stille, der König mitten unter ihnen. An Infanterie nur halb so stark, an Kavallerie um 2 Regimenter schwächer, brachte er erstmals als Regimentsgeschütze 6-Pfünder ins Feld.

Der Schauplatz der Schlacht lag an der Heerstraße von Prag nach Teplitz, wo sie an die Elbe herantritt. Der Modl-Bach teilte die Lobositzer Ebene. Die Anmarsch-Straße der Preußen führte zwischen zwei hohen Basalt-Kegeln hindurch, im Norden der Lobosch, 420 Meter überragend, oben felsig, südlich davon der Wawczin mit dem Homolka-Berg, 150 Meter niedriger als der Lobosch, beide Ausläufer des Mittelgebirges. Der südliche Hang des Lobosch war von Obst- und Weinbergen bedeckt, von Mauern und tiefen Gräben umschlossen. Die Modl-Bach-Niederung mit einer Anzahl Teichen und versumpften Wiesen war aber mit ihren beiden Armen bis 1 000 Meter ostwärts der Straße Lobositz-Tschirschowitz breit und trotz seichten Wassers für alle Truppen ein schwieriges Hindernis. Sie war nur auf Dämmen und Brücken überschreitbar: ostwärts Tschelechowitz, östlich Tschiskowitz, am Süd- und Ostrand von Sulowitz und im Zuge der Straße von Lobositz nach Tschirschowitz. Die Ebene südwestlich Lobositz war für Kavallerie dagegen geeignet. Der Weg Lobositz — Tschirschowitz war etwas eingeschnitten. Sulowitz hatte Steinhäuser mit Stroh- oder Schindeldächern, Gehöfte und Tiergarten mit Mauern versehen, ebenso Lobositz, dessen Schloß dem Markgrafen von Baden gehörte.

In der Nacht hatten die Vortruppen beider Seiten schon Fühlung. Am Lobosch schossen sich Kroaten mit dem IR 9 herum, ab 3 Uhr früh ordnete Brown seine Kräfte und zog seine Avantgarde zusammen: 5 Inf.Rgt., 17 Gren.Kp., 12 Kompanien Karabiniers und Gren. zu Pferde, 1 Drag.Rgt., 2 Hus.Rgt. und 2 000 Kroaten. Als der König um 5.30 Uhr mit seinen Generalen zur Erkundung nach vorn ritt, war klar, daß der Gegner hinter seinen Vorposten im Nebel den Angriff vorbereitete. Der König befahl die sofortige Besetzung von Lobosch und Wawczin, die zunächst unterblieb, und ließ um 6 Uhr die Regimenter aufmarschieren und antreten, wie sie gerade kamen. Eine 'Ordre de Bataille' und Verteilung der Generale waren nicht befohlen. Zwischen Lobosch und Wawczin entwickelte sich die Schlachtordnung: rechts rückte das IR 3 beiderseits des IR 5 ein, in der Flanke gesichert von den Gren.Btl. 17/22 und 24/34, während IR 13 ein zweites Treffen bildete, links erstiegen die Inf.Rgt. 17, 7, 27 unter Bevern im Kampf mit den Kroaten den Lobosch-Hang, gedeckt von den Gren.Btl. 5/20 und 3/6, die Mitte hielten die IR 9,30 und 21. Die Front sollte mit Drehpunkt am Lobosch links schwenken, um die Österreicher in die Elbe zu drängen. Hinter dem rechten Flügel marschierte die Kavallerie in drei Treffen, insgesamt 52 Schwadronen, in der Talmulde. Die schwere Batterie auf dem Homolka-Hügel eröffnete um 7.30 Uhr das Feuer. Nachdem Bevern am Lobosch eine feste Stellung erreicht hatte, fuhren dort und südlich der Straße nach Lobositz je eine weitere schwere Batterie auf.

Die Österreicher hatten bei Kl. Czernusek Kroaten, auf dem Lobosch 1 200 Kroa-

Ordre de Bataille

der Preußischen Truppen im und beim Lager von Johnsdorf am 24sten September 1756.

1. Im Lager bei Johnsdorf. *)

F. M. Keith.

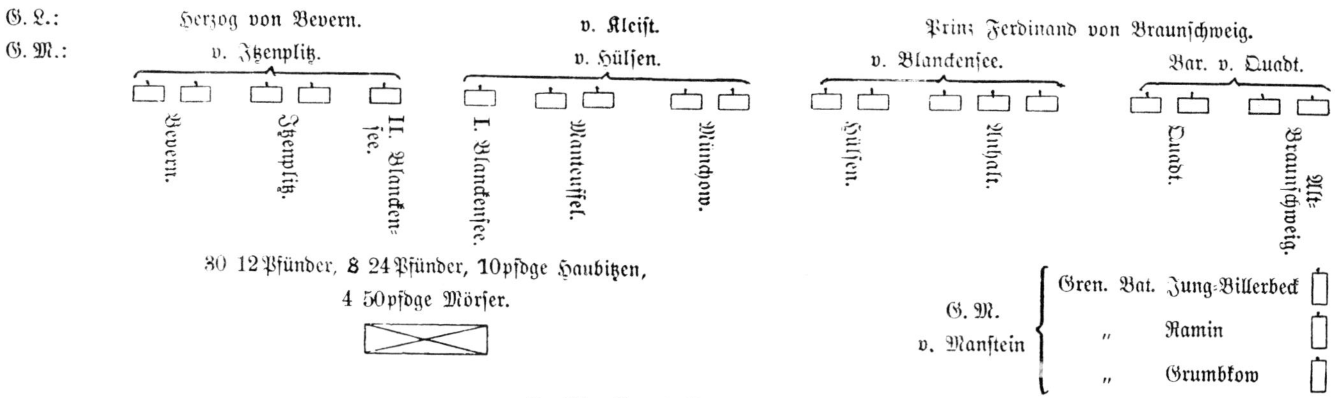

F. M. Graf Geßler.

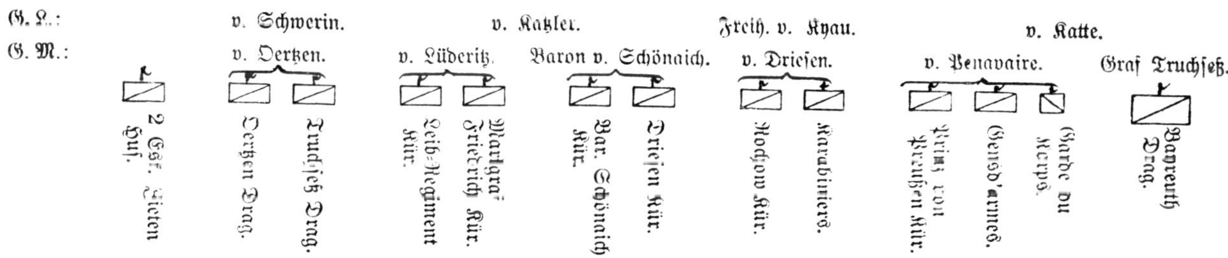

2. Bei Türmitz.

Husaren-Regiment Székely.
2 Eskadrons Zieten-Husaren.

3. Bei und in Aussig.

G. M. v. Zastrow.

a. Auf der Höhe bei Aussig:

Infanterie-Regiment Zastrow.
Infanterie-Regiment Kleist.

b. In Aussig:

Grenadier-Bataillon Gemmingen.
Grenadier-Bataillon Kleist.

*) fr. auch Johannesdorf

Ordre de Bataille.

Von der unter Commando des Feld-Marschall Brown den 30. September 1756 zu Lowositz eingetroffenen Kaiserlich Königlichen Armée.

(Kr. Arch. Wien.)

Erstes Treffen.

Summe															
2	Luquesy			Kollowrath							Luquesy			F. Z. M. und Gral der Cavalerie
3	Kollowrath Emanuel			Staremberg							Radicati			Feldmarschall Lieutenants
5	Löwenstein			Macquire		Perony		Wied			O'Donell			General Majors
Summe	Lichtenstein Dragoner	Serbellony Cuirassiers	Trautmannsdorf Cuirassiers	Harrach	Wallis	Durlach	Alt Wolfenbüttel	Harsch	Louis Wolfenbüttel	Kaiser	Anspach Cuirassiers	Cordua Cuirassiers	E. H. Joseph Dragoner	Namen der Regimenter
14	—	—	—	2	2	2	2	2	2	2	—	—	—	Bataillons
—	—	—	—	—	—	—	—	—	—	—	—	—	—	Gren. Compagnien
36	6	6	6	—	—	—	—	—	—	—	6	6	6	Escadrons
—	—	—	—	—	—	—	—	—	—	—	—	—	—	Gren. und Carab. Compagnien

Zweytes Treffen.

—	Luquesy			Kollowrath						Luquesy		F. Z. M. und Gral. der Cavalerie
—	Kollowrath Emanuel			Staremberg						Radicati		Feldmarschall Lieutenants
2	Hedwiger			Wolfersdorf		Krottendorf				Lobkowitz		General-Majors
Summe	Carl Palfy	Bretlack		Waldeck	Keuhl	Joseph Esterhazy	Niclas Esterhazy	Kollowrath	Hildburgshausen	Stampach	E. H. Ferdinand	Namen der Regimenter
12	—	—		2	2	2	2	2	2	—	—	Bataillons
—	—	—		—	—	—	—	—	—	—	—	Gren. Compagnien
24	6	6		—	—	—	—	—	—	6	6	Escadrons
—	—	—		—	—	—	—	—	—	—	—	Gren. und Carab. Compagnien

	Bey Leitmeritz und längst der Elbe bis Schreckstein							Corps de Reserve		Avant-Garde vor Lowositz					
2	Unter dem Obersten Graf Lacy detachirt							Draskowitz		Hadick					General Major
Summa	Kollowrath Dragoner	Bathiany Dragoner	Lichtenstein Dragoner	E. H. Joseph Dragoner	Carlstätter Infanterie, 400 Mann	Brown	Colloredo Anton	Carlstaedter	Banalisten	Baraniay Hussarn	Hadick Hussarn	Einige hundert Mann Banalisten und Carlstaetter	Carab. Comp.	Grenad. Comp.	Namen der Regimenter
8	—	—	—	—	—	2	2	2	2	—	—	—	—	—	Bataillons
34	—	—	—	—	—	—	—	—	—	—	—	—	—	34	Gren. Compagnien
9	—	—	—	—	—	—	—	—	—	4	5	—	—	—	Escadrons
12	1	1	1	1	—	—	—	—	—	—	—	—	8	—	Gren. und Carab. Compagnien

Zusammen 34 Bataillons und 34 Grenadier-Compagnien zu Fuß.*)
69 Escadrons „ 12 Gren. und Carabinier-Compagnien zu Pferd.

Anmerkung. Von dieser Armée war nach der Stand- und Dienst-Tabella pro September der Effective Stand 43 826 Mann, 9663 Pferde.
In Loco befanden sich 37 408 „ 8587 „
Der dienstbare Stand war endlich 33 354 „ 7672 „

Unter diesem Stand sind aber die 2 Grenadier und Carabinier-Compagnien von Bathiany und Kollowrath-Dragoner deren Regimenter bey der Piccolominischen Armée standen, nicht begriffen.

*) Beim Heere Brownes befand sich auch eine Grenadier-Kompagnie des Regiments Marschall, während die andere mit dem Regiment bei Piccolomini stand. Demnach hatte Browne im Ganzen 35 Grenadier-Kompagnien zu Fuß.

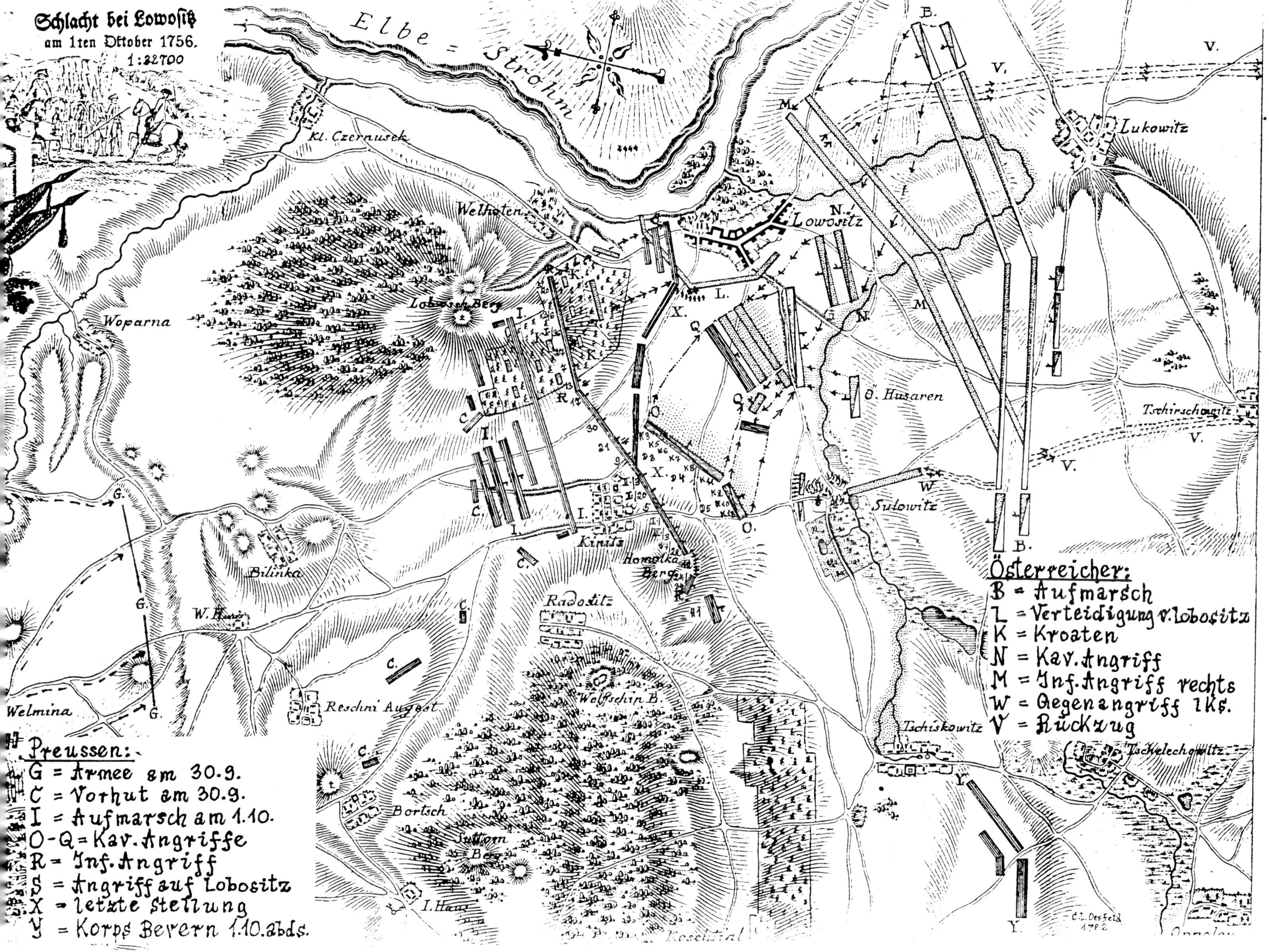

Schlacht bei Lowositz
am 1ten Oktober 1756.
1:32700
Elbe = Strohm
Kl. Czernusek
Welhoten
Lowositz
Lukowitz
Woparna
Lobosch Berg
Ö. Husaren
Tschirschkowitz
Sulowitz
Kinitz
Homolka Berg
Bilinka
Radositz
Wolfschin B.
Reschni Augest
Welmina
Tschiskowitz
Tschelechowitz
Bortsch
Suttom Berg
I. Haus
Kosslital
C.L. Oesfeld 1782
Österreicher:
B = Aufmarsch
L = Verteidigung v. Lobositz
K = Kroaten
N = Kav. Angriff
M = Inf. Angriff rechts
W = Gegenangriff 1 Ks.
V = Rückzug
Preussen:
G = Armee am 30.9.
C = Vorhut am 30.9.
I = Aufmarsch am 1.10.
O-Q = Kav. Angriffe
R = Inf. Angriff
S = Angriff auf Lobositz
X = letzte Stellung
Y = Korps Bevern 1.10. abds.

Lobositz, 1. Oktober 1756. *Regiment Gendarmes (Kürassier-Regiment Nr. 10) in der ersten Attacke ab 11 Uhr im Handgemenge mit dem Österreichischen Dragoner-Regiment Nr. 1 (Erzherzog Joseph).*

ten und Grenadiere, südlich Welhotta die Infanterie der Avantgarde, dann Radicatis Kavallerie mit 38 Schwadronen, davor die große Batterie, am linken Flügel 42 Schwadronen, dahinter 24 Bataillone mit 60 Geschützen unter Brown. Als der König wegen des Nebels vom Feinde nichts bemerkte als die Schießereien am Lobosch und die vor Lobositz haltende Kavallerie, ließ er das Vorgehen anhalten, verstärkte aber den linken Flügel durch das II./IR 13. Um 11 Uhr befahl er Kyau, mit 16 Schwadronen von KR 13, 10,2 und DR 5 die Kavallerie vor Lobositz unter allen Umständen zu vertreiben, ungeduldig von stundenlangem Warten. Kaum waren sie an Sulowitz vorbei, wurden sie von 26 Schwadronen O'Donells von rechts gefaßt und zwischen die Feuer von Sulowitz und Lobositz gedrängt, während die Kür.Rgt. Cordova und Stampach von vorn attackierten. Nach tapferer Gegenwehr gingen sie zum Homolka-Rücken zurück. Um sie aufzunehmen, ließ der König Driesen mit den KR 8, 11 und Teilen KR 2 vorziehen. Daraufhin setzte sich plötzlich die gesamte preußische Kavallerie ohne Befehl mit den kaum gesammelten Schwadronen Kyaus, zusammen 59 Schwadronen, in Bewegung und warf die Österreicher wieder bis zum Modl-Bach und Ortsrand Lobositz zurück, wo sie am Hohlweg der Tschirschowitzer Straße die Gegenattacke von 18 Kürassier-Schwadronen unter Prinz Löwenstein traf. Den Rückzug deckte das HR 1 durch selbständiges Eingreifen.

Jetzt wurde die preußische Infanterie unruhig, zumal sich der Nebel verzogen hatte. IR 5 mußte von seinem Chef massiv am Vorbrechen gehindert werden, als vier Bataillone durch Lacy von Welhotta den Lobosch-Hang hinaufgeführt und Infanterie-Massen nach Lobositz vorgeschoben wurden. Und der Nahkampf in den Weinbergen des Lobosch — nach Art eines modernen Schützengefechtes — lief schon sechs Stunden, von der Truppe rasch begriffen. Inzwischen waren schon 11 Bataillone verwickelt, und Bevern forderte noch Verstärkung. Um 13 Uhr sah der König seine Kavallerie geschlagen und die Stellung am Lobosch wanken, die Artillerie ohne Munition, während der Feind im Begriffe war, aus Sulowitz vorzubrechen. Er übergab Keith vorläufig das Kommando, um in Kinitz den Rückzug zu regeln und Maßnahmen für Pirna zu treffen.

In den Weinbergen hatte das Inf.Rgt. 7 einige hundert Meter vordringen können, aber wieder zurückgehen müssen, weil die anderen Regimenter nicht folgten und der umfassende Angriff Lacys einsetzte. Da fielen die Inf.Rgt. 7, 17, II./IR 21 und das Gren.Btl. 5/20, nachdem sie sich verschossen hatten, dem Feind »mit dem Bajonett gerade auf den Hals« und warfen ihn mit Kolbenschlägen den Berg hinunter, entgegen dem klaren Befehl. Die anderen Bataillone folgten, und Lacy wurde bis Lobositz zurückgeworfen. Er entging knapp der Gefangenschaft. Auf eigenen Entschluß jagte der Flügeladjutant v. d. Oelsnitz die Front entlang, die Bataillone sollten sich sofort anschließen. Alles machte links um. Prinz Ferdinand hielt die I./ und III./IR 3, IR 5 und das Gren.Btl. 17/22 fest, um den Homolka-Hügel zu sichern. Keith übernahm die Führung des Angriffs, nachdem der König auf dem Homolka den Befehl wieder übernommen und die Front durch die I./IR 20, II./IR 3 und Kürassiere verstärkt hatte. Hus.Rgt. 1 deckte die rechte Flanke.

Die stürmenden Bataillone zogen sich zwischen Welhotta und Lobositz auseinander, vorgeprellte Teile wurden zurückgeschlagen. Gegen die 13 Bataillone, 9 Gren.Kp. vor Lobositz war noch kein Erfolg zu erringen! Die Preußen 'fielen in ein stehendes Feuergefecht', bis Geschütze herankamen. Initiative von Unterführern und Truppen brachte die Entscheidung: Das Gren.Btl. 5/20, Teile des IR 7 und das Gren.Btl. 3/6 brachen in Lobositz ein, längs der Straße folgten die IR 21, 17, 13, 30 und 9, von Keith geführt. In erbittertem Häuserkampf wurden die Österreicher in voller Auflösung geworfen. Ihre Kavallerie nahm die Flüchtenden auf, mußte sich aber dann zurückziehen. Lobositz wurde vom II./IR 3 und I./IR 20 besetzt. Die Preußen hielten um 15 Uhr die Linie zwischen Lobositz und dem Homolka. Am nächsten Morgen war Brown nach Budin abgezogen, der Erfolg gegen zwei Drittel des Gegners ein voller Sieg.

Die Preußen hatten 97 Offiziere, 109 Unteroffiziere, 2 400 Mann blutig verloren, 240 Gefangene, 27 Fahnenflüchtige, insgesamt 2 873 Soldaten. Sie nahmen 4 Offiziere, 718 Mann, 3 Geschütze und 2 Standarten. Am 2.10. ließ der König bekanntgeben: »Der König lassen sämtlichen Regimentern für ihre erwiesene außerordentliche Tapferkeit vielmals danken und werden ihnen Beweise seiner Gnade nach Möglichkeit erweisen«. An Schwerin schrieb er: »Niemals haben meine Truppen solche Wunder der Tapferkeit getan!« Die Österreicher verloren blutig 123 Offiziere und 2 018 Mann, insgesamt mit den Gefangenen 2 863 Soldaten.

Durch ihr Verharren bei Pirna hatten die Sachsen die Österreicher gezwungen, ihnen zu Hilfe zu kommen. Brown hatte den König nur fesseln, nicht aber gegen starke Kräfte eine Entscheidung herbeiführen wollen. In seiner Hoffnung auf einen Ausbruch der Sachsen zur Mitwirkung wurde er enttäuscht, daher vielleicht sein Mangel an Entschlossenheit. Der Verlauf zeigte, wie sehr unerwartete Mängel zwar den Gang der Ereignisse beeinflussen können, aber ebenso Einsicht und Tatkraft der Offiziere und Kampf-Entschlossenheit der Truppe den endlichen Erfolg stabilisierten. Das Vorschieben des Korps Bevern bis Tschiskowitz nach der Schlacht hat sicher den Abzug Browns beschleunigt. Am 16.10. kapitulierten die Sachsen. Insgesamt gesehen hat der König eher zu spät als übereilt gehandelt. Wie er selbst schrieb, hatte er 'den Feind geschlagen und nicht — sagen wir besser: wenig — davon profitiert'.

Lobositz, 1. Oktober 1756. Verjagen der Österreichischen Infanterie und Kroaten aus den Weingärten am Osthang des Lobosch-Berges durch das Infanterie-Regiment Nr. 27 (v. Kleist) ab 13 Uhr.

PRAG
6. Mai 1757

Anfang April 1757 entschloß sich der König, vor dem Eintreffen der Russen und Franzosen aus dem über 200 Kilometer langen, gebirgigen Grenz-Bogen mit vier Korps konzentrisch in Böhmen einzumarschieren, um bei Prag Österreichs Hauptarmee so zu schlagen, daß er dann freie Hand gegen seine übrigen Feinde hätte oder aber sogar den ganzen Krieg beenden könne. Strenge Geheimhaltung und Täuschung des Gegners durch Schein-Maßnahmen hielten ihn im unklaren. Ende März brach Fürst Moritz mit 19 000 Mann über Sebastiansberg ausholend auf Komotau und Brüx auf, um sich dann mit dem König zu vereinigen, am 18.4. Schwerin mit 35 300 Mann zwischen Schmiedeberg und der Grafschaft Glatz über das schlesische Gebirge und am 20.4. gleichzeitig der König mit 39 400 Mann über Aussig und Linai auf Koschtitz und der Herzog von Bevern mit 20 000 Mann von Grottau über Reichenberg auf Jungbunzlau, wo er zu Schwerin stieß. Am 2.5. schloß der König den Westteil von Prag ein, gab Keith das Kommando und vereinigte sich nach dem Uferwechsel über die Moldau am 5.5. bei Selz am Morgen des 6.5. mit Schwerin bei Prosek, nordostwärts von Prag, um die österreichische Armee unter Prinz Karl von Lothringen zwischen dem Ziska-Berg am Ostrand von Prag und dem Tabor-Berg nordostwärts Maleschitz auf den Höhen südlich der Schluchten des Roketnitzer Baches anzugreifen. Prinz Karl erwartete die Preußen von Norden mit 66 Bataillonen, 113 Schwadronen und 82 schweren und 132 Bataillonsgeschützen, zusammen über 67 000 Mann, so stark wie nie zuvor oder danach. Er selbst hatte 61 000 Mann mit 61 Bataillonen, 62 Gren.Kompanien, 132 Schwadronen.

Das Schlachtfeld ostwärts Prag ist eine meist flachwellige Hochebene, die nach Osten sanft abfällt, im Süden vom sumpfigen Boticz-Bach begrenzt ist und im Westen steil in Weinhänge ausläuft. Der Roketnitzer Bach nördlich davon ist sumpfig und zwischen Unter-Poczernitz und Hlaupetin von Teichen durchsetzt. Zwischen Hlaupetin und Kej bilden die steilen Bachhänge ein schweres Hindernis, bis Hrdlorzez ein auf 80 Meter verengtes Tal am Rande steiler, felsiger Kuppen. Das Südufer des westlichen Roketnitz-Tales zwischen Wysoczan und Moldau bildete einen vorgelagerten wallartigen Höhenzug mit dem Schanzen-Berg (284 Meter), so daß ein Frontal-Angriff von Norden wenig aussichtsreich war. Der König sprach von »den Zinnen des Tempels von Hierosolyma«, als er am 5.5. nachmittags das Gelände erkundete. Die Niederung zwischen Hostawitz und Sterbohol war allerdings schwer zu beurteilen.

Die Stimmung der Österreicher war wenig zuversichtlich. Sie erwarteten am 6.5. keinen Angriff, standen aber seit 6 Uhr in ihrer Schlacht-Ordnung bereit, Brown auf dem rechten, Prinz Karl auf dem linken Flügel. Die Preußen marschierten um 5 Uhr ab und versammelten um 6 Uhr vor Prosek ihre Kräfte. Der König beobachtete die ganze Stellung des Feindes, entschloß sich zum Angriff und ließ von Schwerin und Winterfeldt das Gelände bei Unter-Poczernitz-Sterbohol erkunden. Als sie meldeten, dort sei ein Angriff beschwerlich, aber möglich, befahl er den treffenweisen Linksabmarsch dorthin, um die rechte Flanke des Feindes mit Schwerpunkt beim linken Flügel Schwerins anzugreifen. 40 Bataillone, 5 Gren.Btl., 43 Schwadronen bildeten das erste Treffen, 21 Bataillone, 25 Schwadronen das zweite, 45 Schwadronen die Reserve. Von den 82 schweren Geschützen hatten 20 den ersten Angriff des linken Flügels zu unterstützen. Die Österreicher hielten den Abmarsch der Preußen für ein Manöver, um die Vereinigung des anmarschierenden Daun mit der Hauptarmee zu verhindern. Mit Verwunderung sahen sie ihre Wendung auf Unter-Poczernitz und Sterbohol. Dort durchwatete die Infanterie bis zur Hüfte mühsam die morastigen Wiesen und hatte den 300 Meter langen Damm nach Sterbohol zu überschreiten. Als den Österreichern die Umgehung klar wurde, setzten sie 7 Kav.Rgt. unter Lucchese, 15 Bataillone, 22 Gren.Kp. unter Guasco nach der rechten Flanke in Marsch, denen später noch 5 Kav.Rgt. und 2 Hus.Rgt. folgten, so daß bis 10 Uhr südwestlich Sterbohol über 100 Schwadronen konzentriert waren.

Gegen 10 Uhr hatten die Kürassiere des linken preußischen Flügels Sterbohol südlich umgangen, während die Dragoner noch zurückhingen und Infanterie und Artillerie wegen der üblen Bodenverhältnisse sich stauten. Als die feindliche Batterie vom Homole-Berg das Feuer eröffnete, führte Winterfeldt entschlossen, aber verfrüht die 6 Gren.Btl. des linken Flügels mit dem IR 24 zum Angriff, dem sich die Inf.Rgt. 33, 37 und 31 anschlossen. Es ging ihm um den zeitlichen Wettlauf mit der Schwenkung des Gegners. Auf diese Voreiligkeit vom König angesprochen, tat Schwerin das ab und eilte zu Prinz Schönaich, um seinen 40 Schwadronen den Angriffsbefehl zu geben. Die erste Attacke der Preußen durchstieß das erste Treffen, die zweite warf Hadik unter Flankierung durch die Hus.Rgt. 3 und 4 auf die fechtenden Kavallerie-Massen, in Staub gehüllt. Die Preußen sammelten wieder südlich Sterbohol; die Österreicher waren zum Nachstoß nicht mehr fähig.

Ordre de Bataille

der Preußischen Armee in der Schlacht bei Prag am 6ten Mai 1757.

Der König.
F. M. Graf Schwerin.

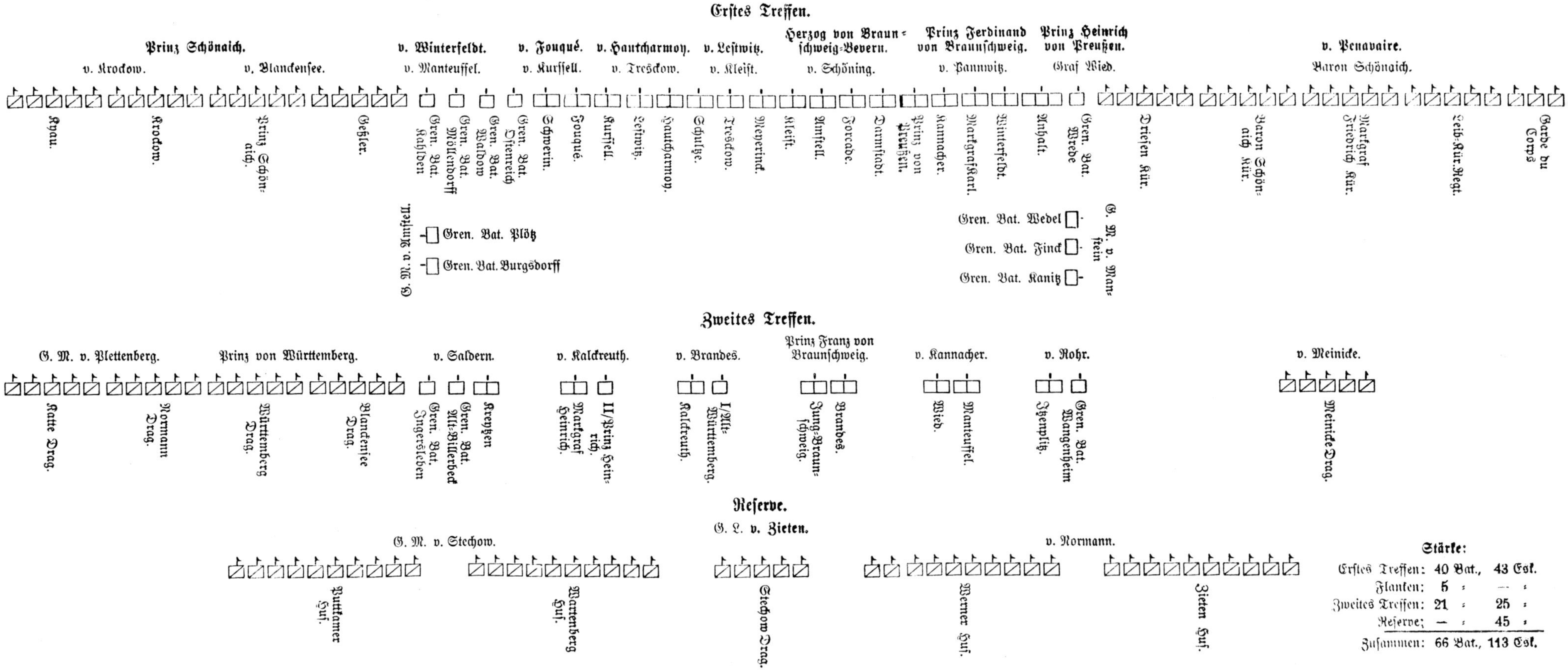

Stärke:

Erstes Treffen:	40 Bat.,	43 Esk.
Flanken:	5 „	— „
Zweites Treffen:	21 „	25 „
Reserve:	— „	45 „
Zusammen:	66 Bat.,	113 Esk.

Ordre de Bataille

der Oesterreichischen Armee in der Schlacht bei Prag am 6ten Mai 1757.

Herzog Karl von Lothringen.
F. M. Graf Browne.
Chef der Artillerie: F. Z. M. Baron v. Feuerstein.

Erstes Treffen.

G. d. K. **Fürst Esterházy.**
Graf O'Donell.
Fürst Löwenstein. — Graf Stampach.
Liechtenstein Drag. — Erzherzog Ferdinand Kür. — Anspach Kür.

F. Z. M. **Baron Kheul.**
Baron Sprecher. **Graf Forgách.**
Marquis d'Ainse. — Baron Otterwolf. — Graf Würben.
Karl Lothringen. — L. Wolfenbüttel. — Pallavicini. — Marschall. — Gyulai. — H. Wolfenbüttel.

Graf d'Arberg.
Graf Browne. — Graf Lacy.
Alt Esterházy. — Jung-Colloredo. — Jos. Esterházy. — Sincere.

F. Z. M. **Graf Königsegg.**
Markgraf von Baden-Durlach.
Prinz Stolberg. — Herzog d'Ursel.
Durlach. — Kheul. — Browne. — Waldeck. — Kaiser.

G. d. K. **Graf Lucchese.**
Marquis de Spada.
Baron Bretlach. — Marquis de Ville.
Trauttmansdorff Kür. — Lucchese Kür. — Erzherzog Leopold Kür. — Erzherzog Joseph Drag.

Zweites Treffen.

G. d. K. **Graf Stampach.**
Prinz Hohenzollern.
Hedwiger. — Prinz von Modena.
Porporati Drag. — Bretlach Kür. — Löwenstein Kür.

F. Z. M. **Baron Kheul.**
Marquis de Clerici. **Graf Wied.**
Graf Batthyányi. — Graf Peroni. — Baron Unruhe. — Baron Wulfen.
Hildburghausen. — Wallis. — Kolowrat. — Alt-Colloredo. — Sprecher. — Wied. — Mainz. — Bethlen.

F. Z. M. **Graf Königsegg.**
Herzog von Arenberg.
Graf Campitelli. — Baron Preysach.
d'Arberg. — Harsch. — Mercy. — Los Rios. — Harrach.

G. d. K. **Baron Bretlach.**
Graf Althann.
Baron la Rentrie. — Graf Lanthiery.
Anhalt-Zerbst Kür. — Stampach Kür. — Batthyányi Drag.

Reserve.

F. M. L. **Graf Petazzy.** **Graf Macquire.** **Graf Hadik.**

G. M. Graf Drasco vic — Baron Wolfersdorf. — Baron Baboczay. — Argenteau. — Graf Szechényi.

Macquire. — Licaner Grenzer. — Waradiner Grenzer. — Bayreuth. — Leopold Pálffy. — Königsegg. — Splényi Hus. — Dessewffy Hus. — Carl Pálffy Kür. — Modena Drag. — Karlstädter Grenzer. — Esterházy Hus. — Baranyay Hus. — Hadik Hus.

Stärke:

Erstes Treffen:	27 Bat.,	27 Gren.-Komp.,	49 Esk.
Zweites Treffen:	24 „	22 „	42 „
Reserve:	8 „	13 „	41 „
Zusammen:	59 Bat.,	62 Gren.-Komp.,	132 Esk.

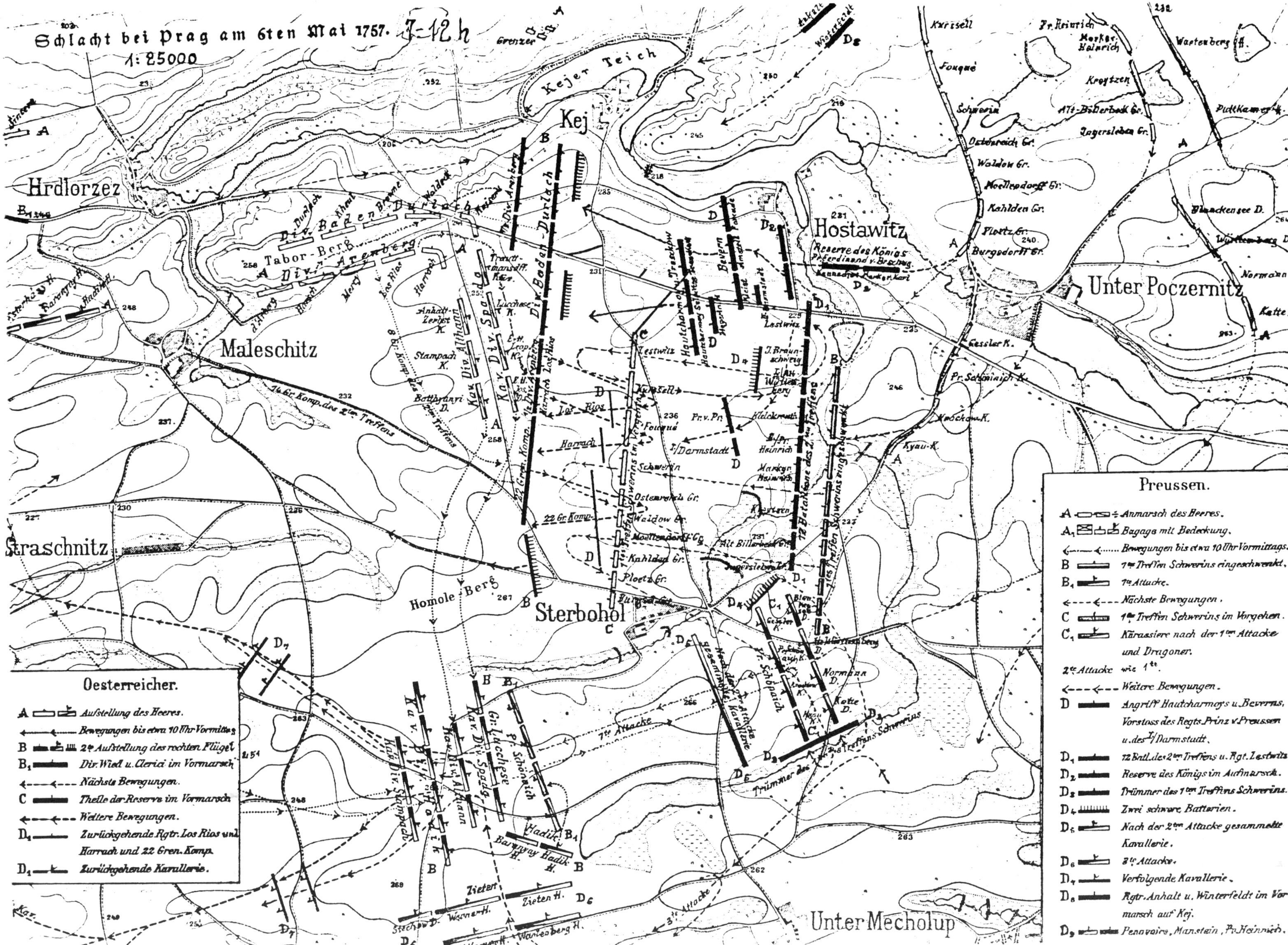

Schlacht bei Prag am 6ten Mai 1757.
1:25000
Kejer Teich
Kej
Hrdlorzez
Hostawitz
Unter Poczernitz
Maleschitz
Tabor-Berg
Div. Baden Durlach
Div. Arenberg
Kav. Div. Spada
Kav. Div. Althann
Div. Baden-Durlach
Straschnitz
Homole-Berg
Sterbohol
Unter Mecholup
Reserve des Königs
Oesterreicher.
A Aufstellung des Heeres.
Bewegungen bis etwa 10 Uhr Vormittags
B 2te Aufstellung des rechten Flügel
B1 Dir. Wied u. Clerici im Vormarsch
Nächste Bewegungen.
C Theile der Reserve im Vormarsch
Weitere Bewegungen.
D1 Zurückgehende Rgtr. Los Rios und Harrach und 22 Gren. Komp.
D1 Zurückgehende Kavallerie.
Preussen.
A Anmarsch des Heeres.
A1 Bagage mit Bedeckung.
Bewegungen bis etwa 10 Uhr Vormittags.
B 1tes Treffen Schwerins eingeschwenkt.
B1 1te Attacke.
Nächste Bewegungen.
C 1tes Treffen Schwerins im Vorgehen.
C1 Kürassiere nach der 1ten Attacke und Dragoner.
2te Attacke wie 1te.
Weitere Bewegungen.
D Angriff Hautcharmoys u. Beverns, Vorstoss des Regts. Prinz v. Preussen u. des I/Darmstadt.
D1 12 Batl. des 2ten Treffens u. Rgt. Lestwitz.
D2 Reserve des Königs im Aufmarsch.
D3 Trümmer des 1ten Treffens Schwerins.
D4 Zwei schwere Batterien.
D5 Nach der 2ten Attacke gesammelte Kavallerie.
D6 3te Attacke.
D7 Verfolgende Kavallerie.
D8 Rgtr. Anhalt u. Winterfeldt im Vormarsch auf Kej.
D9 Pennavaire, Manstein, Pr. Heinrich.

Prag, 6. Mai 1757. Feldmarschall Graf v. Schwerins Tod beim Vorführen seines Regiments (Infanterie-Regiment Nr. 24) am linken Flügel.

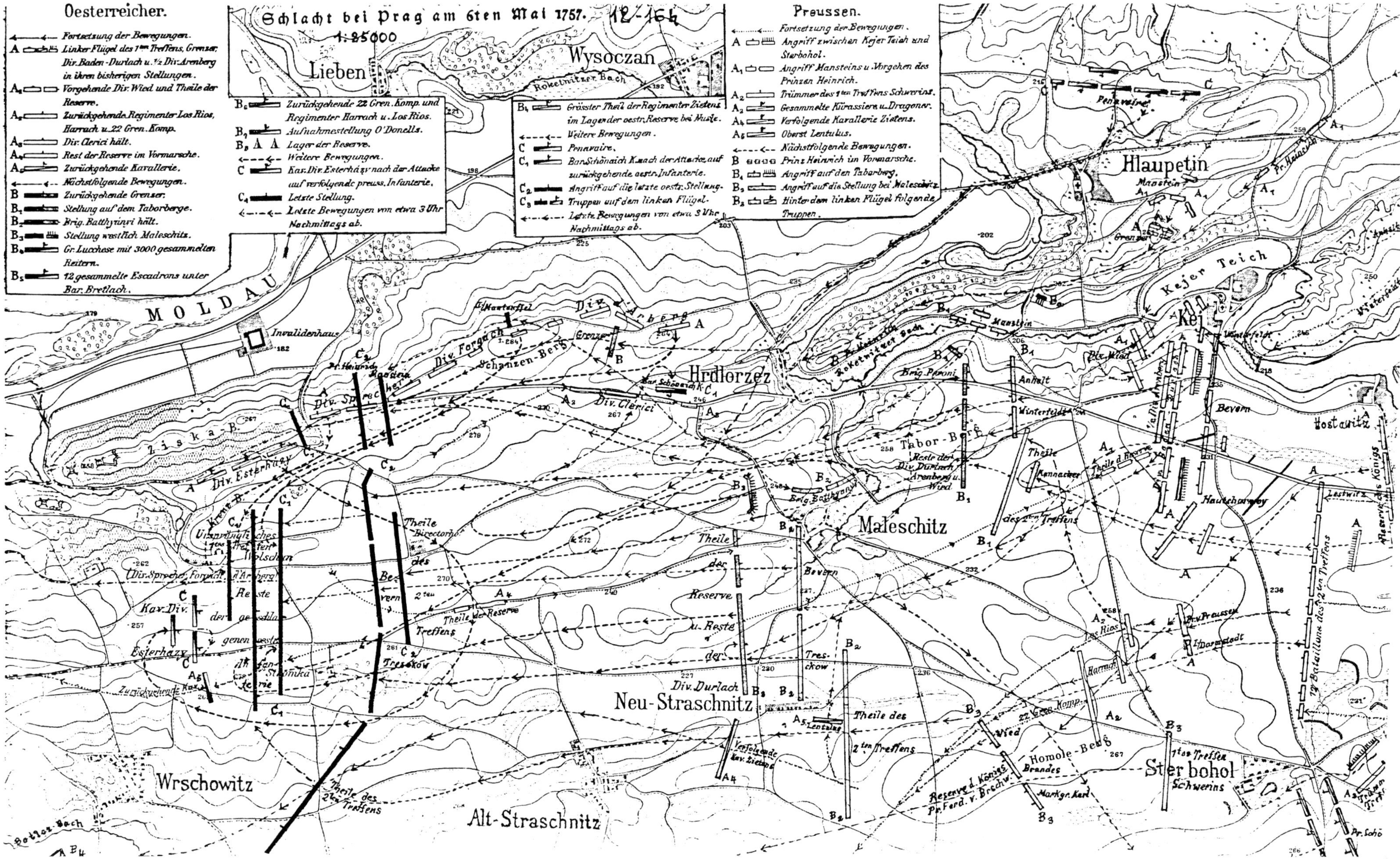
Schlacht bei Prag am 6ten Mai 1757.
1:25000
Oesterreicher.
Fortsetzung der Bewegungen.
A Linker Flügel des 1ten Treffens, Grenzer, Div. Baden-Durlach u. ½ Div. Arenberg in ihren bisherigen Stellungen.
A1 Vorgehende Div. Wied und Theile der Reserve.
A2 Zurückgehende Regimenter Los Rios, Harrach u. 22 Gren. Komp.
A3 Div. Clerici hält.
A4 Rest der Reserve im Vormarsche.
A5 Zurückgehende Kavallerie.
Nächstfolgende Bewegungen.
B Zurückgehende Grenzer.
B1 Stellung auf dem Taborberge.
B2 Brig. Batthyányi hält.
B3 Stellung westlich Maleschitz.
B4 Gr. Lucchese mit 3000 gesammelten Reitern.
B5 12 gesammelte Escadrons unter Bar. Bretlach.
B6 Zurückgehende 22 Gren. Komp. und Regimenter Harrach u. Los Rios.
B7 Aufnahmestellung O'Donells.
B8 Lager der Reserve.
Weitere Bewegungen.
C Kav. Div. Esterházy nach der Attacke auf verfolgende preuss. Infanterie.
C1 Letzte Stellung.
Letzte Bewegungen von etwa 3 Uhr Nachmittags ab.
Preussen.
Fortsetzung der Bewegungen.
A Angriff zwischen Kejer Teich und Sterbohol.
A1 Angriff Mansteins u. Vorgehen des Prinzen Heinrich.
A2 Trümmer des 1ten Treffens Schwerins.
A3 Gesammelte Kürassiere u. Dragoner.
A4 Verfolgende Kavallerie Zietens.
A5 Oberst Lentulus.
Nächstfolgende Bewegungen.
B Prinz Heinrich im Vormarsche.
B1 Angriff auf den Taborberg.
B2 Angriff auf die Stellung bei Maleschitz.
B3 Hinter dem linken Flügel folgende Truppen.
B4 Grösster Theil der Regimenter Zietens im Lager der oestr. Reserve bei Nusle.
Weitere Bewegungen.
C Penavaire.
C1 Bar. Schönaich K. nach der Attacke auf zurückgehende oestr. Infanterie.
C2 Angriff auf die letzte oestr. Stellung.
C3 Truppen auf dem linken Flügel.
Letzte Bewegungen von etwa 3 Uhr Nachmittags ab.
Lieben
Wysoczan
Rokeitnitzer Bach
MOLDAU
Invalidenhaus
Hlaupetin
Kejer Teich
Kej
Hrdlorzez
Schanzen-Berg
Ziska-B.
Tabor-Berg
Maleschitz
Hostawitz
Neu-Straschnitz
Wrschowitz
Alt-Straschnitz
Homole-Berg
Sterbohol
Div. Esterházy
Div. Sprecher
Div. Forgách
Div. Arberg
Div. Clerici
Div. Durlach
Brig. Batthyányi
Brig. Peroni
Anhalt
Winterfeldt
Bevern
Manstein
Tresckow
Schwerins
Lestwitz
Hautcharmoy
Kannacher
Wied
Los Rios
Harrach
Div. Preussen
Brandes
Markgr. Karl
Reserve d. Königs
Pr. Ferd. v. Braunschw.
Botitscher Bach

Prag, 6. Mai 1757. *Das Husaren-Regiment Nr. 6 (v. Werner) im Flankenangriff auf das Österreichische Kürassier-Regiment Nr. 6 (v. Trautmannsdorff).*

Prag, 6. Mai 1757. *Das Infanterie-Regiment Nr. 1 (v. Winterfeldt) im verlustreichen Durchbruch unterhalb des Tabor-Berges südlich Hrdlozez gegen das Österreichische Infanterie-Regiment Nr. 17 (v. Kolowrat).*

Inzwischen waren Winterfeldts Bataillone zügig vorgestürmt, um den Feind nördlich Sterbohol mit dem Bajonett zu durchbrechen. Das wütende Artilleriefeuer riß aber kurz vor dem Ziel solche Lücken, daß die Grenadiere zurückfluteten und die vier Regimenter wichen. Winterfeldt, zwei Generale, zahlreiche Stabsoffiziere waren außer Gefecht. Als Schwerin sein Regiment zurückgehen sah, ritt er im dichtesten Kugelregen vor; sein Adjutant fiel. Das Beispiel Schwerins brachte die Truppe zum Stehen; er ergriff eine Fahne des II. Bataillons, um es vorzuführen. Da sank er tödlich getroffen zu Boden. Nun waren die Bataillone nicht mehr zu halten. Generaladjutant v. Wobersnow veranlaßte Zieten, mit den DR 11, HR 6 und 2 ihre Trümmer aufzufangen und zu ordnen. Trotz dieses Rückschlages führte der König statt des geschlagenen Flügels die 12 Bataillone des zweiten Treffens vor, unterstützt von je einer schweren Batterie südlich Hostawitz und nordostwärts Sterbohol wie vom IR 31. Nördlich davon griffen 18 Bataillone unter Hautcharmoy und Tresckow, dahinter Bevern in stetem Vorgehen nach Südwesten an. General Brown, schwer verwundet, konnte seinen Gegenangriff mit vorgeschobenem rechten Flügel nicht mehr durchführen. Außer Gegenstößen der Grenadiere und der Regimenter Harrach und Los Rios hörte beim Gegner jeder einheitliche Befehl auf, als Hautcharmoy wie ein Keil in die feindliche Front eindrang.

Jetzt hatte Zieten südlich des Teiches von Unter-Mecholup sein Reserve-Korps wieder gesammelt und stieß mit 45 Schwadronen überraschend in die rechte Flanke Luccheses vor, dessen Reiterei in wenigen Minuten auseinander stob. Was sich wehrte, wurde zersprengt. Erst südostwärts Prag konnte Lucchese an 3 000 Reiter zusammenraffen, alles andere floh der Sazawa zu. Das Grenadierkorps und die Regimenter Harrach und Los Rios verloren ihren Flankenschutz. Prinz Karl wurde mit in die Flucht der Reiterei gerissen, so daß auch der Oberbefehl ausfiel. Der König zog die IR 30 und 19 an den linken Flügel und nährte den erfolgreichen Angriff bei Kej durch die IR 1 und 3, 13 und 17, von der schweren Batterie gut unterstützt. Die allgemeine Angriffs-Richtung war Neu-Straschnitz.

Als der Angriff von Hautcharmoy und Bevern zum Feuergefecht überging, überschritt das IR 1 südostwärts von Kej den Roketnitz-Bach, während die drei Bataillone des IR 3 durch das Dorf rückten. In schmaler Front drangen sie unter Nichtachtung des Kartätsch-Feuers mit dem Bajonett in Front und linker Flanke der Divisionen Durlach und dahinter Wied ein und trieben sie zum Tabor-Berg und auf Maleschitz. Die Gren. Brig. Manstein nördlich des Kejer Teiches 'ertrug es nicht, untätiger Zuschauer zu sein', und griff die Schanzen auf der Felsenhöhe von Hlaupetin an und stieß auf dem schmalen Bergrücken auf Hrdlorzez vor. Prinz Heinrich nutzte diese Eigenmächtigkeit Mansteins, indem er ihm das Gren.Btl. 47/ G VII nachsandte und sofort mit seinen Infanterie-Regimentern folgte, IR 13 auf Hrdlorzez, IR 17 auf den Tabor-Berg, wo der Durchbruch zunächst zum Stehen kam.

Dort war die zurückgedrängte Gefechtslinie der Österreicher von der frischen Division Clerici aufgenommen worden. Gleichzeitig konnte Königsegg seine Front westlich Maleschitz-Neu-Straschnitz stabilisieren. Unter schweren Verlusten warfen IR 3 und 1 ihre Brigaden Batthyanyi und Peroni auf Maleschitz und in die Schlucht von Hrdlorzez, so daß ihre Trümmer nach Westen zurück mußten, während südwestlich Maleschitz die IR 23, 8, 9 unter Bevern noch Widerstand zu überwinden hatten. Als aber Prinz Heinrich die linke Flanke des Gegners westlich Maleschitz umfaßte, ging er aufgelöst bis Wolschan-Stromka zurück. Unter Einsatz aller Reserven führte jetzt der König eine geschlossene Front über Hrdlorzez-Neu-Straschnitz nach Westen vor. Östlich Wolschan stellten die Divisionen Arberg, Forgách, Sprecher noch einmal eine Auffang-Stellung her mit 17 Bataillonen, 3 Kürassier-Regimentern in mehreren Linien. Jetzt wäre Penavaires Attacke von Nordosten hilfreich gewesen. Nur das KR 6 griff an, und Prinz Heinrich, an der Spitze des III./IR. 3, riß den Angriff vorwärts bis zum Ziska-Berg, während der König den linken Infanterieflügel bis zur Moldau bei Branik ausholen ließ. Gegen 15 Uhr war die Schlacht gewonnen.

Die Preußen hatten 401 Offiziere, 13 899 Unteroffiziere und Mannschaften, darunter 11 Generale, verloren, dafür 4 275 Gefangene, 12 Standarten, mehrere Fahnen, 33 schwere Geschütze, 40 Pontons und zahlreiche Heeresausrüstungen gewonnen. Die höchsten Verluste hatten die IR 1 mit 1 190 Soldaten, 33 mit 993, 37 mit 674, 3 mit 646 und 23 mit 624 Ausfällen, dazu Gren.Btl. 17/22 mit 377, 13/26 mit 359 und 7/30 mit 340 Ausfällen. KR 1, 12 und 9 waren am stärksten getroffen. Die Österreicher büßten 372 Offiziere, 8 677 Soldaten ein ohne Gefangene, drei Generale waren blutig ausgefallen. Prinz Karl hatte sich mit fast 50 000 Mann in die Stadt geworfen; damit war eine Verfolgung ebenso unmöglich wie eine Erstürmung, höchstens eine Einschließung.

Der König hatte eine schnelle Entscheidung gesucht. Die Österreicher hatten stets überlegene Stellungen inne, kämpften tapfer und hatten den Angriff von Osten nicht für möglich gehalten, der sich sofort mit größter Heftigkeit entwickelte. Der König mußte improvisieren, bekam aber trotz ungünstiger Lage durch sichere Führung das Gesetz des Handelns wieder in die Hand. Die Krise am Flügel Schwerins zeigte, wie schnell Tapferkeit in Schwäche umschlagen kann, wenn Nerven und äußere Gefechtseindrücke mitwirken. Prinz Heinrich trat hier als Führer hohen Grades hervor. Der Zwang zur Aufgabe gewohnter Gefechtsformen in dem schwierigen Gelände ließ aber die Leistung der preußischen Infanterie besonders hervorragend erscheinen.

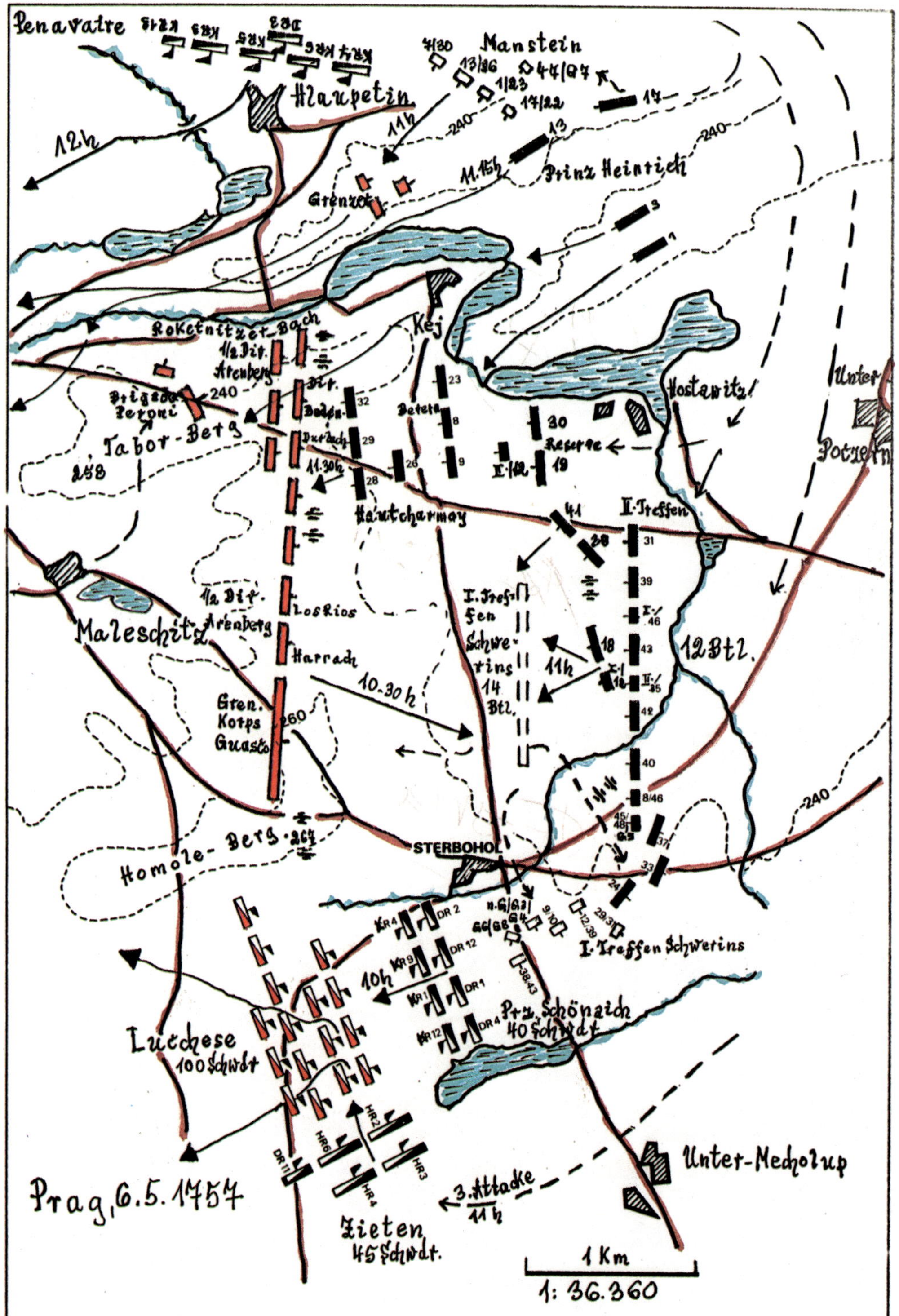
Penavaire
Manstein
Hlaupetin
12h
11h
11.15h
Prinz Heinrich
Grenzer
240
Rokeinitzer Bach
1/2 Div. Arenberg
Kej
Brigade Peroni
Tabor-Berg
258
Hostawitz
Reserve
Hautcharmay
II. Treffen
I. Treffen Schwerins 14 Btl.
Maleschitz
1/2 Div. Arenberg
Los Rios
Harrach
Gren. Korps Guasco
10.30h
12 Btl.
Homole-Berg
STERBOHOL
I. Treffen Schwerins
Prz. Schönaich 40 Schwdr.
Luchese 100 Schwdr.
3. Attacke 11h
Unter-Mecholup
Zieten 45 Schwdr.
Prag, 6.5.1757
1 Km
1: 36.360

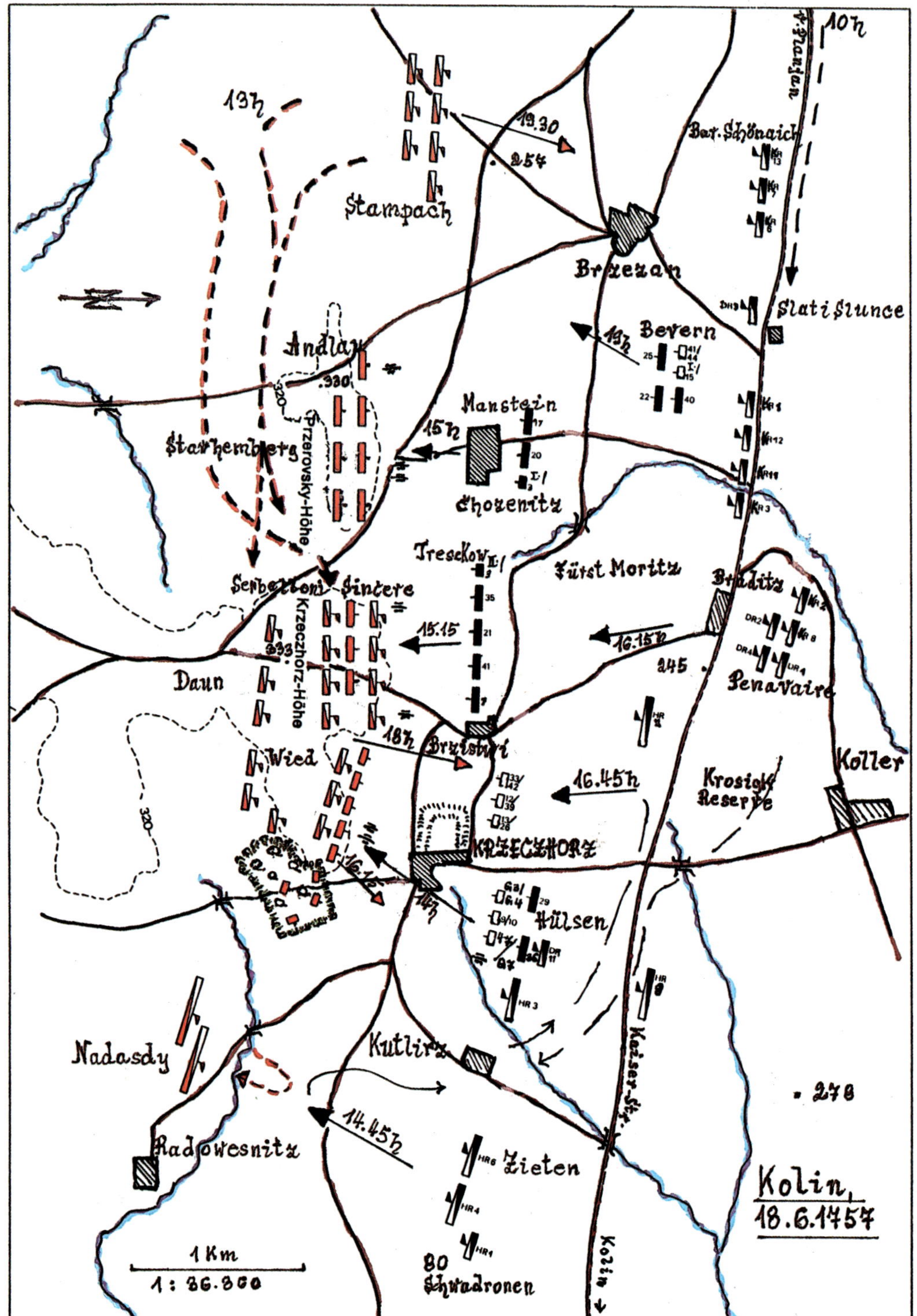
10h
13h
19.30
Stampach
Bat. Schönaich
Brzezan
Slatisiunce
Andlau
Bevern
19h
Manstein
15h
Starhemberg
Przerovsky-Höhe
Chozenitz
Treskow
Fürst Moritz
Serbelloni
Sincere
Krzeczhorz-Höhe
Daun
15.15
16.15h
Bristwi
Penavaire
Wied
18h
Krosigk Reserve
Koller
16.45h
KRZECZHORZ
Hülsen
Nadasdy
Kutlirz
Radowesnitz
14.45h
Zieten
Kolin, 18.6.1757
1 Km
1: 36.360
80 Schwadronen
Kolin

KOLIN

18. Juni 1757

Wenige Tage später stand Daun mit mehr als 43 000 Mann bei Kolin. Die Kaiserin verlangte von ihm die Befreiung Prags, dessen Versorgung nur noch bis zum 20. Juni reichte. Dauns Armee war das letzte Aufgebot Österreichs, um die schwierige Situation zu meistern. Der König hatte Bevern beauftragt, ihn mit rd. 20 000 Mann in Schach zu halten, was ihm mit Geschick gelang. Mitte Juni entschloß sich der König, mit dem verstärkten Korps Bevern, Daun nach Mähren zurückzuwerfen, besser ein Schlag als endloses Manövrieren, zumal Franzosen, Russen und Schweden im Anrücken waren: »Militärische Gründe, ebenso wichtige politische Gründe, namentlich die Hoffnung bald zum Frieden zu gelangen, kurz, alles trieb mich, den Bedenklichkeiten den kühnsten Entschluß vorzuziehen«, schrieb er. Am 14.6. vereinigte er sich mit Bevern und zog Fürst Moritz von Prag ab, so daß er am 16.6. mit 32 Bataillonen, 116 Schwadronen, 28 schweren Geschützen über 33 000 Mann verfügte. Der Gegner schätzte ihn auf 60 000 Mann. Daun hatte 51 Bataillone, 43 Grenadier-Kompanien, 171 Schwadronen, 60 schwere Geschütze mit rund 54 000 Mann. Die Preußen waren also an Infanterie und schwerer Artillerie halb so stark, an Kavallerie um etwa ein Drittel unterlegen. Als Daun den Marsch des Königs auf Planjan erkannte, bezog er bei Anbruch der Nacht eine vorher erkundete Stellung mit Front nach Norden zwischen Radowesnitz und Poborz statt der bisherigen Front nach Westen, den linken Infanterie-Flügel auf der Przerovsky-Höhe, den rechten auf der Krzeczhorz-Höhe, die Dörfer Krzeczhorz, Brzistwi und Chozenitz von Kroaten besetzt. Alles vollzog sich lautlos, Lagerfeuer und Zeltaufbau waren untersagt, die Truppe voll gefechtsbereit.

Das Gelände bildet eine Hügellandschaft, die nach Nordosten flach zur Elbe ausläuft. Etwa in der Mitte verläuft die Kaiserstraße von Planjan nach Kolin. Südlich von ihr liegen beherrschend die Przerovsky-Höhe und die Krzeczhorz-Höhe mit der anschließenden Höhe 321 südlich Krzeczhorz, durch breite Sättel verbunden, zur Kaiserstraße voll Schluchten und Hohlwege. Zur Zeit des Kampfes stand das Getreide hoch. Die Steigung betrug stellenweise auf 2,25 Kilometer 90 Meter. Südlich Krzeczhorz lag ein Eichen-Busch mit hochragenden Stämmen, nordwestlich des Dorfes eine weiträumige Schweden-Schanze mit einem Erdwall, im Osten durch den ummauerten Kirchhof begrenzt, ideal zu nachhaltiger Verteidigung. Die Dörfer Krzeczhorz, Chozenitz, Brzezan hatten 20 bis 30 Häuser, die anderen noch weniger. Die Wasserläufe bildeten keine wesentlichen Hindernisse.

Beim Anmarsch von Planjan am 18.6. früh ließ der König durch Treskow mit den Gren.Btl. 13/26, 12/39, 33/42, IR 41 sowie Hus.Rgt. 3 und je 5 Schwadronen HR 1 und 8 die Höhen nördlich des Ortes sichern, da Nebel die feindliche Armee verdeckte. Zieten führte mit den IR 36 und 29, dazu den HR 2, 6 und 4 die Avantgarde, die den Kaiserweg entlang vorrückte, gefolgt vom ersten Treffen, während das zweite den Ort nördlich umging. Nadasdy stand nördlich Brzistwi beiderseits der Kaiserstraße. Erst vom Oberstock des Wirtshauses Slati Slunce (Goldne Sonne) überblickte der König die feindliche Stellung mit starker Reiterei in der Mitte, die Reiter aufgesessen, die Infanterie unter Gewehr. Der Gegner war bereit. Trotz sengender Hitze ließ der König die Truppen rasten und Zieten, durch Treskows Husaren verstärkt, bis Braditz vorgehen, so daß Nadasdy bis nördlich Krzeczhorz auswich. Der Feind rührte sich nicht. Der König ließ das Gelände erkunden, entschied sich für den Angriff von Krzeczhorz bis Braditz unter Bereitstellung von 100 Schwadronen auf dem linken Flügel zum Flankenstoß und gab seinen Generalen die Befehle. Als Daun die Massierung der Preußen vor seiner Mitte sah, zog er vorsorglich das Reserve-Korps Colloredo an den Südhang der Przerovsky-Höhe vor, anschließend die Brigade Wied, dazu die Sächs. Karabiniers, die Kür.Rgt. Birkenfeld, Serbelloni und das Drag.Rgt. Württemberg an den Ostrand der Krzeczhorz-Höhe, außerdem eine schwere Batterie mit 12 Geschützen südwestlich des Dorfes.

Um 13 Uhr traten die Preußen wieder an. Als die Avantgarde unter Hülsen den Weg Brzistwi-Kaiserstraße überschritt, eröffnete die feindliche Artillerie wirkungsloses Feuer. Er griff aus dem eingeschnittenen Hang nördlich Krzeczhorz jetzt an, voraus die Gren.Btl. 47/G VII, 9/10, NGR/G III/IV, dann die IR 36 und 29, dahinter Drag. Rgt. 11, die 6 schweren Geschütze rechts von den Grenadieren. Zieten deckte mit dem HR 2 seine rechte Flanke, mit dem HR 3 die linke und dem HR 8 den Rücken, während er mit 25 Schwadronen südostwärts Kutlirz vorging. Trotz schwerer Verluste durch mehrere Batterien drang Hülsen weiter vor, verstärkt durch die Gren.Btl. 33/42, 12/39 und 13/26, und nahm Kirchhof und Dorf. Das Gren.Btl. 47/G VII wandte sich gegen den Eichen-Busch. Inzwischen hatte Zieten seine Regimenter wieder herangezogen und die KR 2 und 8 sowie die DR 1, 4, 2 zugeführt erhalten, so daß er mit 80 Schwadronen Nadasdy in hitzigem Gefecht bis Radowesnitz zurückwerfen konnte. Gleichzeitig nahm Hülsen den

Ordre de Bataille

der Armee des Königs, Lager bei Malotitz am 16ten Juni 1757.

Der König.

G. d. J. Fürst Moritz von Anhalt-Dessau.

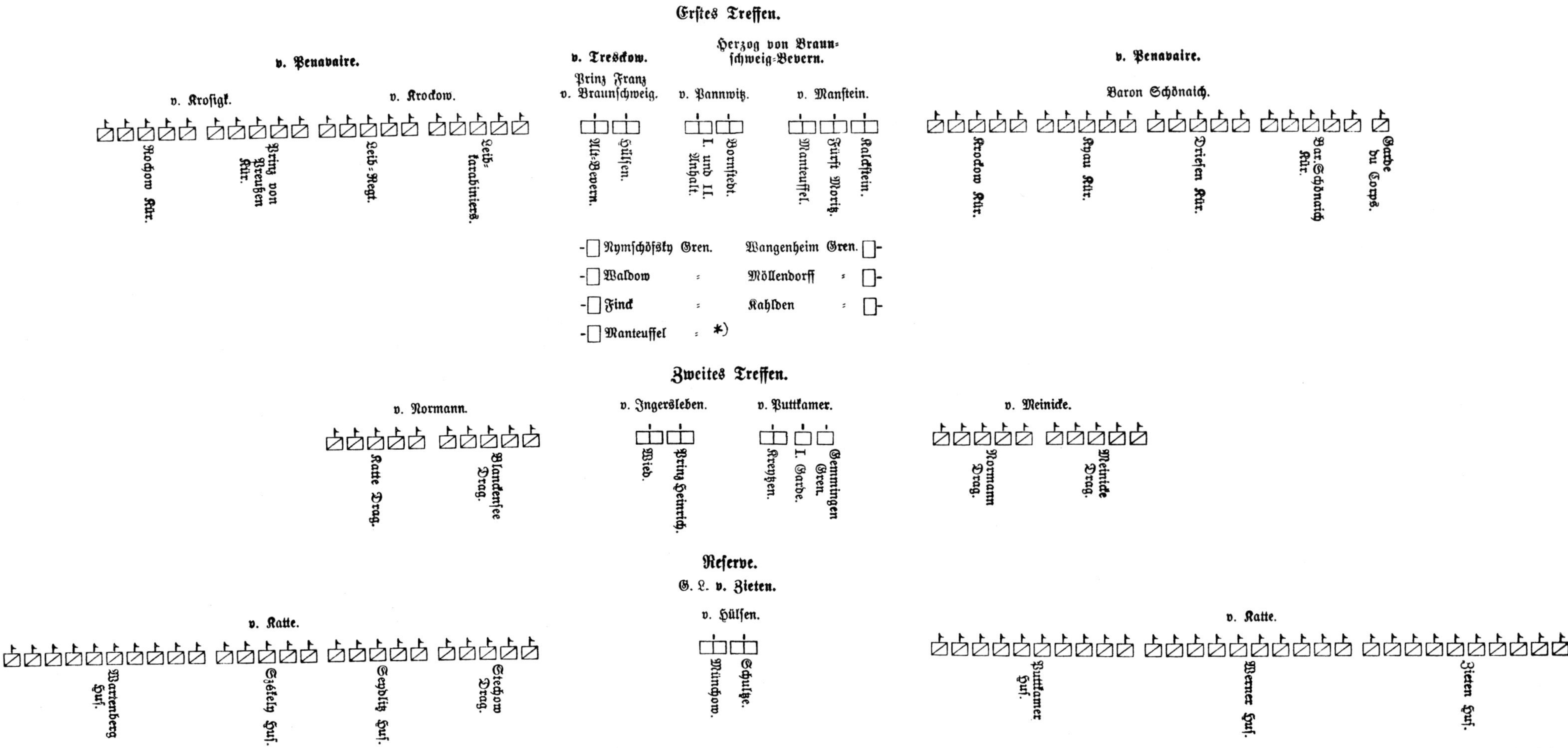

Erstes Treffen:	14	Bat.,	41	Esk.
Flanken:	7	"	—	"
Zweites Treffen:	8	"	20	"
Reserve:	4	"	55	"
Zusammen:	33	Bat.,	116	Esk.

*) bei Kolin nicht dabei

Oesterreichische Armee bei Kolin am 18ten Juni 1757.

F. M. Graf Leopold Daun.

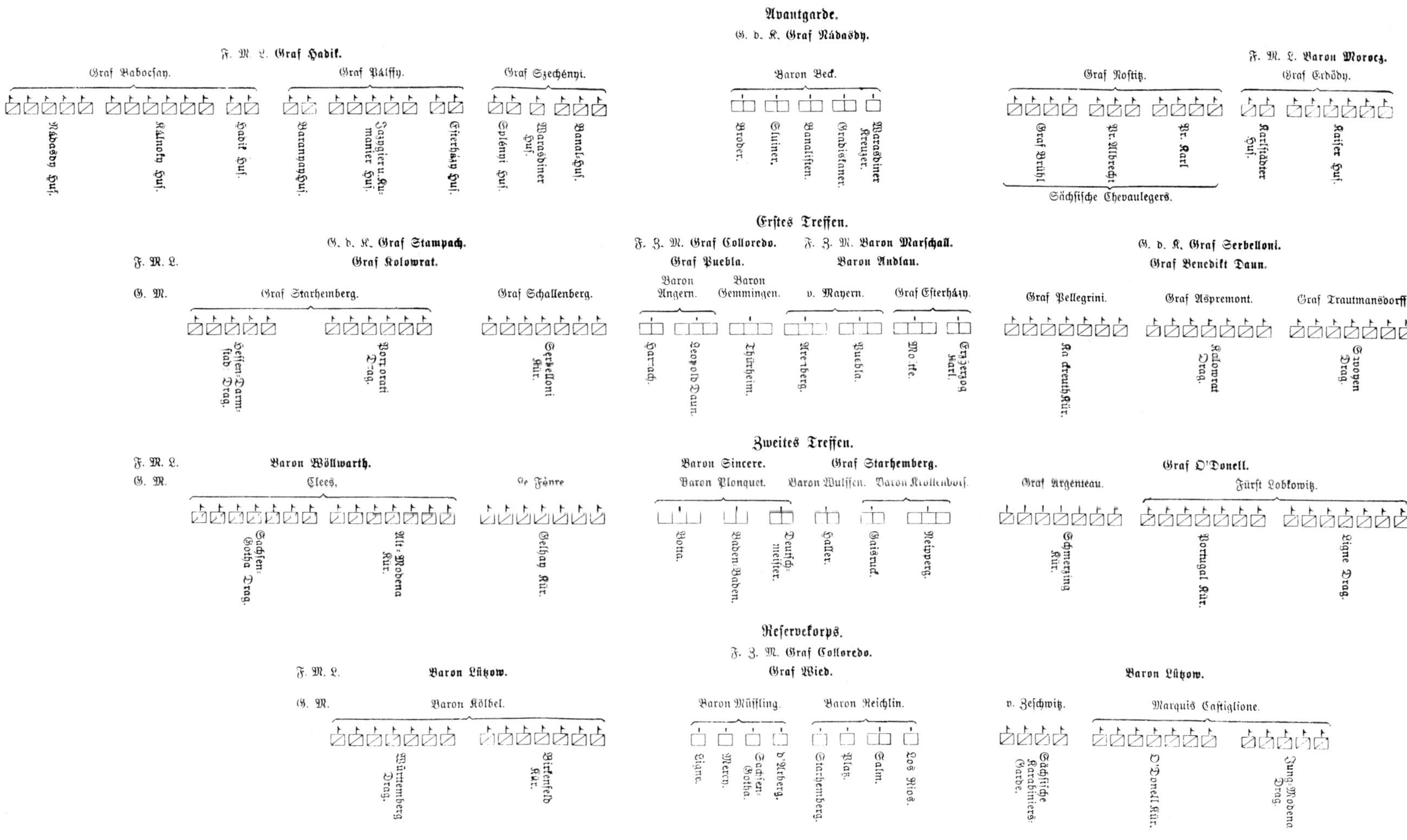

Avantgarde:	9	Bat.,	60	Esk.
Erstes Treffen:	19	"	39	
Zweites Treffen:	14	"	42	
Reservekorps:	9	"	30	"
Summe:	51	Bat.,	171	Esk.

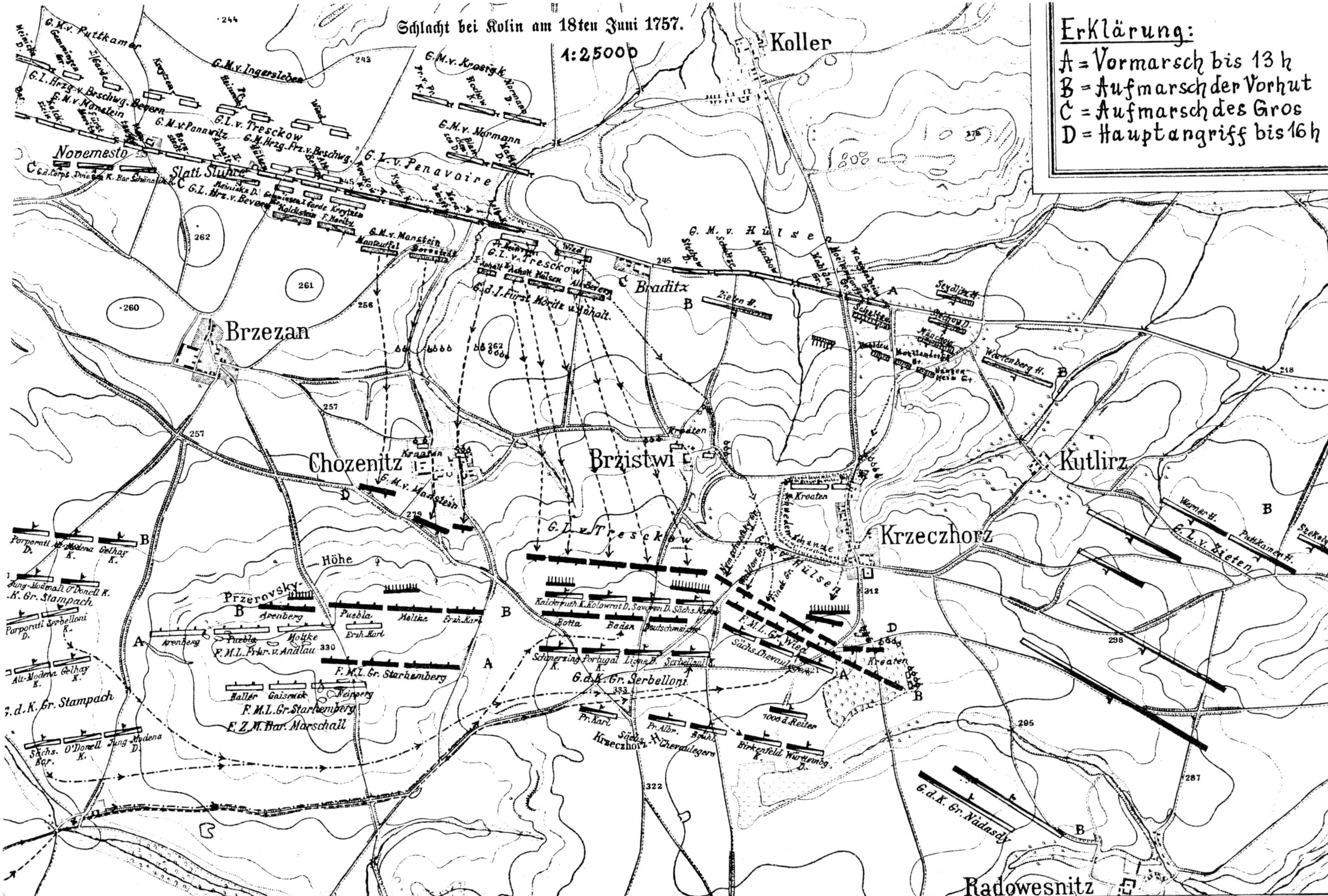

Schlacht bei Kolin am 18ten Juni 1757.
1:25000
Erklärung:
A = Vormarsch bis 13 h
B = Aufmarsch der Vorhut
C = Aufmarsch des Gros
D = Hauptangriff bis 16 h
Koller
Novemesto
Slati Sluhce
Brzezan
Braditz
Chozenitz
Brzistwi
Kutlirz
Krzeczhorz
Radowesnitz
Przerovsky-Höhe
G.L.v. Penavaire
G.L.v. Tresckow
G.M.v. Hülsen
G.M.v. Manstein
G.d.I. Fürst Moritz v. Anhalt
G.L.v. Zieten
G.d.K. Gr. Serbelloni
G.d.K. Gr. Nadasdy
G.d.K. Gr. Stampach
F.M.L. Gr. Starhemberg
F.M.L. Frhr. v. Andlau
F.Z.M. Bar. Marschall
F.M.L. Gr. Wied

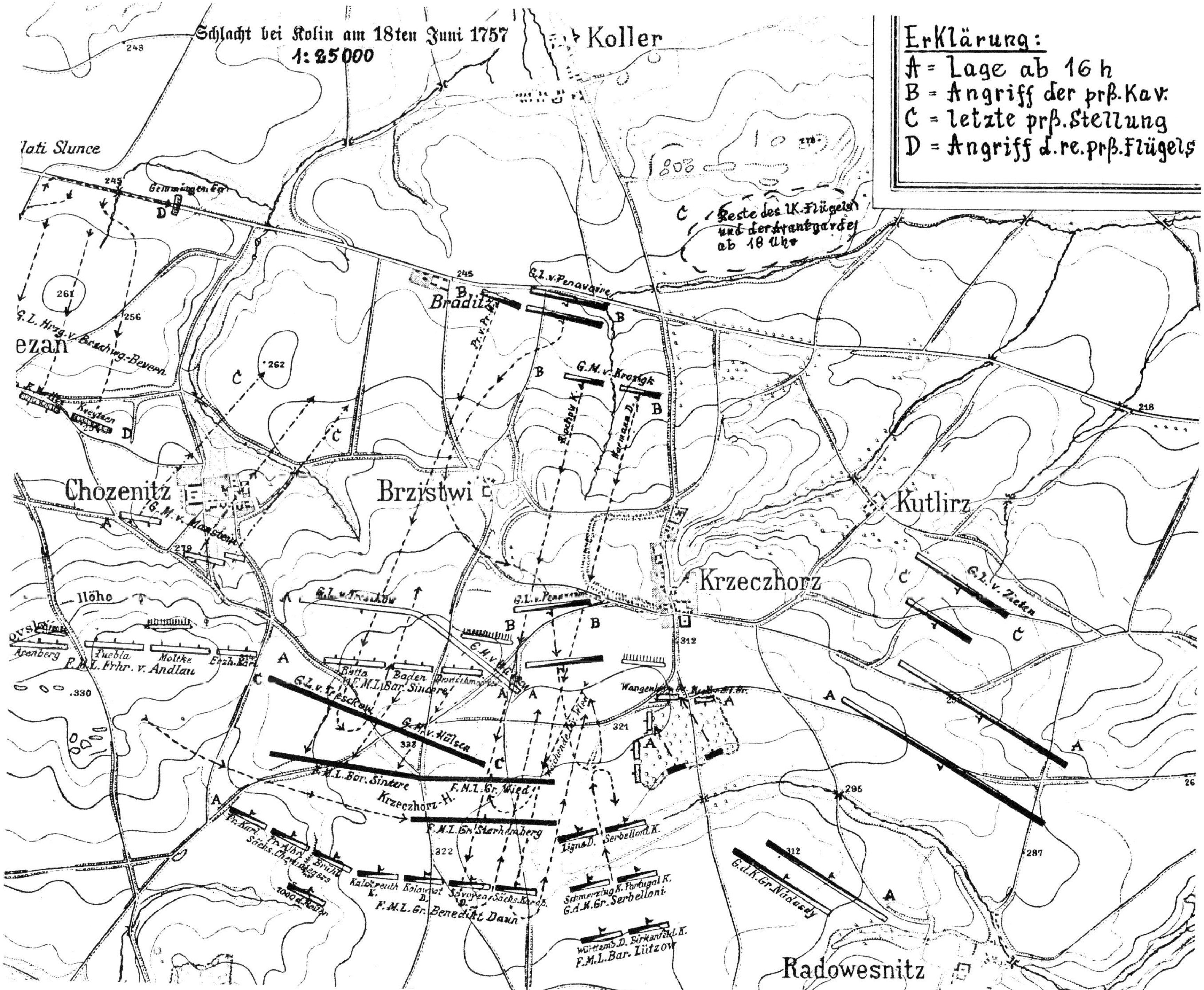

Schlacht bei Kolin am 18ten Juni 1757
1:25000
Erklärung:
A = Lage ab 16 h
B = Angriff der prß. Kav.
C = letzte prß. Stellung
D = Angriff d. re. prß. Flügels
Koller
Chozenitz
Brzistwi
Bradit
Kutlirz
Krzeczhorz
Radowesnitz
Krzeczhorz-H.
Reste des lk. Flügels und der Avantgarde ab 18 Uhr
G.L. v. Penavaire
G.M. v. Krosigk
G.L. v. Tresckow
G.M. v. Hülsen
G.L. v. Zieten
G.M. v. Manstein
F.M.L. Frhr. v. Andlau
F.M.L. Bar. Sincere
F.M.L. Gr. Wied
F.M.L. Gr. Starhemberg
F.M.L. Gr. Benedikt Daun
F.M.L. Bar. Lützow
G.d.K. Gr. Nádasdy
G.d.K. Gr. Serbelloni
Arenberg
Puebla
Moltke
Botta
Baden
Wangenheim
Ligne D.
Serbelloni K.
Portugal K.
Birkenfeld K.

Kolin, 18. Juni 1757. Einbruch des Dragoner-Regiments Nr. 1 (v. Normann) der Division Penavaire südlich Braditz in das Österreichische Infanterie-Regiment Nr. 43 (Platz) auf den Krzeczhorz-Höhen. Noch war das Glück mit den Preußen.

Kolin, 18. Juni 1757. *Das I. Bataillon Garde (Nr. 15) der Division Bevern südlich der Kaiserstraße im abendlichen Nachhutkampf mit dem Österreichischen Dragoner-Regiment Sachsen-Gotha (Nr. 7).*

Eichen-Busch, gegen den Serbelloni mit 4 Kavallerie-Regimentern anrückte. Die Division Sincere schloß die Mitte, die Division Starhemberg setzte sich hinter Wied. Tresckow mußte mit dem linken Flügel Hülsen dringend zur Hilfe kommen.

Der Erfolg Hülsens versprach Sieges-Chancen. Als das Gros antrat, schien ein Flankenmarsch bis Krzeczhorz gefährlich und zeitraubend. So entbrannte nach Einschwenken der Linie westlich Brzistwi und nördlich Chozenitz das Infanterie-Gefecht, weil Manstein inzwischen irrtümlich und eigenmächtig mit dem II./IR 20, dem IR 17 und I./IR 20 dem das I./IR 3 folgte, nach Süden angegriffen hatte. Mühsam konnte Bevern die übrigen Bataillone zurückhalten. Der König sah dadurch Konzept und Erfolg äußerst gefährdet, konnte aber bei Chozenitz nichts mehr ändern, sondern nur noch mit den IR 35 und 41 des zweiten Treffens die Lücke schließen. Der König führte am linken Flügel persönlich die Bataillone über den glacisartigen Hang unter kreuzendem Artilleriefeuer gegen den Feind. Es gelang ihm, quer zu den Hohlwegen die Linie nach links zu ziehen und Anschluß an Hülsen zu gewinnen, der jetzt Wieds Infanterie zum Weichen brachte. Zudem wurde Tresckows Angriff ebenfalls wirksam. Die Division Sincere wich, die östliche Batterie der Krzeczhorz-Höhe fiel, erste Zeichen von Verwirrung lähmten den Gegner. Um 16 Uhr schien der Sieg nahe; ihn fest zu ergreifen, reichte die Kraft der Infanterie nicht. Sie scheiterte an der mit Artillerie gespickten Krzeczhorz-Höhe, der Mitte des Feindes.

Links war Zieten auf Kutlirz zurückgegangen und Hülsen auf die Höhe vorgestoßen. Das nutzten die frischen Truppen der Division Starhemberg, um den Eichen-Busch endgültig wieder zu nehmen. Die linke Flanke Hülsens und Tresckows war jetzt bedroht, wenn nicht ein großer Reiterangriff Luft schaffte, der aber aus dem Eichen-Busch ebenfalls Flanken-Feuer bekäme. Wäre Penavaire der Infanterie gefolgt, hätte er jetzt den Durchbruch erreicht. Vom König erst heranbefohlen, holte er nördlich Brzistwi aus und geriet in die Hohlwege, so daß ihn die Reiterei Serbellonis schließlich bis zur Kaiserstraße zurückwerfen konnte. Mehr Erfolg hatte die gleichzeitig von Kutlirz herangeholte Brigade Krosigk mit den KR 2, 8 und dem DR 1 bei ihrer Attacke zwischen Brzistwi und Schweden-Schanze an den zurückgehenden Regimentern Penavaires vorbei gegen die Division Wied an der linken Flanke Hülsens: Die Regimenter Los Rios und Salm fliehen, das Regiment Platz wird zusammengehauen, das Regiment Haller zersprengt, die Sächsischen Garde-Karabiniers und Savoyen-Dragoner geworfen, Krosigk fällt. Der Durchbruch ist endlich gegen 17.30 Uhr erreicht; er muß nur ausgeweitet werden. Da werfen sich die 11 sächsischen Chevaulegers-Schwadronen unter Nostitz und die 1 000 deutschen Reiter Starhembergs mit dem DR Ligne auf die Preußen, die dann umfaßt und erschöpft doch der Übermacht weichen müssen. Vergebens versuchte der König, Penavaires Kürassiere dagegen vorzuführen. Nach 18 Uhr mußte sich die Infanterie geschlagen geben.

Jetzt attackierten 80 Schwadronen von allen Seiten die preußische Infanterie, die allein gelassen und verschossen, mit ihren 19 Bataillonen völlig zersprengt bis zur Höhe 278 zurückgehen mußte. Auch Manstein mußte bei Chozenitz in Unordnung weichen. Als Penavaires Kürassiere abermals versagten, ging der König mit 40 Mann gegen die Batterie südlich Chozenitz vor, bis sein Flügeladjutant Grant ihn in die Wirklichkeit zurückrief: »Sire, wollen Sie allein die Batterie nehmen?« Bevern, den der Befehl des Königs zum Eingreifen nie erreicht hatte, bekam den Befehl, den Rückzug auf Nimburg zu decken; der König verließ erschüttert das Schlachtfeld. Die Brigaden Puttkamer und Ingersleben griffen noch einmal an, gerieten aber in schwerstes Kreuzfeuer. Das I./IR 15 unter Tauentzien, das Gren.Btl. 41/44 und das KR 6 behaupteten sich bis zuletzt, um die Verfolgung aufzuhalten und den Abzug durch Planjan offenzuhalten. Daun hatte jedes weitere Nachstoßen untersagt.

Die Preußen verloren 392 Offiziere, 13 376 Mann, davon 329 Offiziere und 11 978 Mann bei der Infanterie, am meisten die IR 7, 22, 3, 20, 25, 21, 41, 36 und das Gren.Btl. 33/42. Prozentual waren ihre Verluste doppelt so hoch wie bei Prag. Die Österreicher büßten 360 Offiziere, 7 754 Mann ein; sie eroberten 22 Fahnen und 45 Kanonen.

Daun hätte den König schon in den ersten Tagen nach der Schlacht bei Prag mit Erfolg angreifen können. Bei aller Vorsicht war sein Verzicht auf Initiative nachteilig. So konnte er Bevern schlagen, ehe ihn der König verstärkte. Daun führte bei Kolin erstmalig eine Armee. Seine Stellung war hervorragend gewählt und geschickt besetzt. Er führte mit Ruhe, Energie und Aufmerksamkeit für die Blößen der Preußen. Seine Kavallerie erfaßte die richtigen Momente, die Artillerie war ebenso gut wie bei Prag. Ein energischer Gegenangriff am Abend hätte leicht zur Abdrängung der Preußen von Planjan und wohl auch zu ihrer Vernichtung geführt. Der Angriff des Königs war kühn, aber nicht verwegen, bei aller geringen Infanterie-Stärke. Sein Angriffsbefehl setzte eine genaue Befolgung voraus, die aber durch ein Mißgeschick nach dem anderen unterbrochen wurde. Mansteins 'stürmische Tapferkeit ohne Besonnenheit' wie bei Prag, hier nur ohne Erfolg, hat viel verdorben. Beverns verläßliche Zurückhaltung dagegen hat das Schlimmste abgewendet. Seydlitz trat mit dem KR 8 als Könner hervor, während dem betagten Penavaire 'Wagemut und rascher Blick' fehlten. Zieten hat die Erwartung des Königs auf sein Eingreifen zwischen Krzeczhorz und Radowesnitz enttäuscht. Er hätte den Sieg der Infanterie vollenden können, statt nur ihre Flanke zu sichern und sie allein kämpfen zu lassen. Es hat weder an Führung des Königs noch an Tapferkeit der Truppe gemangelt, sondern am Zusammenspiel der Generale.

GROSS–JÄGERSDORF

30. August 1757

Seit dem Frühjahr 1756 war Rußland unter der Zarin Elisabeth, Tochter Peter des Großen, an der Seite Österreichs und Frankreichs zum Krieg gegen Preußen bereit, obwohl eine Reihe preußischer Offiziere wie Tresckow, Finck, Manstein, Wartenberg, Grant und Keith die Armee zwischen 1730 und 1740 mit ausgebildet hatten. Feldmarschall v. Lehwaldt hatte den Auftrag, diesmal mit seinem Korps Ostpreußen zu verteidigen: »Euer Korps ist zwar schwach, aber wenn Ihr nur auf einem Flügel attaquiret und den anderen zurückhaltet, mache ich Mir Hoffnung, daß Ihr mit sie fertig werden sollet«, schrieb ihm der König. Bei Erfolg müsse er sofort Friedensverhandlungen anregen, bei Mißerfolg sich nur Schritt für Schritt zurückziehen. Es dauerte bis Ende Juni 1757, bis die Russen erschienen und am 1.8. die Grenze überschritten, worauf Lehwaldt bis Wehlau zurückging. Als die Russen vom 25.-27.8. den Pregel überschritten und südwestlich Norkitten Stellung zwischen Pregel und Auxinne bezogen, wechselte Lehwaldt ebenfalls das Ufer, um sie nach Erkundung am 29.8. mit 40 Schwadronen unter Schorlemer am nächsten Tag bei Groß-Jägersdorf von Südwesten anzugreifen. Den linken Flügel des Feindes bei Sittenfeld konnte er allerdings nicht einsehen. Inzwischen waren die Preußen unter Dohna vorgerückt und in Schlachtordnung aufmarschiert. Trotz Warnung durch einen Überläufer hielt Apraxin die Bewegungen der Preußen für Täuschung und plante für den 30.8. den Weitermarsch auf Allenburg.

Das Schlachtfeld war flachwellig und im Norden vom Pregel, im Osten von der Auxinne, im Süden durch den Astrawischkener und Roser Wald, im Westen vom Almenhauser und Puschdorfer Forst begrenzt. Die Flüsse waren Hindernisse für alle Waffen. Die Mitte bildete der Norkittener Wald auf einem flachen Rücken von West nach Ost, 1 500 Meter südlich davon der Sittengraben mit sumpfigen Rändern. Der Wald selbst war von Südost nach Nordwest 2 000 Meter, in der Tiefe 700 bis 1 000 Meter breit, damals sehr dicht, voll Unterholz und sumpfig. Die Höhe 30,2 an seiner Südostecke bot gutes Schußfeld. Zwischen ihm und dem Kutkehmer Wäldchen erschwerten Dämme, Gräben und Sumpfwiesen jede Bewegung. Alle Häuser waren aus Holz und mit Stroh gedeckt, Groß-Jägersdorf abgebrannt.

Lehwaldt hatte 24 700 Mann mit 22 Bataillonen, 50 Schwadronen, 35 Bataillons- und 20 schwere Geschütze, Apraxin dagegen 54 800 Mann mit 89 Bataillonen, 40 Grenadier-Kompanien, 46 Schwadronen, 119 Ssotnien Irreguläre, 154 Regimentsgeschütze, 30 Geheim-Haubitzen und 79 Feldgeschütze. Er war also an Infanterie und Kavallerie halb so stark, an Artillerie nur ein Fünftel. Die wirkliche Kampfkraft der Russen war noch unbekannt, ihre Führung nicht hoch eingeschätzt. In der Annahme, der Gegner erwarte in der Stellung vom 29.8. seinen Angriff, brach Lehwaldt am 30.8. um 1 Uhr in drei Kolonnen auf, um den Puschdorfer Forst zu durchschreiten. Die Spitze bildete das Hus.Rgt. 5, die eine Infanterie-Kolonne den rechten Flügel, die andere den linken, beide mit Grenadieren und zweiten Treffen, am Ende die schwere Artillerie, die Kavallerie des linken Flügels unter Schorlemer als dritte Kolonne. Nach Durchschreiten des Waldes marschierte ab 3.30 Uhr die Schlachtordnung auf, im ersten Treffen 10 Bataillone, im zweiten 8 Garnison-Bataillone mit je 2 Gren.Btl. in den Flanken, vor der Front drei schwere Batterien zu je 6 Geschützen. Holsteins Reiterei auf dem rechten Flügel wurde vom II./DR 6 verstärkt. Boden-Nebel verhüllte den Feind, von dem Signale und Trommelwirbel zu hören waren; er war im Aufbruch nach Südwesten auf Eschenbruch. Seine Avantgarde unter Sybilsky sammelte bei Sittenfeldt in der tiefen rechten Flanke, als um 4 Uhr die Meldung vom Anmarsch der Preußen eintraf.

Lehwaldt hatte befohlen: »Es soll der linke Flügel attackiert werden, daher sich die Armee rechts ziehen und rechts halten wird. Wenn des Feindes Kavallerie geschlagen, es koste was es wolle, muß sie in die feindliche Infanterie einhauen«. Es war klar, worum es ging! Ab 4.30 Uhr ging das Korps zunächst still, dann 'in starkem Schritt' mit klingendem Spiel vor, Richtung auf das brennende Uderballen und Daupelken. Gleichzeitig griff auf beiden Flügeln die Kavallerie an. Als Apraxin um 5 Uhr die Meldung vom Angriff der Preußen erhielt, ließ er die Avantgarde halten und Front nach Westen nehmen, die I. Division den Südrand des Norkittener Waldes, die II. Division die Stellung zwischen Wald und Straßenkreuz westlich Uszbundzen besetzen und eine Reserve am Nordrand des Waldes versammeln. Die Kavallerie der anderen Divisionen verstärkte die Avantgarde. Der rechte preußische Kavallerie-Flügel war an der Südostecke des Waldes aufgelaufen und zwischen zwei Feuer geraten, so daß er nach Süden zurückgehen mußte und nördlich vom Sittengraben verhielt. Am linken Flügel hatten die 30 Schwadronen Schorlemers die russische Kavallerie geworfen, den Waldrand durchbrochen und bei Weynothen die Infanterie im Rücken gefaßt, bis sie auf die frische Brigade Iwan Manteuffel und die beiden Artillerie-Brigaden der III. Division trafen, die sie mit heftigem Feuer in Gräben und Dämme drängten. Schorlemer ließ am Kutkehmer Wäldchen sammeln; die Verluste waren geringer als befürchtet.

Ordre de Bataille

des Preußischen Heeres für die Schlacht bei Groß-Jägersdorf am 30sten August 1757.

F. M. v. **Lehwaldt.**

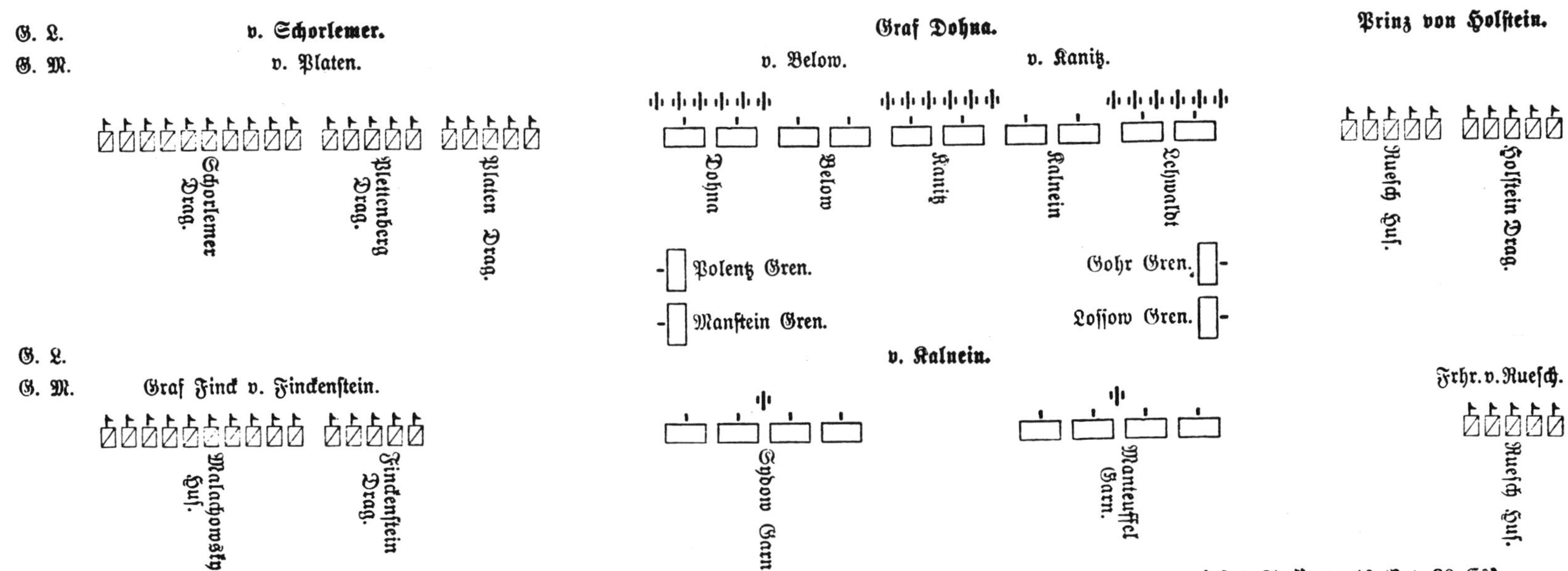

Erstes Treffen:	10	Bat.	30	Esk.
Flanken:	4	"	—	"
Zweites Treffen:	8	"	20	"
Zusammen	**22**	**Bat.**	**50**	**Esk.**

Marschordnung des Russischen Heeres

für den 30sten August 1757.

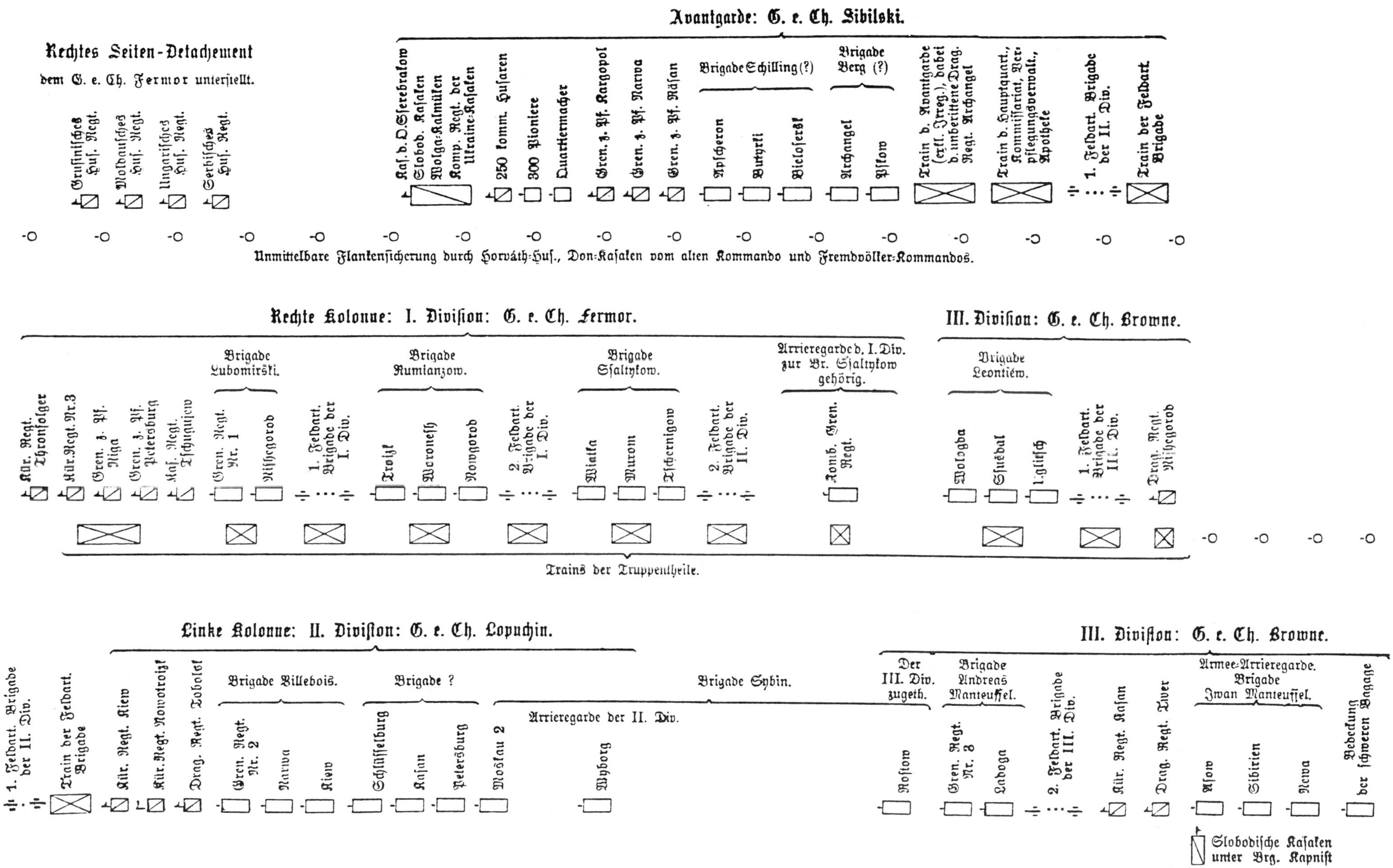

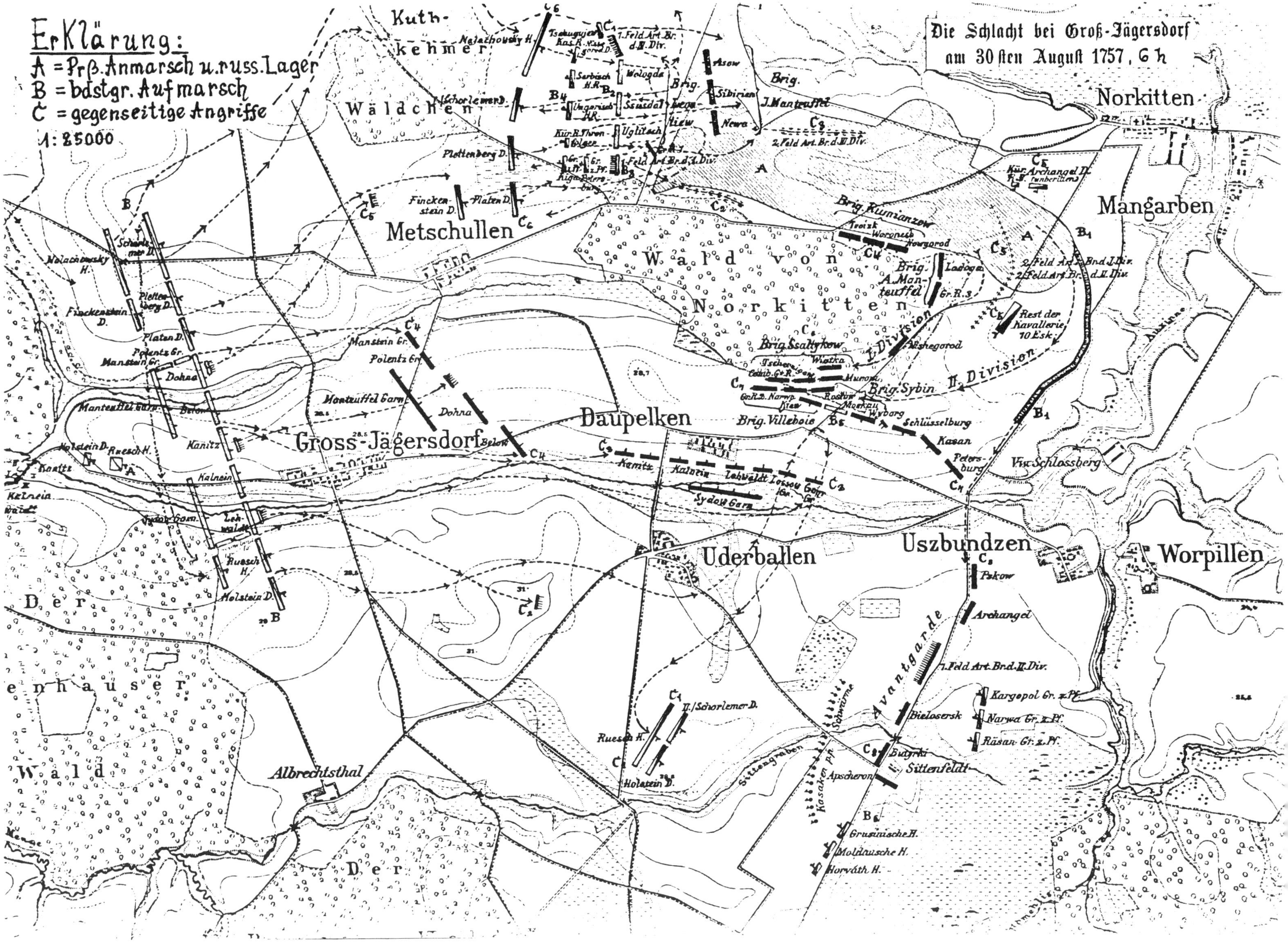
Die Schlacht bei Groß-Jägersdorf
am 30sten August 1757, 6 h
Erklärung:
A = Prß. Anmarsch u. russ. Lager
B = bdstgr. Aufmarsch
C = gegenseitige Angriffe
1: 25000
Norkitten
Mangarben
Metschullen
Wäldchen
Wald von Norkitten
Daupelken
Gross-Jägersdorf
Uderballen
Uszbundzen
Worpillen
Albrechtsthal
Sittenfeldt
Avantgarde
I. Division
II. Division
Brig. Rumianzow
Brig. Ssaltykow
Brig. Sybin
Brig. Villebois
Brig. A. Manteuffel
Rest der Kavallerie 10 Esk.
Der ... enhauser Wald
Der

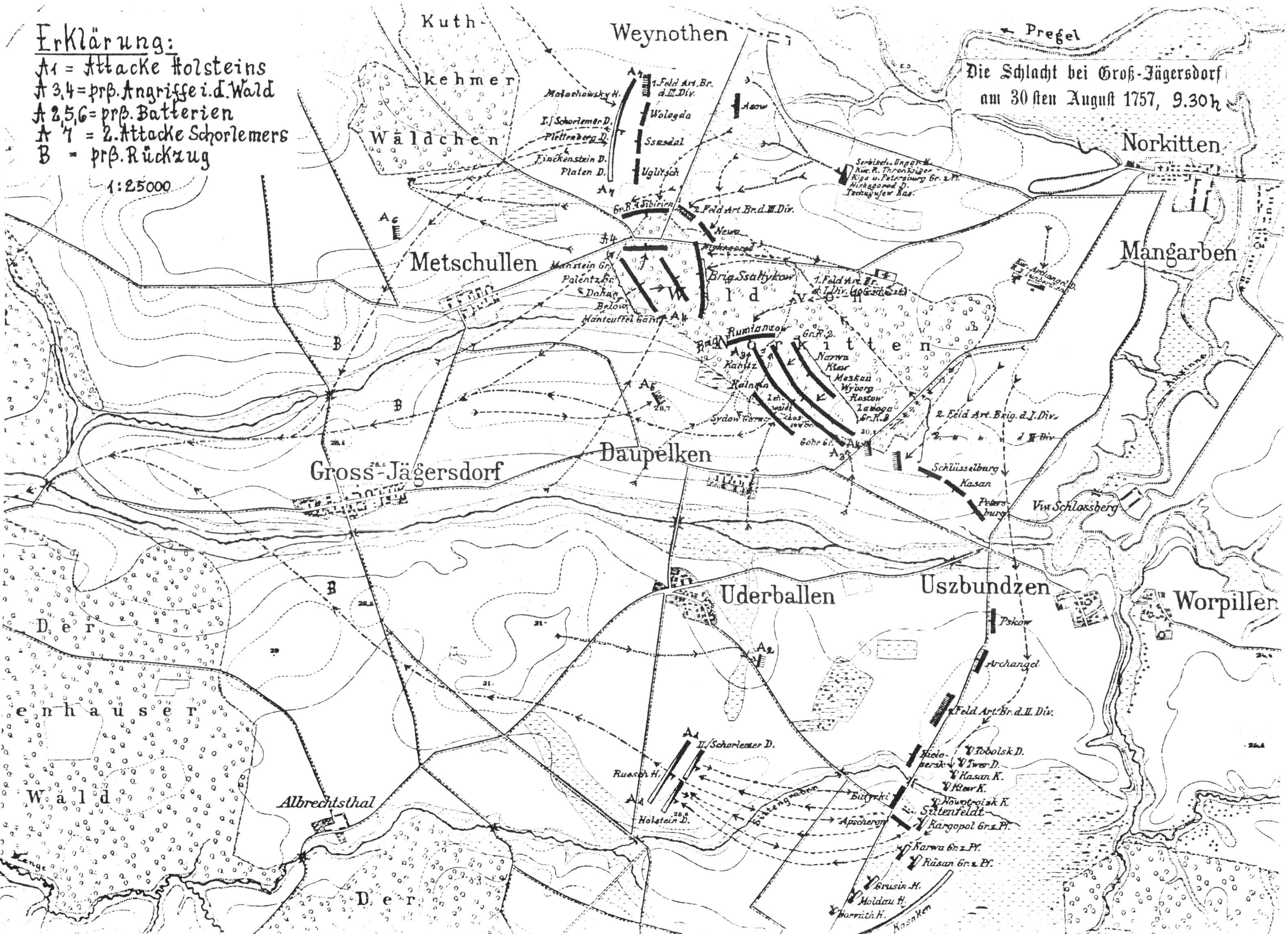
Erklärung:
A1 = Attacke Holsteins
A 3,4 = prß. Angriffe i.d. Wald
A 2,5,6 = prß. Batterien
A 7 = 2. Attacke Schorlemers
B = prß. Rückzug
1:25000
Die Schlacht bei Groß-Jägersdorf
am 30sten August 1757, 9.30h
Pregel
Kuth
kehmer
Wäldchen
Weynothen
Norkitten
Mangarben
Metschullen
Wald von Norkitten
Gross-Jägersdorf
Daupelken
Uderballen
Uszbundzen
Worpillen
Albrechtsthal
Der
enhäuser
Wald
Der
Malachowsky H.
I./Schorlemer D.
Plettenberg D.
Finckenstein D.
Platen D.
1. Feld Art. Br. d. II. Div.
Wologda
Ssusdal
Uglitsch
Asow
Gr. R. 4 Sibirien
2. Feld Art. Br. d. II. Div.
Newa
Nishegorod
Manstein Gr.
Polentz Gr.
Dohna
Below
Manteuffel Garn.
Brig. Ssaltykow
1. Feld Art. Br. d. I. Div.
Rumianzow
Gr. R. 2
Kanitz
Kalnein
Sydow Garn.
Narwa
Kiew
Moskau
Wyborg
Rostow
Ladoga
Gr. R. 3
Gohr Gr.
2. Feld Art. Brig. d. I. Div.
d. II. Div.
Schlüsselburg
Kasan
Petersburg
Schlossberg
Pskow
Archangel
Feld Art. Br. d. II. Div.
II./Schorlemer D.
Ruesch H.
Holstein D.
Bielosersk
Butyrki
Apscheron
Tobolsk D.
Twer D.
Kasan K.
Kiew K.
Nowotroizk K.
Kargopol Gr. z. Pf.
Narwa Gr. z. Pf.
Rjäsan Gr. z. Pf.
Grusin. H.
Moldau H.
Serbisch. H.
Kosaken

Groß-Jägersdorf, 30. August 1757. Musketiere des Infanterie-Regiments v. Kanitz (Nr. 2) ringen im Norkittener Wald mit dem Russischen Infanterie-Regiment Troizk.*

Um 6 Uhr griff der rechte Infanterie-Flügel an. Wegen der Bedrohung seiner rechten Flanke zog er sich im Wiesengrund südlich Groß-Jägersdorf und Daupelken so weit nach rechts, daß die Verbindung zum linken Flügel abriß und durch Rauch und Pulverdampf der Zusammenhalt im ersten Treffen aufhörte, zumal der Flügeladjutant v. d . Goltz durch Einrücken des dritten Gliedes und der Grenadier-Bataillone die Frontbreite ausdehnen ließ. Als die Linie die Boden-Welle nördlich Daupelken erreichte, eröffnete sie um 6 Uhr Salvenfeuer gegen die II. Division mit der Brigade Villebois, hinter der die I. Division erschien. Die Inf. Rgt. 4 und 2 konnten den rechten Flügel der II. russ. Division umfassen und die Brigade Ssaltykow mit vier Regimentern unter großen Verlusten in den Wald treiben. Auch die Brigade Villebois mußte mit ihren Regimentern Narwa und Gren.Rgt. 2 nach Verlust der halben Stärke weichen, zahlreiche Geschütze wurden erobert. Um 7 Uhr war ein Einbruch erzielt; die Russen zwischen Wald und Straße hielten aber tapfer stand.

Um die rechte Flanke der Infanterie bei ihrem schweren Kampf zu decken, warf sich Holstein mit seinen 20 Schwadronen noch einmal gegen die russische Avantgarde, durchbrach bei Sittenfeldt die Regimenter Apscheron und Butyrki und nahm einige Geschütze, bis er von den drei Gren.Rgt. zu Pferde des zweiten Treffens und von den Kür.Rgt. Kiew und Nowotroizk aus der Reserve der II. Division auf den Roser Wald am Sittengraben zurückgejagt wurde, allerdings ohne große Verluste. Immerhin konnte er durch seine drohende Nähe einen Flankenangriff der russischen Avantgarde verhindern, der die Infanterie in eine völlige Katastrophe geführt hätte. Die bis südostwärts Uderballen vorgerückte schwere Batterie griff ebenfalls wirksam ein. Während des stundenlangen, erbitterten Kampfes im Südost Teil des Waldes ließ Lehwaldt den linken Flügel der Infanterie den unbesetzten Nordwest-Teil bis zum Nordrand durchstoßen. Browne, Kommandeur der III. Division, warf die Regimenter Newa, Sibirien, 1. Gren.Rgt. gegen den Waldrand und ließ von Osten die wieder gesammelte Brigade Ssaltykow angreifen. Graf Dohna wurde schwer verwundet; von drei Seiten bedrängt, mußten die Preußen den Wald räumen und den Rückzug antreten.

Auch auf dem rechten Flügel kam es zum Umschwung. In den erbitterten Waldkampf mit Bajonett und Kolben trat die frische Brigade A. Manteuffel ein, während die Reserve-Brigade Rumianzow mit dem Bajonett die linke Flanke der tief im Walde kämpfenden 8 Bataillone angriff. Als sie noch irrtümlich durch Aufregung und Pulverdampf vom Garn.Rgt. II von rückwärts beschossen wurden, mußten sie nach Verlust von zwei Fünfteln ihrer Stärke die schwer erkämpfte Stellung aufgeben und in Unordnung zurückgehen. Lehwaldt konnte sie nicht wieder vorführen. Schorlemer deckte links den ordentlichen Rückzug durch eine zweite Attacke, die ein Nachstoßen des Feindes verhinderte. DR 8 verließ zuletzt das Schlachtfeld.

Jetzt brach die russische Infanterie aus dem Walde hervor, auch die Avantgarde Sybilskys überschritt die feuchten Wiesen bis Groß-Jägersdorf. Die Russen plünderten Tote und Verwundete. Lehwaldt zog sich über Puschdorf ins Lager Wilkendorf zurück, von drei Gren.Rgt.z.Pf. bis Puschdorf verfolgt. Die Preußen verloren 123 Offiziere, 159 Unteroffiziere, 4 238 Mann, insgesamt 4 520 Soldaten, 17 Btl. Geschütze und 11 schwere. Die meisten Verluste hatten IR 14,4, Garn.Rgt. XI, Gren.Btl. 11/14, IR 2 und Garn.Rgt. II. Die Russen büßten 278 Offiziere, 5 711 Mann ein, darunter 11 Generale, davon 1 487 Tote. Die Russen gingen noch bis Allenburg vor, räumten aber dann bis Ende Oktober Ostpreußen mit Ausnahme von Memel und bezogen Winterquartiere in Kurland und Samogitien. Apraxin wurde am 28.10. abgesetzt, vor ein Kriegsgericht gestellt und starb während der Untersuchung. Lehwaldt wurde am 6.10. vom König zurückgerufen nach Marienwerder, um sich gegen die Schweden zu wenden.

Trotz ihres Sieges durch Überzahl, Tapferkeit und starke Artillerie endete der russische Feldzug nach drei Monaten fast wie nach einer Niederlage. Noch war das innere Gefüge ihrer Armee nicht auf voller Höhe. Sie hatten gehofft, Ostpreußen einzuverleiben, es aber mindestens als Faustpfand zu gewinnen. Apraxin wollte Lehwaldt den Rückzug nach Westen abschneiden, ihn zur Schlacht stellen und vernichten. Die beste Angriffsrichtung dafür wäre von Südosten gewesen — sie war zur Versammlung ungeeignet und durch das Seen-Gebiet behindert. Der Einmarsch von Norden mußte das breite Hindernis der Memel überqueren. So blieb für den Anmarsch der russischen Hauptarmee Nordosten aus dem Raum Kowno-Grodno mit Richtung auf Königsberg. Deshalb ging Fermor mit einer schwächeren Kolonne auf Memel vor, während von Südost ein Reiterkorps vorstoßen sollte, das aber nicht zur Wirkung kam. Dennoch gelang Apraxin die schwierige Vereinigung der Marschsäulen. In der Schlacht bewiesen die Russen ihre Zähigkeit in der Verteidigung, unerschütterliche Todesverachtung, gute Geländeausnutzung und die Feuerwirkung ihrer Artillerie, die in weiteren Schlachten den Preußen noch zu schaffen machen sollten.

Lehwaldts Korps war zu schwach und mit der Sicherung Ostpreußens überfordert. Das Verharren der russischen Avantgarde in seiner rechten Flanke bewahrte die Preußen vor der Vernichtung. Auch in der ursprünglich angenommenen Stellung der Russen wäre er unterlegen, weil die Überlegenheit der Artillerie noch mehr durchgeschlagen hätte, während so ein Teil nicht zum Einsatz kam. Er trat erst den Rückzug an, als es nicht mehr anders ging; keine Fahne ging verloren, im ganzen verlor der Gegner die Hälfte. Die Preußen konnten auch eine Niederlage durchstehen.

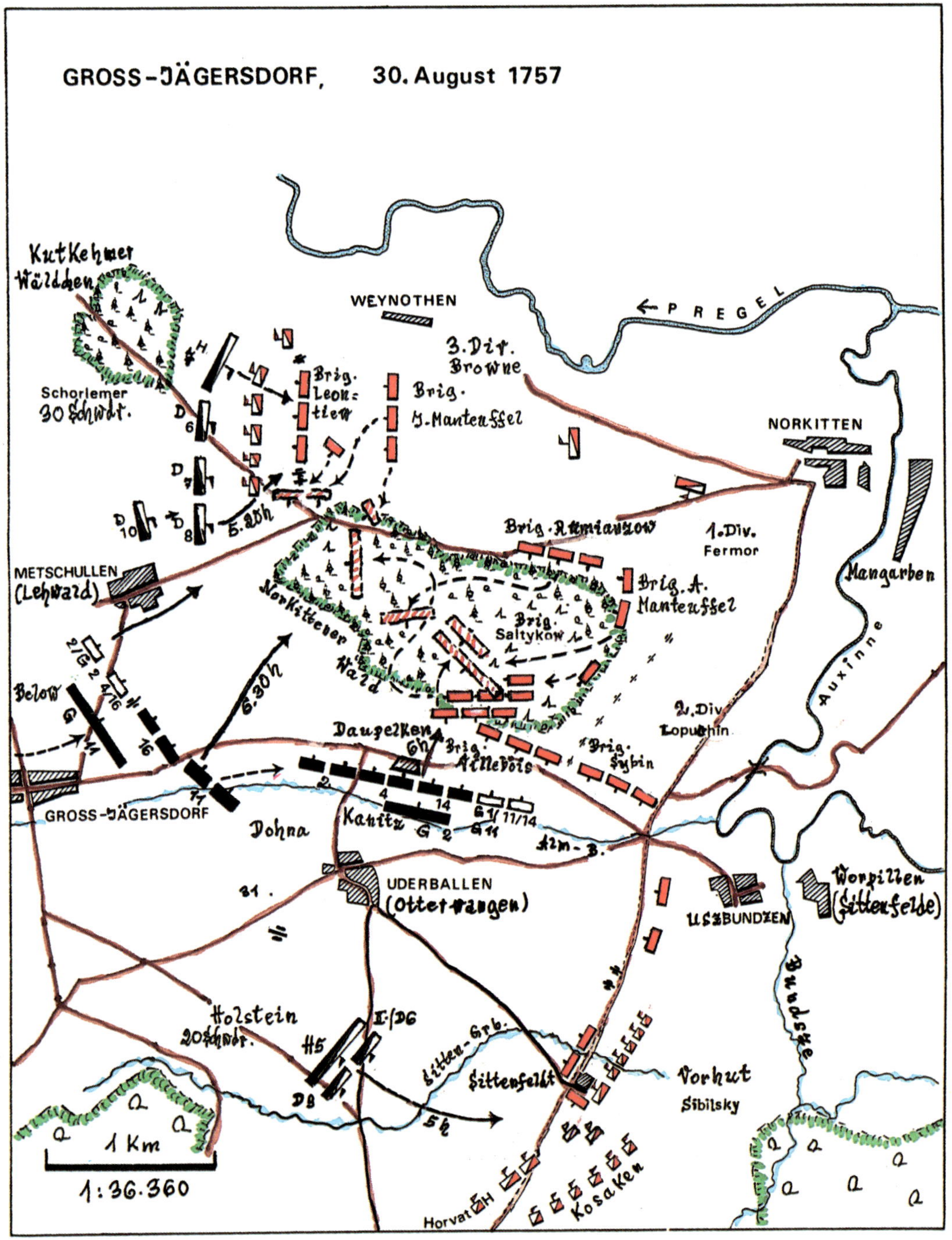
GROSS-JÄGERSDORF, 30. August 1757
PREGEL
WEYNOTHEN
Kutkehmer Wäldchen
Schorlemer 30 Schwdr.
Brig. Leontiew
Brig. J. Manteuffel
3. Div. Browne
NORKITTEN
Brig. Rumianzow
1. Div. Fermor
METSCHULLEN (Lehwald)
Norkittener Wald
Brig. A. Manteuffel
Brig. Saltykow
Mangarben
Auxinne
Below
5.30h
6.30h
6h
Daupelken
Brig. Apraxin
Brig. Sybin
2. Div. Lopuchin
GROSS-JÄGERSDORF
Dohna
Kanitz
UDERBALLEN (Otterwangen)
USZBUNDZEN
Worpillen (Sittenfelde)
Bundske
Holstein 20 Schwdr.
Sitten-Grb.
Sittenfeldt
Vorhut Sibilsky
5h
Kosaken
Horvat
1 Km
1:36.360
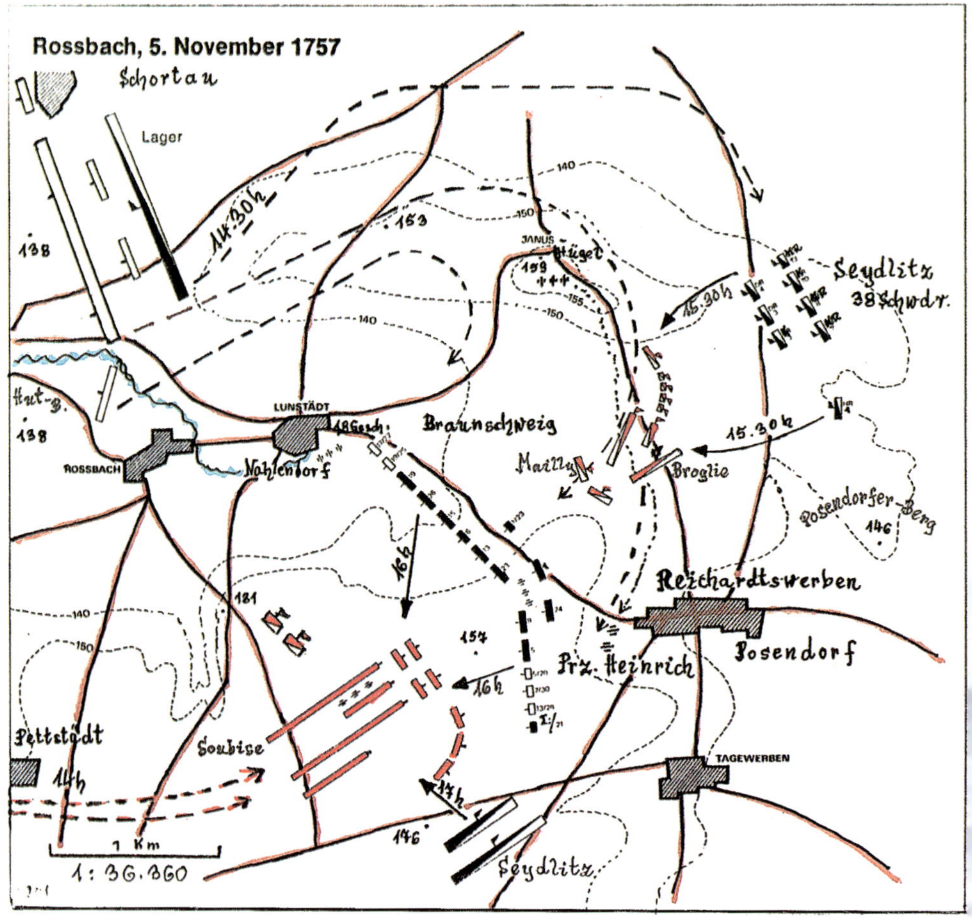
Rossbach, 5. November 1757
Schortau
Lager
14h.30h
138
153
JANUS Hügel
Seydlitz 38 Schwdr.
15.30h
LUNSTÄDT
ROSSBACH
Nahlendorf
Braunschweig
Mailly
Broglie
Posendorfer-Berg
146
Reichardtswerben
Posendorf
Prz. Heinrich
16h
157
181
Pettstädt
Soubise
14h
17h
TAGEWERBEN
Seydlitz
1 Km
1:36.360

ROSSBACH
5. November 1757

Am 31.8.1757 trat der König, nachdem er bei Dresden das Korps des Fürsten Moritz an sich gezogen hatte, seinen Marsch zur Saale mit 29 Bataillonen, 45 Schwadronen und schwerer Artillerie, insgesamt 25 000 Mann, an gegen die 'kombinierte Kaiserliche Reichs-Exekutions- und Französische Armee' in Thüringen. Am 10.9. erreichte er Naumburg, am 13.9. Erfurt, am 15.9. Gotha, von der Bevölkerung jubelnd begrüßt. Die Lage in Schlesien und an der Peene gegen die Schweden verbot ihm ein weiteres Vorgehen. Daher entsandte er Fürst Moritz nach Torgau und Herzog Ferdinand ins Halberstädtische in der Hoffnung, sie im Notfalle zurückzurufen. Einen Vorstoß des Gegners auf Gotha am 17.9. mit rd. 10 000 Mann wies Seydlitz mit 1 900 Reitern ebenso geschickt wie glänzend ab, so daß der Feind bis Eisenach auswich. Als Hadik am 16.10. überraschend in Berlin einfiel, entsetzten einen Tag später Seydlitz und Fürst Moritz die Hauptstadt, während der König am 18.10. Torgau erreichte. Nachdem Keith am 23.10. aus Leipzig den vollen Anmarsch der schwerfälligen Koalitions-Armee über die Saale gemeldet hatte, entschloß sich der König zum Angriff. Er sammelte rd. 22 000 Mann in 27 Bataillonen, 45 Schwadronen mit 25 schweren Geschützen bis 28.10. um Leipzig. Hildburghausen hatte die Stadt noch am 25.10. zur Übergabe aufgefordert; jetzt entzog er sich schleunigst dem König. Bis 3.11. gingen die Preußen an drei Stellen über die Saale und vereinigten sich bei Braunsdorf südwestlich Merseburg. Am 4.11. rückten sie auf die Höhen südostwärts Mücheln vor, fanden aber den Gegner mit Front nach Osten statt wie bisher nach Norden. Darauf ging der König in ein Lager zwischen Bedra und Roßbach zurück, um die Reichsarmee unter Hildburghausen mit 14 Bataillonen, 42 Schwadronen, 12 Geschützen, zusammen 10 900 Mann, und die Franzosen unter Prinz Soubise mit 48 Bataillonen, 40 Schwadronen, 33 schweren Geschützen, zusammen 30 200 Mann, kommen zu lassen. Denn die Verbündeten waren doppelt überlegen.

Das Gelände ist im Nordwesten und Norden vom Leiha-Bach, im Osten durch die Janus- und Pölzen-Hügel sowie die Dörfer Reichardtswerben und Tagewerben, im Süden durch die Straße Tagewerben-Pettstädt-Zeuchfeld und im Westen von Stein-Berg, Galgen-Berg und den Schortauer Höhen umrissen. Das wellenförmige Hügelland steigt nach Westen und Süden an. Bewegungen hinter dem Höhenzug von der Lunstädter Rüster über den Janus-Hügel bis zum Pölzen-Hügel waren von den Höhen westlich Reichardtswerben und bei Pettstädt nicht einzusehen. Die breite Mulde zwischen ihm und dem Loh-Hügel nördlich Obschütz wurde der eigentliche Kampfplatz, der von Pettstädt nach Roßbach abfällt. Die Dörfer lagen tief.

Durch die Langsamkeit der Franzosen kam es erst um 11.30 Uhr zum Aufbruch, nachdem Hildburghausen die deutschen Reiter-Regimenter unter dem Prinzen von Hohenzollern vorausgeschickt hatte. Die Szecheny-Husaren bildeten die Avantgarde, die Apchon-Dragoner und die Nassau-Husaren sicherten die linke Flanke. Das erste Treffen marschierte in der linken Kolonne: vorn 16 deutsche Schwadronen, 16 französische Bataillone, dann 12 französische Schwadronen. Bei der Kolonne des zweiten Treffens folgten 16 französische Bataillone auf 17 deutsche Schwadronen. Die dritte Kolonne bildeten das französische Reserve-Korps Broglies mit 8 Bataillonen, 10 Schwadronen und 11 Bataillone Reichsarmee unter dem Prinzen von Hessen. Die französische Reserve-Artillerie sollte zwischen die zweite und dritte Kolonne, geriet aber zwischen die erste und zweite. Bei Zeuchfeld kam das Korps Broglie wegen der Richtungsänderung nach Osten zwischen Reserve-Artillerie und die zweite Kolonne, während die Reichs-Infanterie rechts blieb. So marschierten fünf Kolonnen dicht nebeneinander. Soubise wollte nur ein Lager beziehen, Hildburghausen drängte auf Angriff, weil man die Preußen im Abmarsch erkannte. Es war schon 14.30 Uhr.

Dem König war der Abmarsch des Gegners nach Süden, dann aber auch seine unerwartete Wendung nach Osten gegen den linken Flügel gemeldet worden. Nachdem er sich mit Keith, den Prinzen Ferdinand und Heinrich wie den Generalen v. Geist und v. Seydlitz vom Dachboden des Roßbacher Schlosses vom Anmarsch des Feindes überzeugt hatte, traf er unverzüglich seine Gegen-Maßnahmen, die binnen Minuten ausgeführt wurden. Der Gegner mußte möglichst im Aufmarsch angefallen werden. Seydlitz, obwohl jüngster Kavallerie-General, erhielt den Befehl über 38 Schwadronen. Er übernahm ihn mit den Worten: »Ich gehorche dem König, und Sie gehorchen mir«. Unter Sicherung des Rückens zwischen Leiha und Schortau durch Husaren-Regiment 1 und 8 wie das Frei-Bataillon Mayr verschwand die Armee gegen 14.30 Uhr nach Osten hinter der Hügelkette. Um eine breitere Front zu erhalten, ließ Seydlitz die Regimenter zu zwei Gliedern formieren und untereinander den Abstand vergrößern. Neben der Infanterie-Spitze marschierte die schwere Artillerie.

Die feindlichen Generale glaubten, die Preußen im Rückzug schlagen zu können, und zogen rasch die Reiterei des Reserve-Korps sowie die Brigade Bourbon zum

Ordre de Bataille

der Preußischen Armee in der Schlacht bei Roßbach am 5ten November 1757.

Der König.

F. M. Keith.

G. d. J. **Fürst Moritz von Anhalt-Dessau.**

G. L. — **Prinz Heinrich von Preußen.** — **Prinz Ferdinand von Braunschweig.**

G. M. — v. Seydlitz. — v. Oldenburg. — v. Geist. — v. Retzow. — v. Itzenplitz. — Baron v. Schönaich.

Leib-Kür. — Driesen Kür. — Jung-Billerbeck Gren. — Alt-Braunschweig — Kleist — Forcade — Itzenplitz — Retzow Gren. — II. u. III. Garde — Meyerinck — Markgraf Karl — Kamin Gren. — Kremzow Gren. — Rochow Kür. — Gensd'armes — Gardes du Korps

Lubath Gren. — Wedel Gren.

G. L. v. Forcade.

G. M. — v. Czettritz. — v. Grabow. — v. Asseburg. — v. Meinicke.

Czettritz Drag. — Find Gren. — I. Hülsen — 25 schwere Geschütze — Goltz — Winterfeldt — Meinicke Drag.

Reserve.

Seydlitz Hus. — Freibat. Mayr — Szekely Hus.

Entsendet waren:

I. Anhalt nach Halle.
II. " " Merseburg.
III. " u. II. Hülsen nach Leipzig.

Stärke.

Erstes Treffen:	18 Bat.,	23 Esk.,	
Flanken:	2 "	— "	
Zweites Treffen:	6 "	10 "	25 schw. Gesch.
Reserve:	1 "	12 "	
zusammen:	27 Bat.,	45 Esk.,	25 schw. Gesch.

Ordre de Bataille

der verbündeten Reichs- und Französischen Armee in der Schlacht bei Roßbach am 5ten November 1757.

F. M. Prinz Josef Friedrich von Hildburghausen.

G. L. Prinz von Soubise.

G. L. Comte de Mailly. — Comte de Montboissier. — Chevalier de Nicolay.

M. d. C. le Rougrave. — de Planta. — Marquis de Custine. — Marquis de Crillon.

Bourbon, Rougrave, Beauvilliers, Fitz-James, Bourbon-Busset, La Reine — Planta, Reding, Royal-Roussillon, Deux-Ponts, Brissac, S. Chamont, Piémont

Brigaden: Bourbon. La Reine. Reding. Royal-Roussillon. S. Chamont. Piémont.

G. M. Prinz von Hohenzollern. — Frhr. Ludwig v. Bretlach.

Württemberg Drag. — Hohenzollern Kür. — Kurpfalz Kür. — Bretlach Kür.

Französische Reserveartillerie.

33 schwere Geschütze.

Korps des G. L. Comte de Saint-Germain.

M. d. C.

Montcalm, Gramont, Touraine, Condé, St. Jal, Bezons

Poly. Touraine. Condé.

Brigaden:

Poly — La Marine — Condé

La Marine.

G. L. Comte de Lorges.

Comte de Vaux. — Marquis de Rougé.

Diesbach, Wittemer, Salis, Castellas, St. Germain, Royal-Pologne, La Marck, Mailly

Wittemer. Castellas. La Marck. Mailly.

G. M. Prinz von Hohenzollern. — Frhr. Ludwig v. Bretlach.

Ansbach Drag. — Bayreuth Kür. — Trauttmansdorff Kür.

Korps des G. M. v. Loudon.

Husaren. — Kroaten. — Husaren.

Französisches Reservekorps.

G. L. Herzog von Broglie.

G. L. Marquis de la Chétardie.

M. d. C. Marquis de Castries.

Escars — Lusignan

Brigaden: Lusignan.

Prinz Camille. — Comte d'Orlick.

Beauvoisis, Rohan-Montbazon, Provence, Poitou

Rohan-Montbazon. Poitou.

Marquis du Boulpry.

Chevalier d'Ailly.

Lameth, Saluces, Penthièvre

Penthièvre.

Reichs-Infanterie und Artillerie.

F. M. L. Prinz von Hessen-Darmstadt.

F. M. L. Baron Drachsdorff.

G. M. v. Ferentheil. — v. Varel. — Baron Rosenfeld. — Graf v. Holnstein.

Ferentheil. Cronegk. 12 Geschütze. Kurtrier. Varel. Hessen-Darmstadt. Blau-Würzburg.

Nicht eingetheilte Leichte Kavallerie.

v. Szecheny.

Apchon Drag. — Nassau-Saarbruck Hus. — Szecheny Hus.

Stärke.

Erstes Treffen	16 Bat.,	28 Esk.,	
Französische Reserveartillerie . .	— "	— "	1 Bat. Art. 33 Geschütze Res. Art.
Zweites Treffen	16 "	17 "	
Französisches Reservekorps . . .	8 "	10 "	
Reichs-Infanterie und Artillerie .	11 "	— "	12 Geschütze Art. Res.
Nicht eingetheilte Leichte Kavallerie	— "	12 "	
Korps St. Germain	8 "	12 "	
Korps Loudon	3 "	3 "	
zusammen	62 Bat.,	82 Esk.,	1 Bat. Art. 45 Geschütze.

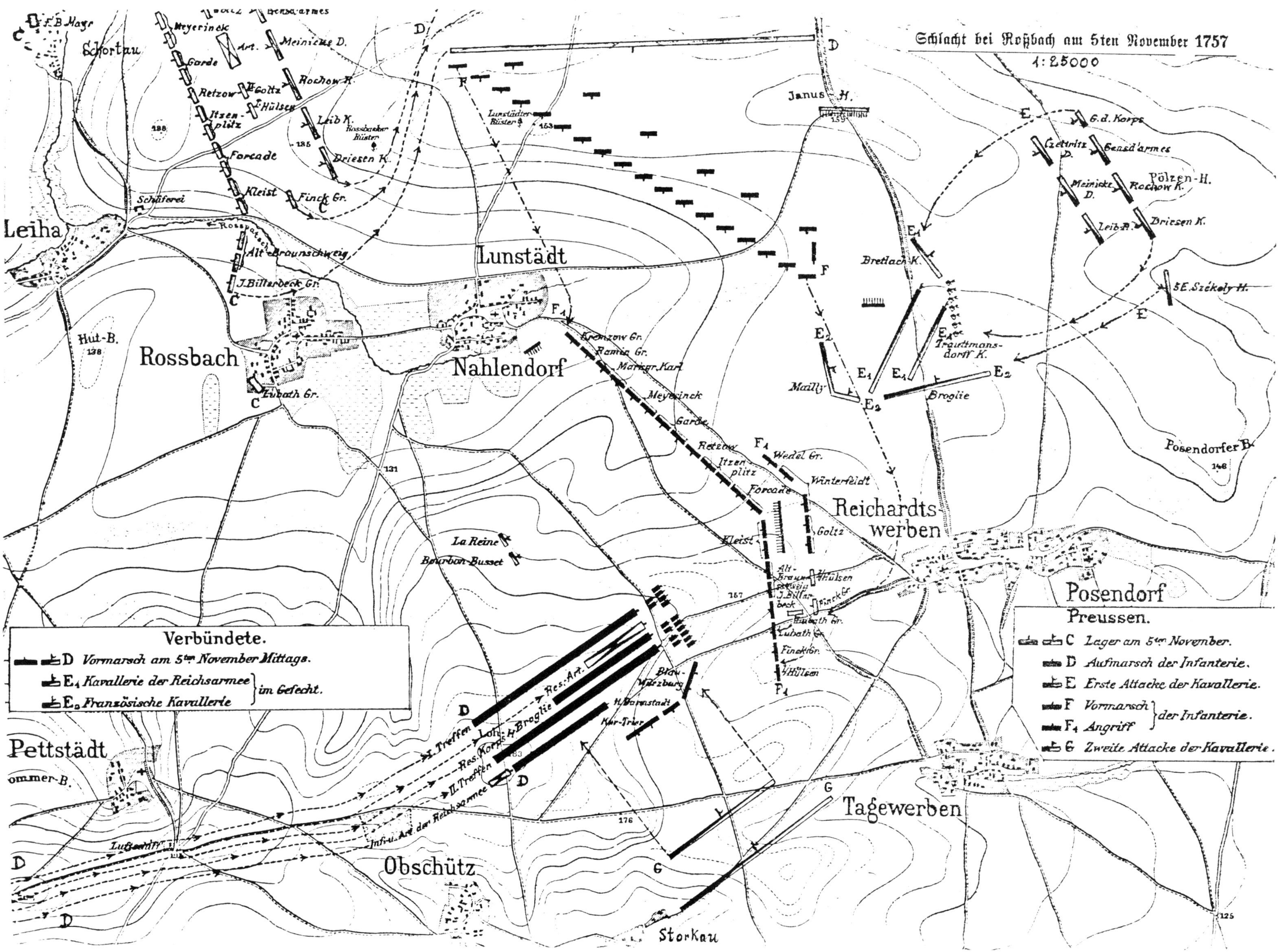
Schlacht bei Roßbach am 5ten November 1757
1:25000
Schortau
Leiha
Rossbach
Lunstädt
Nahlendorf
Reichardts werben
Posendorf
Tagewerben
Obschütz
Pettstädt
Storkau
Janus H.
Pölzen-H.
Posendorfer B.
Hut-B.
Schäferei
Rosspatsch
Lunstädter Büster
Rossbacher Büster
Meyerinck
Garde
Retzow
Goltz
Itzen-plitz
Hülsen
Forcade
Kleist
Finck Gr.
Art.
Meinicke D.
Rochow K.
Leib K.
Driesen K.
Alt-Braunschweig
J. Billerbeck Gr.
Lubath Gr.
Kremzow Gr.
Ramin Gr.
Markgr. Karl
Wedel Gr.
Winterfeldt
G. d. Korps
Czettritz D.
Gensd'armes
Szekely H.
Bretlach K.
Trauttmansdorff K.
Mailly
Broglie
La Reine
Bourbon Busset
Res. Art.
I. Treffen
II. Treffen
Res. Korps
Loh. Broglie
Blau-Würzburg
H. Darmstadt
Kur-Trier
Infr. u. Art. der Reichsarmee
Luftschiff
Verbündete.
D Vormarsch am 5ten November Mittags.
E1 Kavallerie der Reichsarmee
E2 Französische Kavallerie
im Gefecht.
Preussen.
C Lager am 5ten November.
D Aufmarsch der Infanterie.
E Erste Attacke der Kavallerie.
F Vormarsch
F1 Angriff
der Infanterie.
G Zweite Attacke der Kavallerie.

Roßbach, 5. November 1757. *Attacke des Dragoner-Regiments Nr. 4 (v. Czettritz) im ersten Treffen rechts unter Seydlitz am Osthang des Janus-Hügels gegen das Österreichische Kürassier-Regiment Nr. 4 (Bretlach).*

***Roßbach, 5. Nobember 1757.** Angriff der Französischen Infanterie-Regimenter Piemont, Mailly, Provence, Poitou im Salven-Feuer des Infanterie-Regiments Nr. 5 (Alt-Braunschweig), westlich Reichardtswerben.*

Angriff vor, während die Brigade La Reine die linke Flanke deckte. Die Szecheny-Husaren schlossen sich der deutschen Kavallerie 2 000 Schritt vor der Infanterie an, die Apchon-Dragoner dem Reserve-Korps, die Nassau-Husaren der Brigade Bourbon. Hart nördlich Reichardtswerben gerieten die Schwadronen um 15.15 Uhr erst in das Feuer der schweren Batterie der Preußen auf dem Janus-Hügel, dann 15 Minuten später mit Front und rechter Flanke auf 1 000 Schritt in den überraschenden Stoß der Reiterei von Seydlitz, 15 Schwadronen im ersten Treffen, 18 im zweiten, 5 Schwadronen in der Flanke. Die Kürassier-Regimenter Bretlach in Linie, Trauttmansdorff in gestaffelten Schwadronen, dahinter die Kurpfalz-Kürassiere, die Württemberg- und Ansbach-Dragoner und die Szecheny-Husaren stürmten in Gegen-Attacke den Preußen entgegen. Die beiden übrigen Regimenter fielen in Unordnung. Während es zu heftigem Handgemenge kam, setzte Seydlitz sein zweites Treffen an, das die Flanken des Gegners umfaßte und ihn völlig zersprengte und zurückwarf. Da attackierten aber noch Broglie mit 14 Schwadronen rechts und Mailly mit 10 Schwadronen im Winkel dazu links. Die preußischen Schwadronen warfen sich blitzschnell auf den neuen Feind. Bald waren auch die französischen Reiter bis Storkau verjagt, ihre Batterie genommen. Seydlitz sammelte nordostwärts Reichardtswerben seine Schwadronen und führte sie in eine neue Bereitstellung zwischen Tagewerben und Storkau.

Mit der Attacke von Seydlitz hatte der König die Infanterie antreten lassen, die sehr geschickt in gestaffelter Linie mit verhaltenem rechten Flügel vorrückte und die geschlagene feindliche Kavallerie nach Süden vorbeiströmen ließ. Nach Einschwenken der Bataillone zur Linie ging der linke Flügel mit starken Schritten vor, während der rechte entsprechend kürzer trat. Dem Gegner gelang es nur, die vordersten Regimenter der Treffen in Angriffsformation zu bringen: Piemont, St. Chamont, Mailly, La Marck, Poitou und Provence. Bei der Reichsarmee ließ Prinz Georg von Hessen die Regimenter Blau-Würzburg, Hessen-Darmstadt, Kur-Trier rechts ausschwenken. Die sechs fränkischen Bataillone flohen, da die flüchtenden Kavalleristen riefen: »Lauft, was laufen kann, es ist alles verloren!« Als der König das sah, verlängerte er den linken Flügel um die Gren.Btl. 7/30, 13/26 und das I./IR 21 und ließ die 8 Bataillone etwas rechts schwenken zu einem stumpfen Winkel. Die entstehende Lücke zwischen IR 9 und IR 23 füllte er mit den Gren.Btl. 1/23 und dem IR 1. Die schweren Batterien gingen bis westlich Reinhardtswerben und südlich Nahlendorf vor. Die Knäuel der französischen Infanterie und Artillerie versuchten vergeblich sich zu entwirren, dadurch steigerten sich Unordnung und Panik immer mehr. In wildem Schießen und Flucht hielt nur die Brigade Wittemer stand.

Die feindlichen Regimenter an der Spitze warfen sich den Preußen entschlossen mit dem Bajonett entgegen, Hildburghausen führte persönlich das Regiment Piemont. 40 Schritt vor der preußischen Linie schlug die Artillerie furchtbare Lücken in ihre Massierung. Dann brachten wenige Salven Peleton-Feuer der IR 9 und 5 den Angriff zum Scheitern. Das erste Treffen und das Reserve-Korps wandten sich zur Flucht. Darauf mußte auch Prinz Georg von Hessen mit den drei Reichs-Regimentern am rechten Flügel, schon halb umfaßt, zurück. Als Seydlitz die allgemeine Verwirrung beim Feinde beobachtete, brach er mit zwei Treffen zur zweiten Attacke in die Reihen des Gegners ein, der sich jetzt von zwei Seiten umfaßt sah. Die verbündeten Truppen strömten in völliger Auflösung über Pettstädt zur Unstrut unter Zurücklassung der meisten Geschütze. Die Schweizer Brigade Wittemer, die Reichs-Infanterie und die Kürassier-Regimenter La Reine, Bourbon und Rougrave deckten den Rückzug vor der erbitterten Verfolgung der preußischen Kavallerie. St. Germain und Loudon gingen über Gröst zurück, die Brigaden Condé und Poly über Obschütz, die die Kürassier-Regimenter 10 und 13 nochmals attackierten. Der König ließ die Armee gegen 17.30 Uhr in der Linie Obschütz-Markwerben lagern.

Die Verluste der Preußen betrugen 30 Offiziere, 518 Mann, davon an Toten 7 Offiziere, 162 Mann, dabei beim IR 5 etwa 100 Soldaten, seiner Leibkompanie 51. Prinz Heinrich und die Generale Seydlitz, Itzenplitz und Meinecke waren verwundet. Die Preußen nahmen von der Reichsarmee 30 Offiziere, 3 200 Mann gefangen, dazu insgesamt viele Fahnen, 21 Standarten, 72 Kanonen, 3 Paar Pauken. Mit Loudons Korps büßte die Reichsarmee 42 Offiziere, 3 510 Mann ein, die Franzosen rund 600 Offiziere, 6 000 Mann, darunter 11 Generale. Im ganzen verloren die Verbündeten etwa 650 Offiziere, 9 500 Mann. Seydlitz bekam den Schwarzen Adler-Orden, wurde mit 36 Jahren Generalleutnant und Chef des Kürassier-Regiments 8.

Die Lage im Westen hatte sich entscheidend gewandelt. Der Prestige-Gewinn des Sieges wirkte über Mitteldeutschland bis nach Frankreich und auf England, das die Konvention von Kloster Zeven nicht mehr unterzeichnete. Preußen stellte der hannoverschen Armee mit Herzog Ferdinand von Braunschweig einen neuen, erfolgreichen Oberbefehlshaber. Hildburghausen und Soubise waren zu uneinig. Ihr Umgehungsmarsch bei hellem Tag war vom König leicht zu parieren. Die Reichsarmee war schon eine Woche ohne Brot. Die Verbündeten gingen ohne Aufklärung und Marschordung ihrer Niederlage blind entgegen. St. Germain hätte nichts daran geändert. Die preußische Armee erwies sich als beweglich und schnell: Trotz Unterlegenheit überflügelte der König durch Frontveränderung nach Süden den Feind. Seydlitz warf mit 38 Schwadronen 57 feindliche, unterstützt von der schweren Artillerie. Der Infanterie gelang erstmalig in schräger Front der Vormarsch mit Echelons auf 1,5 bis 3 Kilometer Entfernung. »Glück von Anfang an, aber es ist noch immer für mich nötig«, urteilte der König am 12.11. »Ich muß jetzt auf die andere Seite gehen, neue Gefahren in Schlesien suchen«.

BRESLAU
22. November 1757

Bei seinem Abmarsch nach Westen hatte der König von seinen 70 000 Mann dem Herzog von Bevern 45 000 anvertraut, um die Lausitz und Schlesien, vor allem Breslau und Schweidnitz, gegen die feindliche Übermacht unter Herzog Karl von Lothringen zu decken. In die strategische Verteidigung zurückgeworfen, kam es jetzt darauf an, die zahlreichen Gegner auseinanderzuhalten und möglichst einzeln zu schlagen, ehe sie sich vereinigten. Bevern war ein bewährter Heeresführer, dem der König zusätzlich Winterfeldt beiordnete. Nach unglücklichen Gefechten bei Landeshut und Moys, wo Winterfeldt fiel, ging Bevern schrittweise bis 19.9. auf Liegnitz zurück. Nach dem Gefecht von Koischwitz am 25.9. und der Kanonade von Barschdorf am 26.9. südostwärts Liegnitz wandte sich Bevern über Parchwitz auf Steinau, um bei Dieban die Oder zu überschreiten. Es galt, Breslau zu decken. Nach 45 Kilometer Marsch nördlich der Oder wechselte er bei Pilsnitz das Ufer und bezog am Ostufer der Lohe 5 Kilometer westlich Breslau eine ausgedehnte, Zug um Zug befestigte Stellung für fast zwei Monate. Ab 3.10. fühlte der Gegner bei Pilsnitz bereits vor. Nadasdy war am 26.9. vor Schweidnitz gezogen, das er ab 14.10. mit 28 400 Mann einschloß, ab 31.10. beschoß und am 13.11. einnahm. Durch seine Vereinigung mit der Hauptarmee stieg die Stärke der Österreicher auf 83 606 Mann mit 96 Bataillonen, 93 Grenadier-Kompanien, 141 Schwadronen und 228 Geschützen. Beverns Stärke war dagegen durch wiederholte Abgaben auf kaum 28 000 Mann mit 40 1/2 Bataillonen, 102 Schwadronen abgesunken, die von Pilsnitz über Schmiedefeld, Gräbschen, Kleinburg und Gabitz eine 9 Kilometer lange Stellung hielten mit einem Drittel der Stärke des Feindes.

Der Gegner war nicht untätig: Nach dem Nachhut-Gefecht bei Schönborn am 27.9. tastete er am 3. und 4.10. bei Pilsnitz vor, überfiel am 29.10. Hartlieb und Klettendorf an der Lohe am linken Flügel, machte den nächsten Überfall am 10.11. bei Wiltschau und bildete am 21.11. durch die Wegnahme von Krietern einen Brückenkopf im Süden der dünn besetzten Linie. Bevern erwartete daher den Haupt-Angriff links. Nach dem Siege des Königs bei Roßbach rechnete Herzog Karl mit seinem Eingreifen in Schlesien. Es galt also, rasch vollendete Tatsachen zu schaffen: erst Schweidnitz, dann Breslau. Rechts der Oder stand Krockow mit 1 Bataillon, 10 Schwadronen, zwischen Oder und Schmiedefeld Brandes mit 11 1/2 Bataillonen, 12 Schwadronen, dann folgten bis Gräbschen Lestwitz und Schultze mit 22 Bataillonen, 20 Schwadronen und links Zieten mit 6 Bataillonen, 60 Schwadronen. Nach Abzug der Brigade Bevern zu Zieten lag die schwächste Stelle zwischen Kl. Mochbern und Gräbschen mit 4 Bataillonen der Brigade Prinz Ferdinand. Bei Pilsnitz war die Stellung hervorragend befestigt, zwischen Schmiedefeld und Gräbschen um 1,5 bis 2 Kilometer auf die Höhen zurückgezogen, so daß die befestigten Dörfer Schmiedefeld und Maria-Höfchen vorgeschobene Stellungen bildeten, wenn auch mit begrenztem Schußfeld. Die in der Kriegsgeschichte wenig beachtete Schlacht bildet den Hintergrund für die wahre Bedeutung von Leuthen.

Während am 22.11. Beck nördlich der Oder und Wolfersdorff mit 16 Grenadier-Kompanien, 3 Bataillonen um 8.30 Uhr Kleinburg angriffen, ließ Herzog Karl vier Batterien in Stellung gehen und Pontons zum Brückenschlag vorfahren. Nach Abzug des starken Nebels eröffneten die Batterien gegen 9.30 Uhr das Feuer auf die Dörfer Pilsnitz, Schmiedefeld, Höfchen, Klein Mochbern, Gräbschen und ihre Schanzen. Das fast vier Stunden anhaltende Feuer beschädigte die Verschanzungen mit ihren Geschützen außerordentlich, die Preußen traf es kaum. Unter seinem Schutz gelang es, binnen 45 Minuten sieben Brücken über die Lohe zu schlagen neben den Straßenbrücken: 3 nordwestlich Schmiedefeld, 4 zwischen Kl. Mochbern und Gräbschen. Die Brückenstellen waren von den Preußen nur ungenügend einzusehen, mit Ausnahme der Schanze südwestlich Gräbschen, besetzt vom IR 29. Gegen 12.30 Uhr ließ Herzog Karl in den Batterien Pech-Kränze als Angriffs-Zeichen entzünden. Unter seinen und Feldmarschall Dauns Augen gingen zuerst das Grenadier- und Karabiniers-Korps über, gefolgt von den Divisionen Andlau und Winulf Starhemberg, dem Reserve-Korps und 18 Schwadronen unter Lucchese, insgesamt 25 Bataillone, 35 Grenadier-Kompanien, 30 Schwadronen. Um 13 Uhr griffen die Grenadiere die Brigade Prinz Ferdinand an, die in heftigem Feuer eine halbe Stunde standhielt, dann aber, äußerst geschwächt und bedrängt, in Unordnung geriet, nachdem Generalleutnant v. Schultze gefallen war. Als das IR 29 von Gräbschen herbeigerufen wurde, räumte es versehentlich auch die Schanze. Die meist jungen Mannschaften hielten das für den Rückzug und flohen aufgelöst bis hinter das Dorf. Gegenangriffe des Prinzen Ferdinand, Penavaires mit den Kür.Rgt. 6 und 9, Kyaus mit dem Kür.Rgt. 1 und selbst Beverns mit einigen Schwadronen brachen im heftigen Feuer des Feindes zusammen. Inzwischen war auch die Division Andlau in den Kampf getreten. Um 14 Uhr ist die Stellung zwischen Kl. Mochbern und Gräbschen durchbrochen, der Widerstand erloschen, Lestwitz von der Flanke gefährdet. I.R. 18 und 34, und die Kürassier-Brigade Normann sammelten hinter den Schanzen ostwärts Kl. Mochbern, das I.R. 29 nördlich Gabitz.

Ordre de Bataille

der Preußischen Armee in der Schlacht vor Breslau am 22sten November 1757.

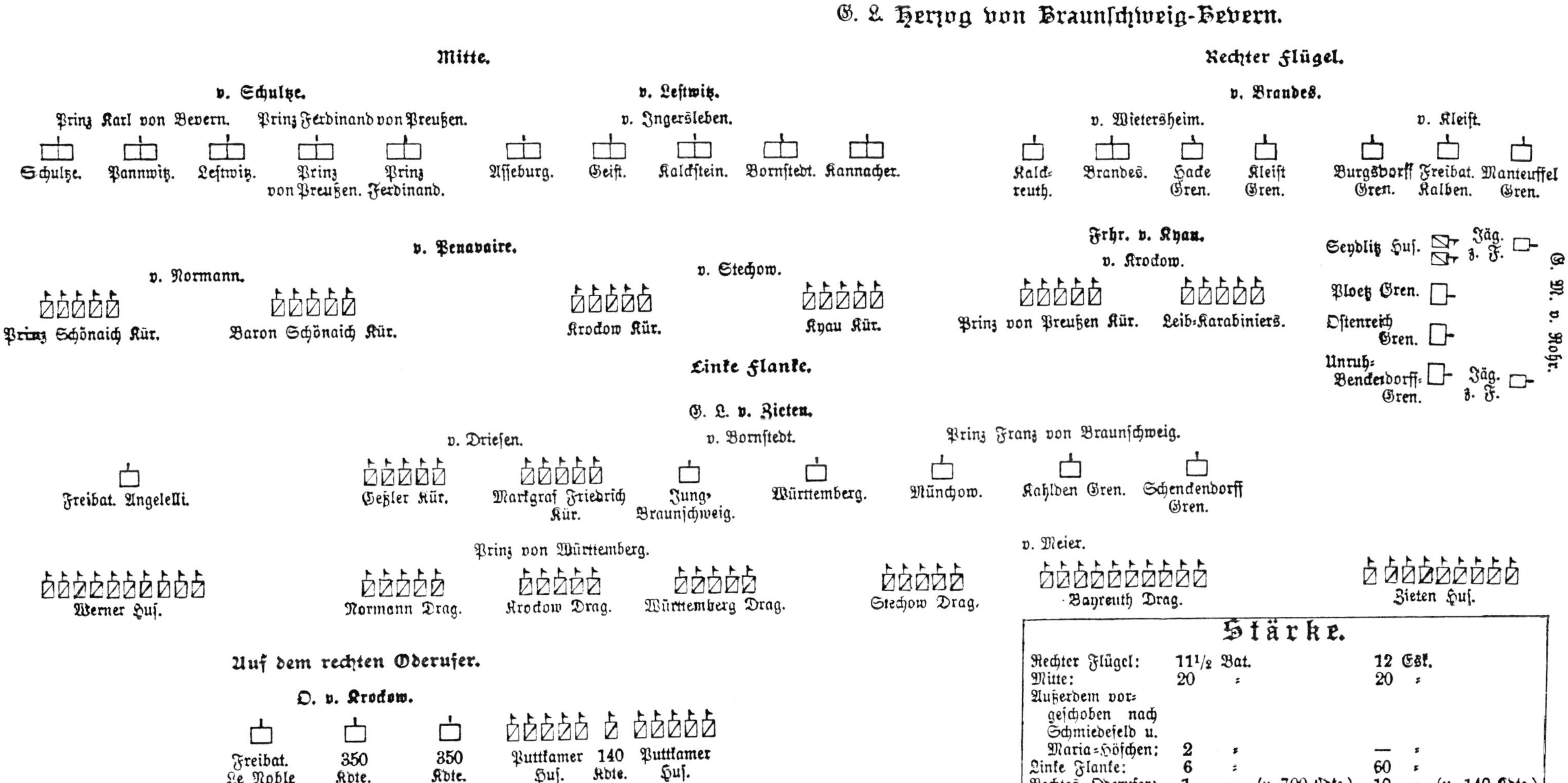

Stärke.

Rechter Flügel:	11½ Bat.		12 Esk.
Mitte:	20 „		20 „
Außerdem vorgeschoben nach Schmiedefeld u. Maria-Höfchen:	2 „		— „
Linke Flanke:	6 „		60 „
Rechtes Oderufer:	1 „	(u. 700 Kdte.)	10 „ (u. 140 Kdte.)
Zusammen:	40½ Bat.		102 Esk.

Ordre de Bataille

der Oesterreichischen Hauptarmee in der Schlacht vor Breslau am 22sten November 1757.

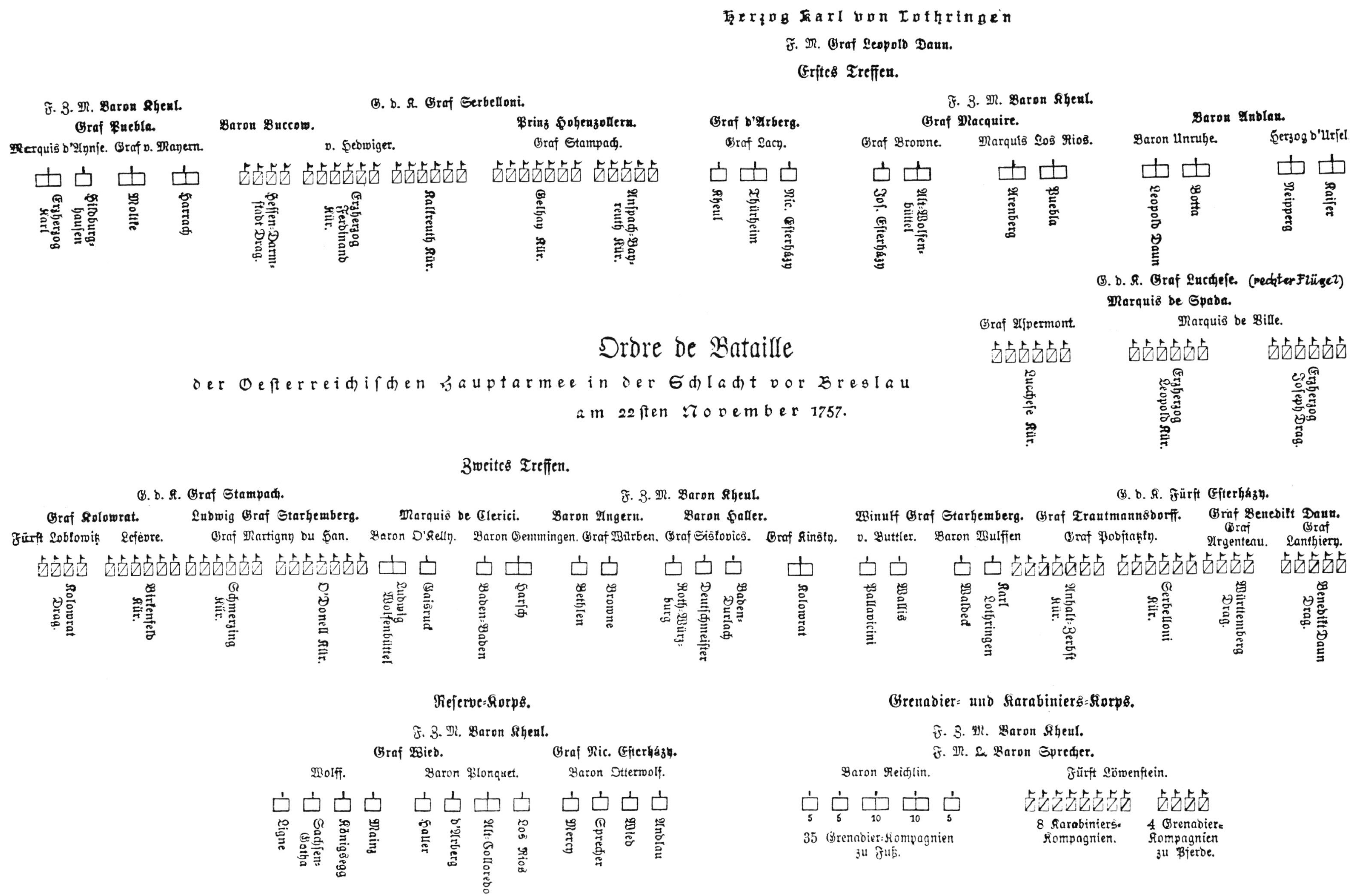

Ordre de Bataille

des Korps des G. d. K. Grafen Nádasdy in der Schlacht vor Breslau am 22sten November 1757.

G. d. K. Graf Nádasdy.

Erstes Treffen.

F. M. L. Herzog v. Arenberg.

Württembergisches Korps.

G. F. L. v. Spiznaß.

- Prinz Albrecht Chevaulegers
- III. Gren. Bat.
- II. Gren. Bat.
- I. Gren. Bat.
- Leib-Regt.
- Prinz Louis
- Spiznaß
- Roeder
- Truchseß
- Leop. Pálffy
- Macquire
- Arenberg
- Neipperg
- Moltke
- Leop. Daun
- Haller
- Joh. Pálffy
- Ad. Batthyányi
- Forgách
- Clerici
- Thürheim
- Luzan
- Botta
- Heinrich Daun
- Erzherzog Karl
- Zweibrücken Drag.
- Batthyányi Drag.

Zweites Treffen.

Bayerisches Korps.

G. F. W. Graf Seyssel d'Aix.

- II. Morawitzky
- I. Morawitzky
- II. Minucci
- I. Minucci
- II. Herzog Clemens
- I. Herzog Clemens
- II. Kurprinz-Preysing
- I. Kurprinz-Preysing
- II. Leib-Regiment
- I. Leib-Regiment
- Jung-Modena Drag.
- Sachsen-Gotha Drag.

Gesammtstärke-Berechnung der Oesterreicher.

Kr. Arch. Wien.

Armee . .	56 Bat.	67 Gren. Komp.	103 Esk.	38 276 Mann Inf.	8 292 Mann Kav.	220 Geschütze
Nadasdy . .	40 "	26 " "	38 "	24 205 " "	4 198 " "	8 "
Im Ganzen:	96 Bat.	93 Gren. Komp.	141 Esk.	62 481 Mann Inf.	12 490 Mann Kav.	228 Geschütze

74 971 Mann
Hiervon ab Besatzung von Liegnitz 2 100 "
72 871 Mann

Leichte Truppen:

Nádasdy . . .	8 729 Mann
Beck	3 135 "
Nádasdy . . .	2 696 "
Morocz . . .	500 "
Schröger . . .	476 "
	15 536 Mann
bei Jahnus .	4 801 "

10 735 "

Im Ganzen: 83 606 Mann, rund 83 000 Mann.

Armee:

	Bataillone	Gren. Komp.	Eskadrons	12 ℔er	6 ℔er	7 ℔ige Haub.	3 ℔er	Infanterie Mann	Kavallerie Mann	Geschütze
Erstes Treffen. . . .	26	15.	46	12	30	14	74	15 696	3423	130
Zweites Treffen . . .	17	11	45	—	—	—	50	12 112	4071	50
Reserve-Korps	13	6	—	—	—	—	24	7 595	—	24
Gren. u. Karab. Korps	—	35	12	2	2	—	12	2 873	798	16
Zusammen:	56	67	103	14	32	14	160	38 276	8292	220

Korps Nádasdy:

Erstes Treffen . . .	30 Bat.	16 Gren. Komp.	20 Eskadrons
Zweites Treffen . . .	10 "	10 " "	18 "
Zusammen:	40 Bat.	26 Gren. Komp.	38 Eskadrons

Oesterreichische Infanterie . . .	14 849 Mann
Bayerische " . . .	5 119 "
Württembergische " . . .	4 237 "
Oesterreichische Kavallerie . . .	2 512 "
Sächsische " . . .	1 686 "
Reguläre Truppen	28 403 Mann

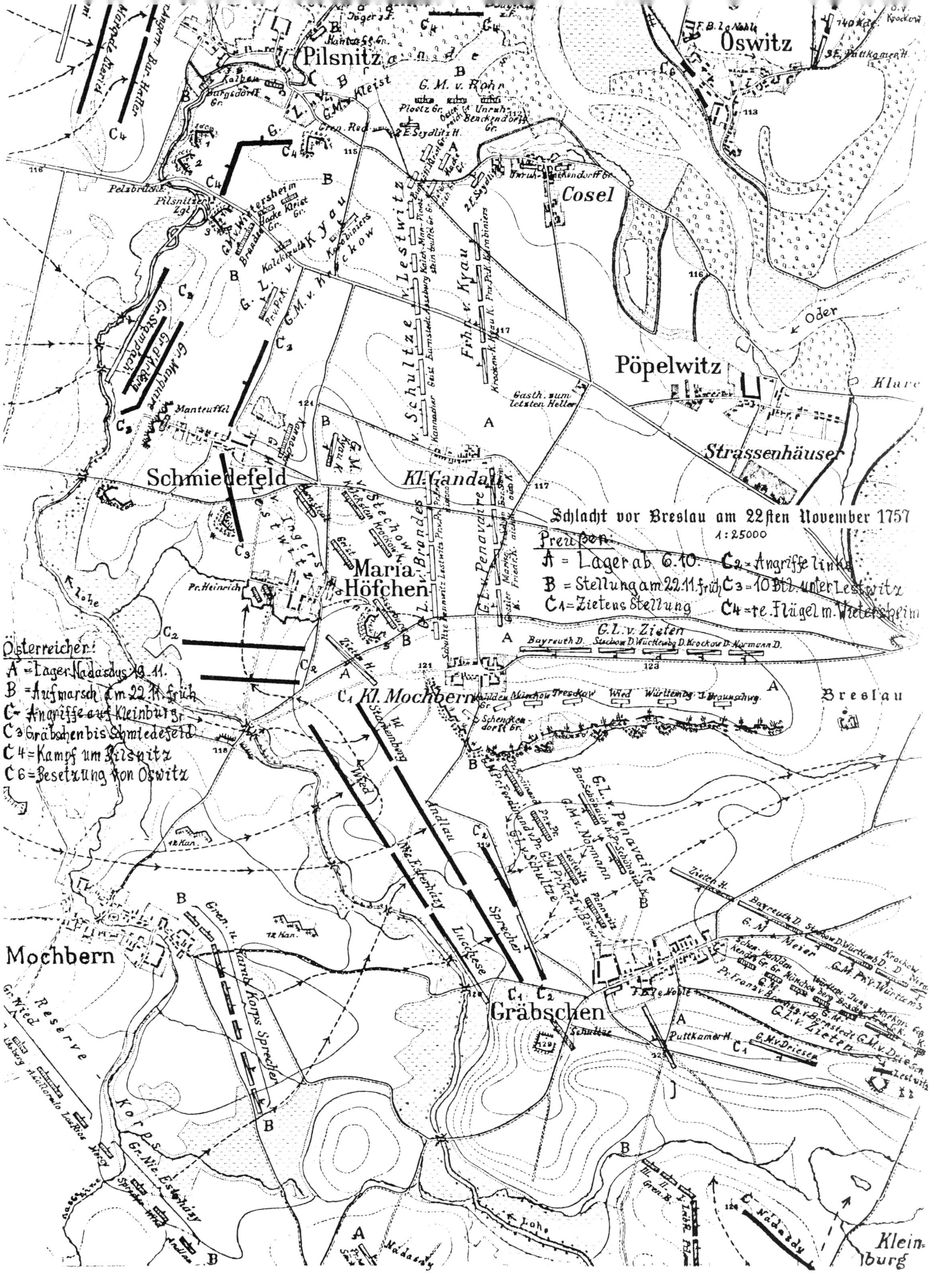
Schlacht vor Breslau am 22sten November 1757
1:25000
Preußen:
A = Lager ab 6.10.
B = Stellung am 22.11. früh
C1 = Zietens Stellung
C2 = Angriffe links
C3 = 10 Btl. unter Lestwitz
C4 = re. Flügel m. Wietersheim
Österreicher:
A = Lager Nadasdys 19.11.
B = Aufmarsch am 22.11. früh
C = Angriffe auf Kleinburg
C3 Gräbschen bis Schmiedefeld
C4 = Kampf um Pilsnitz
C6 = Besetzung von Oswitz
Pilsnitz
Oswitz
Cosel
Pöpelwitz
Strassenhäuser
Schmiedefeld
Kl. Gandau
Maria Höfchen
Kl. Mochbern
Mochbern
Gräbschen
Breslau
Klein-burg
Oder
G.L. v. Brandes
v. Schultze
v. Lestwitz
Frhr. v. Kyau
G.L. v. Penavaire
G.L. v. Zieten
Gr. Nic. Esterhazy
Korps Sprecher
Reserve
Nadasdy
Luchese
Sprecher
Andlau
Wied
Starhemberg

Breslau, 22. November 1757. Verteidigung der Lohe-Schanze westlich Schmiedefeld durch das Grenadier-Bataillon Manteuffel (37/40) gegen die Österreichischen Infanterie-Regimenter Puebla, Arenberg und Alt-Wolfenbüttel.

Breslau, 22. November 1757. *Nach der Niederlage an der Lohe ziehen sich die preußischen Truppen, hier Infanterie-Regiment Nr. 30, in die Festung Breslau zurück.*

Inzwischen waren nordwestlich Schmiedefeld auch die Divisionen Macquire und d'Arberg mit 10 Bataillonen und 23 Schwadronen Stampachs über den Fluß gegangen. Durch Feuer gegen die Brückenstellen verzögerte sich der Uferwechsel; der Angriff traf um 15 Uhr auf das Gren.Btl. 37/40 bei Schmiedefeld, das sich äußerst tapfer wehrte. Der Gegenangriff von Lestwitz mit 10 Bataillonen beiderseits des Dorfes brachte den Angriff zum Stehen, das II./I.R. 27 nahm die Schanze südwestlich des Dorfes zurück. Da führte Wied die 13 Bataillone des Reserve-Korps in zwei Treffen von Süden gegen Maria-Höfchen, überrannnte die IR 35 und II./IR 27 und nahm auch dieses Dorf. Bevern gelang es, mit Lestwitz, Prinz Ferdinand und Ingersleben 14 Bataillone in Linie und guter Ordnung dem Feinde entgegenzuwerfen und, unterstützt von den Kür.Rgt. 2 und 11, den Angriff erneut zum Stehen, ja, zum Zurückweichen zu bringen. Schmiedefeld und Maria-Höfchen blieben in der Hand des Feindes, der bei sinkender Dämmerung die von den Preußen gehaltene Lagerstellung bei Klein-Gandau nicht weiter angriff. Bevern ließ die Lücke nördlich Kl. Mochbern durch die Kür.Rgt. 4 und 5 sichern.

Der Angriff bei Pilsnitz von 21 Bataillonen, 28 Schwadronen über die Lohe im Feuer der preußischen Artillerie und Infanterie hatte schwere Verluste gefordert. Dreimal wurde die österreichische Infanterie blutig abgewiesen; bis 17.30 Uhr blieb die Stellung in preußischer Hand. Einbrüche im Pilsnitzer Wald wurden zurückgeworfen. Die Wegnahme von Oswitz durch Beck im Rücken und der Einbruch bei Schmiedefeld ließen bei Einbruch der Dunkelheit den Widerstand langsam nachlassen.

Am linken Flügel hatte Nadasdy die Lohe bei Hartlieb mit Tagesanbruch überschritten. Um 8 Uhr erhielt Zieten den Befehl, mit seinen 5 Bataillonen, 50 Schwadronen Dragoner von südlich Herdain (später Stadtteil von Breslau ostwärts Kleinburg) Nadasdy anzugreifen, der die Schanzen südlich Gabitz nehmen sollte. Prinz Karl von Bevern hatte sie vom IR 31 besetzen, das IR 10 dahinter aufstellen lassen und die Kür.Rgt. 4 und 5 unter Driesen eingeschoben. Daraufhin marschierte Nadasdy zum Angriff zwischen Krietern und Hartlieb in zwei Treffen auf. Zieten hielt ihn mit Artillerie und Kavallerie-Vorstößen in Schach, wobei er eine Attacke zweier Husaren-Regimenter abschlug, aber der wiederholten Anregung Beverns zum Angriff nicht zu folgen wagte. Dann warf Wolfersdorff mit 16 Grenadier-Kompanien und 3 Bataillonen das Frei-Bataillon Angelelli aus Kleinburg hinaus. Trotz heftigstem Feuer nahm das I./IR 31 das Dorf wieder und zündete es an. Als die österreichischen Grenadiere Kleinburg erneut eroberten, warf Bornstedt mit den Gren.Btl. 35/36 und NG/G III/IV (mit 47/G VII) gegen 16 Uhr sie im Bajonett-Angriff, nahm 4 Geschütze und zahlreiche Gefangene. Sie verloren dabei 15 Offiziere und über 300 Mann. Die Kavallerie hieb in die flüchtenden Grenadiere ein. Nadasdy wagte jetzt kein Vorgehen mehr, zumal die Hauptarmee schon Erfolg hatte.

Bevern ordnete auf den Höhen der Lagerstellung bei Klein Gandau seine Truppen, die Flügel hatten wenig oder gar nicht gelitten. Der Feind schien sich mit dem Erfolg zu begnügen. Da faßte er den Entschluß, im Nachtangriff mit allen Kräften den Feind über die Lohe zurückzuwerfen. Im Dunkeln ritt er zu Zieten, um den Plan zu besprechen, von den Flügeln her anzugreifen, dabei Teile von Zietens Korps auf Kl. Mochbern. Nach Ruhe und Munitionieren sollte es um Mitternacht losgehen unter Ausnutzung der Überraschung. Als er zum rechten Flügel zur Befehlsausgabe wollte, erhielt er plötzlich bei Klein Gandau Feuer. Ohne Befehl hatten der rechte Flügel und die Mitte ihre Stellungen geräumt! Wer die Veranlassung gab, wurde nie geklärt. Man schloß auf einen allgemeinen Rückzug, der erst in der Nikolai-Vorstadt Breslaus zum Stehen kam, ohne daß der Gegner nachdrängte. Bevern ließ die wichtigsten Festungs-Werke besetzen und befahl den anderen Truppenteilen den Übergang über die Oder, auch Zieten. Am 25.11. fiel Breslau überraschend. Die Preußen verloren 150 Offiziere und rund 6 200 Mann, darunter 4 Generale. 5 Fahnen, 29 Geschütze erbeuteten die Österreicher. Sie büßten 284 Offiziere, 5 567 Mann ein, darunter 693 Tote, davon 6 Generale. Bei den Preußen waren am stärksten betroffen IR 27, 18, 31, 34, 25 und das Gren.Btl. 15/18.

Bevern hatte Befehl, sich 'in keine General-Affäre ohne gewissen Vorteil und ohne dringende Not' einzulassen. Das mag sein Zögern begründen. Er hätte den Gegner zwischen Oder und Weistritz drängen können. Aber auch er hielt still, und der König war im Anmarsch. Prinz Karl plante den Angriff erst nach Eintreffen Nadasdys. Die Stellung war viel zu breit, die Sorge vor Umfassung übertrieben, die Schwächung der Mitte durch Verlegung des Korps Zieten nach links ein Fehler. Verhängnisvoll war der Befehl, den Gegner erst nach dem Lohe-Übergang zurückzuwerfen statt ihn während der Übergänge anzugreifen. Bei einer auf Gandau zurückgenommenen Stellung hätte die fast gleichstarke Kavallerie günstiges Gelände gehabt, um über den sich nach dem Übergang neu entfaltenden Gegner herzufallen. Den Brückenkopf Nadasdys vom 21. 11. mußte Zieten sofort beseitigen. Seine Einwände gegen Beverns Befehle waren kaum stichhaltig und hätten beim König nicht gegolten. Die Nicht-Ausnutzung des Einbruches bei Klein-Mochbern durch den Feind führte trotz aller Überlegenheit nur zum Unentschieden. Beverns Nachtangriff hatte größte Erfolgs-Aussicht. Kopflosigkeit führte zur Niederlage und dem Verlust des unersetzbaren Oder-Brückenkopfes Breslau. Tatkräftige Verfolgung der Preußen auf dem Marsch nach Glogau hätte zu ihrer Vernichtung geführt. Mit dem Besitz von Schweidnitz und Breslau galt Schlesien als zurückerobert.

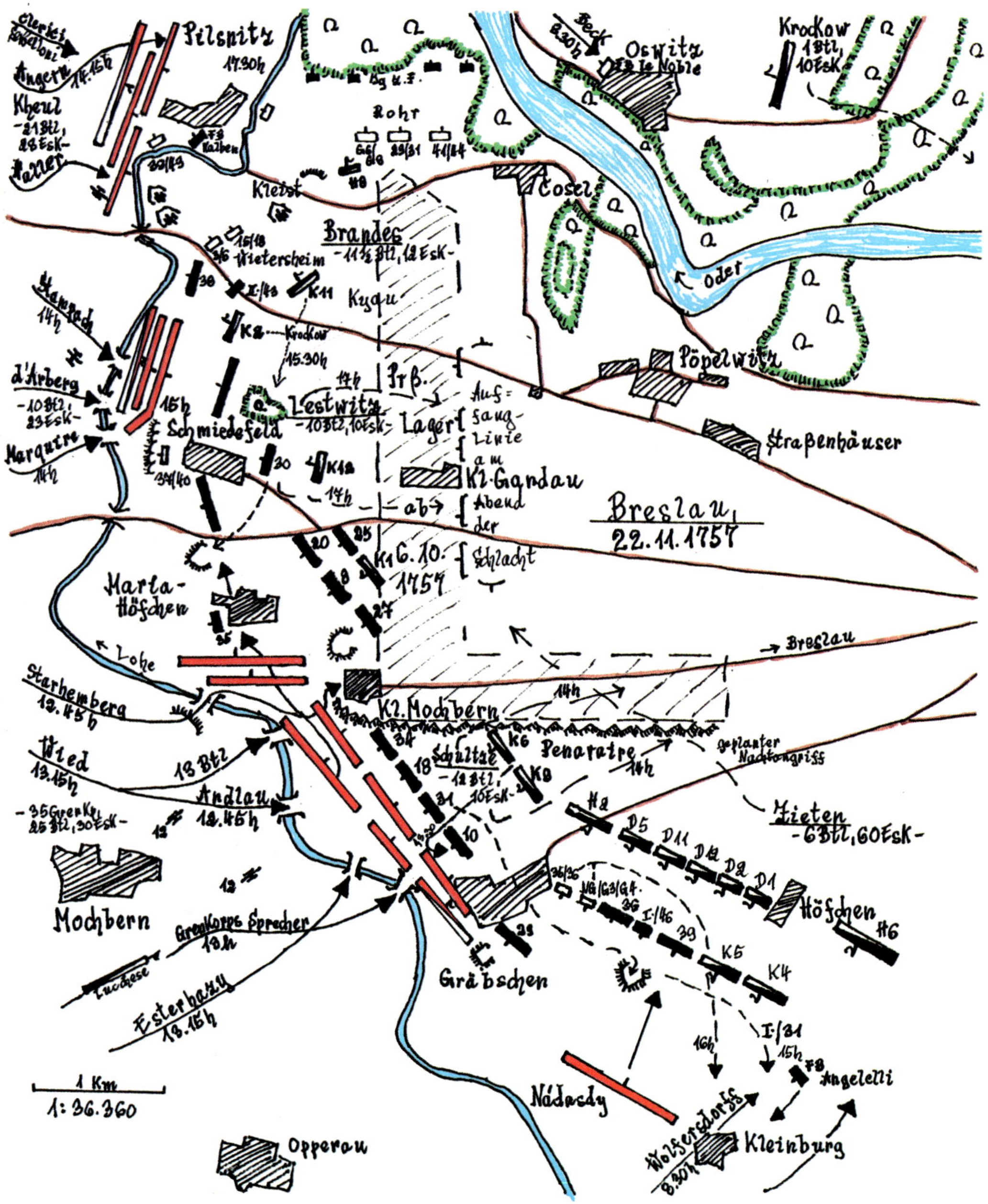
Pilsnitz
Kreibt
Rohr
Brandes
Wietersheim
Kyau
Krockow
Oswitz
Cosel
Oder
Pöpelwitz
Straßenhäuser
Lestwitz
Schmiedefeld
Lager
Kl. Gandau
Aufsang-Linie am Abend der Schlacht
Breslau, 22.11.1757
16.10.1757
Breslau
Maria-Höfchen
Lohe
Starhemberg 13.45h
Kl. Mochbern
Schultze
Penaretre
geplanter Nachtangriff
Zieten -6Btl, 60Esk-
Wied
Andlau 13.45h
Mochbern
Höfchen
Gräbschen
Esterhazy 13.15h
Nádasdy
Angelelli
Kleinburg
Wolfersdorf
Opperau
1 Km
1: 36.360
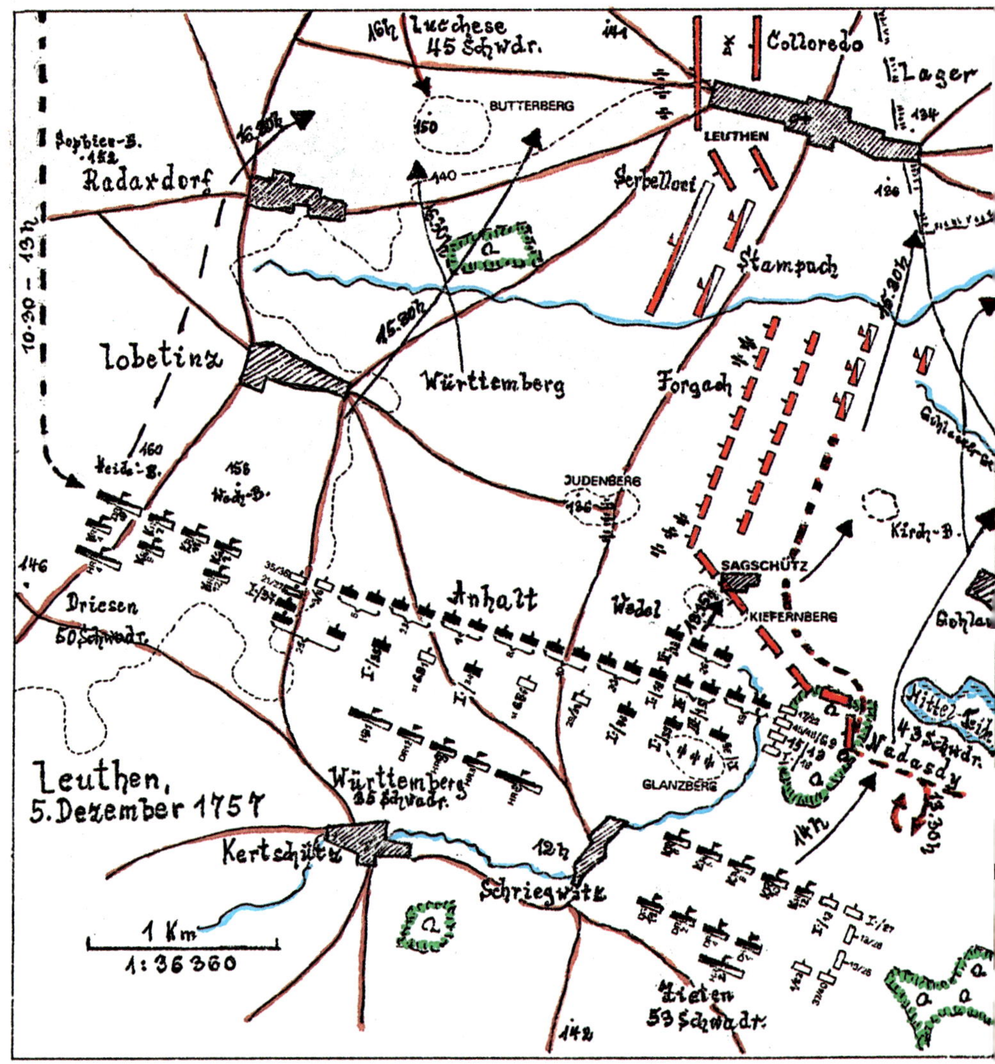
Luchese
45 Schwdr.
Colloredo
Lager
BUTTERBERG
LEUTHEN
Radaxdorf
Serbelloni
Stampach
Lobetinz
Württemberg
Forgach
JUDENBERG
SAGSCHÜTZ
KIEFERNBERG
Anhalt
Wedel
Driesen
50 Schwadr.
GLANZBERG
Leuthen,
5. Dezember 1757
Württemberg
35 Schwadr.
Kertschütz
Schriegwitz
Nadasdy
43 Schwdr.
Mittel-Teich
Gohlau
Zieten
53 Schwadr.
1 Km
1: 36 360

LEUTHEN
5. Dezember 1757

Der König brach am 13.11. in Leipzig nach Schlesien auf. Am 28.11. erreichte er nach rd. 310 Kilometern Parchwitz. Er gab Bevern, seit 24.11. in Gefangenschaft, die Schuld an der Niederlage und dem Verlust der Festungen: »Sie werden Mich um ganz Schlesien bringen, Meine ganze Armee decouragieren«. Der Befehl, Breslau zu halten und ihm die Armee zurückzuschicken, erreichte ihn nicht mehr. Am 2.12. stieß Zieten mit den Resten zum König, der alles tat, um Vertrauen und die Zuversicht der Soldaten aufzurichten. »Das Heer war bereit, die am 22. erlittene Schande abzuwaschen«, schrieb er. Es kam jetzt auf 35 000 Mann mit 48 Bataillonen, 133 Schwadronen, 78 schwere Geschütze verstärkt, darunter 10 Zwölfpfünder aus der Glogau, 'Brummer' genannt. Die Österreicher, auf 39 000 Mann geschätzt, standen in der Lohe-Stellung mit Front nach Westen.

Bei der Besprechung am 3.12. befahl der König den Vormarsch für den 4.12. die Lohe aufwärts gegen die Flanke des Gegners. Der Feind sollte in die Oder geworfen und vom Rückzug nach Süden abgeschnitten werden. Seine Ansprache begeisterte Offiziere und Soldaten: »Man bemerkte bei jedem ein Gefühl von Festigkeit und Zuversicht«, bemerkte ein Zeuge. Am 4.12. nahmen die Drag.Rgt. 1, 4 und die Hus.Rgt. 2, 4 überraschend Neumarkt mit der feindlichen Feldbäckerei. Die Armee stellte sich hier bereit. Die Österreicher sprachen von der 'Potsdamer Wachtparade' und rückten den Preußen 12 Kilometer entgegen. »Der Fuchs ist aus dem Loch gegangen«, ließ der König und als 'günstige Nachricht' verbreiten, obwohl er mit 85 Bataillonen, 125 Schwadronen, 65 schweren Kanonen, zusammen 65 000 Mann, an Infanterie doppelt so stark war.

Das Gelände beiderseits der Straße Neumarkt-Deutsch-Lissa war von Manövern gut bekannt. Im Osten ist es durch die Weistritz, im Süden durch den Glanz-Bach, im Westen duch die Straße Krintsch-Bischdorf und im Norden duch die Waldstücke südlich des Olsche-Bruches, bei Nippern und dem Muckerauer Wald begrenzt. Das flachgewellte Land senkt sich von Westen nach Norden. Übersicht boten die Hügel bei Frobelwitz und nördlich Borne, Deckung nach Osten aber die Kette vom Schleier-Berg nördlich Radaxdorf bis zum Heide- und Wach-Berg südlich Lobetinz. Wichtig war der Kiefern-Berg bei Sagschütz. Hindernisse bildeten das Briegs-Wasser westlich Nippern und die Weistritz. Der Boden war fest gefroren, es hatte mäßig geschneit. Vormittags war Nebel, mittags klares Wetter.

Am 5.12. marschierten um 6 Uhr als Avantgarde unter Eugen von Württemberg 50 Schwadronen, 3 Frei-Bataillone und die Fußjäger, dahinter Drag.Rgt. 12, zuletzt 9 Infanterie-Bataillone, gefolgt vom Gros der Infanterie, außen gedeckt von je einer Kavallerie-Kolonne Richtung Deutsch-Lissa, die schwere Artillerie zwischen Avantgarde und Gros. Am Borner-Berg trafen sie auf Vortruppen unter Nostitz und Morocz. Der König ließ 6 Bataillone der Avantgarde und 30 Schwadronen den Gegner in die Flucht schlagen. Es waren sächsische Chevaulegers von Kolin, 11 Offiziere, 600 Mann gefangen. Ihre Rückführung längs der Kolonne sollte »die Kampflust heben«. Die Husaren drängten bis vor die Front der Österreicher, die in eine Linie von Nippern über Frobelwitz bis Leuthen einrückten, dabei Sagschütz das Korps Nadasdy, alles Front nach Westen.

Vom Schön-Berg südlich Groß-Heidau übersah der König die feindliche Aufstellung bis auf den rechten Flügel und beschloß, seine Armee in Deckung der Höhen auf Kertschütz führen und von Süden mit dem rechten Flügel Nadasdy bei Sagschütz anzugreifen. Zur Täuschung ließ er ostwärts Borne die Kolonnen-Spitzen entfalten, als ob er Frobelwitz angreifen werde. Prinz Karl ließ darauf Nippern besetzen und Serbellonis Schwadronen von Leuthen nach Guckerwitz abrücken. Um 10.30 Uhr wurde der Schein-Angriff eingestellt. Die Kolonnen schwenkten nach Süden mit Richtung zum Zobten-Berg und gingen 'aus dem flügelweisen Abmarsch in einen treffenweisen über'. Westlich Lobetinz marschierten sie auf Schriegwitz. Die Avantgarde blieb vor dem rechten Kavallerie-Flügel, ihre linken 3 Bataillone unter Wedel marschierten vor dem ersten Infanterie-Treffen, 5 schwere Batterien links davon. Prinz Karl und Daun meinten, der König verzichte auf den Angriff.

Gegen 12 Uhr stellten die Züge durch Linksschwenken die Linie her. Driesen hielt nördlich des Heide-Berges mit Front nach Osten. Die "Brummer" setzten sich neben Wedel, vier Batterien vor die Front, Eugens Husaren als Reserve hinter die Mitte. Um Fehler von Prag und Kolin zu vermeiden, wies der König selbst die Angriffsrichtung ein und ließ um 13 Uhr angreifen. Die Zeit war knapp. Prinz Karl glaubte Nadasdys Meldungen nicht. Bis er das Vorgehen des Königs begriff, war es zu spät. Wedels Bataillone überwanden den nassen Graben und nahmen den Kiefern-Berg so schnell, daß der Gegner kaum zur zweiten Salve kam und 7 Geschütze verlor. Die württembergischen Regimenter gingen zurück, auch die nicht angegriffenen Nachbarn bis zum Kaulbusch.

Gleichzeitig attackierten am rechten Flügel 43 Schwadronen der Brigaden O'Donell und Morocz unter Nostitz die 6 Bataillone unter Prinz Karl von Bevern, die

Ordre de Bataille

der Preußischen Armee in der Schlacht bei Leuthen am 5ten Dezember 1757.

Avantgarde.

G. L. **Prinz Eugen von Württemberg.**

G. M. v. Stechow.

Puttkamer Hus. — II. Szekely Hus. — Württemberg Drag. — Seydlitz Hus. — Warnery-Hus. — Werner Hus. — Zieten Hus.

G. M. **Prinz Karl von Bevern.**

O. Marquis d'Angelelli. — G. M. v. Wedel. — v. Lattorff. — Frhr. v. der Goltz. — v. Kalckreuth.

Fußjäger — Angelelli Freibat. — Kalben Freibat. — Le Noble Freibat. — II. Meyerinck — I. Meyerinck — II. Itzenplitz — I. Itzenplitz — Asseburg — Bornstedt — Ramin Gren. — Wedel Gren. — Manteuffel Gren.

G. d. J. **Fürst Moritz von Anhalt-Dessau.**

v. Driesen. — v. Meier. — v. Normann. — v. Krockow (Alt).

Bayreuth Drag. — Driesen Kür. — Karabiniers — Krockow Kür. — Kyau Kür.

v. Retzow. — v. Geist. — v. Münchow.

Schenckendorff Gren. — Haacke Gren. — Alt-Braunschweig — Forcade — Winterfeldt — Geist

Prinz Ferdinand von Preußen. — v. Kahlden. — Prinz Franz von Braunschweig

Pannwitz — Kannacher — Retzow G. Gren. — II. u. III. Garde — Markgraf Karl — Kremzow Gren.

v. Zieten — Baron v. Schönaich. — v. Schmettau. — Baron v. Lentulus.

Baron Schönaich Kür. — Markgraf Friedrich Kür. — Seydlitz Kür. — Gensd'armes — Gardes du Korps

v. Krockow (Jung). — v. Czettritz.

Stechow Drag. — Krockow Drag. — Czettritz Drag. — Normann Drag.

G. M. v. Bornstedt: Dieringshofen Gren. — I. Kurßell.

G. M. v. Rohr: Unruh Gren. — Kleist Gren.

G. L. **v. Forcade.**

v. Oldenburg. — v. Bülow.

II. Kalckstein — I. Kalckstein — Prinz Heinrich — Kahlden Gren. — Prinz Ferdinand — Ploetz Gren. — Oestreich Gren. — I. Alt-Württemberg — Jung-Braunschweig — Münchow — Prinz von Preußen

Stärke.

Infanterie und Kavallerie			Artillerie
Avantgarde:	12½ Bat.	50 Esk.	10 12 ℔ige Festgs. Gesch. (Brummer)
Erstes Treffen:	20 "	46 "	39 12 " Feldgeschütze
Flanken:	4 "	— "	14 24 " "
Zweites Treffen:	11 "	35 "	8 Haubitzen
			7 Mörser
Zusammen:	47½ Bat.	133 Esk.	78 schwere und 94 Bataillonsgeschütze

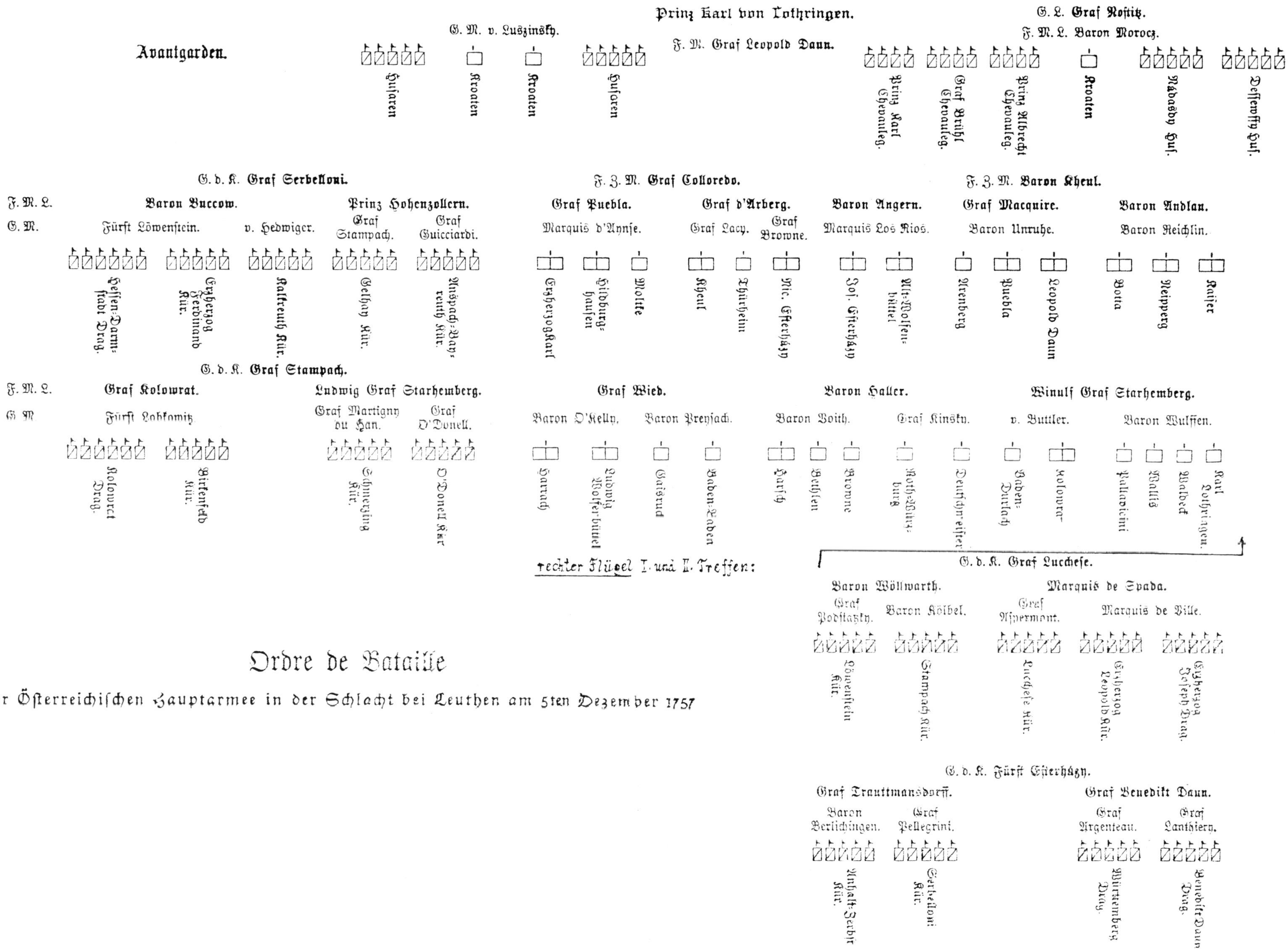

Ordre de Bataille

der Österreichischen Hauptarmee in der Schlacht bei Leuthen am 5ten Dezember 1757

Korps
des
G. d. K. Graf Nádasdy.

F. M. L. Graf O'Donell. — v. Spiznaß. — Graf Forgách. — Graf O'Donell.

G. M. Baron Clees. — v. Romann. — v. Roeder. — v. Wolffersdorff. — v. Arenberg. — Marquis Castiglione.

Sachsen-Gotha Drag. — Jung-Modena Drag. — III. Gren. Bat. (Kleinburg) — II. Gren. Bat. (Georgi) — I. Gren. Bat. (Pleß) — Spiznaß — Leib-Regt. — Prinz Louis — Roeder — Truchseß — Joh. Pálffy — Adam Batthyányi — Forgách — Clerici — Luzan — Macquire — Haller — Leop. Pálffy — Heinrich Daun — Zweibrücken Drag. — Batthyányi Drag.

G. F. W. Graf Seyssel d'Aix.
G. M. Frhr. v. Pechmann.

II. Minucci — I. Minucci — II. Marawitzky — I. Marawitzky — II. Leib-Regt. — I. Leib-Regt. — II. Herzog Clemens — I. Herzog Clemens — II. Kurprinz Preysing — I. Kurprinz Preysing

Reservekorps.
F. M. L. Herzog von Arenberg.

G. M. Baron Plonquet. — v. Wolff. — Adam Batthyányi.

Ligne — Sachsen-Gotha — Königsegg — Los Rios

G. M. Baron Otterwolf. — Prinz Stolberg.

Mercy — Andlau — Haller — d'Alsberg

Stärke.

Avantgarden:	— Bat.	12 Esk.	3 Bat. Kroaten	4 Huf. Regtr.
1. Treffen:	25 „	51 „		
2. Treffen:	19 „	41 „		
Reservekorps:	8 „	— „		
Korps Nádasdy:	33 „	21 „	Leichte Truppen nicht bekannt.	
zusammen:	85 Bat.	125 Esk.	3 Bat. Kroaten	4 Huf. Regtr.

mit etwa 170 Bat. Gesch. und 65 schweren Kanonen.

Leuthen, 5. Dezember 1757. Der König weist vor dem Angriff die Freikorporale v. Barsewisch und v. Unruh, Infanterie-Regiment 26, der Vorhut Wedells in die Richtung auf den Sagschützer Kiefernberg ein.

Leuthen, 5. Dezember 1757. *Zieten-Husaren (Husaren-Regiment 2) verfolgen die fliehenden Württemberger und Bayern westlich Gohlau.*

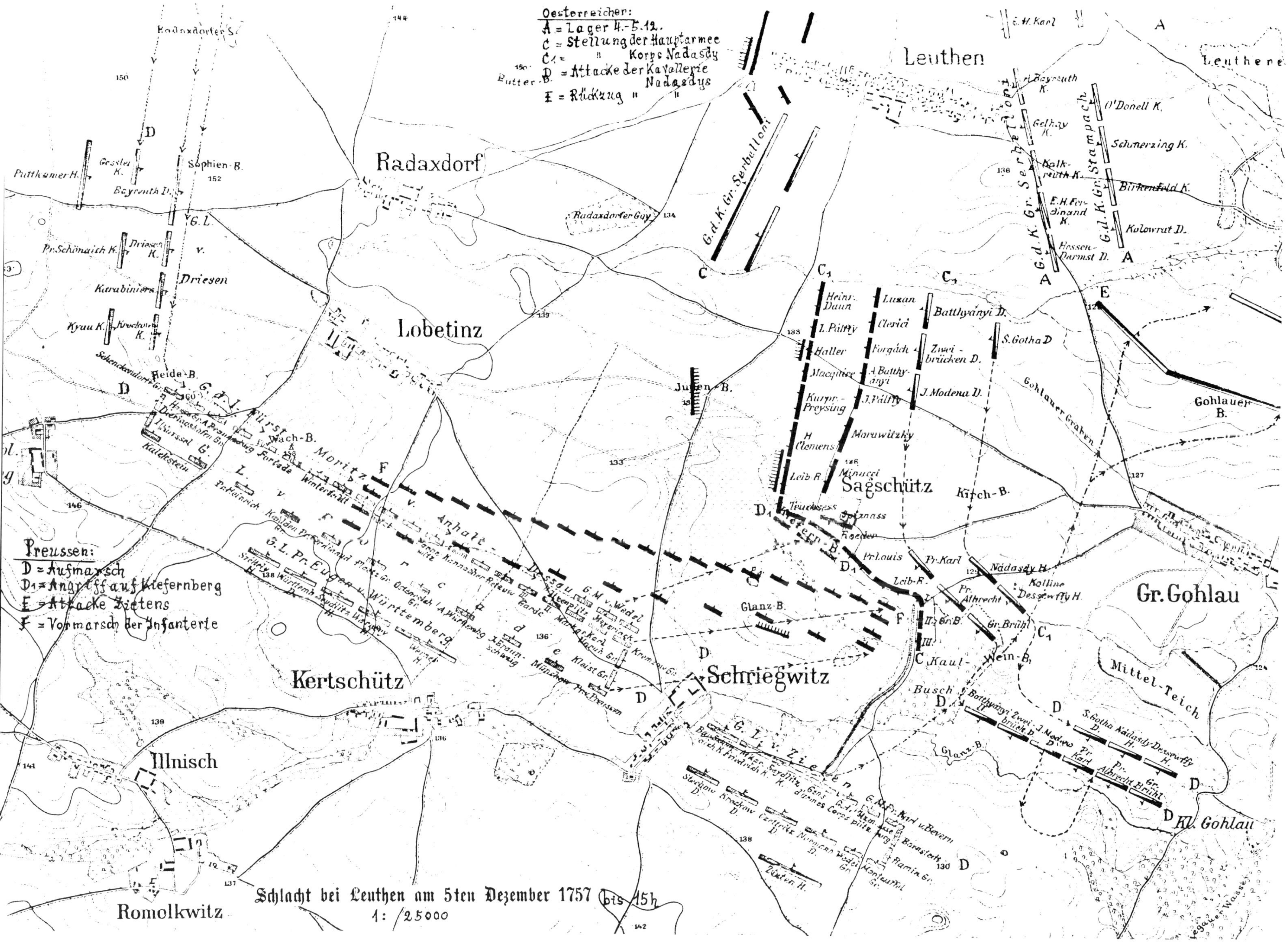

Schlacht bei Leuthen am 5ten Dezember 1757 bis 15h
1: /25000

 Leuthen, 5. Dezember 1757. *Einbruch des III. Infanterie-Regiments Nr. 15 in die Friedhofsmauer von Leuthen gegen das Reichs-Regiment Roth-Würzburg.*

Leuthen, 5. Dezember 1757. *Erstürmung des Katholischen Friedhofes von Leuthen durch das III. Infanterie-Regiment 15, an der Spitze Hauptmann v. Möllendorff.*

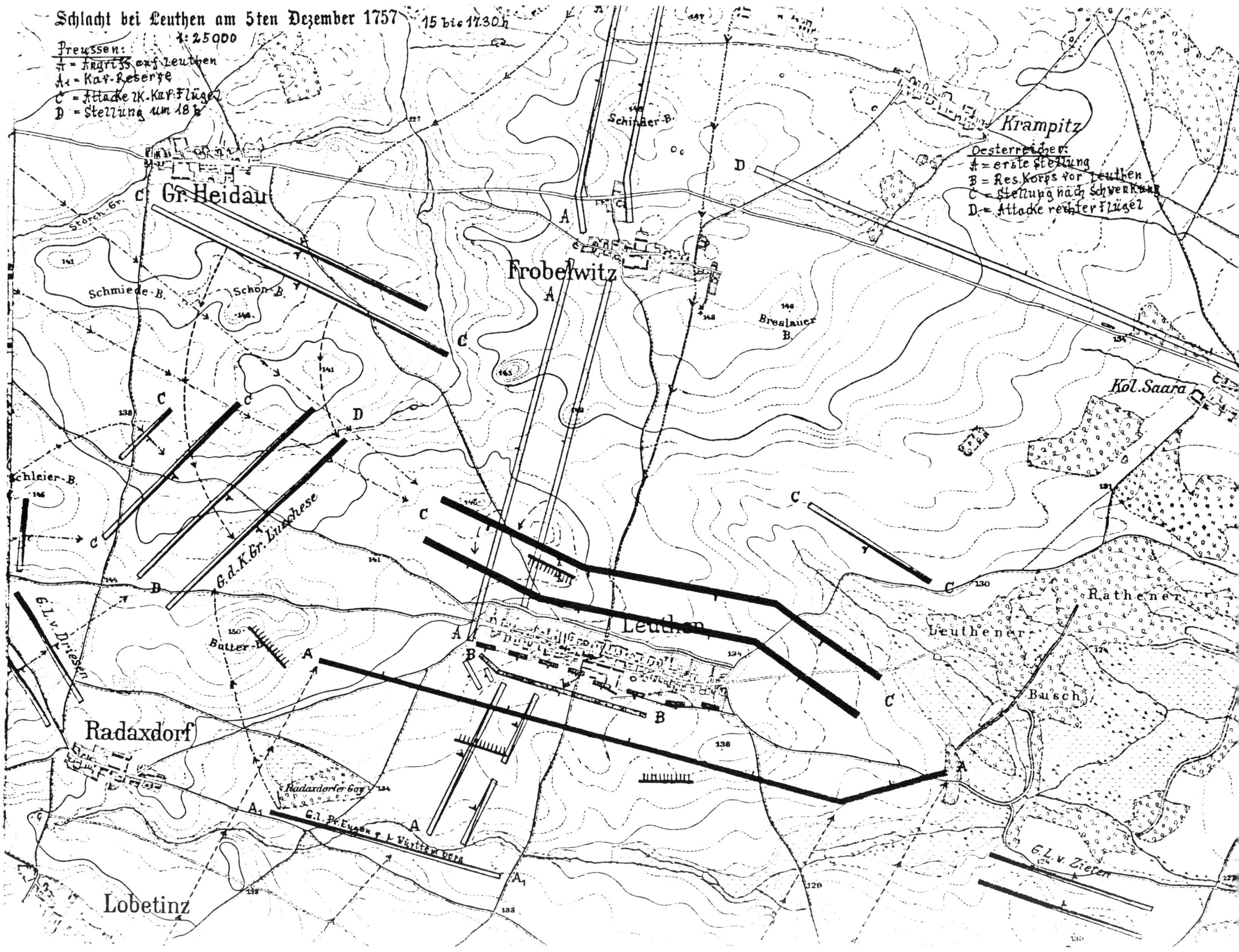

Schlacht bei Leuthen am 5ten Dezember 1757
15 bis 17.30h
1:25000
Preussen:
A = Angriff auf Leuthen
A1 = Kav-Reserve
C = Attacke lk. Kav. Flügel
D = Stellung um 18h
Oesterreicher:
A = erste Stellung
B = Res. Korps vor Leuthen
C = Stellung nach Schwenkung
D = Attacke rechter Flügel
Krampitz
Gr. Heidau
Schinder-B.
Frobelwitz
Schmiede-B.
Schön-B.
Breslauer B.
Kol. Saara
Schleier-B.
G. d. K. Gr. Luchese
G. L. v. Driesen
Leuthen
Butter-B.
Rathener
Leuthener
Busch
Radaxdorf
Radaxdorfer Gay
G. L. Pr. Eugen v. Württemberg
G. L. v. Zieten
Lobetinz

sie vernichtend abwehrten. Inzwischen folgte das rechte Flügel-Bataillon IR 26 Wedels Vorgehen: 'Damit begann die Entwicklung der geraden Front zur gestaffelten Linie mit bewundernswerter Ruhe und Ordnung'. Wedel stieß ostwärts Sagschütz zum Kirch-Berg vor, während der rechte Flügel mit solcher Wucht das Dorf traf, daß die gesamte Infanterie Nadasdys zurückströmte, im Feuer der Batterien. Nach Wegnahme des Kirch-Berges folgten die 'Brummer' dorthin, und die Brigade Bevern brach den letzten Widerstand am Gohlauer Graben. Die Flanke war aufgerissen. Jetzt griff Zieten mit 53 Schwadronen zwischen Kaulbusch und Mittel-Teich die feindliche Kavallerie an und warf sie samt den vereinzelt eintreffenden Infanterie-Regimentern unter schweren Verlusten, Tausenden von Gefangenen und Wegnahme von 15 Kanonen. Nadasdys Korps war zertrümmert, Zieten hielt am Südrand des Rathener Busches.

Prinz Karl ließ endlich die Front um Leuthen nach Süden schwenken, um ihr Aufrollen zu vermeiden, und das Reserve-Korps in Eile nach Leuthen holen, entgegen dem flüchtenden Korps Nadasdy. Die ungeordnet eintreffenden, abgehetzten Bataillone konnten den Südrand von Leuthen im schweren Artillerie-Feuer nicht halten und wichen auf die nördlichen Höhen zurück, gestaut bis 100 Glieder tief, unfähig zur Entwicklung. Südlich Groß Heidau warteten noch 70 Schwadronen und die Masse der Artillerie auf dem Leuthener Windmühlen-Berg. Gegen 15.30 Uhr stürmten die Preußen auf 1 400 Meter Breite frontal gegen Leuthen. Heftiger Widerstand, besonders im katholischen Kirchhof, führte zu verlustreichem Ortskampf, bis es dem III./IR 15 unter Hptm. v. Moellendorff glückte, sein West-Tor zu sprengen und in die Südseite eine Bresche zu schießen. Außer der Garde zeichneten sich die IR 10 und 36 aus. Das zweite Treffen schloß die Lücken, so daß die Infanterie ohne Reserven kämpfte. Der König konzentrierte die 'Brummer-Batterie' bei der linken auf dem Butter-Berg, die anderen standen südlich Leuthen, das nach 30 Minuten fiel. Aber gegen den zähen Feind ging bis 16.30 Uhr nichts mehr. Und der Wintertag neigte sich.

Da brach gegen 17 Uhr Lucchese mit 70 Schwadronen zwischen Butter-Berg und Leuthen gegen den entblößt scheinenden linken Flügel der preußischen Infanterie vor. Vom Sophien-Berg hatte aber Driesen den Gang der Schlacht verfolgt. Er ließ seine 50 Schwadronen nach Norden ausholen, überflügelte Lucchese und fiel ihn völlig überraschend an, als er gerade die Infanterie fassen wollte. Das Dragoner-Regiment 5 griff die rechte Flanke, das Husaren-Regiment 4 im Rücken an. In das Handgemenge stießen die 30 Schwadronen Prinz Eugens nach. Zersprengt riß die Reiterei Lucchese den eigenen Infanterie-Flügel, dann die Mitte mit. Das gab Luft. Widerstand am Windmühlen-Hügel überritten die KR 11 und DR 5, unterstützt von Angelellis Frei-Bataillonen, die gerade eintrafen. Die Kavallerie beider Flügel verfolgte die Flüchtenden bis zur Weistritz. Der König aber nahm mit dem KR 8 und den Gren.Btl. 1/23, 37/40 und 19/25 Deutsch Lissa, um ein Setzen des Feindes an der Weistritz zu hindern, so daß er zur Lohe abzog. Bewegt dankte er Heer und Offizieren. Die Soldaten sangen »Nun danket alle Gott«. Fürst Moritz wurde Feldmarschall.

Die Preußen erkauften den Sieg mit 223 Offizieren, 6 159 Mann, davon 59 Offiziere, 1 116 Mann tot. Sie eroberten 131 Geschütze, 46 Fahnen, 9 Standarten und nahmen über 12 000 Mann gefangen. Am meisten verloren die IR 10, 19, 15, 26 und 36. Der Verlust der Österreicher betrug 3 000 Tote und bis zu 7 000 Verwundete, darunter 11 Generale. Am 6.12. überschritten die Preußen Weistritz und Lohe, während die Österreicher über Schweidnitz ins Gebirge abzogen, von Zieten energisch verfolgt. Ab 7.12. wurde Breslau eingeschlossen, bis 19.12. vier Vorstädte genommen und die Stadt beschossen, am 20.12. erobert mit 18 000 Gefangenen und Unmengen von Heeresgerät. Am 24.12. wurde Troppau besetzt, am 28.12. Liegnitz, am 31.12. schloß Fouqué Schweidnitz ein.

Leuthen wird mit Recht in Anlage und Durchführung als Muster der genialen Führungskunst des Königs gesehen; seine Folgen waren weitreichend. Die völlige Wendung der verzweifelten Lage hing allein an der inneren Kraft des Königs. Seine Gegner haben seine Entschlossenheit, das Gesetz des Handelns an sich zu reißen, unterschätzt. Deshalb war das Verlassen der Lohe-Stellung und spätere Abwarten ein grundlegender Fehler der österreichischen Führung, die der raschen Entschlußkraft des Königs und der Beweglichkeit der Preußen im Ausgleich ihrer Unterlegenheit nicht gewachsen war. Sagschütz war als Angriffspunkt hervorragend gewählt; die Täuschung gelang, ebenso das vor dem Feinde einmalige Manöver der Schwenkung und der Angriff mit schräger Front. Alle Führer griffen besonnen zur richtigen Zeit ein, die Zusammenarbeit aller Waffen bis zur schweren Artillerie lief ausgezeichnet. Prinz Karl hat zehn Meldungen des erfahrenen Nadasdy mißachtet und so entscheidende Zeit verloren. Er rettete kaum ein Drittel seiner Armee. So blieb Leuthen trotz begrenzter Verfolgung »der vollständigste Sieg des Königs, ja, des achtzehnten Jahrhunderts«.

ZORNDORF
25. August 1758

Anfang Juni 1758 marschierten die Russen von der unteren Weichsel nach Posen, um längs der Warthe in die Neumark einzufallen. Damit sollten die Schweden in Pommern entlastet und über die Lausitz Verbindung zu den Österreichern aufgenommen werden. Ab 10.8. bedrohte Fermor von Landsberg/Warthe die Festung Küstrin an der Oder. Dohna ging über Eberswalde auf Frankfurt/Oder zurück, zog das Detachement Platen heran und wurde vom König verstärkt, der ihn in Unterschätzung der Russen zum Angriff aufforderte. Wegen der Übermacht der Russen und der Erfahrungen bei Groß-Jägersdorf war Dohna aber vorsichtig. Am 15.8. bombardierten die Russen Küstrin und besetzten am 18.8. Schwedt, während der König seit 11.8. über 230 Kilometer von Landeshut mit 14 Bataillonen, 38 Schwadronen, 40 schweren Geschützen und einem Ponton-Train im Eilmarsch heranrückte. Zehn Tage später vereinigte er sich im Lager Manschnow südwestlich Küstrin mit der Armee Dohnas von 28 Bataillonen, 45 Schwadronen, 115 Geschützen. Am 23.8. führte er 30 Kilometer stromabwärts bei Alt-Güstebiese seine Truppen auf das rechte Oder-Ufer, unbehelligt vom Feind, den die Schnelligkeit überraschte. Damit war die Division Rumianzow in Schwedt abgeschnitten. Der König marschierte nach Osten bis zur Mietzel, einem kleinen Nebenfluß der Oder, und nahm die Front nach Süden ein. Tagelange Hitze hatte den Sandboden so ausgetrocknet, daß Truppen-Bewegungen dichte Staubwolken aufwirbelten. Die Russen standen südlich der Mietzel, zunächst mit Front nach Westen zwischen Zabern- und Galgen-Grund, dann in einem unregelmäßigen Viereck nach Norden zwischen Zabern- und Langer-Grund, wie von Münnich eingeführt. Fermor verfügte mit 54 Bataillonen, 50 Schwadronen, 1 700 Mann Artillerie mit 84 schweren und 146 Regimentsgeschützen und 3 200 Kosaken über rund 44 000 Mann. Er war an Infanterie um die Hälfte überlegen, an Regimentsgeschützen doppelt, an Kavallerie gleichstark und an schwerer Artillerie unterlegen.

Der sumpfige Mietzel-Abschnitt riegelte das vorgesehene Schlachtfeld von Norden ab, während im Osten bis Batzlow nur Wald-Heide war. Nach Süden und Südosten steigt das Gelände insgesamt um 20 Meter an. Zwischen Zorndorf und Wilkersdorf gewährte eine breite Mulde gute Deckung. Im Westen zog sich von Süden nach Norden der morastige Zabern-Grund mit einer Kette von Teichen, parallel dazu weiter östlich der Galgen- und Langer-Grund. Zahllose Hügel und Senken erschwerten den Überblick und entzogen eine geschickte Truppe der Beobachtung oft schon auf kurze Entfernung. Daher entschloß sich der König, den Feind im Osten zu umgehen, ihn von Süden gegen Mietzel und Oder zu drängen, ein strapaziöser Umweg von wenigstens 12 Kilometern vor der Schlacht.

Am 25.8. brach die Armee nachts um 3 Uhr auf, überschritt bei der Neudammer Mühle auf zwei Brücken die Mietzel und marschierte durch die Massiner Heide bis Batzlow, wo die weiter ostwärts übergegangene Kavallerie eintraf. Husaren sicherten die rechte Flanke. Gegen 5 Uhr hielt der König am Waldrand nordwestlich des Dorfes zur Erkundung. Da der Förster von Neudamm von einem Vorgehen auf Zicher abriet, befahl der König den Weitermarsch auf Wilkersdorf und Zorndorf, gedeckt von den Hus.Rgt. 5 und 7. Daraufhin ließ Fermor seine Armee kehrtmachen zur Front nach Süden, die Brigaden und Regimenter für sich, ohne die Treffen zu wechseln, und zog seinen neuen rechten Flügel bis vor Quartschen zurück in Anlehnung an den Zabern-Grund. Der linke stand jetzt auf der Höhe hinter dem Langer-Grund. Dadurch wurden die Regimenter eng zusammengeschoben und dem zu erwartenden Artilleriefeuer ausgesetzt. Am Ostflügel waren die Treffen 350 Meter, am Westflügel 800 Meter auseinander. Dort war noch die Reiterei eingepfercht, die Fermor nicht auf die Höhe westlich des Zabern-Grundes verschoben hatte. Die Masse der Kavallerie unter Demiku stand bei Zicher. Die Anlehnung der Flügel bot Schutz. Der Steinbusch teilte das Schlachtfeld in zwei nur getrennt einsehbare Teile.

Der König konnte erst gegen 8 Uhr von den Höhen nördlich Zorndorf den rechten Flügel der Russen übersehen, obwohl der Qualm des von den Russen angezündeten Dorfes nach Norden trieb. Da der Feind von keiner Flanke gefaßt werden konnte, war die schräge Schlachtordnung nicht anwendbar. Der Angriff konnte nur frontal erfolgen, und zwar mit Schwerpunkt links. Der rechte Flügel unter Dohna diente als demonstrative Deckung und Reserve, dazu 27 Schwadronen mit Schorlemer. Links stellte sich die Avantgarde unter Manteuffel mit 8 Bataillonen bereit, dahinter 9 Bataillone im ersten und 6 im zweiten Treffen unter Kanitz, danach 20 Schwadronen mit Bieberstein als Reserve, links rückwärts 36 Schwadronen unter Seydlitz. Alle Bewegungen blieben dem Feinde unsichtbar. 20 schwere Geschütze fuhren nordwestlich Zorndorf, 40 nördlich davon auf. Rechts standen 57 schwere Geschütze nördlich vom Hapfuhl. Gegen 9 Uhr begann die zweistündige Feuervorbereitung, während der die linken Batterien Stellungswechsel vorwärts machten, mit geregelter Ziel-Verteilung. 200 Geschütze auf engem Raum führten einen heftigen Artillerie-Kampf, wobei die Russen wegen Sonne, Staub und Qualm

Ordre de Bataille

des preußischen Heeres in der Schlacht bei Zorndorf am 25. August 1758.

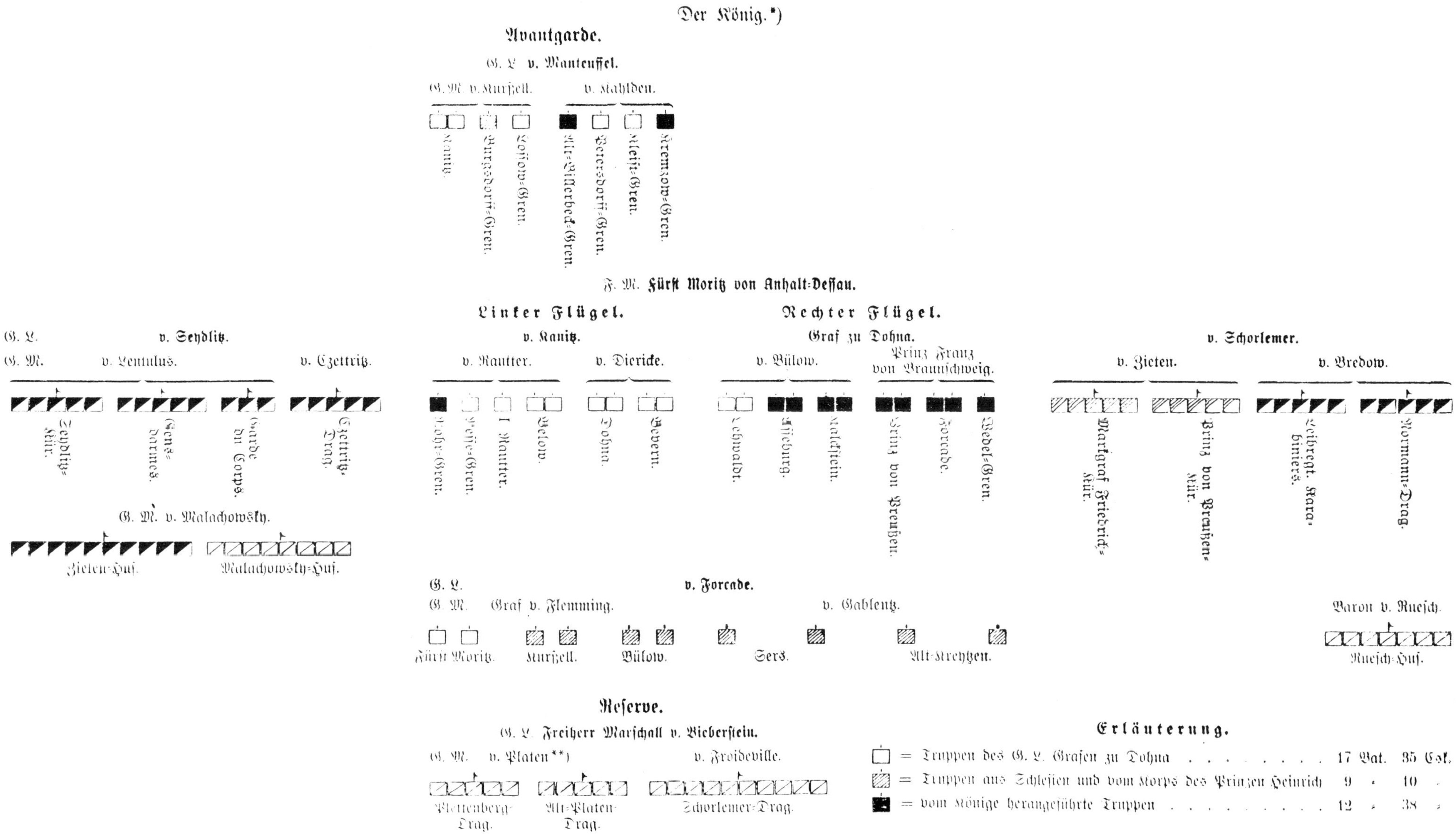

Stärke.

Avantgarde	8 Bat.	— Esk.
Rechter Infanterieflügel	15 "	— "
Linker "	15 "	— "
Rechter Kavallerieflügel	"	27 "
Linker "	"	36 "
Reserve	"	20 "
Zusammen	38 Bat.	83 Esk.

nebst 117 schweren und 76 Bataillons-Geschützen

Entsendet.

Inf. Regt. Wied (2 Bat.) Besatzung von Cüstrin.
Freiregt. Hardt (2 ") bei Güstebiese zur Deckung der Brücken.

Zusammen 4 Bat.

*) Kommandeur der Artillerie: O. v. Moller.
**) G. M. v. Platen hat an diesem Tage seine Brigade nicht geführt, sondern den König begleitet.

Ordre de Bataille
des russischen Heeres in der Schlacht bei Zorndorf am 25. August 1758
(nach dem Kehrtmachen).

Graf Fermor.

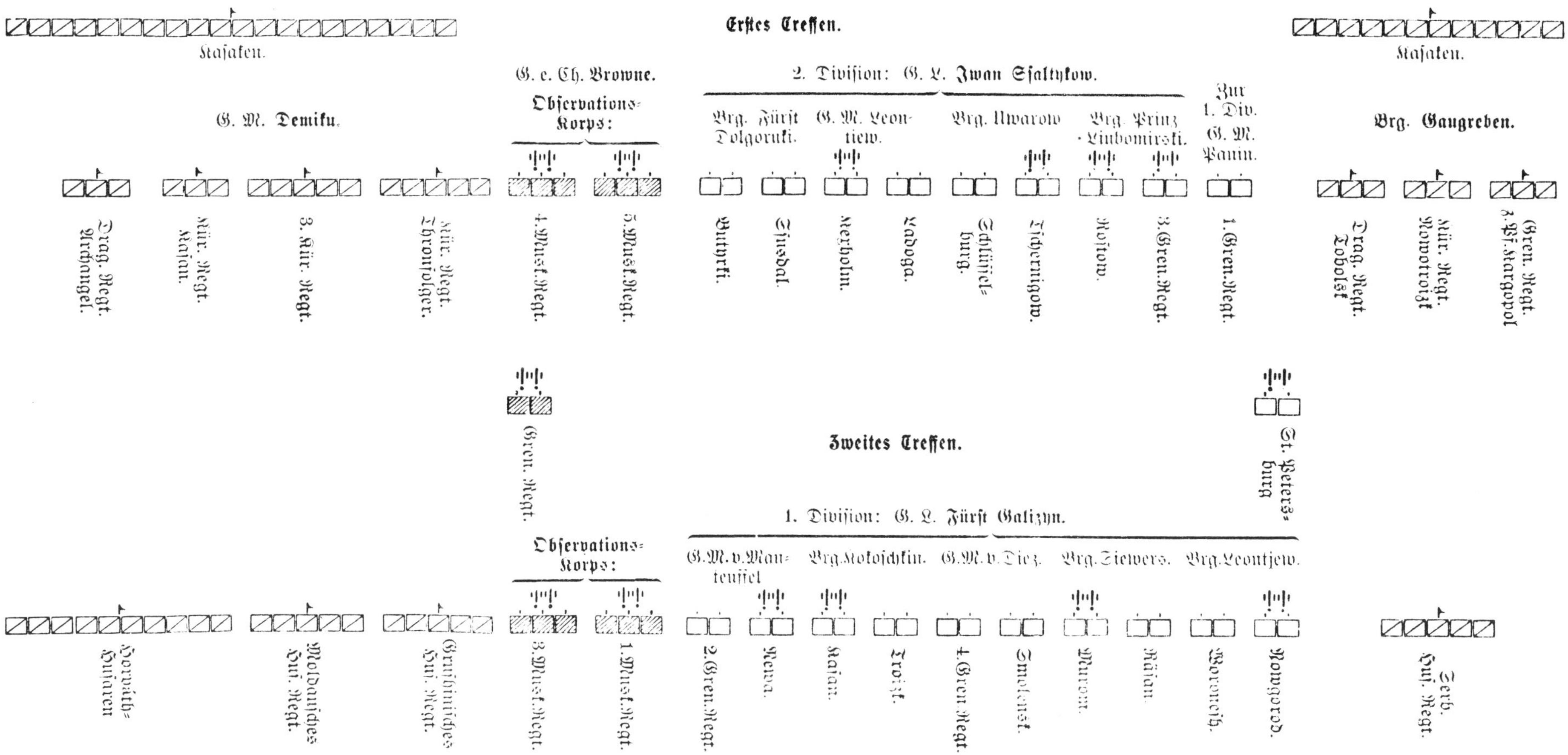

Erläuterung.

= Truppenteile des am 24. August eingetroffenen Observationskorps: 14 Bataillone, 26 Feldgeschütze.

= Schuwalow-Geheimhaubitzen.

Stärke.

Erstes Infanterietreffen	24 Bat.	
Zweites Infanterietreffen	26 "	
Infanterieflanken	4 "	
Rechter Kavallerieflügel	— "	14 Esk. und etwa 12 Ssotnien.
Linker Kavallerieflügel	— "	36 " " " 20 "
Artillerie: 84 Feld- und 146 Regimentsgeschütze.		
Zusammen:	54 Bat.,	50 Esk. und etwa 32 Ssotnien.

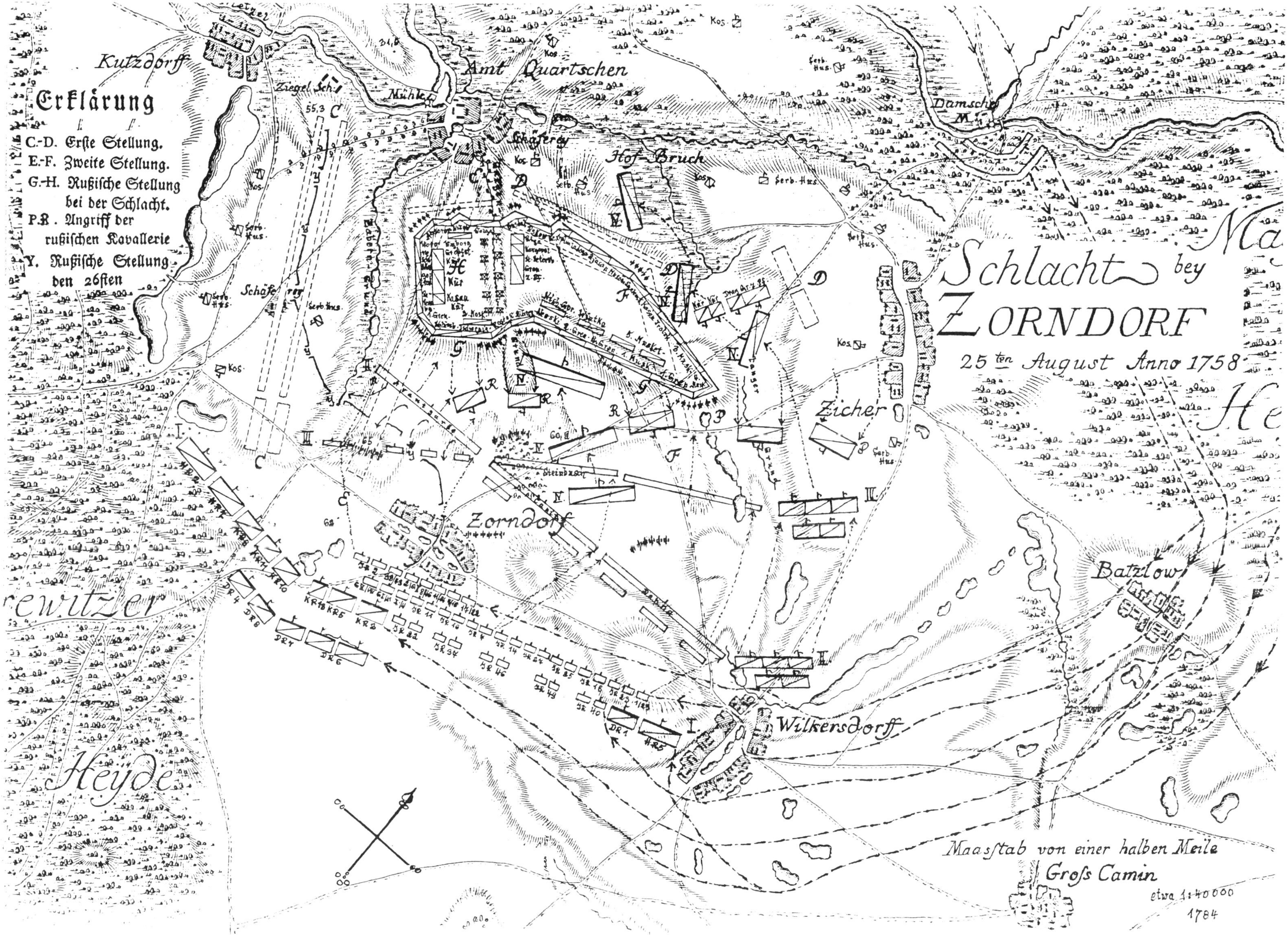
Kutzdorff
Erklärung
C.-D. Erste Stellung.
E.-F. Zweite Stellung.
G.-H. Rußische Stellung bei der Schlacht.
P.R. Angriff der rußischen Kavallerie
Y. Rußische Stellung den 26sten
Amt Quartschen
Mühle
Ziegel Sch.
Schäferey
Hof-Bruch
Damsch M.
Schlacht bey ZORNDORF
25ten August Anno 1758
Zicher
Zorndorf
Batzlow
Wilkersdorff
Heyde
Maasstab von einer halben Meile
Gross Camin
etwa 1:40000
1784

Zorndorf, 25. August 1758. *Preußische Artillerie — hier mit einem der 85 Zwölfpfünder — bereitet ab 9 Uhr zwei Stunden lang den Angriff vor.*

die bessere preußische Artillerie wenig faßten. Kurz vor 11 Uhr traten 23 Bataillone unter Kanitz dicht geschlossen an. Wegen der Verwüstungen der Russen waren die Soldaten sehr erregt. Dohna schloß sich dem Vorgehen an, zog sich aber nach rechts, so daß bald beiderseits des Steinbusches eine weite Lücke entstand.

Manteuffels Bataillone drangen im erbitterten Nahkampf in die russische Stellung ein, in der aber das zweite Treffen aufschließen konnte und zum Gegenstoß antrat. Schwere Verluste und Umfassung in der linken Flanke bedrohten die Preußen. Statt sich links zu massieren, hatte Kanitz seine Treffen so weit nach rechts gezogen, daß sich die 23 Bataillone auf einer 2 Kilometer breiten dünnen Linie verzettelten, ohne Durchschlagskraft und Rückhalt. Als noch die 14 Schwadronen Gaugrebens den letzten Vorstoß Manteuffels attackierten, gab es kein Halten mehr. Fast gleichzeitig brach der Angriff von Kanitz verlustreich zusammen. Als der König die Verfolgung durch die Russen beobachtete, sandte er sofort Seydlitz und Bieberstein den Befehl zur Gegenattacke. Er warf sich selbst mit der Fahne des IR 46 den Fliehenden entgegen; in Auflösung und Staub blieb alles vergebens. Da stürmten die Dragoner-Regimenter 7, 8 und 6, an der Spitze Fürst Moritz, durch die Trümmer des IR 22 heran und warfen Gaugrebens Reiter auf ihre Infanterie zurück, an der sich der Anprall der 20 Schwadronen aber brach. Jetzt stürzten sich die 36 Schwadronen von Seydlitz im Nachstoß nach Überwinden des Zabern-Grundes in Eskadrons-Linien hintereinander auf die russische Infanterie, die sich mörderisch verteidigte. Nach wechselhaftem Kampfe erlahmte der Widerstand. Der zertrümmerte russische Flügel flüchtete in die Wälder nördlich Quartschen, verfolgt von den preußischen Reitern, die sich bei Zorndorf später sammelten.
Trotz dieses Erfolges war die Lage der Preußen wenig günstig: 14 unversehrte Bataillone rechts standen 38 russischen gegenüber, die Entscheidung war noch lange nicht gefallen. Die Überlegenheit der Artillerie und Kavallerie mußte für Kräfte-Ausgleich sorgen. Westlich Zorndorf sammelten sich die Trümmer der Infanterie zur Neuordnung. Der nächste Angriff konnte sich nur gegen den Langer-Grund richten. Aus 97 Geschützen feuerten die beiden Batterien gegen die Stellung des Feindes, als gegen 15 Uhr die 36 Schwadronen Demikus von Zicher völlig überraschend attackierten. Die rechte Batterie wurde genommen, das II./IR 40 umzingelt, Dohnas rechte Flanke getroffen. Das Feuer der Infanterie aber brachte den Angriff zum Stehen. Da brachen von rechts die Schwadronen Schorlemers und von links die Drag.Rgt. 7 und 8 vor und schlugen die Russen bis Zicher zurück. Doch hatte die Attacke eine Panik der sich links sammelnden Infanterie ausgelöst. Wiederum stieß Seydlitz aus eigenem Entschluß nach bis vor die feindliche Infanterie, unterstützt von den Dragonern Biebersteins. Jetzt traten Dohnas Bataillone zum Angriff an, durch 6 Bataillone des zweiten Treffens von links verstärkt.
Die ständigen Gegenstöße der Russen fing immer wieder die Kavallerie ab. Ihre dichte Aufstellung schloß sofort jede Lücke. Um 18 Uhr schwenkte der Angriff nach dem Weichen des Observations-Korps nach Westen und stieß der russischen Mitte in die Flanke. Schrittweise ging sie auf den Galgen-Grund zurück. Ermattet kam die Verfolgung der Preußen dort zum Stehen. Um 19 Uhr holte der König zum dritten Angriff aus mit den letzten 8 bis 10 Bataillonen über den Galgen-Grund hinweg und bei Quartschen, um den Widerstand endgültig zu brechen. Dabei sollten die Reste des linken Flügels zwischen Steinbusch und Zorndorf vorgehen und die schwere Artillerie von der Höhe nördlich Steinbusch unterstützen. Als die russischen Kanonen antworteten und Reiterei auftauchte, versagten den Truppen erneut die Nerven. Einzelkämpfe um den Galgen-Grund zogen sich bis 21 Uhr in der Dunkelheit hin, bis der König seine Armee auf die Linie Wilkersdorf-Steinbusch-Quartschen zurücknahm. Fermor ging, nur 1 800 Meter entfernt, auf die Höhen westlich des Zabern-Grundes und Zorndorf zurück, um später das Schlachtfeld zu räumen.
Die Preußen hatten 355 Offiziere, 12 442 Mann eingebüßt, fast ein Drittel, am meisten IR 2, 11, 49, I./IR 4, 22, 7 und 16, dazu die Gren.Btl. 2/G II, 17/22 und GI/XI. Sie hatten 33 Fahnen, 103 Geschütze und die Kriegskasse erobert. Die Russen verloren über 20 700 Mann, davon 918 Offiziere. 5 Generale wurden gefangen.
Der König hatte zum ersten Mal die Russen kennengelernt, ihre Widerstandskraft, ihre aktive Verteidigung mit kurzen Gegenstößen, ihre Artillerie und die rasche Regenerierung ihrer Verbände. Künftig würde er sie kaum noch unterschätzen. Die beste Stellung für Fermor wären die Zorndorfer Höhen, der Steinbusch und der Langer-Grund gewesen. Dann hätten die Preußen keine beherrschenden Artillerie-Stellungen gehabt. Bei dem unausweichlichen Frontal-Angriff sollte der ungewöhnlich lange Artillerie-Kampf Blut sparen. Das zügige Vorgehen der schweren Geschütze im Gelände war erstaunlich. Über ihre Wirkung täuschte sich der König aber. Der erste Angriff links hätte eine Reserve benötigt. Das verhängnisvolle Rechtsziehen Dohnas hatte nur Sinn, wenn er bis zum Steinbusch vorgegangen wäre, um von dort eingreifen zu können, statt zu warten. Hätte Seydlitz sofort bei Zorndorf gestanden, wären die Erfolge früher und mit weniger Opfern erreichbar gewesen. So entwickelten sich zwei zeitlich getrennte Kämpfe. Die Infanterie des linken Flügels schlug sich äußerst tapfer, war aber ausgelaugt und überfordert. Die Kavallerie hat praktisch die wechselvolle Schlacht gewonnen. Clausewitz urteilte mit Recht: »Diese Schlacht ist die merkwürdigste des Siebenjährigen Krieges wegen ihres sonderbaren Verlaufes«.

Zorndorf, 25. August 1758. Kürassier-Regiment Nr. 13 Gardes du Corps zeichnete sich unter Rittmeister v. Wacknitz im Rahmen der Brigade Lentulus beim Seydlitz'schen Angriff am linken Flügel so aus, daß v. Wacknitz nach der Schlacht bevorzugt zum Oberstleutnant befördert wurde.

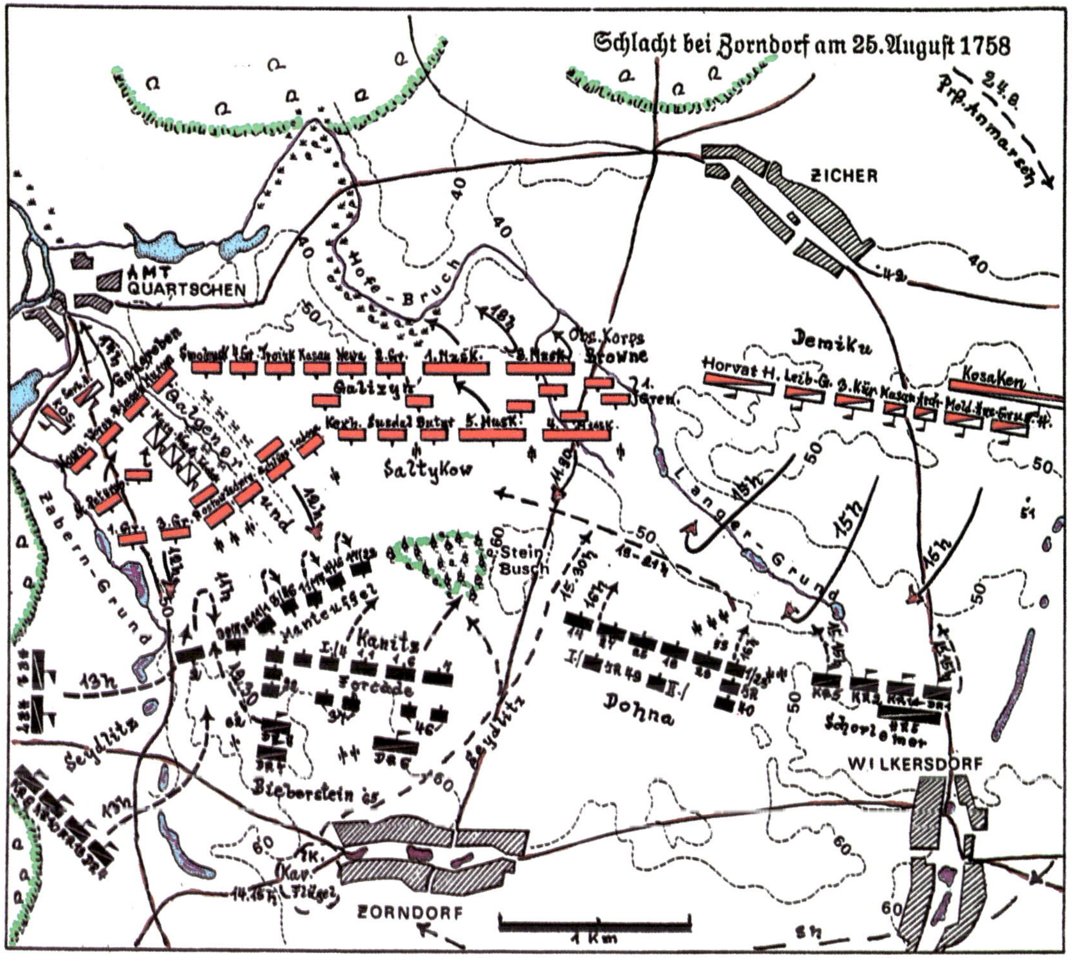
Schlacht bei Zorndorf am 25. August 1758
ZICHER
AMT QUARTSCHEN
Hofe-Bruch
Demiku
Saltykow
Galizyn
Browne
Kosaken
Langer-Grund
Zabern-Grund
Stein Busch
Kanitz
Manteuffel
Forcade
Dohna
Schorlemer
Bieberstein
Seydlitz
WILKERSDORF
ZORNDORF
1 Km
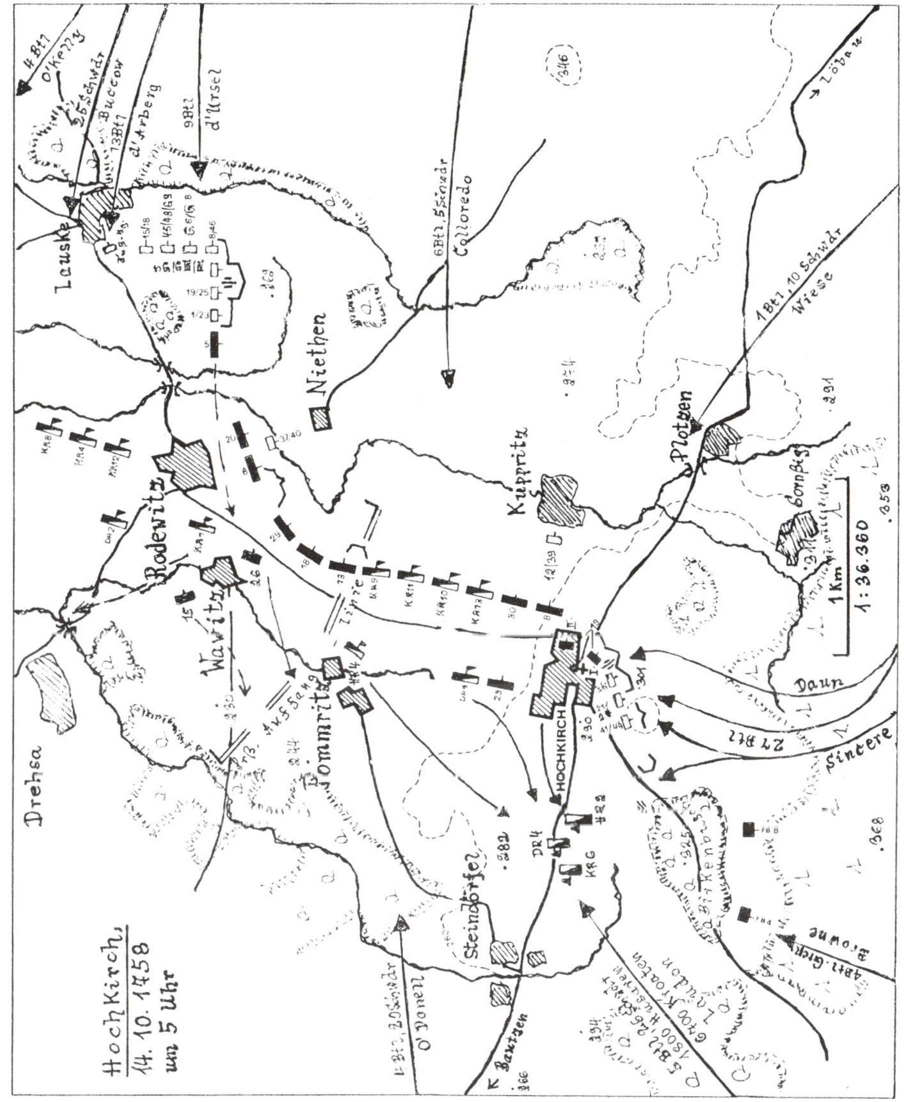
Hochkirch 14.10.1758 um 5 Uhr
Lauske
Niethen
Rodewitz
Wawitz
Pommritz
Kuppritz
Plotzen
HOCHKIRCH
Steindörfel
Drehsa
Daun
Sincere
Colloredo
d'Arberg
d'Ursel
O'Kelly
O'Donell
Laudon
1 Km
1:36.360

HOCHKIRCH

14. Oktober 1758

Im Herbst 1758 sollte Daun den König in Sachsen festhalten, während zwei österreichische Korps Neisse und Cosel belagerten, um den größten Teil Schlesiens wiederzunehmen. Als der König auf Bischofswerda vorging und Retzow auf Weißenberg vorschob, verließ Daun seine Stellung bei Stolpen und bezog bei Kittlitz nördlich Löbau ein Lager mit Front nach Westen. Am 7.10. folgte ihm der König bis Bautzen und verstärkte Retzow auf 14 Bataillone, 40 Schwadronen, in der Hoffnung, den Gegner nach Böhmen abzudrängen, um nach Schlesien eilen zu können. Notfalls müsse er eine Schlacht riskieren. Am 10.10. rückte er bis Hochkirch und Drehsa vor, während Retzow den Strohm-Berg südlich Weißenberg besetzen sollte. Aber O'Kelly kam ihm mit 4 Bataillonen und schwerer Artillerie zuvor. Der König löste Retzow für einige Tage durch den Herzog von Württemberg ab. Bei Hochkirch lag das Lager so nahe am Feind, daß die Fouriere beim Abstecken Artilleriefeuer bekamen. Vor seiner Ost-Front lief ein zum Löbauer Wasser fließender Bach. Das Hauptquartier kam nach Rodewitz. Als Feldmarschall Keith äußerte, die Österreicher verdienten gehangen zu werden, wenn sie ihn hier unbehelligt ließen, soll der König geantwortet haben: »Wir müssen annehmen, daß sie sich mehr vor uns als dem Galgen fürchten!« Die Situation war der von Soor nicht unähnlich. Der rechte Flügel stützte sich auf die markante Kirchhofshöhe von Hochkirch mit einem ummauerten Hof, der die Straße Bautzen — Löbau um Mannshöhe überragt, daher gut zu verteidigen. An der Südostecke des Dorfes entstand die große Batterie vor dem Abhang zur sumpfigen Wiesen-Mulde. Den 35 Meter höher liegenden Birkenbusch südlich des Dorfes auf dem Wege nach Wuischke besetzten die Freibataillone Angelelli und du Verger, von den Waldes-Höhen mit dem linken Flügel der Österreicher durch einen tiefen Grund getrennt. Der Bachgrund vor der Front war von Kuppritz nach Norden stark eingeschnitten. Kuppritz war vom Gren.Btl. 12/39, Niethen vom Gren.Btl. 37/40 besetzt, dazu eine Kavallerie-Feldwache bei der Schwedenschanze. Der linke Flügel war über den Bach bis Lauske unter den Strohm-Berg vorgeschoben mit dem IR 5 und 7 Grenadier-Bataillonen, Lauske hielten die Fuß-Jäger. Es war die Avantgarde unter Manteuffel. Vor der Front nach Süden wurde eine zweite große Batterie errichtet. Der rückwärtige Bachgrund bei Waditz und Drehsa war nur auf zwei Brücken überschreitbar.

Schon am 11.10. hatte es an der Straße von Bautzen Überfälle von Laudons Kroaten gegeben. Der König kannte die Gefährdung seiner rechten Flanke von den Lehner-, Hochkirchener und Meschwitzer Bergen her. Der fast dreifach überlegene Gegner war nur einen Kanonen-Schuß entfernt, und im Rücken lag der schwierige Grund von Drehsa. Der König rechnete auf Dauns Abneigung gegen einen Kampf und blieb stehen, um nach Versorgung der Truppe bei Gröditz und Weißenberg in Dauns rechter Flanke das nächste Lager zu beziehen. Er verfügte über 35 Bataillone, 73 Schwadronen, 64 schwere Geschütze, mit 29 bis 30 000 Mann schwach an Zahl, aber 'die Elite der Armee'. Daun erkundete ab 12.10. mehrmals vom linken Lager-Teil den rechten Flügel der Preußen, die unbesorgt schienen. Schanzarbeiten bestärkten sie darin. Hochkirch war das Hauptziel des beschlossenen Angriffs, während Front und linker Flügel der Preußen durch Neben-Angriffe zu fesseln waren, bis Hochkirch genommen war. Bei Hochkirch übernahm Daun selbst den Befehl.

Mit anbrechender Dunkelheit setzten sich am 13.10. 35 Bataillone, 6 Kavallerie-Regimenter in vier Kolonnen in Marsch, um sich »1/2 Stund vor Tags« mit 78 000 Mann südlich Hochkirch bereitzustellen und um 5 Uhr »mit dem Sabl in der Faust und dem Bajonett« einzubrechen. Schwere Geschütze gingen mit den ersten Treffen mit. Hochkirch war nach Erstürmung zu halten. Gleichzeitig hatten O'Donell mit der Kavallerie des linken Flügels und Laudon »über die Anhöhe hinter des Feindes Lager« den Rücken anzugreifen. Der rechte Flügel unter dem Herzog von Arenberg sollte mit 22 Bataillonen, 7 Reiter-Regimentern den linken Flügel bei Lauske angreifen und sein Eingreifen bei Hochkirch verhindern. War es genommen, begann auch hier der Angriff »mit aller Heftigkeit«. O'Kelly hielt den Strohmberg, während Löwenstein und Durlach Retzows Korps bei Weißenberg fesselten. Das schwache Zentrum unter Colloredo hielt die Verbindung der starken Flügel, band den Feind am Bachgrund und überschritt ihn erst nach Einnahme von Hochkirch. Neumond und sternenlose Nacht begünstigten den Aufmarsch in größter Stille, mit Stroh umwickelten Fahrzeugrädern. Die Lagerfeuer brannten weiter, Zapfenstreich und Scharwache liefen weiter. Baumfällen täuschte Arbeiten an Verhauen vor. Zur Stunde stand die Haupt-Kolonne zwischen Sornssig und Wuischke bereit, rechts gedeckt von Wiese bei Plotzen, links von Browne am Birkenbusch. In den Tälern vor dem Lager wallte dichter Nebel. Die preußischen Feldwachen lauschten angespannt auf jedes Geräusch.

Schlag 5 Uhr begann am Birkenbusch lebhaftes Gewehrfeuer. Es schien wieder ein Kroaten-Geplänkel. Als das Feuer dauerte und näherkam, stürzte sich der Feind

Ordre de Bataille
des preußischen Heeres in der Schlacht bei Hochkirch am 14. Oktober 1758.

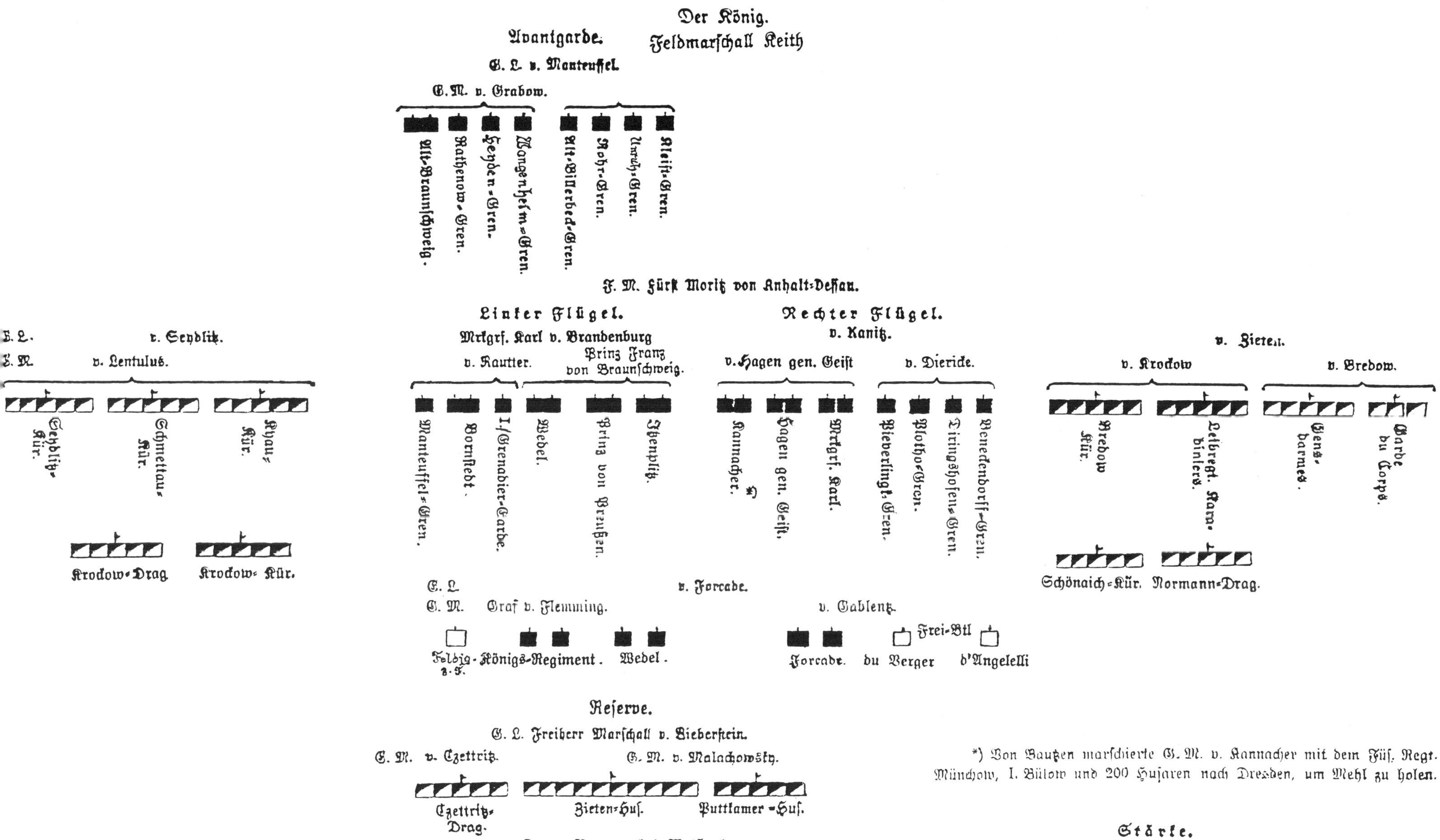

*) Von Bautzen marschierte G. M. v. Kannacher mit dem Füs. Regt. Münchow, I. Bülow und 200 Husaren nach Dresden, um Mehl zu holen.

Korps Retzows bei Weißenberg:
14 Bataillone, 40 Eskadrons.

Entsendet.

Am 13. ging das Regiment Lattorff nebst 100 Husaren nit den Brotwagen von der Armee des Königs und das II. Baaillon Kalkstein mit denen des Retzowschen Korps nach Bautzen b, um sie dort beladen zu lassen.

Stärke.

Avantgarde	9 Bat.	— Esk.
Rechter Infanterieflügel	14 "	— "
Linker "	15 "	— "
Rechter Kavallerieflügel	— "	28 "
Linker "	— "	25 "
Reserve	— "	20 "
Zusammen	38 Bat.	73 Esk.

nebst 54 schweren und 76 Bataillons-Geschützen

Truppeneinteilung

der österreichischen Armee am 14. Oktober 1758.

(Die eingeklammerten Ziffern geben die Zahl der Bataillone und Eskadrons an.)

A. Hauptarmee.

F. M. Graf Daun.

Generalquartiermeister F. M. L. Graf Lacy.

Linker Flügel.**)

F. Z. M. Bar. Sincere.

3. Kolonne.

F. M. L. Graf Forgách.

Avantgarde: Inf. Regt. E. H. Karl (2)

4 Gren. Bat. unter G. M. Bar. Siskovics — G. M. Graf Herberstein 1. Linie

Inf. Regt. Los Rios (2), Inf. Regt. Leopold Daun (2) — G. M. Graf Herberstein 1. Linie

Inf. Regt. Harrach (2), Inf. Regt. Louis Wolfenbüttel (2), Inf. Regt. Wallis (2) — G. M. Marquis Los Rios 2. Linie

16 Bat.

2. Kolonne.

F. M. L. Marquis d'Aynse.

Avantgarde: Inf. Regt. Joseph Esterházy (2)

Inf. Regt. Nikolaus Esterházy (2)

4 Gren. Bat. unter Oberst Graf Browne, Inf. Regt. Harsch (2), Inf. Regt. Clerici (1) — G. M. Harteneck 1. Linie

Inf. Regt. Alt-Colloredo (1), Inf. Regt. Stahremberg (1), Inf. Regt. Batthiani (2) — G. M. Kramer 2. Linie

15 Bat.

4. Kolonne.

G. d. K. Graf O'Donell.

Avantgarde: Inf. Regt. Ligne (2), Inf. Regt. Browne (2) — G. M. Graf Browne

F. M. L. Graf Aspremont.

Drag. Regt. Darmstadt (5), Kür. Regt. E. H. Ferdinand (5) — G. M. Martigny

Kür. Regt. Buccow (5), Kür. Regt. Ansbach (5) — G. M. Graf St. Ignon

4 Bat., 20 Esk.

1. Kolonne.

G. M. Wiese.

600 Kommandierte der Inf.

Drag. Regt. E. H. Joseph (5)

Drag. Regt. Württemberg (5)

600 M. Inf., 10 Esk.

Zentrum

F. M. L. Graf Colloredo.

Inf. Regt. Neipperg (2), Inf. Regt. Puebla (2), Inf. Regt. Andlau (1), Inf. Regt. Mainz (1) — G. M. v. Bülow

Kür. Regt. Serbelloni (5)

6 Bat., 5 Esk.

Rechter Flügel.

F. Z. M. Herzog v. Arenberg.

2. Kolonne.

F. M. L. Herzog d'Ursel.

Inf. Regt. Karl Lothringen (3), Inf. Regt. Waldeck (1), Inf. Regt. Gaisruck (2) — G. M. Prinz Kinsky

Inf. Regt. Würzburg (1), Inf. Regt. Sachsen-Gotha (2) — G. M. Bar. Vogelsang

9 Bat.

1. Kolonne.

F. M. L. Graf d'Arberg.

1 Gren. Bat., Inf. Regt. Kaiser (2), Inf. Regt. Hildburghausen (2), Inf. Regt. Botta (2) — G. M. Bar. Plonquet

Inf. Regt. Angern (2), Inf. Regt. Arenberg (2), Inf. Regt. Forgách (2) — G. M. Zigan

13 Bat.

G. d. K. Bar. Buccow.*)

F. M. L. Graf Argenteau.

Kür. Regt. Batthianyi (5), Kür. Regt. O'Donell (5) — G. M. Graf Pettoni

Hus. Regt. Kaiser (6), Hus. Regt. Esterházy (6) — G. M. Graf Esterházy

F. M. L. Lanthiery.

Kür. Regt. E. H. Leopold (5)

Kür. Regt. Stampach (5), Kür. Regt. Anhalt-Zerbst (5) — G. M. Graf von Hohenzollern-Hechingen

25 Esk. ausschl. Hus.

Zur Besetzung des Strohmberges und von Gloffen: F. M. L. Graf O'Kelly mit den Inf. Regtrn. Heinrich Daun (1), Königsegg (1), Thürheim (2).

Zusammen 4 Bat.

*) G. d. K. Bar. Buccow fand mit der gesamten Kavallerie dieses Flügels bei der rechten (1.) Kolonne Verwendung.

**) Die österreichische „Partikular-Disposition" beziffert die vier Kolonnen von links nach rechts, nicht wie oben von rechts nach links. Beim linken Flügel befanden sich außer den in der Partikular-Disposition verzeichneten Truppen noch die Elitekompagnien (Karabiniers bzw. Grenadiere) der 16 Kürassier- und Dragoner-Regimenter der Hauptarmee unter G. M. Graf d'Ayasasa.

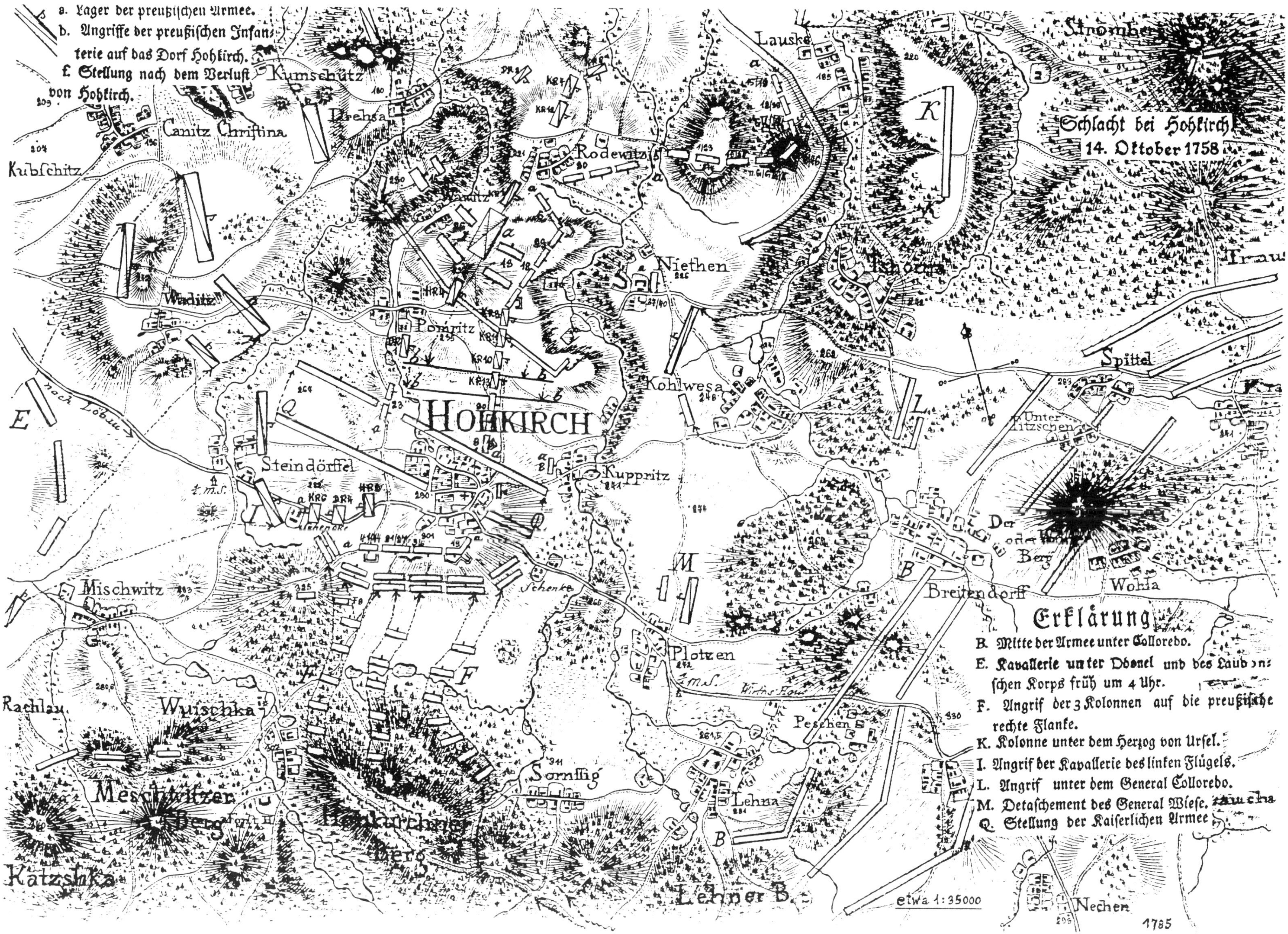

a. Lager der preußischen Armee.
b. Angriffe der preußischen Infanterie auf das Dorf Hohkirch.
f. Stellung nach dem Verlust von Hohkirch.
Schlacht bei Hohkirch
14. Oktober 1758
Kumschütz
Drehsa
Canitz Christina
Kubschitz
Rodewitz
Lauske
Niethen
Waditz
Pomritz
Kohlwesa
Spittel
Unter Pitzschen
HOHKIRCH
Steindörffel
Kuppritz
nach Löbau
Mischwitz
Schenke
Breitendorff
Wohla
Der Berg
Plotzen
Peschen
Rachlau
Wuischka
Sornssig
Lehna
Meschwitzer Berg
Hochkirchner Berg
Katzschka
Lehner B.
Nechen
Erklärung
B. Mitte der Armee unter Colloredo.
E. Kavallerie unter Döbel und des Laudonschen Korps früh um 4 Uhr.
F. Angrif der 3 Kolonnen auf die preußische rechte Flanke.
K. Kolonne unter dem Herzog von Ursel.
I. Angrif der Kavallerie des linken Flügels.
L. Angrif unter dem General Colloredo.
M. Detaschement des General Wiese.
Q. Stellung der Kaiserlichen Armee
etwa 1:35000
1785

Hochkirch, 14. Oktober 1758. *Das II. Infanterie-Regiment Markgraf Karl (Infanterie-Regiment Nr. 19) unter Major v. Lange verteidigte beim Überfall von Hochkirch den Friedhof stundenlang gegen alle Übermacht, ohne sich zu ergeben. Die Letzten brachen mit gefälltem Bajonett aus dem Tor.*

samt den geworfenen Freibataillonen schon auf die 3 Grenadier-Bataillone südlich Hochkirch. An der Spitze der Angriffs-Kolonnen Sinceres stürmten die IR 2 und 37 gegen das Dorf. Die schwere Batterie mit 20 12-Pfündern, 6 Feldgeschützen, vom I./IR 19 gedeckt, schlug unter großen Verlusten neun Angriffe zurück. Kommandos, ungarisches Angriffs-Geschrei, Schießen, Schlagen und Aufblitzen zerrissen die pechdunkle Nacht. Das II./IR 19 verteidigte den Kirchhof, das I./IR 8 den Ostrand des Dorfes. Als das IR 23 zu Hilfe kam, warf es mit Teilen der 3 Gren.Btl. den Gegner wieder bis zum Birkenbusch zurück, wo der Feind immer neue Bataillone in den Kampf schickte. Beiderseits umfaßt und von Laudons Reitern attackiert, mußte es zum Ortsrand zurück, wo es sich hartnäckig festsetzte. Eine feindliche Batterie südwestlich Hochkirch schoß das Dorf in Brand, so daß sich Qualm, Nebel und Pulverdampf mischten. Es begann zu dämmern.
In der Mitte des preußischen Lagers zwischen Pommritz und und Rodewitz rasselten die Alarm-Trommeln. Der König befahl die Brigade Braunschweig mit den IR 13, 18 und 29 nach Hochkirch, dem Korps Retzow beschleunigtes Herankommen sowie alle Bagagen zurück hinter die Enge von Drehsa. Die Lage bei Hochkirch wurde schlechter: westlich des Dorfes konnten die Hus.Rgt. 2, Kür.Rgt. 6, Drag.Rgt. 4 und 1 trotz wiederholter Attacken die Umfassung bei Steindörfel auf Dauer nicht verhindern. Die große Batterie ging verloren; ein Gegenangriff des IR 30 nahm sie eine Zeit wieder, dann mußte sich das Regiment den Rückweg mit dem Bajonett bahnen. Feldmarschall Keith fiel. Das II./IR 19 rang am Kirchhof mit 7 feindlichen Regimentern. Jedes Gehöft wurde verteidigt. Gegen 6 Uhr warf die Brigade Braunschweig den Gegner aus dem Dorf; weiteres Vorgehen erstarb im Feuer, Fürst Moritz wurde schwer verwundet. Westlich des Dorfes führte der König mit den IR 29, IR 15 und 6 sowie der Kavallerie einen Gegen Angriff gegen Laudons linke Flanke, bei dem Prinz Franz von Braunschweig fiel. Da attackierte nordostwärts Meschwitz O'Donell mit 20 Schwadronen, die Bredow aber mit den KR 13, 11 und 9 wieder zurückwarf, während Krockow mit den KR 10, 6, HR 2 und DR 1 die Infanterie südlich des Dorfes zersprengte, wobei er fiel.
Übermacht, Verluste und Munitionsmangel ließen die Kräfte langsam erlahmen. Lacys Karabiniers und Grenadiere zu Pferde zersprengten bei Steindörfel das IR 29 bis auf 150 Mann, die sich nach Pommritz durchschlugen. Die Reste des II./IR 19 brachen aus dem Kirchhof aus. Um 7.30 Uhr war Hochkirch gefallen. Der Feind brachte dort seine schwere Artillerie in Stellung. Inzwischen hatte der König mit dem IR 5 und einer Batterie von 10 schweren Kanonen nördlich Pommritz eine Auffang-Linie gebildet, in der sich die zurückgehenden Truppen sammelten, so die IR 15, 20, 13, 18, 8, 30, das Gren.Btl. 12/39 und die Reste der Avantgarde. Gegen 9 Uhr kam es zur Feuerpause, der Gegner drängte über Steindörfel und Hochkirch nicht nach. Den Vorschlag Salderns zum Gegen-Angriff lehnte der König ab. Am linken Flügel eröffnete Arenberg um 7 Uhr den Angriff gegen die schwere Batterie von 30 Geschützen und die 6 schwachen Bataillone. Erst der zweite Vorstoß südlich Lauske brachte einen Anfangserfolg. Von 7 Bataillonen Durlachs verstärkt, nahm Arenberg mit zwei geschlossenen Kolonnen Lauske und die Batterie, ohne den Bach zu überschreiten. Nur die Gren.Btl.19/25 und NG/G III/IV schlugen sich bis Rodewitz durch. Inzwischen hatte Prinz Eugen mit 4 Bataillonen, 15 Schwadronen die Höhen südwestlich Drehsa besetzt und O'Donell gehindert, der Armee des Königs dort den Rückzug abzuschneiden.

Fast ungestört vollzog sich der Rückzug. Der König hatte die KR 12,4 und 8 bis Purschwitz vorausgeschickt, dann die gesamte Reiterei des rechten Flügels. Sie nahm mit weiten Zwischenräumen Aufstellung und ließ die Infanterie durchziehen. Kaum 6 Kilometer westlich bezog die Armee einschließlich des Korps Retzow ein Lager auf den Höhen nordwestlich Klein-Bautzen in der Linie Kreckwitz, Purschwitz und Klein-Bautzen mit dem Hauptquartier in Doberschütz. Daun zog ins alte Lager zurück und ließ eine Infanterie-Brigade und das Grenadier- und Karabinier-Korps bei Hochkirch. Neben 5 toten Generalen hatten von 9 097 Ausfällen die schwersten Verluste IR 29, 20, 13, 30, 6, 8, 15, die Gren.Bt. 15/18, 45/48/G IX, NG/G III/IV, 19/25 und 3/6, dazu HR 2,4 und KR 6.
Der König kannte ebenso das Gelände wie seine Lage, in die ihn Retzows Versagen brachte, wie dessen Bedächtigkeit. Die Wegnahme des Strohmberges hätte Dauns Angriff vermutlich verhindert. Seine Wiedereinnahme wollte der König nicht aufgeben, deshalb der vorgeschobene linke Flügel. Als dies nicht mehr möglich war, wollte er sein Lager nicht mehr zurückverlegen. Die Verschiebung seines Abmarsches vom 13. auf den 14.10. war ein Fehler. Die Hauptbedrohung kam von den Wald-Bergen am rechten Flügel. Geheimhaltung, Aufmarsch und Durchführung des Angriffs, von Lacy geplant, waren ausgezeichnet, die schnelle Abwehr-Reaktion der Preußen wie ihr selbständiges Eingreifen ebenso. Daun verzettelte sich aber im Ortskampf, statt die Preußen einzuschließen. Das Ergebnis war ein Blutbad, kein operativer Erfolg! »Rückzüge kriegsgeübter Heere gleichen dem Abgehen eines verwundeten Löwen«, schrieb Clausewitz.

KAY

23. Juli 1759

Der König verlor 1759 das Vertrauen in die Führung des Korps Dohna und setzte am 20.7. Generalleutnant Carl Heinrich v. Wedel an seine Stelle: »Also müssen alle Officiers, sie mögen Namen haben wie sie wollen, ihm den schuldigsten Gehorsam geben und seine Disposition mit Treue, Fleiß und Bravour executieren, als wenn Ich Selbst zugegen wäre«. Außerordentliche Vollmachten für den jüngsten der Generale der zwischen Züllichau und Kalzig an der Straße nach Schwiebus ab 20.7. eingesetzten Armee, der die Russen bei Goltzen an der Straße nach Bomst stark verschanzt gegenüberstanden! Die preußischen Truppenteile hatten bei Zorndorf schon erhebliche Verluste erlitten und sahen sich mit ihren 30 Bataillonen, 63 Schwadronen, 56 schweren Geschützen, zusammen 27 400 Mann vor fast doppelter Übermacht. Am 22.7. marschierten die Russen unter Ssaltykow gegen 14 Uhr nach Westen durch die Wälder bis Buckow und rückten am folgenden Tag um 1 Uhr zwischen Buckow und Harthe in eine Schlachtordnung mit Front nach Süden. Sie verfügten über 54 Bataillone mit 46 Grenadier-Kompanien, 58 Schwadronen und 3 900 Kosaken, 188 schwere Geschütze, insgesamt etwa 52 300 Mann. Wedel sollte sie am Oder-Übergang bei Crossen hindern, und zwar 'angriffsweise aus einer guten Stellung'. Um 4 Uhr zogen sie in Schlachtordnung auf dem durch die Kalkmühlen- und Eichmühlen-Fließe begrenzten Höhenrücken auf Palzig vor, um sich den Preußen westlich vorzulegen und sie zum Verlassen ihres vorteilhaften Lagers nordwestlich Züllichau zu zwingen.

Am 23.7. erkundete Wedel mit 3 Gren.Btl. und je 15 Schwadronen Dragoner und Husaren mit Wobersnow, Schorlemer und Puttkamer ab 3 Uhr den linken Flügel des Gegners im Lager Langmeil und ließ sich ohne Aufklärung überzeugen, der Feind verharre unbewegt in seinem Lager. Selbst die Staubwolken bei Harthe machten ihn nicht mißtrauisch. Einen Umgehungsmarsch des Feindes im Norden hielt niemand für möglich, da das Gelände schwierig war. Die Meldung des HR 7 gegen 11 Uhr, eine feindliche Kolonne sei auf Schönborn im Anmarsch und der Feind beschieße die Schanze auf dem Eich-Berg, wurde als Zeichen für seinen Abmarsch nach Schwiebus bewertet. Dennoch eilte Wedel ins Lager zurück, wo die Armee schon marschbereit stand. Er entschloß sich, den Russen den Vormarsch nach Crossen zu verwehren und sie auf dem Marsch anzugreifen, wenn er sich nicht mehr vorlegen könne. Um 13 Uhr trat er an, um vor den Russen die Palziger Höhen zu besetzen. »Für die Aufklärung, besonders auf Palzig, traf Wedel aber keinerlei Anordnungen«, obwohl das HR 7 beim Überschreiten des Fließes bei Nickern von den Höhen nordwestlich des Dorfes bereits Artilleriefeuer bekam.

Das Kampffeld des 23.7. zwischen Palzig und dem Eichmühlen-Fließ ist im Norden, Westen und Süden von Wäldern umgeben. Palzig liegt am Westhang des leicht gewellten Höhenrückens, der nach Osten sanft zum Eichmühlen-Fließ mit beiderseits 100 Meter breiten Sumpfwiesen übergeht, im Süden 10 bis 15 Meter steil zum Zauche-Grund abfällt, damals voll Gebüsche und trocken. Das Eichmühlen-Fließ war nur in Nickern, bei der Eich-Mühle zwischen zwei Teichen, zwischen Glogsen und dem Vorwerk Glogsen für Fußgänger und bei der Straßenbrücke Züllichau-Crossen an der Groß-Mühle überschreitbar. Westlich Kay schiebt sich zur Groß-Mühle eine 800 bis 900 Meter breite Landzunge mit dem Schmiede-Berg vor mit starken, bewachsenen Böschungen, die den Übergang bei der Groß-Mühle jeder Einsicht vom Palziger Rücken entziehen. Die Höhen nördlich Glogsen überhöhen den Palziger Rücken, sind aber für die damalige Schußweite der Artillerie zu entfernt. Wegen des einzigen, aber unübersichtlichen Zuganges über den Schmiede-Berg, wenn nicht vom Zauche-Grund, hatte die Höhenstellung beste Abwehr-Chancen. Dieser Zugang konnte von der südlichen Höhe unter vernichtendes Feuer genommen werden. Beim Nachstoß der Russen konnte es in der Enge bei der Groß-Mühle zur Vernichtung kommen. Umgekehrt wäre es ihnen ergangen, wenn sie auf das Kalkmühlen-Fließ geworfen würden. Größere Aussicht hätte ein Angriff von Nickern her gehabt.

Als die Russen gegen 13 Uhr die Palziger Höhen erreichten, sahen sie, daß sich auch die Preußen in Bewegung setzten. Ssaltykow ließ im ersten Treffen vom Zauche-Grund bis zum Wege nach Nickern Fermors 1. Division, links davon das Observations-Korps Galizyns und Totlebens Reiterei, als zweites Treffen die 2. Division unter Villebois vor dem Dorfe, links Jeropkins Kürassiere, als Reserve rechts Demikus Regimenter aufmarschieren. Die starke Artillerie verteilte sich auf 8 Batterien, davon 6 gegen den offensichtlich bedrohten rechten Flügel. Gegen 14.30 Uhr war der Aufmarsch ungestört beendet.

Inzwischen hatte die preußische Kavallerie die Groß-Mühle erreicht und den Schmiede-Berg von Kosaken gesäubert. Unter ihrem Schutze überschritt die Infanterie das Eichmühlen-Fließ. Daraufhin verstärkte Ssaltykow die Reiterei am rechten Flügel. Als die Brigade Manteuffel den Schmiede-Berg erreichte, gab Wedel in

Ordre de Bataille
des preußischen Heeres in der Schlacht bei Kay am 23. Juli 1759.

Oberbefehlshaber: **Generalleutnant v. Wedel.**

Erstes Treffen.

G. L. **v. Wedel.**

- v. Schlabrendorff.: Schlabrendorff Kür.
- G. L. **v. Schorlemer.** Spaen.: Horn Kür., Spaen Kür.
- v. Schmettau.: Markgraf Friedrich Kür.
- G. M. **v. Stutterheim.** Prinz von Anhalt-Bernburg.: Kanitz, Goltz
- G. L. **v. Hülsen.** v. Diericke.: Schenckendorff, Diericke, Gablenz
- G. L. **v. Manteuffel.** v. Gablentz.: Bevern, Anhalt-Bernburg
- G. L. **v. Schorlemer.** v. Normann.: Alt-Platen Drag., Schorlemer Drag., Zieten Hus.

Zweites Treffen.

G. L. **v. Kanitz.**

- G. M. **v. Puttkamer.**: Ruesch Hus.
- G. M. **v. Flemming.**: Treskow, Dohna, Lehwaldt
- G. M. **v. Puttkamer.**: Puttkamer Hus.

Nachhut.

G. M. **v. Wobersnow.**

- G. M. **v. Grabow.**: Neisse Gren., I u. II/Jung-Sydow, Lestwitz, Beyer Gren.
- G. M. **v. Malachowski.**: Malachowski Hus.

Bedeckung der Feldbäckerei in Züllichau.

Lamm Gren., Rossow Gren., Bornstedt Gren.

Die Verteilung der Generale ist nicht mit Sicherheit festzustellen.

Stärke.

Erstes Treffen	15 Bat.	40 Esk.
Zweites Treffen	6 „	16 „
Nachhut	6 „	7 „
In Züllichau	3 „	— „
Zusammen . .	30 Bat.	63 Esk.

nebst 56 schweren und 60 Bataillons-Geschützen.

Ordre de Bataille

des russischen Heeres in der Schlacht bei Kay am 23. Juli 1759.

General en Chef Graf Peter Ssaltykow,
vom 20. Juni ab

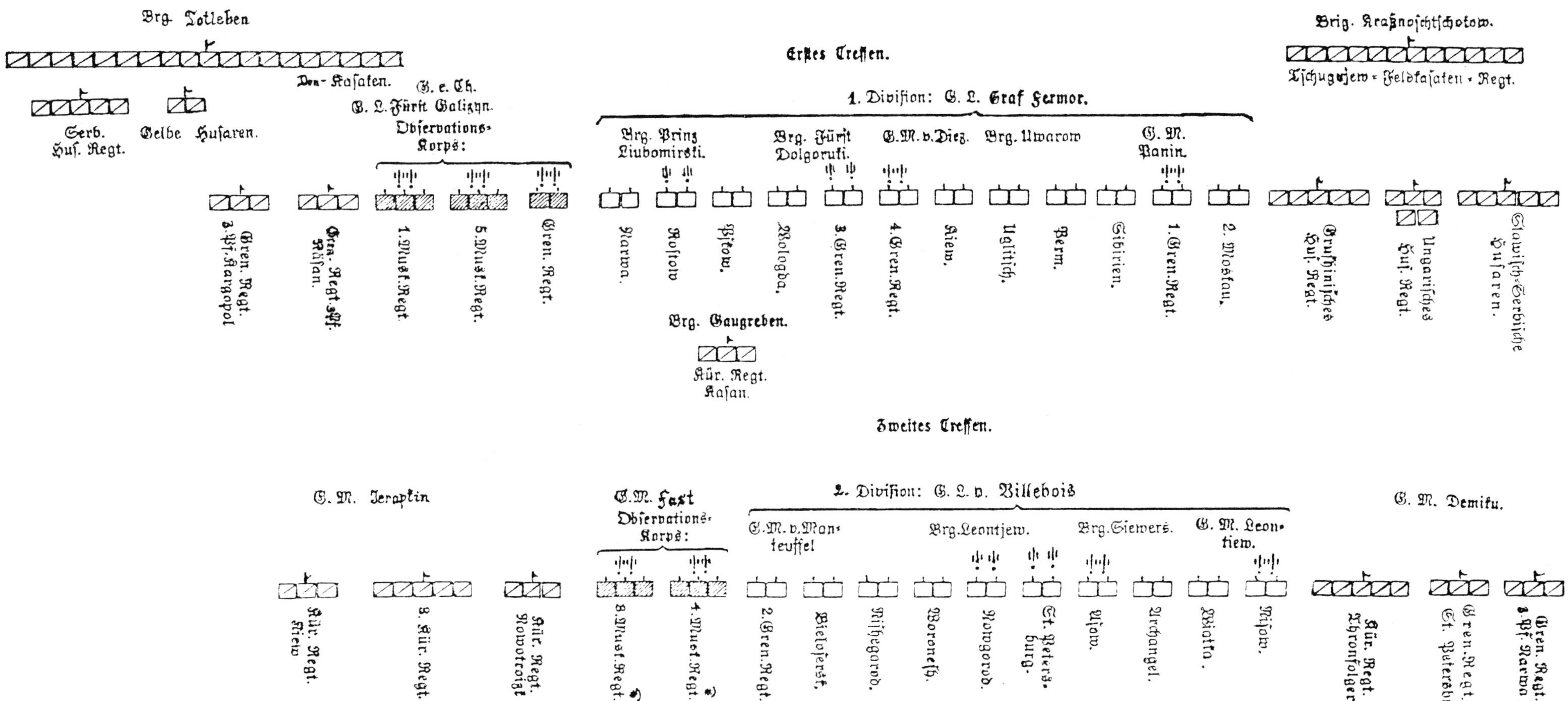

Erläuterung.

Beim Detachement Mordwinow im Lager Goltzen: *)

Dort waren nunmehr versammelt: Musk. Regtr. Apscheron, Kasan, Newa und Tschernigow und etwa 2 zusammengestellte Bataillone aus Kommandierten der Armee; Drag. Regtr. Archangel und Tobolsk (zu je 4 Esk.) Serbisches Hus. Regt., 2 Kasaken-Regtr.; 1 Art. Brigade mit 13 Feldgeschützen und außerdem noch eine Anzahl Regimentsgeschütze.

‡‡ = Schuwalow-Geheimhaubitzen.

Stärke.

Erstes Infanterietreffen	32 Bat.	
Zweites Infanterietreffen	20 "	
Infanterieflanken	— "	
Rechter Kavallerieflügel	— "	26 Esk. und etwa 12 Ssotnien.
Linker Kavallerieflügel	— "	24 " " " 20 "
Artillerie: 186 Feld- und 124 Regimentsgeschütze.		
Zusammen:	52 Bat.,	50 Esk. und etwa 32 Ssotnien.

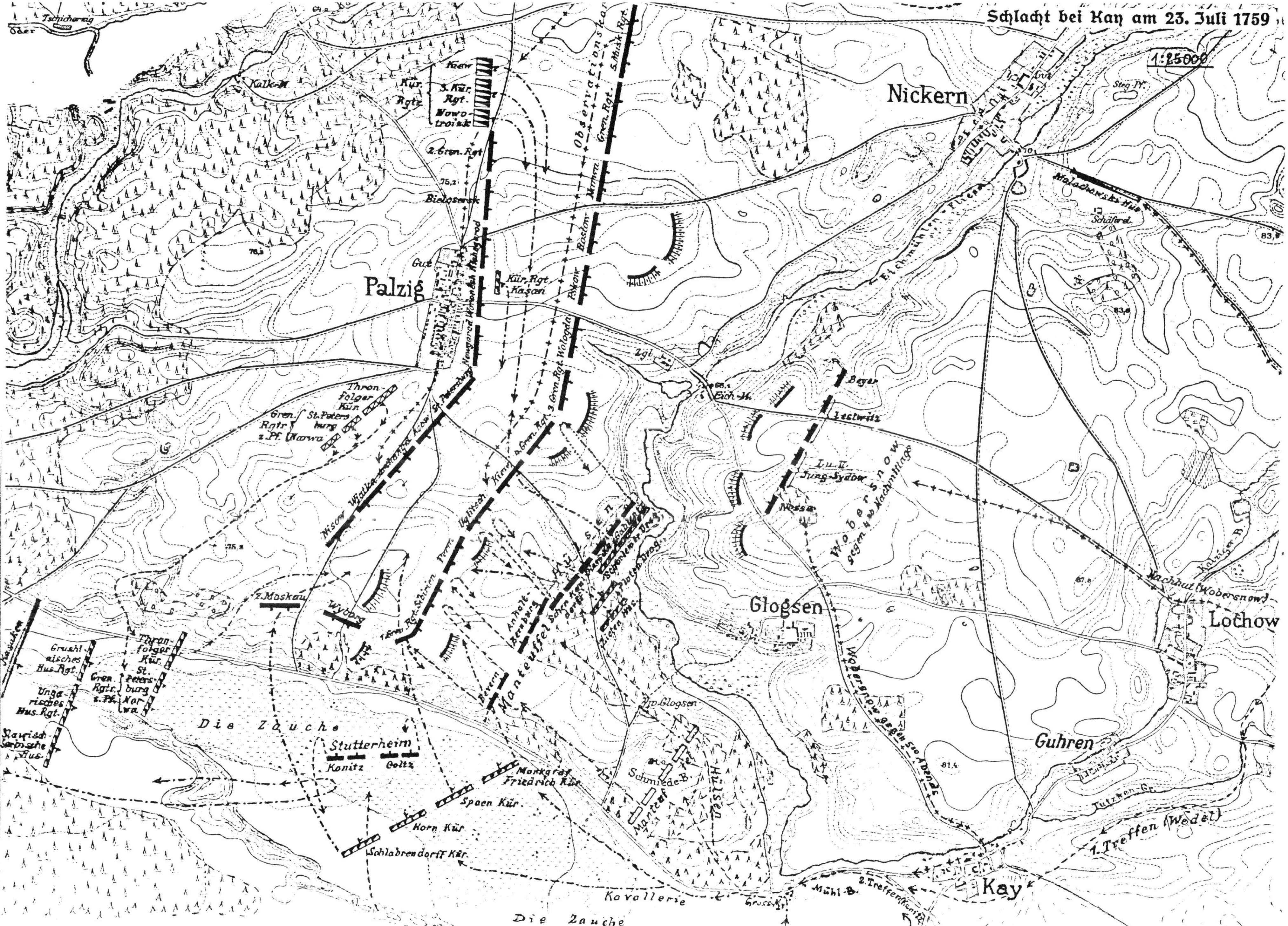
Schlacht bei Kay am 23. Juli 1759
1:25000
Nickern
Palzig
Glogsen
Lochow
Guhren
Kay
Die Zauche
Stutterheim
Konitz
Goltz
Markgraf Friedrich Kür.
Spaen Kür.
Korn Kür.
Schlabrendorff Kür.
Manteuffel
Hülsen
Wobersnow
Wobersnow gegen 4 Uhr Nachmittags
Wobersnow gegen 5 Uhr Abends
Nachhut (Wobersnow)
1. Treffen (Wedel)
2. Treffen (Kanitz)
Kavallerie
Mühl-B.
Schmiede-B.
Eichmühlen-Fließ
Observationskorps
Beyer
Lestwitz
Jung-Sydow
Nessa
2. Moskau
Wyborg
Kür. Rgt. Kasan
Bieloserek
2. Gren. Rgt.
Kiew
Nowotroizk
Oder
Kalk-M.
Eich-M.
Gut
Schäferei
Tutzken-Gr.

Kay, 23. Juli 1759. *Das Preußische Infanterie-Regiment Nr. 7 (Bevern) im Sturm gegen die Russischen Infanterie-Regimenter Perm und Sibirien am Südrand der Palziger Höhen.*

der Annahme, es handele sich um Vorhuten, den Angriffsbefehl, um in entschlossenem Zugriff die Höhen zu gewinnen. Hülsen hatte sich rechts neben Manteuffel zu setzen, Stutterheim durch die Zauche den linken Flügel des Feindes zu umfassen und Kanitz in weiter Umgehung über die Roll- und Feder-Mühle den Höhen in den Rücken zu kommen. Auf dem Westufer des Fließes gab es keine Artillerie-Stellungen. Sie sollte auch den Angriff nicht verlangsamen. So mußte sie zwischen Eich-Mühle und Glogsen in Stellung gehen, für eine günstige Wirkung zu weit. Die Infanterie am Schmiede-Berg blieb ohne ihren Feuerschutz.

Manteuffels fünf Bataillone gerieten beim Angriff sofort in schweres Artilleriefeuer, zumal sie kaum Deckung fanden. Alles drängte vorwärts, um an den Feind zu kommen. Beim Heraustreten aus dem Wald gegen 15.30 Uhr konnte wütendes Kartätsch-Feuer die Eroberung der beiden Batterien nicht hindern. Mit eiserner Ruhe fingen die Russen den Angriff auf, obwohl einige Bataillone auswichen. Von Übermacht erdrückt, mußten die Preußen zurück in die Ausgangsstellung. Auch der zweite entschlossene Angriff, von Artilleriefeuer überschüttet, brach auf halber Höhe zusammen. In diesem Augenblick griff die Brigade Hülsen rechts von ihnen in den Angriff ein, verlängerte die Linie bis zum feindlichen Zentrum und riß die Regimenter 3 und 7 zum dritten Mal nach vorn. In erbittertem Nahkampf brachen sie bei Hitze, Pulverdampf und Staub in das erste Treffen ein. Manteuffel wurde schwer verwundet, sein Adjutant fiel. Als Munitionsmangel die IR 3 und 7 zurückgehen ließ, wurden Hülsens Bataillone überflügelt und mußten räumen.
Gleichzeitig war Stutterheim von der Groß-Mühle nach Süden ausgebogen und vom Heide-Berg im Schutze der bewaldeten Hügelkette südlich der Zauche in die rechte Flanke des Feindes vorgestoßen. Sobald seine Brigade in die freie Fläche kam, wurde sie von den Batterien und den Regimentern 2. Moskau und Wyborg so mit Feuer zugedeckt, daß der Angriff zusammenbrach. Jetzt attackierte das Kosaken-Regiment noch die linke Flanke, so daß die Preußen unter großen Verlusten zum Schmiede-Berg zurückströmten. In diesem Augenblick jagten in der Zauche die Kürassier-Brigade Schorlemer, nördlich des Schmiede-Berges die DR 6 und 8 sowie das HR 2 unter Normann heran. Ihr Stoß traf den russischen rechten Flügel vorn und in der Flanke bis ins zweite Treffen, das sich mit Kolben und Bajonett wehrte. Da führten Demiku, Gaugreben und Jeropkin eine heftige Gegen-Attacke gegen die preußischen Schwadronen, die zurück mußten. Doch die russische Infanterie konnte nicht mehr nachstoßen. Inzwischen war Wobersnow vor der Eich-Mühle eingetroffen und hatte zweimal das Fließ zu überqueren versucht, obwohl der linke Flügel des Feindes weit nach Norden reichte. Er bog nach Süden und stand um 17.30 Uhr in Kay. Auch den Umgehungsversuch des HR 7 über Nickern erstickte Totleben im Keim durch Anzünden des Dorfes. Da links keine Gefahr mehr drohte, verschob Ssaltykow jetzt Truppen zum rechten Flügel, wo Kanitz nach vergeblichem Versuch, südlich der Groß-Mühle das Fließ zu überqueren, nach 17.30 Uhr erneut vom Schmiede-Berg angriff. Vergebens! Um 18 Uhr kämpften sich Wobersnows 6 Bataillone hier noch einmal nach vorn. Sie kamen nicht weit. Als Wobersnow fiel, wichen sie zurück, gedeckt von einer Attacke der Kavallerie. Gegen 19 Uhr hörte das Feuer auf. Es gelang Wedel, seine geschlagenen Truppen ohne Störung auf die Höhen südlich Kay zu führen. Die Russen folgten nur bis ans Eichmühlen-Fließ, hielten auf dem Schmiede-Berg einen Dankgottesdienst und zogen dann ins Lager bei Palzig. Wedel überquerte am 24.7. bei Tschicherzig die Oder, um vom Südufer aus eine Vereinigung der Russen mit den Österreichern zu verhindern. Ssaltykow hätte die Armee während ihres Übergangs vernichten können. Auf die Nachricht der Niederlage entschloß sich der König, das Kommando gegen die Russen selbst zu übernehmen.

Wedel verlor mit 6 776 Offizieren und Mannschaften fast ein Viertel seiner Stärke, davon 65 Offiziere, 1 400 Mann tot, 8 Offiziere, 2 257 Mann gefangen oder vermißt, darunter angeblich viele Deserteure. 13 Geschütze und 4 Fahnen und Standarten gingen verloren. 6 Kommandeure fielen, viele waren verwundet. Die meisten Verluste hatten IR 32, 3, 24, 49, 7 und 9, die Gren.Btl. 13/26 und G I/IX sowie die DR 6, KR 12,1 und 5. Die Russen büßten 4 833 Offiziere und Mannschaften ein, davon 813 Tote.
Grundsätzlich war die preußische Aufklärung der weiträumigen der Russen nicht gewachsen. Es gab wenig russische Überläufer; das verhinderte der Mentalitäts-und Sprach-Unterschied. Ssaltykow manövrierte nicht, sondern suchte den Kampf. Die Gelände-Verhältnisse im engen Raum zwischen Züllichau, Fauler Obra und Oder waren schwierig und erforderten genaue Erkundungen. Wedels Aufgabe war schwierig. Da die Straße nach Crossen für die versuchte Vereinigung mit den Österreichern auf der Hand lag, hätte er mit dem Umgehungsmarsch der Russen rechnen oder ihn feststellen müssen, statt auf der Gegenseite nach ihnen zu suchen. Ebenso war seine Erwartung einer Wegnahme der Palziger Höhen oder ein Angriff auf die marschierenden Russen recht zweifelhaft. Die Kavallerie klebte zu sehr an der Infanterie, die Infanterie wurde verzettelt und unkonzentriert eingesetzt, die vom König im Winter 1758/59 stark vermehrte Artillerie kam kaum zur Wirkung. Kanitz' Umfassung holte zu weit aus und wäre auch bei Erfolg zu spät gekommen. Der Angriff hätte auch gegen den linken russischen Flügel nördlich des Eichmühlen-Fließes über Nickern angesetzt werden können. Die Wiederholung der mißlungenen Angriffe an derselben Stelle war verfehlt. »Die Schlacht von Kay war es, die den Stein ins Rollen brachte bis zum Höhepunkt des ganzen Krieges, bis zur Entscheidung bei Kunersdorf«, urteilt das Generalstabswerk.

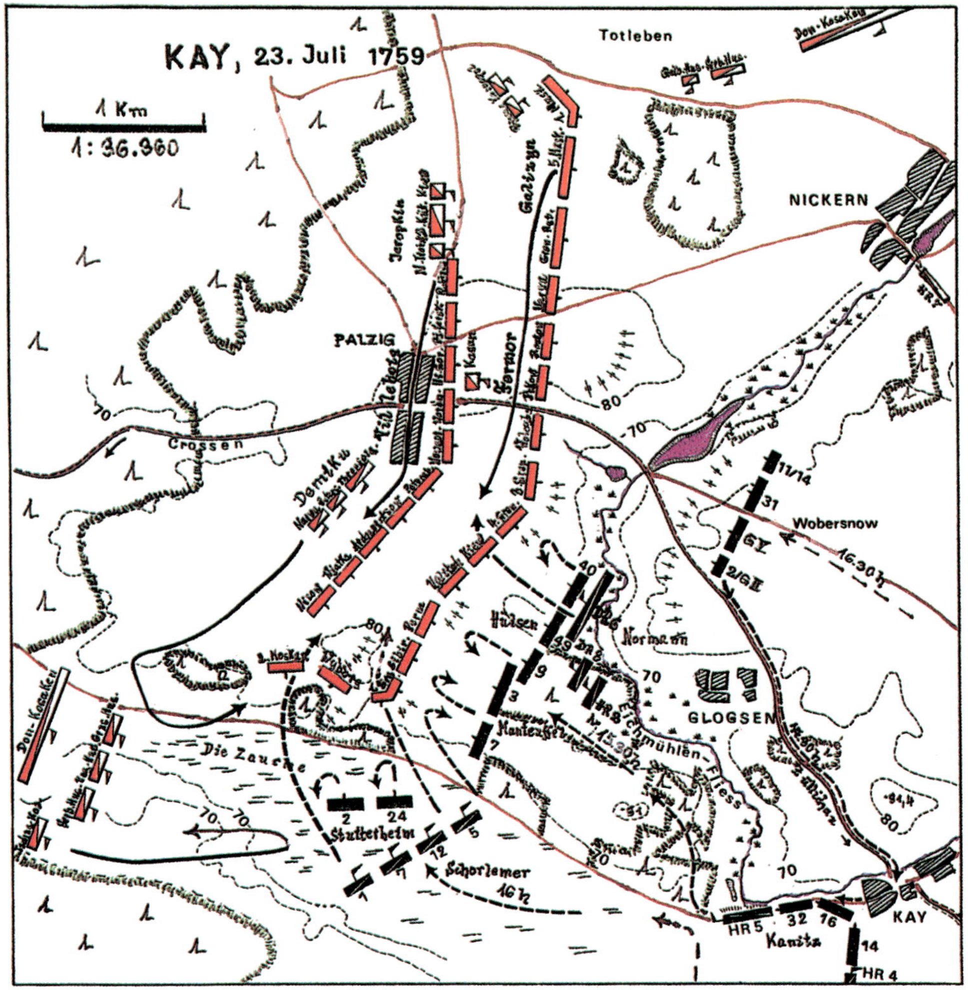
KAY, 23. Juli 1759
1 Km
1: 36.360
Totleben
NICKERN
PALZIG
Crossen
Wobersnow
16.30h
GLOGSEN
Eichmühlen-Fliess
Die Zauche
Schorlemer
16h
HR 5
32
16
Kanitz
14
HR 4
KAY
70
80

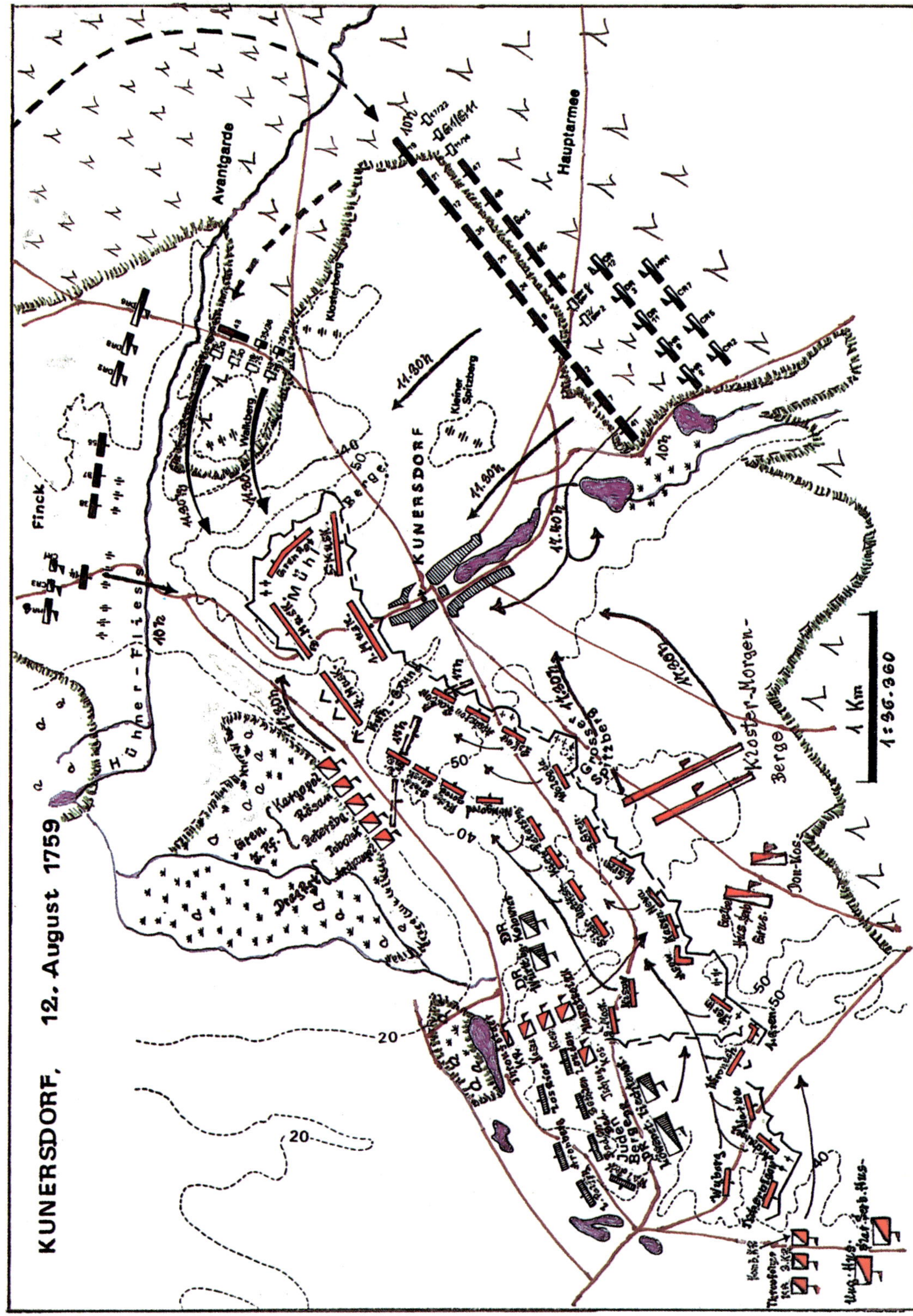
KUNERSDORF, 12. August 1759
Avantgarde
Hauptarmee
Finck
KUNERSDORF
Kleiner Spitzberg
Hühner-Fliess
Grosser Spitzberg
Kloster-Morgen-Berge
Don-Kos.
1 Km
1: 36.360
20
40
50

KUNERSDORF

12. August 1759

Am 29.7. übernahm der König das Korps Württemberg mit 21 Bataillonen, 35 Schwadronen, über 70 schweren Geschützen bei Sagan. Er wollte eine Vereinigung Loudons mit Ssaltykow verhindern. Loudon eilte zur Oder, während der König sich am 1.8. gegen Sommerfeld wandte, um die Österreicher nach Westen abzudrängen. Am 3.8. kam Loudon in Frankfurt/Oder an, das die Russen besetzt hatten. Ssaltykow stand auf den Kunersdorfer Höhen ostwärts der Stadt mit Front nach Südosten. Am 5.8. rückte Loudon mit 19 200 Mann und 10 schweren Geschützen über die Oder hinter den rechten Flügel. Am 6.8. traf Wedels Armee bei Müllrose ein. Man bangte vor der Begegnung; der König empfing ihn wie einen Sieger. Am 9.8. verfügte er über 63 Bataillone, 110 Schwadronen und 160 schwere Geschütze, insgesamt 49 900 Mann. Er schrieb: »Die Krisis ist schrecklich. Ich werde alles unternehmen.« Versorgung, Sanitätsdienst und Brückenschlag über die Oder füllten die Tage bis zum 11.8., an dem bei Göritz die Armee überging. Die Holzbrücke an der Flußgabelung kam aus Küstrin, die Pontons für Göritz aus Lebus. Im Brückenkopf standen das IR 43 und Batterien. Im Morgengrauen begann der Übergang. Die Kavallerie durchschritt die Furt bei Ötscher. Alles Gepäck blieb zurück. Mittags stand die Armee zwischen Leißow und Bischofsee mit Front nach Südwesten, das Korps Finck auf den Trettiner Höhen. Nachts lagen die Truppen ohne Feuer und Zelte inmitten verlassener Dörfer.

Die Ebene um Kunersdorf war von Wasserläufen, Teichen und Sümpfen durchzogen und im Nordwesten von einem Hügelwall um 20 Meter überhöht. Im Norden und Osten trennte das morastige Hühnerfließ die Wälder vom offenen Gelände. Der Els-Busch im Nordwesten war gangbar, die Seen-Kette südlich Kunersdorf stellenweise überschreitbar, die Übergänge nicht einzusehen. Der Kuh-Grund zwischen Kunersdorf und Els-Busch hat 20 Meter Breite und Steilhänge von 8 bis 12 Metern, leicht zu verteidigen und vom Großen Spitzberg mit Artillerie erreichbar. Der Tiefe Weg geht 500 Meter westlich Kunersdorf in den Höhenzug über. Ab Höhe 55,3 bietet der Rücken nach Nordwesten gute Deckung, während er am Südrand flach wird.

Die Befestigungen waren dem Gelände geschickt angepaßt. Rechts stand bis zu den Falkenstein-Bergen die 2. Division von Villebois, der sich bis zum Großen Spitzberg die 1.Fermors und bis zum Kuh-Grund die 3. Rumianzows anschlossen. Links hielt das Observations-Korps. Die massierte Artillerie hatte gutes Schußfeld. Hinter dem zweiten Treffen standen Kavallerie und Korps Loudon. Die Stellung war links schwach. Denoch war ein Angriff »schwierig, ja, gewagt«. Ihre Truppenstärke betrug 79 000 Mann in 84 Bataillonen, 60 Grenadier-Kompanien, 98 Schwadronen und 3 Gren.- Kompanien, 4 600 Kosaken, 5 180 Kroaten mit 211 Feld- und 212 Regiments-Geschützen, also um 30 000 Mann und 137 Geschütze überlegen.

Am Nachmittag des 11.8. erkundete der König die feindliche Stellung. Er entschloß sich zur Umgehung von Südosten in den Rücken des Feindes, ein Irrtum. Kunersdorf war eingeäschert. Von den Trettiner Höhen begann das Korps Finck mit Ablenkungs-Manövern, um Zeit für das Antreten von Südosten zu gewinnen, mit Schwerpunkt rechts. Am 12.8. brach die Armee gegen 3 Uhr auf. Vom Waldrand südostwärts Kunersdorf überblickte der König die Front des Feindes und die Gelände-Hindernisse, so daß er den Angriff auf die Mühl-Berge einengte, um von dort die Stellung aufzurollen. Um 11.30 Uhr begann eine konzentrische Feuervorbereitung gegen das Angriffsziel.

Nach einstündigem Artillerie-Kampf stürzte sich die Vorhut unter Schenckendorff in den Bäcker-Grund, kam ungesehen bis vor die Stellung des russischen Grenadier-Regiments und schlug es mit seinen Nachbarn mit dem Bajonett zurück. Verstärkt durch das I./IR 19, warf sie in weiteren Angriffen auch das 4. und 1. Musketier-Regiment in den Kuh-Grund. Mit 200 Mann Verlust hatte sie 14 Bataillone mit 12 500 Mann, 56 Feld- und 30 Regimentsgeschützen ausgeschaltet. Gegenangriffe der Brigade Manteuffel und der Grenadiere Loudons scheiterten. Als sie am Westhang des Kuh-Grundes aber auf die Regimenter Petersburg, Nowgorod, Loudon und Baden-Baden stießen, endete ihr Siegeslauf in Feuer, Gegenstößen, Ermattung und Hitze.

Inzwischen rückte der rechte Flügel zu den Mühl-Bergen, während der linke zwischen Kl. Spitzberg-Walk-Berge hielt, dahinter die Kavallerie. Ungeordnet drängten seine Regimenter innerhalb der Schanzen auf dem sich verengenden Höhenzug

Ordre de Bataille

des preußischen Heeres zur Schlacht von Kunersdorf am 12. August 1759.[1])

Der König.[2])

Vorhut.

- G. M. v. Lindstedt.: Österreich, Schwartz, Bredow
- Jung-Schenckendorff.: Bornstedt, Heyden, Lubath, Jung-Billerbeck

Stärke nach Abgang der Detachierungen.

Vorhut	8 Batl.	— Esk.
Erstes Treffen	22 „	25 „
Zweites Treffen	15 „	41 „
Reserve	8 „	31 „
	53 Batl.	97 Esk.

Erstes Treffen.

G. L. Prinz Eugen von Württemberg.
- G. M. Horn.: Prinz Heinrich Kür.
- v. Schlabrendorff.: Markgraf Friedrich Kür., Horn Kür.

v. Wedel.
- v. Diericke.: Wied, Bevern, Kanitz
- Jung-Stutterheim.: Lestwitz, Schenckendorff, Goltz

v. Hülsen.
- v. Knobloch.: Knobloch, Prinz Heinrich, Finck
- v. Thile.: Hülsen, Markgraf Karl

v. Schorlemer.
- v. Schmettau.: Schlabrendorff Kür., Leibregiment z. Pf.

Zweites Treffen.

G. L. v. Platen.
- G. M. v. Spaen.: Kleist Huſ.[3]), Schorlemer Drag.

G. L. v. Kanitz.
- v. Rebentisch.: Nesse, Busche, Dohna
- v. Itzenplitz.: Bülow, Jung-Sydow Garn., Diericke

G. L. v. Itzenplitz.
- v. Grabow.: Grabow, Beyer, Lossow, Kann

G. M. v. Platen.
- v. Platen.: Alt-Platen Drag., Krockow Drag.
- Puttkamer.: Puttkamer Huſ.

Reserve.

G. L. v. Finck und Seydlitz.
- G. M. v. Aschersleben.: Belling Huſ., Jung-Platen Drag.
- v. Klitzing.: Hauß, Braun, Zastrow, Lehwaldt
- v. Meinicke.: Meinicke Drag., Spaen Kür., Zieten und Möhring Huſ.

Erläuterung.

☐ = Truppen von der Armee des Pr. Heinrich	15 Batl.	19 Esk.
■ = Truppen von der Armee des G. L. v. Wedel	30 „	63 „
▦ = Truppen vom Korps des G. L. v. Finck	12 „	12 „
▨ = Truppen vom Korps des Pr. v. Württemberg	6 „	16 „
Zusammen	63 Batl.	110 Esk.

Detachierte Abteilungen.

Als Brückenschutz bei Göritz.
- G. M. Graf Flemming.: Kreckow, Anhalt-Bernburg, Gablenz

Auf dem linken Oderufer bei Lebus.
- v. Wunsch.: Collignon, Wunsch
- v. Malachowski.: Ruesch Huſ., Malachowski Huſ.

Bemerkungen.

[1]) Die hier aufgeführte Ordre de Bataille wurde vom Könige bereits im Lager von Wulkow entworfen und bekannt gegeben. Sie behielt jedoch ihre Gültigkeit nur hinsichtlich der Infanterie, während die Treffeneinteilung der Kavallerie vor der Schlacht noch eine Änderung erfuhr.

[2]) Kommandeur der Artillerie: O. v. Moller.

[3]) Darunter befand sich 1 Esk. Frei-Husaren unter Rittmeister Kowatsch.

Ordre de Bataille

des russischen Heeres in der Schlacht bei Kunersdorf am 12. August 1759.

General en Chef Graf Peter Ssaltykow

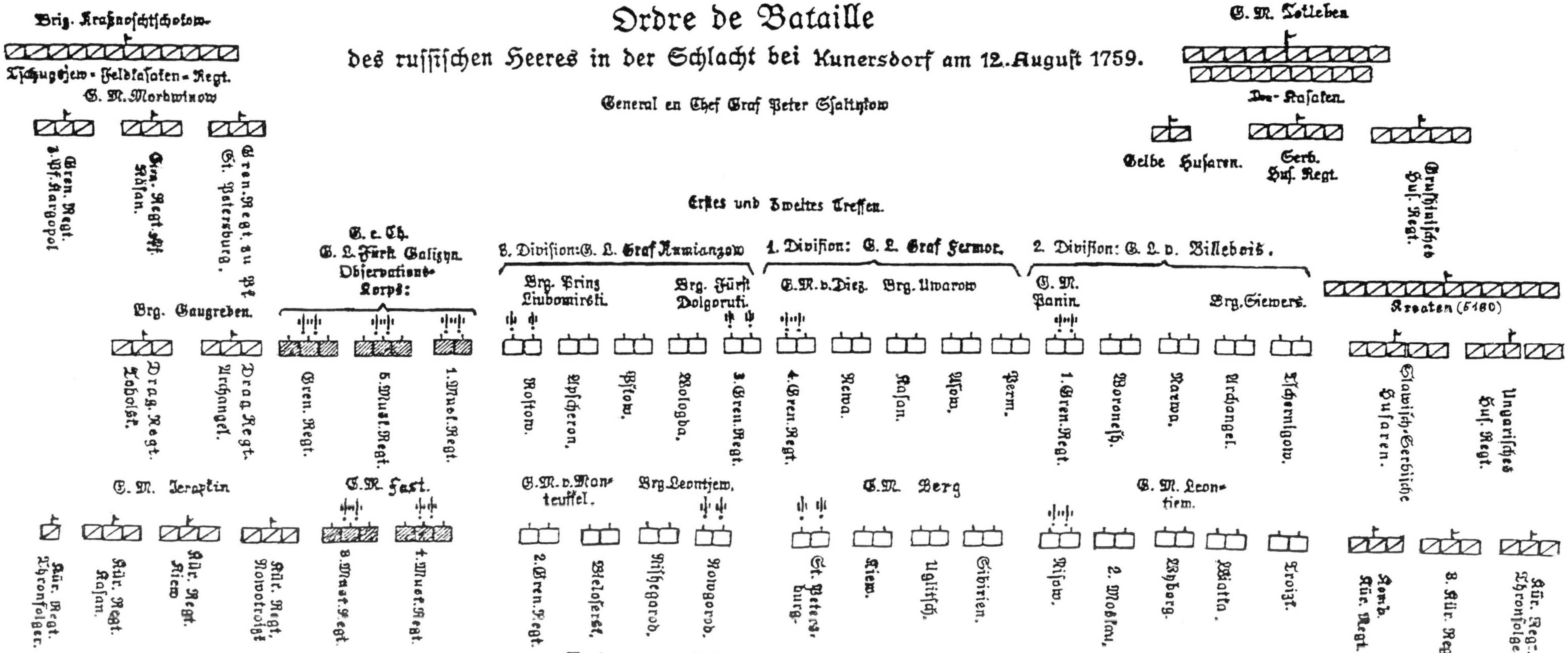

Zusammensetzung

des zur russischen Armee entsandten österreichischen Korps

Oberbefehlshaber: Feldmarschalleutnant Freiherr v. Loudon.

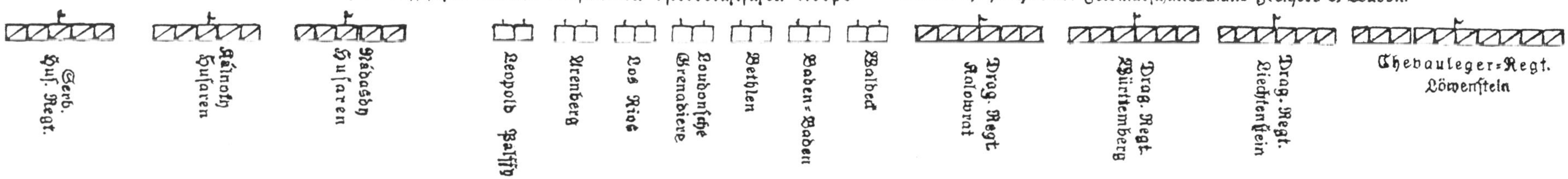

Stärke.

Erstes Infanterietreffen	38 Bat.		
Zweites Infanterietreffen	32 "		
Infanterieflanke rechts (Österr.)	14 "		
Rechter Kavalleriesflügel	— "	58 Esk. und etwa 30 Ssotnien.	
Linker Kavalleriesflügel	— "	40 " " " 20 "	
Artillerie: 211 Feld- und 212 Regimentsgeschütze.			
Zusammen:	84 Bat.,	98 Esk. und etwa 50 Ssotnien.	

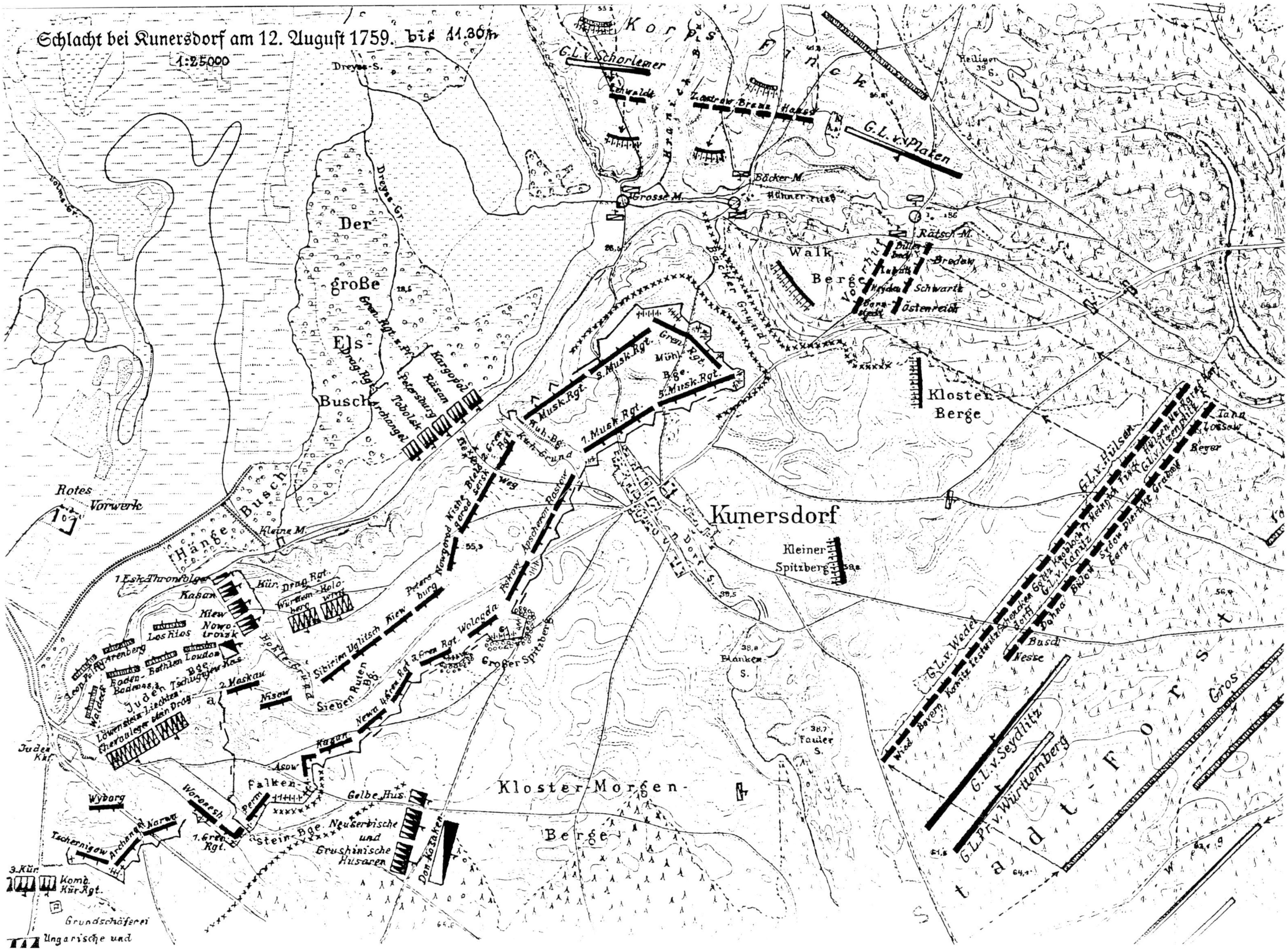
Schlacht bei Kunersdorf am 12. August 1759. bis 11.30h
1:25000
Korps Finck
G.L.v.Schorlemer
G.L.v.Platen
Grosse M.
Bäcker M.
Rätsch M.
Walk Berge
Der große Els Busch
Kloster Berge
Kunersdorf
Kleiner Spitzberg
Großer Spitzberg
Kloster-Morgen-Berge
Rotes Vorwerk
Hänge Busch
Kleine M.
Sieben Ruten Bge.
Juden Bge.
G.L.v.Hülsen
G.L.v.Wedel
G.L.v.Seydlitz
G.L.Pr.v.Würtemberg
G.L.v.Kanitz
G.L.v.Itzenplitz
Stadt Forst
Don Kasaken
Gelbe Hus.
Grundschäferei
Ungarische und

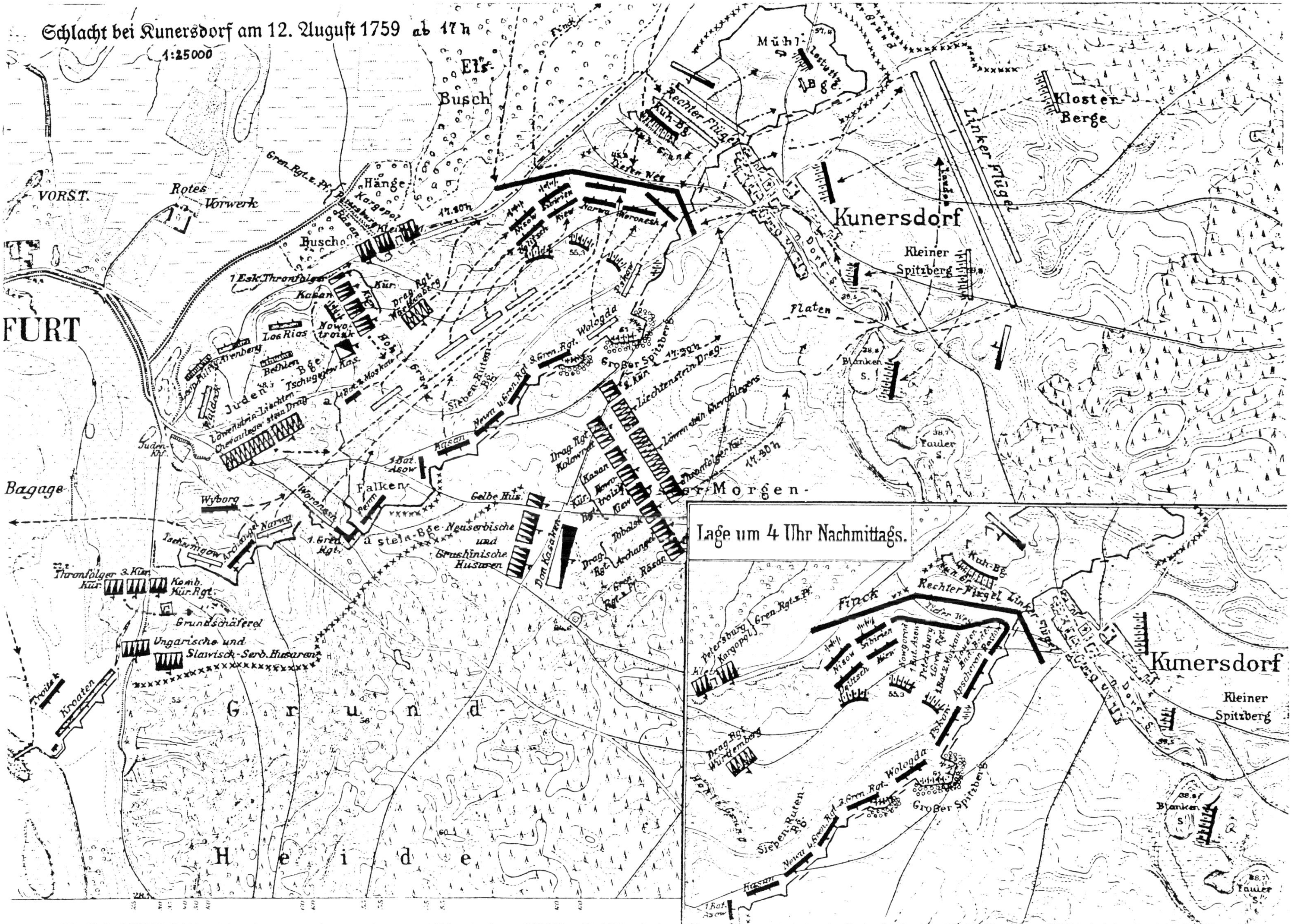
Schlacht bei Kunersdorf am 12. August 1759 ab 17 h
1:25000
Els-Busch
Kuh-Bg.
Rechter Flügel
Linker Flügel
Kloster-Berge
Kunersdorf
Kleiner Spitzberg
VORST.
Rotes Vorwerk
Busch
FURT
Juden-Bge
Los Rios
Bethlen
Platen
Blanken S.
Fauler S.
Großer Spitzberg
Wologda
Sieben Ruten Bg.
Drag. Rgt. Württemberg
Falken
Bagage
Wyborg
Woronesh
Narwa
Gelbe Hus.
Tschernigow
Archangel
Throntolger Kür.
3. Kür.
Komb. Kür. Rgt.
Grundschäferei
Ungarische und Slawisch-Serb. Husaren
Kroaten
Troitzk
Neuserbische und Gruschinische Husaren
Tobolsk
Kiew
Kasan
Drag. Rgt. Kolowrat
Lichtenstein Drag.
Löwenstein Chevaulegers
Thronfolger Kür.
17.30 h
G r u n d
H e i d e
Lage um 4 Uhr Nachmittags.
Finck
Petersburg
Kargopol
Gren. Rgt. z. Pf.
Nisow
Sibirien
Uglitsch
Hohle Grund
Kunersdorf
Kleiner Spitzberg
Blanken S.
Fauler S.
Großer Spitzberg
Wologda
Sieben-Ruten-Bg.
Kasan
1. Bat. Asow

vorwärts, so daß die Brigade Thile zum Els-Busch abgedrängt wurde. In den Stau feuerte die Batterie vom Großen Spitzberg. Mittlerweile stieß das Korps Finck nördlich der Mühl-Berge zum Kuh-Grund vor. Der Kern der Verbündeten war noch nicht geschlagen. Jetzt führte der König seine Truppen gegen den Kuh-Grund. Immer wieder blutige Anläufe, Gegenstöße, ein verlustreiches Ringen. Als Zwölfpfünder zum Kuh-Berg gelangten, wankten die Verteidiger.

Da ließ der König Dragoner und Husaren am Nordhang den Feind attackieren und über den Tiefen Weg zurückjagen. Die DR Tobolsk, Archangel, Kolowrat fingen sie ab und fielen über den Kuh-Grund her. Das IR 43 hielt die Attacke auf. Seydlitz's Vorstoß mit den Belling- und Kleist-Husaren auf die Höhe 45,2 am Kuh-Grund wiesen das 1. Gren.Rgt. und die Regimenter Moskau und Asow ab. Um 15.30 Uhr erneuerte der König den Angriff mit dem Korps Finck und dem linken Flügel von drei Seiten und warf den Feind zum Tiefen Weg zurück. Die Brigade Berg riegelte bei Höhe 55,3 alle Angriffe ab, bis gegen 16.30 Uhr die Regimenter Rostow und Apscheron westlich Kunersdorf wichen. Der Sieg war greifbar.

Aus der starken Reserve griffen die Regimenter Wologda, Pskow, Woronesh und Narwa ein. Nach zweistündigen Angriffen im Artilleriefeuer mußten Fincks Bataillone zurück. Der linke Flügel des Feindes war frei. Trotz Ausfalls von Seydlitz und des ungünstigen Geländes konnte nur noch die Kavallerie helfen. Als Prinz Eugen bei der Kl.Mühle die Höhe 55,3 angriff, folgte ihm sein Regiment nicht und floh. Er fiel verwundet aus. Puttkamer ritt mit dem HR 4 erfolglos gegen den Tiefen Weg an, er fiel. Als die Russen westlich Kunersdorf das IR 41 verfolgten, sollte das KR 5 attackieren. Statt sofort einzuhauen, marschierte das Regiment erst auf, so daß es zusammengeschossen wurde.

Nach anhaltendem Feuergefecht konnten gegen 17.30 Uhr die Bataillone dem Druck der Russen nicht mehr standhalten und räumten. Da raffte der König alle Kräfte zusammen: »Wir müssen die Schlacht gewinnen«! Die Regimenter Wologda und Pskow wichen, die Flügel des Feindes wurden eingedrückt, die Mitte wankte. Da stürmten die Regimenter Wyborg, Kasan und Perm von der Höhe 55,3 gegen die verbrauchten Preußen. Jede Aussicht auf Erfolg war vorbei! Inzwischen hatte Platen die Kavallerie südlich Kunersdorf vorgeführt und das DR 6 den Großen Spitzberg attackieren lassen, als sie von 11 Kavallerie-Regimentern der Verbündeten gefaßt und nach kurzem Kampfe zersprengt wurde. Um 18 Uhr trat die Armee den Rückzug an. Die flüchtende Kavallerie überritt die eigene Infanterie.

Die Batterien auf den Mühl- und Trettiner Bergen deckten den Rückzug. Der König stemmte sich gegen die Niederlage; die Kraft der Soldaten war gebrochen. An den Mühl-Bergen hielt er mit einem Bataillon des IR 31 die Brigaden Mordwinow und Berg eine Zeit auf, bis die Batterie fiel. Das IR 49, vom Artillerie-Park herangeholt, fiel der Kavallerie Laudons in die Hände. Vor den Kosaken und Husaren Totlebens staute sich alles am Hühnerfließ. Ein Entlastungsangriff des KR 3 wurde von Kosaken zersprengt. Nachdem Laudon die Reiterei Schorlemers ins Hühnerfließ gedrängt hatte, war nichts mehr verfügbar. Mit letzter Not rettete sich der König. Die Armee war schwer erschüttert, das Vertrauensverhältnis gestört.

Ssaltykow blieb auf dem östlichen Oder-Ufer, obwohl die Österreicher bis Müllrose, Priebus und Sommerfeld vorrückten. Mit dem Feinde wollte er nichts mehr zu tun haben. Die Lage des Königs war ernst: am 14.8. fiel Torgau, die Schweden bedrohten Berlin. Die Feinde konnten ihm den Gnadenstoß geben. Er hatte mit 569 Offizieren, 18 400 Mann fast 40% verloren, davon 6 172 Gefallene, aber nur 1 356 Gefangene und Vermißte. 11 Kommandeure starben, 12 Generale waren verwundet. Am meisten litten die Gren.Btl. 29/31, 5/20, 35/36 und 7/30, sämtlich Vorhut, die Inf.Rgt. 12, 37, 19, 29, 21, 38, 43, 14, 47, 35, 46 und 41, die jeweils ein Bataillon verloren, und die Drag.Rgt. 6 und 2, die Kür.Rgt. 12 und 2. 28 Fahnen und Standarten, 172 Geschütze, 110 Munitions-Wagen waren verloren. Die Russen büßten 566 Offiziere, 13 615 Mann ein, ein Viertel ihrer Stärke, die Österreicher 116 Offiziere, 2 215 Mann.

Die Russen waren des Königs gefährlichste Gegner. Sie kannten stets seine Bewegungen. Mit dem Uferwechsel setzte er alles auf eine Karte. Die 3 Bataillone, 13 Schwadronen unter Wunsch auf dem Westufer fehlten in der Schlacht. Sein Entschluß, nur nördlich der Kunersdorfer Seenkette anzugreifen, erhöhte den Anfangserfolg, verringerte aber die Aussicht auf Sieg. Sobald der Einbruch ins Stocken kam, war der Enderfolg zweifelhaft, es sei denn, die Front der Russen würde vom linken Flügel angegriffen, die Kavallerie linksaußen, die Artillerie auf den Kloster-Morgen-Bergen, Husaren und Frei-Bataillone im Westen. Die Parallel-Schlacht des linken Flügels brauchte eine geschickte Führung. Stattdessen drängten sich zu viele Kräfte auf zu engem Raum, zwei Drittel des Heeres am Kuh-Grund. Die notwendige Führung von vorn ließ aber keine andere Lösung zu. Das Korps Finck kam zu langsam heran. Bei Kunersdorf wäre es besser angesetzt gewesen. Der linke Flügel wurde erst eingesetzt, als der rechte erschöpft war. Die Kavallerie kam ohne ihre besten Führer nicht zum geschlossenen Angriff und war gegen Schanzen machtlos. Die Artillerie konnte nach dem Einbruch nicht rasch genug folgen. Die Infanterie hatte sich bis zum Letzten geschlagen. Viele Generale hielten wenig vom 'ewigen Bataillieren' und sollen zum Abbruch geraten haben. Die Lage zwang aber den König, Schläge gegen die einzelnen Gegner auszuteilen. Offenbar hat die alte Schlachtordnung bei Kunersdorf sich als überholt erwiesen. Den Abzug der Gegner nannte der König am 1.9. »das Wunder des Hauses Brandenburg«.

Kunersdorf, 12. August 1759. *Das Preußische Infanterie-Regiment 43 (v. Bredow) überrannte im zweiten Treffen die Avantgarde vom Walk-Berg aus die Verhaue im Bäcker-Grund und nahm trotz wütendem Feuer den Mühl-Berg mit der großen Batterie, ehe es sich hier im Kuh-Grund festlief.*

MAXEN

20. November 1759

In Sachsen war am 4.9. Dresden in die Hand der Reichsarmee gefallen, obwohl Wunsch am 29.8. Torgau genommen und bis Großenhain marschiert war. Nach Abwehr der Rückeroberung Torgaus stieß Finck mit 11 Bataillonen, 20 Schwadronen, 10 Zwölfpfündern zu ihm und übernahm den Befehl über 16 000 Mann. Am 21.9. behauptete er erfolgreich seine Stellung bei Korbitz südwestlich Meißen, wofür er den Schwarzen Adler-Orden erhielt. Als der Druck wuchs, eilte Prinz Heinrich heran, schlug bei Hoyerswerda ein österreichisches Korps und vereinigte sich am 4.10 bei Strehla mit Finck. Ab 16.10. zog die Armee ins Lager Torgau, wo Daun sie einzuschließen versuchte. Bei Pretzsch sprengte sie am 29.10 den Ring. Am 8.11. brachte Hülsen 19 Bataillone, 30 Schwadronen, 30 schwere Geschütze zur Verstärkung. Finck war mit den Brigaden Rebentisch und Wunsch bis Roßwein vorgegangen, um über Freiberg und Dippoldiswalde Launs rückwärtige Verbindungen abzuschneiden. Die Österreicher gingen hinter den Plauenschen Grund zurück, die Reichsarmee auf Berggießhübel.

Der am 13.11. eingetroffene König ließ Meißen besetzen; Prinz Heinrich bezog bei Krögis ein Lager. Am 15.11. marschierte Finck von Nossen, wo er Launs linke Flanke bedroht hatte, nach Dippoldiswalde. Dort stünde er auf der Straße von Dresden nach Teplitz und könnte durch ein Detachement von Maxen aus die zweite Straße von Dresden über Berggießhübel nach Aussig lähmen. Verbindung zur Hauptarmee sollte Schenckendorff bei Deutschenbora halten, Kleist gleichzeitig das große Magazin in Aussig zerstören. Im Nachhinein befahl der König das ganze Korps, rund 15 000 Mann mit 18 Bataillonen, 35 Schwadronen nach Maxen, eine stark hervortretende Hochfläche am linken Ufer der Müglitz.

Am 16.11. erreichte das Korps Dippoldiswalde; die Vorhut unter Wunsch warf bei Oberhäslich mit den DR 11 und 12 sowie 7 Schwadronen HR 8 vier Bataillone der Reichsarmee auf Possendorf zurück. Husaren streiften bis Dresden. In Hilbersdorff hielten die Rest-Bataillone IR 21 und 19, in Niedercolmitz des IR 12 und in Klingenberg des IR 9 unter Lindstedt an, um auf den schlechten Wegen die zurückgebliebene Artillerie und die Brotwagen, bei der Bäckerei in Freiberg beladen, nachzubringen. Inzwischen hatten Frost und Schneefall eingesetzt. Da vier Bataillone unter Sydow die Bäckerei sicherten, verfügte Finck nur noch über 5 Bataillone und die 15 Kürassier-Schwadronen. Vier Zwölfpfünder, »Brummer«, mußten in Freiberg stehen bleiben. Ihre Gespanne dienten der Verstärkung der übrigen Artillerie, insgesamt 70 Geschütze.

Um sein Korps zusammenzuhalten, schob Finck am 17.11. nur die Vorhut bis Maxen vor. Der König hatte ihn angewiesen: »Kommt was Starkes oder hat der Feind nur eine gute Disposition, so könnt ihr solche passieren lassen«. Er sollte dem Feinde Abbruch tun, sich aber nicht in einen ernsten Kampf verwickeln oder einem Angriff der Hauptarmee aussetzen. Wunsch klärte bis Dohna auf und beobachtete lange Kolonnen der Reichsarmee von Dresden nach Pirna und postierte das Frei-Bataillon mit einer Husaren-Schwadron in Falkenhain. Zur Sicherung der Verbindung nach Freiberg ließ Finck Lindstedt, durch das KR 6 verstärkt, in Dippoldiswalde stehen, dazu 3 Husaren-Schwadronen gegen Rabenau und Possendorf. Die Armee des Königs erreichte inzwischen im Westen Dresdens Herzogswalde-Kesselsdorf-Weistropp-Röhrsdorf, auf dem östlichen Elbufer Coswig. Zwischen ihr und Finck lag der große Tharandter Wald.

Am 18.11. früh marschierte Finck nach Maxen. Wunsch säuberte Dohna von den Kroaten und sicherte mit den IR 45 und 36 den Übergang über die Müglitz. Nachmittags tauchten von Gombsen Vorhuten des Korps Brentano auf. Als der König schriftlich die Zersplitterung des Korps kritisierte, zog Finck Lindstedt nach: »Gehet Ihr mit dem ganzen Klumpen hin, findet Ihr die beste Gelegenheit, die Reichsarmee in Empfang zu nehmen, welches nicht angehen würde, wenn Ihr nicht beisammen wäret«. In Freiberg blieben nur das II./IR 48 und das IR 44; aus Dippoldiswalde folgten die Rest-Bataillone IR 38 und 47 mit dem Brot-Transport. Abends kam die Meldung, das Korps Sincere wende sich auf Dippoldiswalde: »Er wird entweder mit den Reichers oder mit Sincere einen Gang haben«. Die Lage spitzte sich zu. Der König gab Finck freie Hand, ließ aber Schenckendorff in Braunsdorf alarmieren, notfalls auf Dippoldiswalde vorzugehen.

Fincks Korps im Rücken war Daun sehr unangenehm. Er beschloß, mit den Korps Sincere und Brentano von Norden und Südwesten, Teilen der Reichsarmee von Norden und Osten konzentrisch anzugreifen. O'Donell marschierte am 19.11. mit 6 Bataillonen, 14 Schwadronen auf Dippoldiswalde, um Finck den Rückweg zu verlegen. Platen rettete mit dem KR 7 und DR 12, dazu den Gren.Btl. 13/26/19/25 und 41/44 den Brottransport mit den Begleit-Bataillonen. Mittlerweile hatte der Feind Oberhäslich und Dippoldiswalde besetzt. Finck mußte nach allen Seiten

Ordre de Bataille

des preußischen Korps im Treffen bei Maxen am 20. November 1759.

Generalleutnant v. Finck

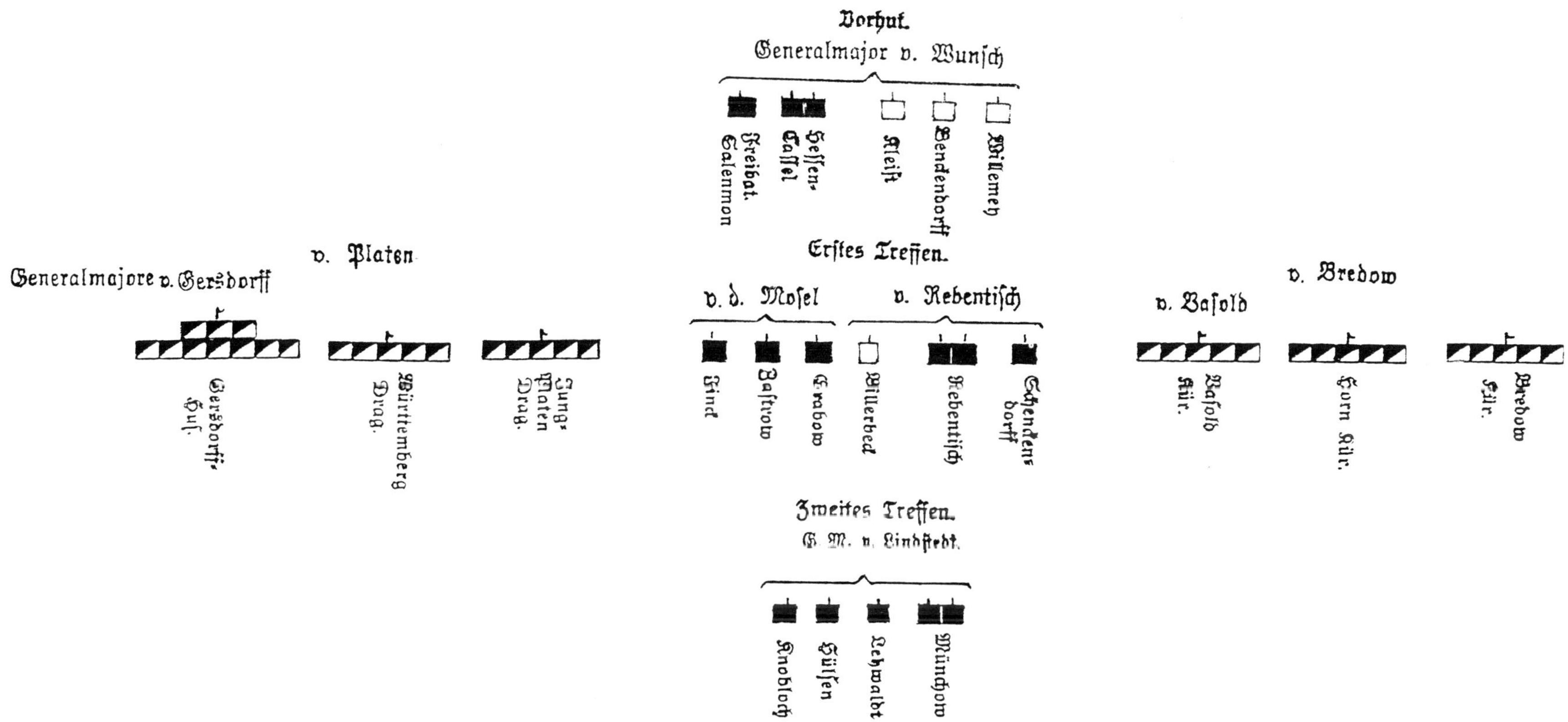

Stärke

Vorhut	6	Batl.	—	Esk.
Erstes Treffen	7	„	35	„
Zweites Treffen	5	„	—	„
Reserve	—	„	—	„
	18	Batl.	35	Esk.

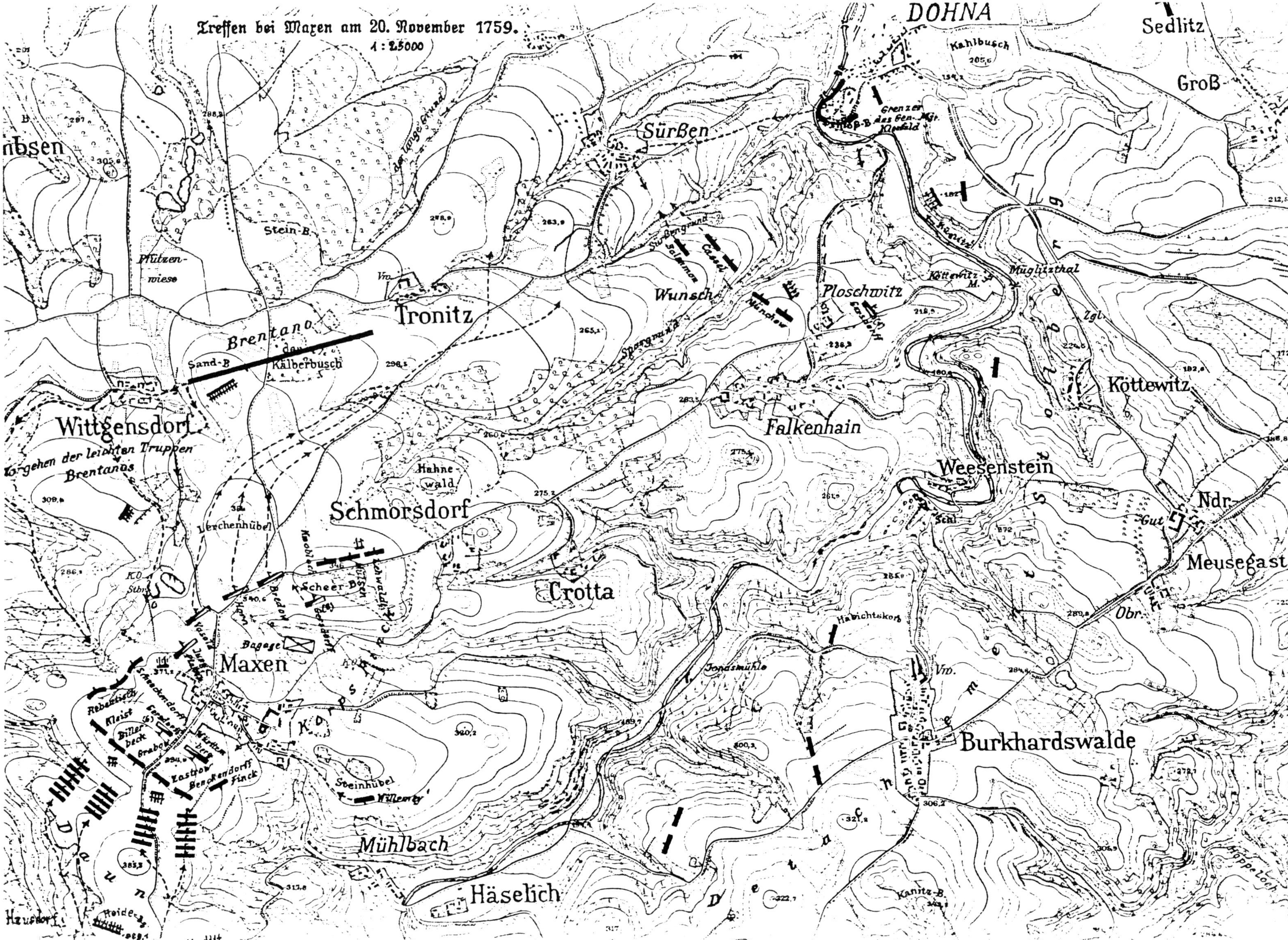
Treffen bei Maxen am 20. November 1759.
1:25000
DOHNA
Sedlitz
Kahlbusch
Groß
Sürßen
Grenzer des Gen. Maj. Kleefeld
Stein-B.
Pfützen-wiese
Tronitz
Brentano
Sand-B.
der Kälberbusch
Wittgensdorf
Vorgehen der leichten Truppen Brentanos
Wunsch
Ploschwitz
Müglitzthal
Köttewitz
Falkenhain
Weesenstein
Hahne-wald
Schmorsdorf
Lerchenhübel
Scheer-B.
Crotta
Ndr.
Meusegast
Obr.
Habichtskorb
Jonasmühle
Maxen
Bagage
Rebentisch
Kleist
Billerbeck
Grabow
Lestwitz
Wunsch
Lastrow
Benckendorff
Finck
Steinhübel
Burkhardswalde
Mühlbach
Häselich
Kanitz-B.
Hausdorf
Heide-B.

***Maxen, 21. November 1759.** Die gefangenen Preußen – Infanterie-Regiment Nr. 11, 12, 14, 36 und 45 sowie Husaren-Regiment 8 – werden nach Dresden gebracht.*

Front machen, entschloß sich aber, Maxen zu halten, bis der König ihn entsetzte, statt nach Südwesten auszuweichen. »Meinen Posten werden sie nicht attackieren. Sollten sie wider Vermuten mich einschließen, so bin ich versichert, Eure Majestät werden mich befreien«, meldete er. Ein gewagter Verzicht auf Entschlußfreiheit! Am 20.11. traten etwa 32 000 Mann gegen die halb so starken Preußen an, von Wetter, Gelände und Überraschung begünstigt; von Reinhardtsgrimma über Hausdorf Sincere mit 25 1/2 Bataillonen, 34 Schwadronen, von Lockwitz auf Wittgensdorf Brentano mit 7 Bataillonen, 1 Regiment Kroaten, 11 Schwadronen, von Burkhardswalde Stolberg mit 7 Bataillonen, 5 Schwadronen, von Dohna Kleefeld, Ried und Palffy mit 6 Bataillonen, 11 Schwadronen. Finck verfügte für die Verteidigung der Hochfläche von Maxen über 13 Bataillone, 32 Schwadronen, davon 7 Rest-Bataillone von Kunersdorf und das Regiment Rebentisch (IR 11), mit Kriegsgefangenen aufgefüllt. Seine Reiterei war bewährt, aber bei Glatteis im Gebirge behindert. Die Stellung von Maxen fällt von Westen bis Südosten steil ab. Die Höhe 385,3 nimmt ihr jede Sicht zum Hausdorfer Tal, gibt aber dem Angreifer Deckung und beste Artillerie-Stellungen. Umgehungen in den Tälern sind überall möglich.

Wie bei Hochkirch erfolgte nach ausgiebiger Artillerie-Vorbereitung der Schwerpunkt-Angriff in vier Kolonnen, die Kavallerie außen, um 14 Uhr. Maxen geriet in Brand. Gegen 15.30 Uhr begann der Infanterie-Angriff mit dem Bajonett von der Höhe 385,3 und aus den Talschluchten. Während die drei Grenadier-Bataillone den Stoß abwehrten, glückte bei den IR 38 und 47 der Einbruch, den das DR 12 attackierte. Als sein Kommandeur, Oberst v. Münchow, fiel, stutzten die Dragoner vor der zurückflutenden Infanterie, die sie mitriß. Den eingedrungenen Feind warf das Gren.Btl. 4/16 aus dem Dorf. Das IR 11 schloß sich den Flüchtenden an, sein II. Bataillon wurde von Kavallerie zersprengt. Die Gren.Btl. 4/16, 41/44 und IR 12 behaupteten das Dorf bis zur Dämmerung. Als der rechte Flügel angegriffen wurde, sollte die Brigade Bredow Luft schaffen. Am Lerchenhübel drängte sie im Artilleriefeuer nach rechts, geriet in Panik und konnte erst südlich Sürßen angehalten werden, ohne einsatzfähig zu sein.
Bei Dunkelheit räumte Finck Maxen, um am Scheer-Berg eine Auffang-Stellung zusammenzuziehen. Dabei mußten sich die tapferen Grenadiere unter Rebentisch nach rückwärts durchschlagen; nur Trümmer erreichten die Brigade Lindstedt. Gleichzeitig brach der Halt westlich des Dorfes zusammen. Nur die IR 9 und 12 wehrten sich bis zuletzt, von den Modena-Dragonern zusammengehauen. Bei Schmorsdorf und am Hahne-Wald deckte Lindstedt den Rückzug nach Nordosten. Nachhut war das IR 14. Die Trümmer sammelten sich bei Falkenhain und Ploschwitz unter dem Schutze der intakten Brigade Wunsch. Einen Vorstoß bei Sürßen hatten das IR 45 und das Frei-Bataillon Salenmon zurückgeworfen. Die Armee des Königs sah von Ferne Geschützfeuer und Feuerschein des Dorfes am nächtlichen Himmel.

Auf Befehl des Königs eilte Hülsen mit 5 Bataillonen, 15 Schwadronen am 20.11. früh von Wilsdruff über Herzogswalde-Naundorf nach Dippoldiswalde, um dort Schenckendorff aufzunehmen, blieb aber in Schnee und Frost in Klingenberg liegen, 18 Kilometer vor Maxen. Kleist erreichte im Rückmarsch von Böhmen Reichstädt südwestlich Dippoldiswalde, so daß Daun schon unruhig wurde. In Falkenhain verließen unsichere und treue Leute Fincks Truppen. Der Ausweg über die Müglitz schien durch Reichstruppen verlegt. Die Wiederaufnahme des Kampfes am nächsten Tag war aussichtslos. Auf einen nächtlichen Durchbruch wurde verzichtet, da die Infanterie nur noch 2 835 Köpfe stark war. Der Ausbruch der Kavallerie wurde versucht, aber durch die Kapitulation des tief erschütterten Finck vereitelt.

13 741 Gefangene und Verwundete fielen in die Hand des Feindes, darunter 500 Offiziere, davon 9 Generale, dazu 120 Fahnen und Standarten und die ganze Artillerie. Die Österreicher verloren 304 Tote, 630 Verwundete. Von den Gefangenen starben Tausende in der Untersteiermark an roter Ruhr. Der König schrieb Finck: »Es ist ein ganz unerhörtes Exempel, daß ein preußisches Korps das Gewehr vor dem Feinde niedergelegt«. 1763 wurde er vom Kriegsgericht unter Zieten zu Kassation und Festung verurteilt. Danach ging er in dänische Dienste. Gersdorff wurde die Hauptschuld gegeben. Sein Regiment übernahm Belling.

Finck war einer der tüchtigsten Generale, hatte ihm doch der König nach Kunersdorf die Neuordnung der Armee übertragen. Auch die anderen Generale waren hervorragende Führer. Der Auftrag, nach Maxen zu gehen, stammte von Prinz Heinrich und war Finck lange bekannt.Taktisch war der Auftrag richtig, aber zwischen Auftrag und Ausführung hatte sich die Lage grundlegend geändert, als Sincere Dippoldiswalde nahm. Sincere hätte mit Erfolg angegriffen werden können, wenn Finck nicht rechtzeitig auf Freiberg auswich, was der König erwartete. Er unterschätzte Daun und überschätzte Finck in Entschlußkraft und Manövrierkunst, für die er Zeit genug hatte. Er hätte auch wie Kleist in Nordböhmen einfallen können. Maxen war nur als Ausgangspunkt von Störaktionen, nicht als Verteidigungs-Position gedacht. Da der König seine Besorgnisse kannte, hat er ihn vielleicht zu viel mit Weisungen gegängelt, was ihn unfrei machte. Hülsens Umweg um den Südrand des Tharandter Waldes kam zu spät; er sandte Finck keine Nachricht. Die Haltung der Truppe beschleunigte die Kapitulation, bei der Finck für das Leben der Soldaten und baldigen Austausch hoffte.

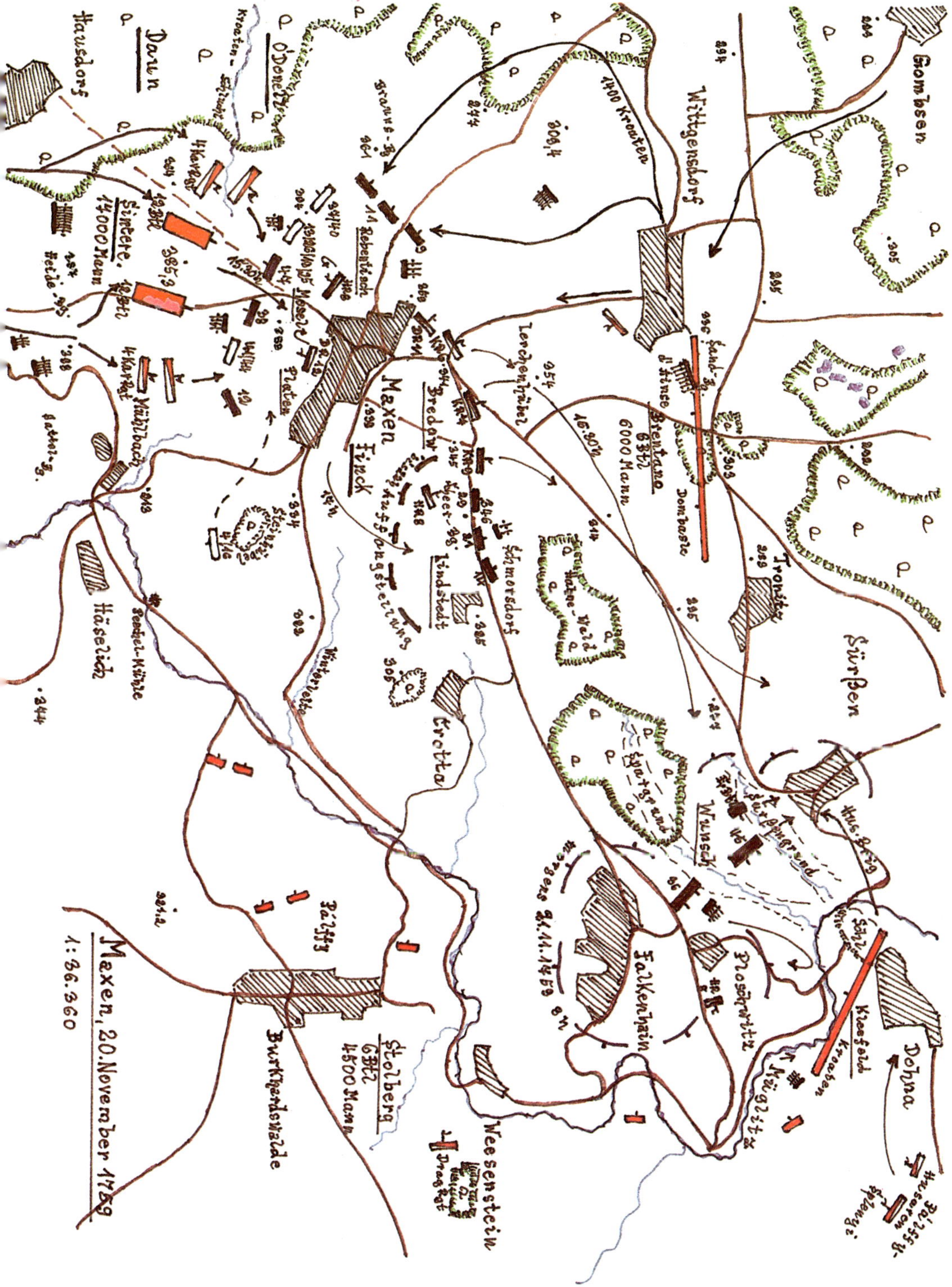

Liegnitz
15. August 1760.

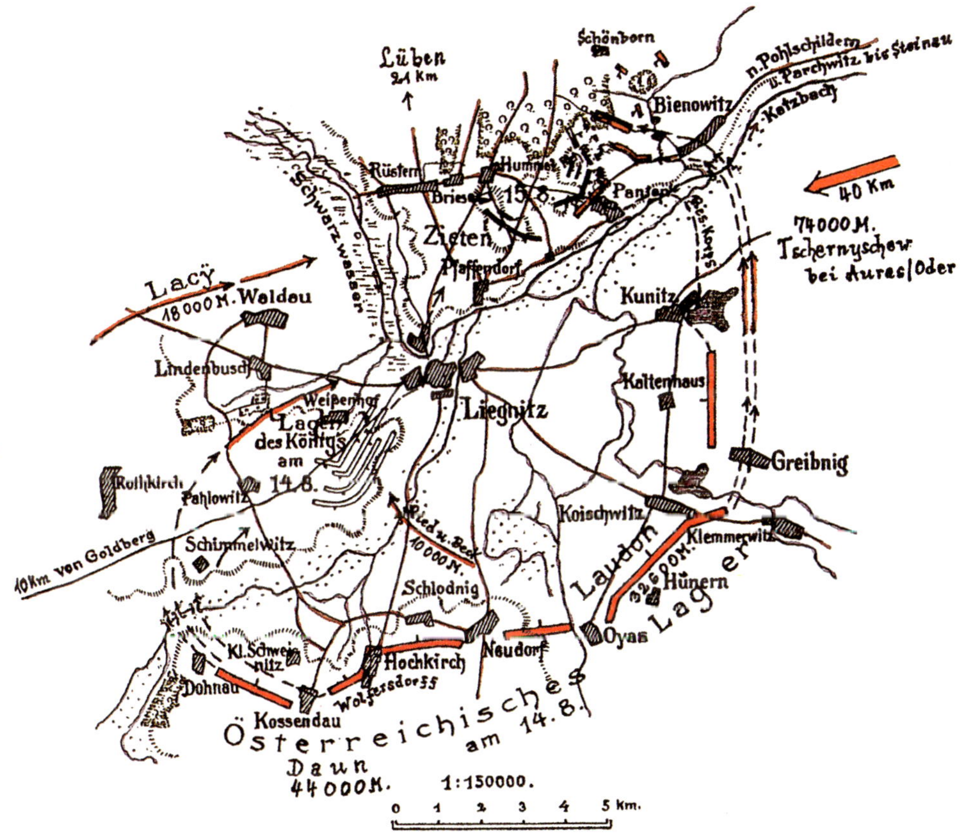

LIEGNITZ

15. August 1760

Nach Aufgabe der Belagerung von Dresden wandte sich der König wegen der bedrohlichen Lage in Eilmärschen nach Schlesien und traf am 7.8. 1760 bei Bunzlau ein. Laudon hatte die Belagerung von Breslau abgebrochen und stand südlich Kanth, die Russen unter Ssaltykow bei Obernigk und Prinz Heinrich mit 37 000 Mann nördlich der Oder bei Hünern nahe Breslau. Daun wollte eine Vereinigung des Königs mit Prinz Heinrich verhindern, der König den Zusammenschluß von Österreichern und Russen unterbinden. Am 9.8. legte sich Daun bei Goldberg an der Katzbach vor, während Lacy Löwenberg und Laudon Seichau südlich Goldberg erreichten. Als der König am 10.8. nach Liegnitz marschierte, folgte ihm Daun südlich der Katzbach, und Lacy ging bis Arnoldshof vor. Im engen Halbkreis südlich Liegnitz sah sich der König 100 760 Österreichern gegenüber. Er selbst verfügte über 26 750 Mann mit 36 Bataillonen, 78 Schwadronen und 76 schweren Geschützen. Da ein Durchbruch über Liegnitz unmöglich war, machte er kehrt und überschritt ostwärts Goldberg die Katzbach, um den linken Flügel des Gegners Richtung Schweidnitz zu umgehen. Als sich Daun an der Wütenden Neiße wieder vorlegte, durch Lacy und Laudon verbreitert, ging er über die Katzbach zurück ins alte Lager südwestlich Liegnitz. Jetzt blieb nur der Weg durch Liegnitz zur Oder bei Steinau. Am 14.8. nachts brach die Armee auf nach Nordosten, der linke Flügel Richtung Reh-Berg, der rechte zum Galgenberg nördlich Pfaffendorf.

Daun überschritt bei Dohnau die Katzbach und schwenkte mit dem rechten Flügel nach Nordosten gegen Liegnitz, das Korps Lacy links davon gegen den Rücken der Preußen. Laudon ging rechts der Katzbach vor, um bei Bienowitz die Flanke des Gegners zu fassen. Wolfersdorff sollte des Königs Front fesseln, das Korps Beck gegen Katzbach Scheinangriffe führen. Leichte Truppen Rieds sicherten bei Schimmelwitz und Rothkirch. Die Lagerfeuer brannten weiter. Blieb der König im Lager, war er verloren! Die Hauptarmee zählte 33 900 Mann mit 44 Bataillonen, 44 Grenadier-Kompanien, 66 Schwadronen mit 33 Karabinier-Kompanien, 116 schweren Geschützen. Das Korps Lacy besaß 18 150 Mann mit 15 Bataillonen, 18 Gren.Kompanien, 48 Schwadronen, 2 150 Kroaten, 46 schweren Geschützen, die Korps Beck und Ried zusammen 10 060 Mann, Wolfersdorff 6 000 Mann. Laudon war mit 29 650 Mann in 42 Bataillonen, 4 Bataillonen leichter Truppen, 6 Gren.Kompanien, 71 Schwadronen nebst 11 Karabinier-Kompanien, 56 schweren Geschützen dem König um 3 000 Mann Infanterie überlegen, an Artillerie unterlegen.

Um 20 Uhr rückten die Preußen am 14.8. in aller Stille ab, über mit Stroh belegte Straßen der Stadt. Die Kavallerie des linken Flügels überschritt bei der Justmühle das Schwarzwasser und marschierte bis nordostwärst Pfaffendorf. Reserve und Kavallerie des rechten Flügels umgingen die Stadt im Westen über neu geschlagene Brücken am Töpferberg und bezogen die Höhen nördlich Pfaffendorf, Front nach Süden gegen Stadt und Katzbach. Um 22 Uhr folgte die Infanterie, das erste Treffen durch die Goldberger Vorstadt über Pfaffendorf, das zweite durch die Stadt über den Töpferberg. Bauern unterhielten die Lagerfeuer. Die Meldung über einen Angriff am 15.8. nahm der König nicht ernst. Das II./IR 34 bildete die Nachhut. Danach wurden die Brücken abgebrochen. Die Front am Galgenberg bot dem Gegner die Flanke. Daher bog der König das erste Treffen auf Hummel zurück; erst dann marschierte das zweite auf. Die Kavallerie innen blieb nach beiden Seiten einsetzbar. Die Brigaden hatten nach russischem Beispiel je zehn schwere Geschütze. Wenn die Armee die Flanken hielt, blieb der Weg zur Oder offen, der für früh geplant war.

Das beherrschende Gelände um die Reh-Berge liegt 40 bis 50 Meter über dem Schwarzwasser im Westen, ein starkes Hindernis, Liegnitz im Süden und der sumpfigen Katzbach-Niederung im Osten. Von Nordwest bis Nordost durchziehen es zahlreiche Straßen, gedeckt durch die Wälder der Münch-Heide. Die Katzbach führte wenig Wasser, war aber nur bei Panten auf kleinen Übergängen und bei der Furth-Mühle südlich Bienowitz gut zu überschreiten. Das Gelände war mit Büschen bedeckt, für geschlossene Truppen hinderlich, für Überraschungen günstig.

Das Korps Laudon war gegen 21.30 Uhr ostwärts des Kunitzer Sees zur Furth-Mühle bei Bienowitz marschiert, während das Reserve-Korps unter Müffling schon vorher auf Panten bis an die Katzbach vorgegangen war. Das Grenadier-Regiment Grün-Laudon sollte hier mit dem Drag.Rgt. Althann bei Bienowitz den zweifachen Übergang decken. Das Kavallerie-Korps Nauendorf sperrte an der Straße nach Lüben mit 32 Schwadronen den Weg zur Oder und nach Glogau. Laudon

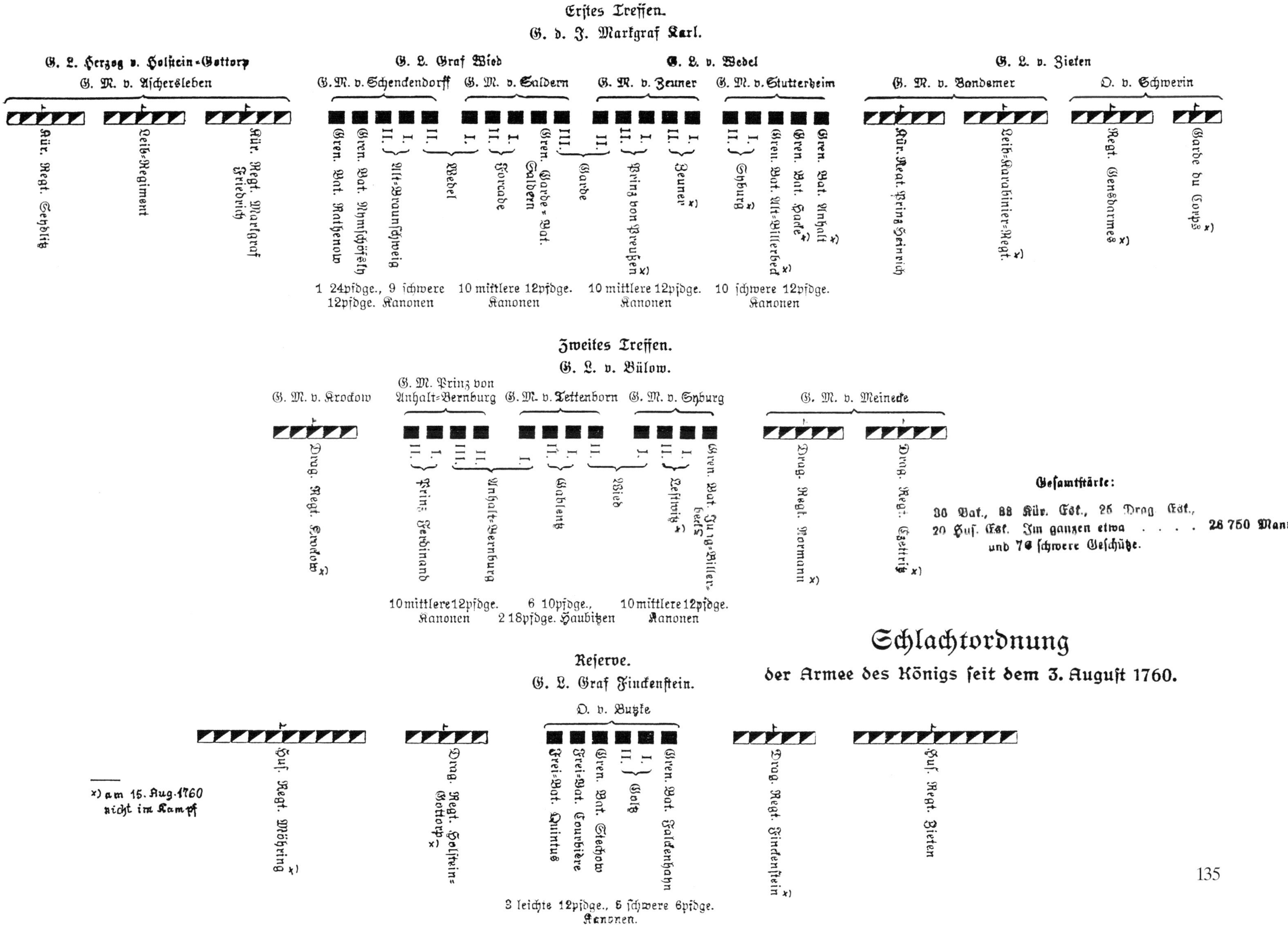

Schlachtordnung der Armee des Königs seit dem 3. August 1760.

Formation der preußischen Armee während der Schlacht von Liegnitz, den 15. August 1760.

Linker Flügel der Armee.

Der König.

1) Truppen welche der Gen. Bülow auf dem linken Flügel formirte:
   - 2 Bataillone Prinz Ferdinand.
   - 3 „ Bernburg.

2) Den Wolfsberg besetzte Gen. Schenkendorf mit:
   - 1 Gren.-Bat. Rathenow.
   - 1 „ Nimschefsky.
   - 10 12pfündige Kanonen.

3) Der König formirte rechts neben diesen Truppen:
   - 2 Bataillone Alt-Braunschweig. } Diese 4 Bat. eroberten Kanonen im Laufe der Schlacht.
   - 2 „ Wedell. }
   - 2 „ Forkade.
   - 1 Gren.-Bat. Saldern.
   - 1 Bat. Garde (3te)

4) Kavallerie auf dem linken Flügel:
   - 5 Eskadrons Krokow.
   - 5 „ Seydlitz.
   - 5 „ Leib-Regiment.
   - 5 „ Markgraf Friedrich.
   - 10 „ Zieten.

5) Als Reserve hinter dem Treffen:
   - 1 Gren.-Bat. Stechow.
   - 2 Bataillone Golz.
   - 1 Gren.-Bat. Falkenhayn.

6) Vom General Zieten im Laufe der Schlacht herangezogen:
   - 2 Bataillone Gablentz.
   - 5 Eskadorns Prinz Heinrich.

Rechter Flügel der Armee.

General-Lieutenant v. Zieten.

1) Im ersten Treffen:
   - 1 Gren.-Bat. Anhalt.
   - 1 „ Hake.
   - 1 „ Alt-Billerbeck.
   - 2 Bataillone Syburg.
   - 2 „ Zeuner.
   - 2 „ Prinz von Preußen.
   - 1 Bataillon Garde (2te)
   - 1 Gren.-Bat. Jung-Billerbeck.
   - 2 Bataillone Lestwitz.

2) Im zweiten Treffen:
   - a. Front nach dem schwarzen Wasser.
     - 5 Eskadrons Holstein.
     - 3 „ **Garde du Corps.**
     - 5 „ **Gensd'armes.**
     - 5 „ Karabiniers.
     - 5 „ Czettritz.
     - 5 „ Pr. Heinrich (wurden zum Könige detaschirt.)
   - b. Front gegen die Katzbach.
     - 5 Eskadorns Normann.
     - 2 Bataillone Wied.
     - 2 „ Gablentz (wurden zum Könige detaschirt.)
     - 5 Eskadrons Finkenstein.

3) Vor der Front des ersten Treffens:
   - 10 Eskadrons Möhring.

Es fochten daher unter dem Könige	21 Bat.	35 Esk.
Und beim General Zieten befanden sich . . .	15 „	43 „
Total	36 Bat.	78 Esk.

Gegenseitiger Verlust

Preußen.

	Nach Gaudi.				Nach Tempelhof.	Nach österreich. Bericht.
Todte	12	Offiziere.	763	Mann.	600 Mann.	—
Blessirte	74	„	2415	„	1200 „	—
Gefangene	10	„	242	„	— „	—
	96	Offiziere.	3420	Mann.	1800 Mann.	
	10 Fahnen.				Einige Fahnen.	10 Kanonen. 6 Fahnen.

Oesterreicher.

	Nach Gaudi.				Nach Tempelhof.				Nach österreich. Bericht.
Todte	—	Offiziere.	2000	Mann.	{ 86	Offiziere.	6000	Mann.	1421 Mann.
Blessirte	—	„	4000	„	{				2370 „
Gefangene . . .	86	„	4000	„	—	„	4000	„	2140 „
	86	Offiziere.	10000	Mann.	86	Offiziere.	10000	Mann.	5931 Mann.
	82 Kanonen.				82 Kanonen.				68 Kanonen.
	23 Fahnen und Standarten.				23 Fahnen und Standarten.				

Ordre de Bataille

des österreichischen Korps Loudon in der Schlacht bei Liegnitz am 15. August 1760.

Feldzeugmeister Freiherr v. Loudon.

Reservekorps unter F. M. L. Baron Müffling: Gren. Regt. Loudon 2 Bat. und 7 aus den Gren. Komp. der Inf. Regtr. gebildete Gren. Bat. = 9 Bat.; 11 Kar. und Gren. Komp. der Kav. Regtr. (ausschl. Löwenstein).

Erstes Treffen.

Chevaulegers-Regt Löwenstein x) – Drag.-Regt. Althann – Kür. Regt. Schmerzing – Walbeck – Leopold Pálffy – d'Arberg – Deutschmeister – Joseph Esterházy – Toscana – Loudonsche Grenadiere – Baden-Baden – Moltke – Simbschen – Kür. Regt Prinz Albert – Drag. Regt Kolowrat – Chevauleger-Regt Sachsen-Gotha x)

Zweites Treffen.

Kür. Regt. Anspach. – Marschall – Andlau – Angern – Baron Batthyány – Starhemberg. – Preysach – Platz – Wallis – Kür. Regt Trautmannsdorff – Chevauleger-Regt Württemberg x)

Korps Nauendorf: Generalmajor v. Nauendorf.

Otočaner – Liccaner, – Rud. Pálffy, Hus. Regt. – Bethlen Husaren – Nádasdy Husaren

x) dazu die Chevaulegers-Regimenter Württemberg und Sachsen-Gotha sowie 6 Eskadrons des Chevaulegers-Regiments Löwenstein

Gesamtstärke des Korps Loudon: 42 Bat., 6 Gren. Komp., 4 Bat. leichter Truppen, 71 Esk. nebst 11 Karab. bezw. Gren. Komp., 56 Geschütze und eine Anzahl Regimentsgeschütze, zusammen 24 450 Mann Infanterie und 8200 Reiter . . . . . = etwa 32 650 Mann.

Aus dem Korps Loudon war zur Schlacht bei Liegnitz und in den nächsten darauffolgenden Tagen ausgeschieden: [1)]

Korps Wolfersdorff.

Feldmarschalleutnant v. Wolfersdorff.

Infanterie: 8 Bataillone, deren Namen nicht mehr festzustellen sind. Wahrscheinlich waren es nicht ganze Regimenter, sondern einzelne Bataillone verschiedener Regimenter und das nur 1 Bataillon starke Regt. Los-Rios.

Kavallerie: Kür. Regtr. Alt-Modena und Karl Pálffy (zu je 5 Esk.). Die Karab. Komp. dieser Regimenter blieben beim Hauptkorps.

Artillerie: 2 Dreipfünder, 2 Sechspfünder, 2 Zwölfpfünder und 16 Regimentsgeschütze (wahrscheinlich).

Zusammen: 8 Bat., 10 Esk., 6 Geschütze und 16 Regimentsgeschütze . . . . = etwa 6000 Mann.

1) Höhen von Hochkirch

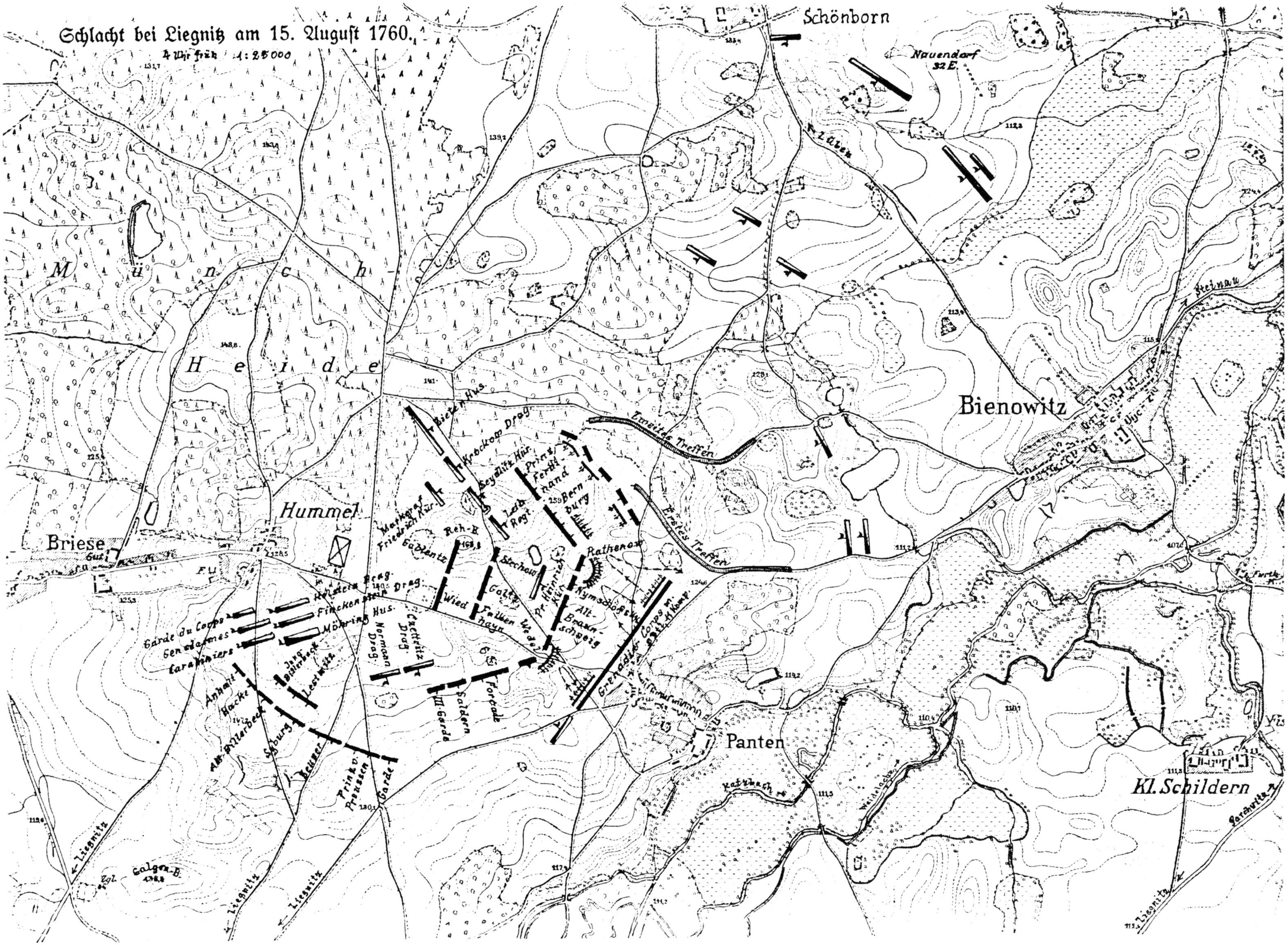
Schlacht bei Liegnitz am 15. August 1760.
4 Uhr früh 1:25000
Schönborn
Nauendorf
32 E.
Bienowitz
Steinau
M ü n c h
H e i d e
Hummel
Briese
Panten
Kl. Schildern
Zweites Treffen
Erstes Treffen
Zieten Hus.
Krockow Drag.
Seydlitz Kür.
Prinz Ferdinand
Bernburg
Leib Regt.
Markgraf Friedrich Kür.
Reh-B.
Stechow
Rathenow
Wied
Goltz
Pr. Heinrich Kür.
Alt-Braunschweig
Holstein Drag.
Finckenstein Drag.
Möhring Hus.
Garde du Corps
Gensdarmes
Carabiniers
Normann Drag.
Czettritz Drag.
Lestwitz
Anhalt
Hacke
Syburg
Prinz v. Preussen
Garde
III. Garde
Saldern
Forcade
Katzbach
Galgen-B.
Liegnitz
Parchwitz

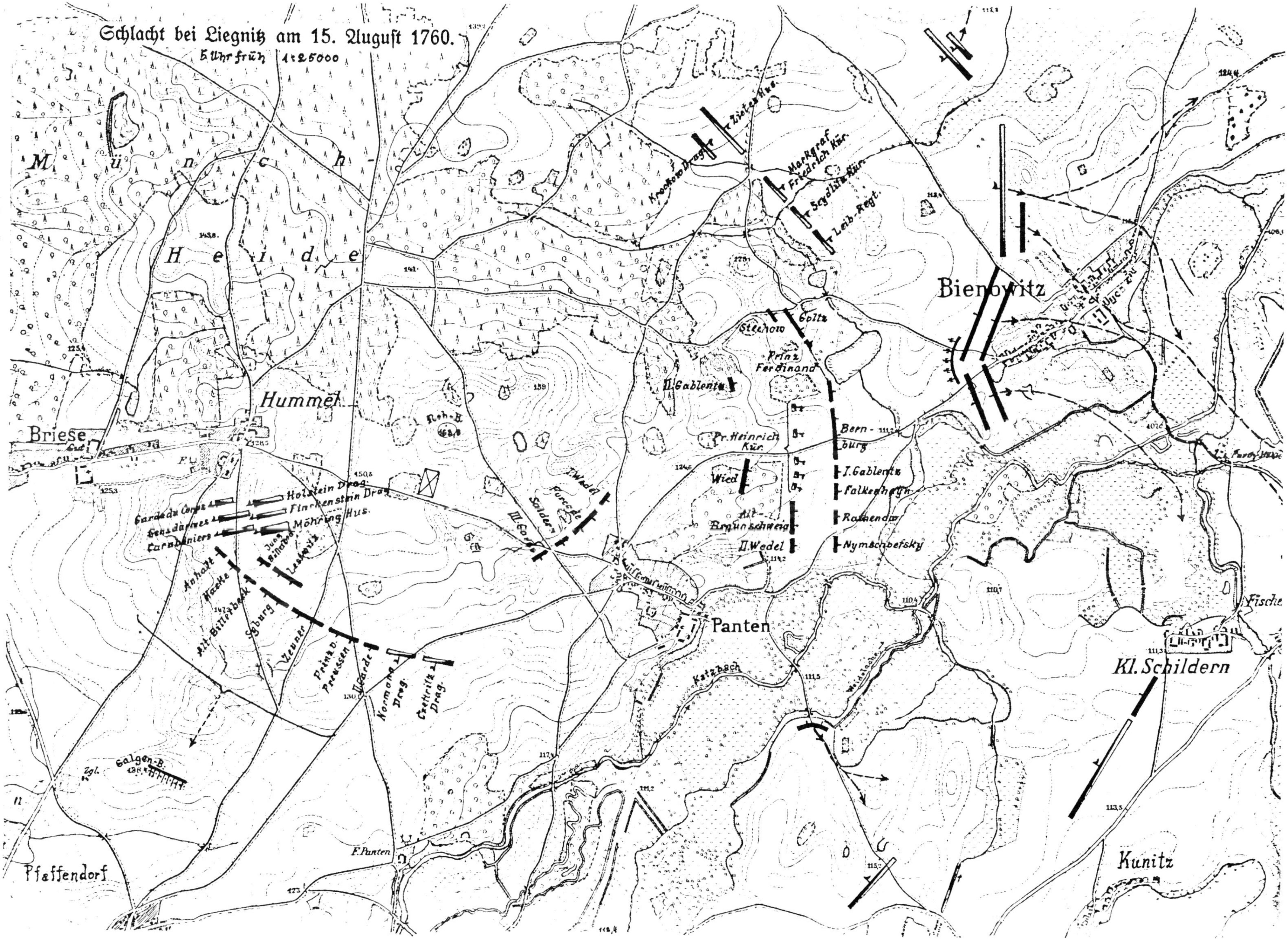

Schlacht bei Liegnitz am 15. August 1760.
5 Uhr früh 1:25000
M ü n c h
H e i d e
Hummel
Briese
Bienowitz
Panten
Kl. Schildern
Kunitz
Pfaffendorf
F. Panten
Galgen-B.
Katzbach
Zieten Hus.
Krockow Drag.
Markgraf Friedrich Kür.
Seydlitz Kür.
Leib-Regt.
Goltz
Stechow
Prinz Ferdinand
II. Gablentz
Pr. Heinrich Kür.
Wied
Alt Braunschweig
II. Wedel
Bern-burg
I. Gablentz
Falkenhayn
Rathenow
Nymschefsky
Holstein Drag.
Finckenstein Drag.
Möhring Hus.
Garde du Corps
Gensdarmes
Carabiniers
Anhalt
Hacke
Alt Billerbeck
Syburg
Zeuner
Prinz v. Preussen
Garde
Normann Drag.
Czettritz Drag.
Lestwitz
I. Wedel
Forcade
Schenkendorf
III. Garde
Roh-B.
Fischer

Liegnitz, 15. August 1760. *Regiment Anhalt-Bernburg (Infanterie-Regiment Nr. 3) wirft in wütendem Gegenangriff Laudons Grenadiere auf Bienowitz zurück, seit Dresden ohne Abzeichen an Rock und Hut.*

meinte, die 'Höhen neben Pfaffendorf', wo er aufmarschieren wollte, seien von preußischen Husaren und Freitruppen gesichert. Kaum brach er dorthin auf, stieß die Kolonne im Nebel auf die Hundt'sche Schwadron des HR 2, die nach Feuerwechsel auswich. Laudon ließ sich nicht beirren. Es war 3.30 Uhr, als Hundt den König alarmierte.
Der König warf als vorderste die Brigade Schenckendorff dem Feinde entgegen, gestützt auf zwei schwere Batterien, links von ihr die eintreffende Brigade Anhalt-Bernburg aus dem zweiten Treffen, das im Aufmarsch war. Rechts formierte sich die Brigade Saldern, so daß Zeit gewonnen wurde. Jeder Augenblick war entscheidend, da im Rücken des HR 2 und DR 2 aus dem Nebel die 11 Karabiniers- und Gren. Kompanien des Reserve-Korps auftauchten. Als sie mit 2 Schwadronen KR 2 auf die Kürassier-Brigade Holstein geworfen wurden, die sich aufstellte, gingen sie durch die Zwischenräume zurück, während die Kürassiere geschlossen bis Bienowitz attackierten. Dort nahmen die Althann-Dragoner und die Kürassier-Regimenter Anspach und Trauttmansdorff die Karabiniers auf. In wechselndem Kampf bekam die preußische Reiterei die Oberhand. Die Infanterie hatte Zeit gewonnen. Der König befahl Zieten, Daun am Übergang über Schwarzwasser und Katzbach zu hindern, während er den Angriff Laudons abfing. Das KR 2, das Schenckendorffs Aufmarsch gedeckt hatte, ging zurück, als Laudons Grenadier-Bataillone losstürmten. Die schweren Batterien kartätschten ihre Masse, die im Zwielicht sichtbar wurde. Als der Gegner in Schußweite kam, begann das Salvenfeuer der Infanterie. Der Angriff, von Laudon geführt, brach blutig zusammen. Das IR 5 hatte einen schweren Stand, weil seine Treffen die Grenadier-Linie zur Umfassung rechts verlängerten.

Als gegen 4 Uhr die Dunkelheit wich und hinter der Brigade Anhalt-Bernburg die Reserve unter Butzke eingetroffen und die Reiterei wieder versammelt war, ging der König zum Angriff über. Das IR 5 wandte sich unter Graf Wied gegen Panten und warf den Gegner über die Katzbach. Zahlreiche Geschütze wurden erbeutet. Die Gren.Btl. 1/23 und 33/42, gefolgt vom Gren.Btl. 29/31, säuberten den Wald nordostwärts des Dorfes. Das IR 3, seit Dresden in Ungnade, stürzte sich mit Bajonett und Kolben mit dem Schrei: »Ehre oder Tod!« in das erste Treffen des Feindes und warf mit dem IR 34 auch das zweite nach kurzer Gegenwehr. Wo sich Widerstand regte, schlugen schwadronsweise die Kürassiere zu. Das KR 8 faßte den Gegner im Rücken und zersprengte die Regimenter Toskana, Waldeck und Starhemberg. Die fünf Bataillone konnten aber nicht nachstoßen. Die Lücke zwischen den Brigaden schlossen das I./IR 40 und das Gren.Btl. 29/31. Links wurde das IR 24 eingeschoben, dahinter das Gren.Btl. 12/39, als zweites Treffen II./IR 40, IR 41, dazwischen Schwadronen des KR 2. Vor dem erneuten Angriff auf Bienowitz wich Laudon hinter die Katzbach aus. Zur Entlastung attackierten die Schmerzing- und Prinz Albert-Kürassiere und die Kolowrat-Dragoner heftig den linken Flügel, bis sie von der Reiterei in der Flanke gepackt wurden. Laudon räumte das Feld.

Am rechten Flügel Zietens hatte um 4 Uhr die schwere Batterie auf dem Galgen-Berg Kroaten an Schwarzwasser und Katzbach vertrieben. Die Brigaden Stutterheim und Zeuner rückten bis zu den Pfaffendorfer Höhen, am linken Flügel die Dragoner-Brigade Meinecke. Die Brigade Syburg verhinderte Lacys Übergangs-Versuche bei Rüstern. Dauns Abmarsch hatte sich verzögert, so daß er erst um 5 Uhr am Westrand des Schwarzwassers aufmarschierte. Er bekam die Meldung von Laudons Rückzug und sah, daß er jetzt dem König allein gegenüber stand. Ein Angriff über das Schwarzwasser war sehr bedenklich, die Niederung lag unter Artilleriefeuer der Preußen.
Der König versöhnte sich mit dem IR 3; Zieten wurde General der Kavallerie. Er schrieb: »Wir haben Laudon geschlagen, die übrigen haben es bleiben lassen!« Sofort eilte er weiter auf Parchwitz. Der Sieg hatte die Preußen 92 Offiziere, 3 302 Mann, 11 Fahnen und Standarten gekostet. Sie waren der Vernichtung entgangen und hatten 88 Offiziere, 4 646 Mann gefangen, dazu 23 Fahnen, 80 Geschütze, 45 Munitionswagen erobert. Die Verluste der Österreicher betrugen 203 Offiziere, dabei 6 Generale, 3 594 Mann. Daun zog ins Lager Hochkirch zurück, Ried und Beck hielten Liegnitz, Lacy stand bei Waldau, Laudons Korps lag nicht einsatzfähig im Lager Koischwitz.
Nach drei Niederlagen in eineinhalb Jahren hatten die Preußen gesiegt, und das in zwei Stunden, wenn auch nur gegen ein Korps. Ssaltykows Neigung zum Eingreifen war gesunken, die Vereinigung mit den Österreichern zunichte gemacht. Der König zog die Armee des Prinzen Heinrich an sich, nachdem sie erfolgreich die 74 000 Russen ferngehalten hatte. Sein Entschluß, sich rechts der Oder mit seinem Bruder zu treffen, hatte ihm den Ausweg 'aus einer der schwierigsten Lagen, in der sich je ein Feldherr befunden hat', wie das Generalstabswerk sagt, eröffnet. Der König hatte diesmal manövriert, um einer Schlacht aus dem Weg zu gehen. Daun war auf das Verbleiben der Preußen im Lager fixiert. Trat das nicht ein, hing alles in der Luft. Laudons Aufklärung war schlecht. Er fühlte sich von Daun und Lacy 'hintergangen', seinen persönlichen Gegnern, »weil sie nicht mit mir zugleich an den Feind gelanget«. Der König hatte ihre 'concertierte Disposition' durchkreuzt, gegründet auf Geländekenntnis, Manövrierfähigkeit und festes Gefüge der Truppe. Die Zuteilung der Batterien an die Brigaden hatte viel zum Sieg beigetragen. Nur die Vorsicht vor Daun bewahrte Laudon vor Vernichtung. Montazet, Bevollmächtigter Frankreichs, schrieb: »Man hat gut reden, der König sei vernichtet. Das mag wahr sein, aber sein Geist, der alles belebt, ist immer derselbe!«

TORGAU

3. November 1760

Nach Räumung Berlins durch seine Gegner am 12.10.1760 wandte sich der König zur Elbe und stand am 23.10. vor Wittenberg, während Daun bei Torgau die Elbe überschritt, um mit der Reichsarmee und Lacy den Preußen den Übergang zu verwehren. Der König nahm Wittenberg; die Korps Württemberg und Hülsen überschritten die Elbe bei Magdeburg und drängten die Reichsarmee auf Leipzig zurück. Jetzt überquerte der König die Elbe bei Roßlau und Wittenberg und versammelte am 28.10 53 000 Mann bei Kemberg. Daun, der auf den Höhen westlich Torgau lagerte, sollte nicht die Elb-Linie an der offenen Südflanke Brandenburgs halten. Daher suchte der König eine Entscheidung: »Ich werde diesen Feldzug beendigen, entschlossen zu jedem Wagnis und die verzweifeltsten Dinge versuchen«, schrieb er. Als Daun auf Eilenburg vorging, erwartete der König einen Kampf bei Leipzig. Am 30.10. fand er Daun in die feste Stellung bei Torgau ausgewichen. Um nicht zwischen zwei Armeen zu geraten, ließ er Hülsen die Reichsarmee bis Colditz drängen und erwog, Daun anzugreifen oder durch rückwärtige Bedrohung zum Abzug zu bringen. Um ihn herauszufordern und aufzuklären, rückte er am 2.11. auf Schildau vor. Die Armee zog bei Langenreichenbach, Wildschütz, Probsthain ins Lager: insgesamt 44 000 Mann mit 62 Bataillonen, 102 Schwadronen, 151 schwere Geschütze. 14 Bataillone, 38 Schwadronen waren bei Trossin, Groß-Zscheppa, Eilenburg, Düben und Leipzig.

Daun stand mit 53 000 Mann in 35 Inf. Regimentern, 24 Kavallerie-Regimentern, 240 schweren Geschützen zwischen Großwig und Zinna, mit Front nach Südwesten. Der Angriff sollte ihn mit 41 Bataillonen, 48 Schwadronen unter dem König 8 Kilometer durch Wald westlich umgehen und dann von Norden fassen, Zieten mit 21 Bataillonen, 54 Schwadronen gleichzeitig die Süptitzer Höhen von Süden angreifen und den Rückzug zur Elbe verlegen. Der Höhenzug fällt von Nordwesten nach Südosten und verläuft nach Norden sanft, nach Süden steil abfallend. Im Nordwesten ist er durch zwei Schafteiche mit morastigem Wasser, an dem Südhang durch den Röhr-Graben begrenzt. Bei nasser Jahreszeit gibt es nur die Zugänge über den Damm zwischen den Teichen und durch das Dorf. Nördlich der Höhen lag der sumpfige Röhr-Teich, aus dem der sumpfige Zscheitschken-Graben über Zinna nach Torgau führt, erst ab Zinna überschreitbar. 1,5 Kilometer nördlich des Röhr-Teiches läuft der sumpfige Striebach nach Osten. Der Nordrand der Höhen zeigte lichten Wald. Verhau und Schanzen waren 1759 von den Preußen angelegt.

Am Morgen des 3.11. um 6.30 Uhr brach die Armee des Königs in vier Kolonnen auf: die erste unter Markgraf Carl mit 25 Bataillonen, 10 Schwadronen, die zweite unter Hülsen mit 12 Bataillonen, die dritte unter Holstein mit 4 Bataillonen, 38 Schwadronen, die vierte unter Möhring mit 1 Bataillon, 25 Schwadronen, Munitionswagen. Lacy deckte Dauns linke Flanke zwischen Zinna und Torgau. Gegen ihn war Zieten angesetzt, den Auftrag hatte der König unter vier Augen erteilt. Jeder Brigade waren mindestens 10 Zwölfpfünder-Kanonen oder mehr eingegliedert, dazu 34 siebenpfündige Haubitzen auf die Bataillone verteilt. Beim Anmarsch zog sich Ried mit seinen leichten Truppen von Wildenhain auf Großwig zurück. Das Chevaulegers-Regiment wurde von den Zieten-Husaren gefangen, ehe die Armee um 13 Uhr vor Elsnig aus dem Walde trat. Ferraris Detachement ging über Neiden auf Zinna zurück. Der König beschloß, Dauns linken Flügel anzugreifen, weil bei Zinna das Gelände zu durchschnitten war. Dauns zweites Treffen machte wegen Zietens Anmarsch kehrt nach Süden. Das Wetter war windig und naßkalt.

Als Zieten an der Straße Torgau-Eilenburg auf Kroaten stieß, trug der Wind den Gefechtslärm nach Norden, so daß der König annahm, Zieten sei schon im Kampf. Er hielt nördlich des Schwarzwassers. Da faßte der König zu, ohne den Aufmarsch abzuwarten. Er ließ die Brigaden Stutterheim und Syburg mit 10 Grenadier-Bataillonen um 14 Uhr bei heftigem Unwetter und Regen aus dem Stand angreifen. Wald und Verhau hinderten sie, rechts den linken Flügel zu fassen. Im Kartätschfeuer trafen sie ohne Artillerie-Unterstützung auf die Mitte des Feindes. Nach hartnäckigem Gefecht und zwei Dritteln Verlust mußten sie um 15 Uhr zurück, während Zieten vor Lacy stand mit dem rechten Flügel am Großen Teich.

Als die Grenadiere zu Pferde und die IR 26, 28 und 27 nachstießen, prallten sie auf die von Bülow herangeführten Brigaden Ramin und Gablenz, links verlängert durch das IR 25 und Gren.Btl. 7/30 der Brigade Queiß, dahinter die II./IR 19 und IR 35, unterstützt von mehreren schweren Batterien. Der Angriff drang bis auf die Höhen vor, bis ihn Daun persönlich mit den IR 36, 41 und 40 zum Stehen brachte und Normann am Vogel-Berg seine rechte Flanke bedrohte. Da attackierten von

Schlacht bei Torgau.

Ordre de Bataille der Preußen vom 28sten October 1760.

Der König.

General der Infanterie Markgraf Karl und General der Kavallerie von Zieten.

Avant-Garde.

General-Major.	Truppentheil.		Bat.
v. Stutterheim sen.	Gr.-Bat.	Anhalt	1
	"	Hacke	1
	"	Alt-Billerbeck	1
	"	Nimschefski	1
	"	Rathenau	1
v. Syburg.	Gr.-Bat.	J.-Billerbeck	1
	"	Schwartz	1
	"	Carlowitz	1
	"	Baer	1
	"	Falkenhayn	1
		Summa	10

Erstes Treffen.

General-Lieutenant.	General-Major.	Regiment.	Bat.	Escadr.
Prinz v. Würtemberg.	Oberst v. Schwerin.	Garde du Corps	—	3
		Gensd'armes	—	5
	v. Bandemer.	Carabiniers	—	5
		Prinz Heinrich	—	5
		Seydlitz	—	5
v. Neu-Wied.	v. Zeuner.	Syburg	2	—
		Zeuner	2	—
		Prinz v. Preußen	1	—
	v. Saldern.	Prinz v. Preußen	1	—
		Garde	2	—
		Saldern	1	—
		Forcade	1	—
v. Bülow.	Oberst v. Butzke	Forcade	1	—
		Wedell	2	—
		Alt-Braunschweig	2	—
	v. Gablenz.	Jung-Stutterheim	2	—
		Queiß	2	—
		Alt-Stutterheim	1	—
	v. Ramin.	Alt-Stutterheim	1	—
		Manteuffel	2	—
		Golz	2	—
Prinz v. Holstein.	v. Meinecke.	Markgr. Friedrich	—	5
		Spaen	—	5
	Aschersleben.	Schlabberndorf	—	5
		Schmettau	—	5
		Leib-Regiment	—	5
		Summa	25	48

Zweites Treffen.

General-Lieutenant.	General-Major.	Regiment.	Bat.	Escadr.
v. Platen.	v. Krokow.	Zieten Husaren	—	10
		Möhring Husaren	—	10
		Czettritz Dragoner	—	5
		Normann	—	5
		Krokow	—	5
v. Forcade.	v. Tettenborn.	Lestwitz	2	—
		Wied	2	—
		Hülsen	1	—
v. Canitz.	v. Grumbkow	Hülsen	1	—
		Alt-Sydow	1	—
		Diericke	2	—
		Markgraf Carl	1	—
	v. Quitzß.	Markgraf Carl	1	—
		Prinz Heinrich	2	—
		Ramin	2	—
v. Finkenstein.	v. Spaen.	Jung-Platen	—	3
		Würtemberg	—	
	v. Meyer.	Baireut Dragoner	—	10
		Kleist Husaren	—	10
		Grüne leichte Drag.	—	4
		Dingelstädt	—	10
		Werner Husaren	—	3
		Frei-Husaren	—	2
		Summa	15	77

Reserve.

General-Lieutenant.	General-Major.	Regiment.	Bat.	Escadr.
v. Hülsen.	v. Schlabberndorf	Schorlemer Drag.	—	10
	v. Braun.	Lubath Grenad.	1	—
		Heilsperg "	1	—
		Beyer	1	—
		Nesse	1	—
		Lossau	1	—
	v. Linden.	Bewern	2	—
		Moritz	2	—
	v. Kleist.	Lehwald	2	—
		Canitz	2	—
	Oberst Röbel.	Grabow	1	—
		Dohna	2	—
		Cassel	1	—
		Freibat. Salemnon	1	—
	v. Schlabberndorf	Plettenberg Drag.	—	5
		Summa	18	15

Zur Bedeckung der Trains und der Bäckerei.

General-Lieutenant.	General-Major.	Regiment.	Bat.	Escadr.
	v. Sydow.	Jung-Sydow	2	—
		Grant	2	—
		Salmuth	2	—
		Hauß	1	—
		Frei-Bat. Quintus	1	—
		Summa	8	—

Summa Sumarum 76 Bat. 140 Escadrone.

Verluste:

Oestreicher.

Nach Gaudi.

16000 Mann incl. 7000 Gefangene.
An Offizieren: todt . . 2 Generale, 9 Staabsoffiziere.
verwundet 5 " 26 "
gefangen 4 " 13 " 202 Subaltern.
49 Kanonen und Haubitzen, 29 Fahnen, 1 Standarte.

Nach Tempelhof.

über 20000 Mann incl. 8000 Gefangene.

45 Kononen.

Nach östreichischer Angabe: 11000 Mann.

Preußen.

Nach Gaudi.

12 bis 13000 Mann incl. 3000 Gefangene.
An Offizieren: todt . . — Generale, 10 Stabsoffiz. — Subaltern.
verwundet 4 " 9 " — "
gefangen 2 " 9 " 83 "
27 Fahnen.

Nach Tempelhof.

13 bis 14000 Mann incl. 4000 Gefangene.

Ordre de Bataille der Oestreicher in der Schlacht von Torgau, den 3ten November 1760.

Feldmarschall Graf Daun.

Erstes Treffen.

General der Cavall. und Feldzeugmeister.	Feldmarschall-Lieutenants.	General-Feld-Wachtmeister.	Regiment.	Inf.	Cavall.
v. Buckow.	v. Schallenberg.	Voghera.	Savoyen Dragoner	—	1
			Erzherzog Leopold	—	1
			Benedict Daun	—	1
Herzog v. Aremberg	v. Angern.	Hartenegg.	Kaiser	1	—
			Neuperg	1	—
			Geisrugg	1	—
		Pellegrini.	Puebla	1	—
			Wied	1	—
v. Sincere.	v. Dombasle.	Ellmendorff.	Durlach	1	—
			Kollowrat	1	—
		Mighazzi.	Hildburghausen	1	—
			Erzherzog Carl	1	—
O'Donnell.	v. Pellegrini.	Lobkowitz.	Zerbst	—	1
			Erzherzog Ferdinand	—	1
			Darmstadt	—	1
			Summa	9	6

Zweites Treffen.

General der Cavall. und Feldzeugmeister.	Feldmarschall-Lieutenants.	General-Feld-Wachtmeister.	Regiment.	Inf.	Cavall.
v. Buckow.	v. Berlichingen.	v. Wiese.	Bathiany	—	1
			Buckow	—	1
Graf Wied.	O'Kelli.	Philipp Broune.	Lotharingen	1	—
			Botta	1	—
			Merci	1	—
			Aremberg	1	—
	v. Herbstein.	v. Brincken.	Sincere	1	—
			Harrsch	1	—
			Leopold Daun	1	—
			Harrach	1	—
O'Donell.	v. Pellegrini.	v. Zollern.	O'Donell	—	1
			Portugall	—	1
			Summa	8	4

Stärke der Oestreicher (nach Gaudi.)

91 Bataillone und 22 Cavallerie-Regimenter oder 64000 bis 65000 Mann, mit Ausnahme der leichten Truppen unter General Ried und General Brentano.

Außer den gewöhnlichen Feldstücken noch 240 schwere Kanonen und Haubitzen.

Lascysche Corps.

General der Cavall. und Feldzeugmeister.	Feldmarschall-Lieutenants.	General-Feld-Wachtmeister.	Regiment.	Inf.	Cavall.
General-Feld-Zeugmeister Graf Lascy.	v. Zeschwitz.	Brentano.	Kaiser Husaren	—	1
			Esterhazi	—	1
			Staabs Dragoner	—	1
		Prinz Lichtenstein	Lichtenstein	—	1
			Birkenfeld	—	1
	Buttler.	Zigan.	Heinr. Daun	1	—
			Ligne	1	—
			Lascy	1	—
			Alt-Colloredo	1	—
	Meyern.	Pfuhl.	Wolffenbüttel	1	—
			Thierheim	1	—
			Bethlehem	1	—
			Haller	1	—
	v. Zeschwitz.	v. Goesnitz.	Sächsische Carabin.	—	1
			Brühl	—	1
			Albert	—	1
			Curland	—	1
		v. Renard.	Schiebel	—	1
			Rudnicki Ulanen	—	1
			Summa	8	11

Grenadier- und Carabinier-Corps.

General-Feld-Wachtmeister.	Obristen.	Regiment.	Bat.	Escadr.
d'Ayazaza	v. Ferrari.	Carabiniers	—	5
		Grenadier	3	—
	v. Normann.	Grenadier	3	—
		Carabiniers	—	5
		Summa	6	10

Reserve.

	Feldmarschall-Lieutenant.	General-Feld-Wachtmeister.	Regiment	Inf.	Cavall.
General der Cavallerie Prinz Löwenstein.	Stampach.	St. Ignon.	St. Ignon	—	1
		Bettoni.	Serbelloni	—	1
			Stampach	—	1
		Bibow.	Carl Colloredo	1	—
			Tillier	1	—
		Baumbach.	Bayreut	1	—
			Giulay	1	—
			Summa	4	3

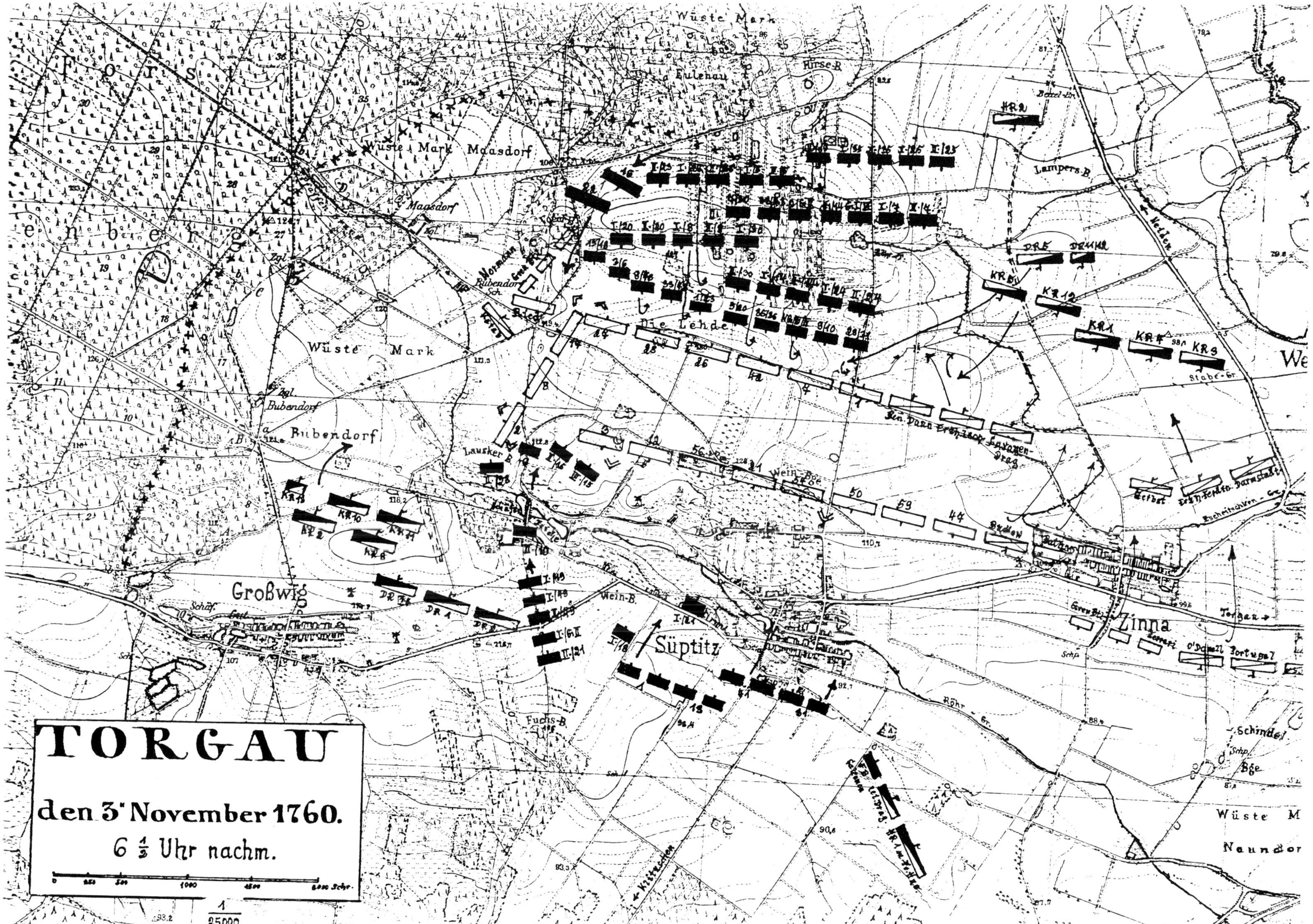
TORGAU
den 3t November 1760.
6 1/2 Uhr nachm.
1/25000
Wüste Mark
Eulenau
Hirse-B.
Lampers-B.
Wüste Mark Maasdorf
Maasdorf
Die Lehde
Wüste Mark
Bubendorf
Großwig
Süptitz
Zinna
Torgau
Lausker B.
Wein-B.
Fuchs-B.
Röhr-Gr.
Schindel
Wüste M
Neundor

146 **Torgau, 3. November 1760.** *Kürassier-Regiment Friedrich (Kürassier-Regiment 5) attackiert um halb vier Uhr an der Lehde das Österreichische Infanterie-Regiment Puebla (Nr. 26) und Wied (Nr. 28) von der rechten Flanke.*

Zinna her zwei Kürassier- und zwei Dragoner-Regimenter unter Buckow Front und linke Flanke Bülows, so daß die Bataillone heftig feuernd zurückwichen. Ihren linken Flügel nahm die folgende Brigade Queiß, ihren rechten im Wald die gerade aufmarschierte Brigade Butzke auf. Bis 15.20 Uhr war die Kavallerie-Kolonne Holsteins noch nicht eingetroffen! Nur das HR 2 hielt bei Neiden.

Endlich erschien Holsteins Reiterei. Die KR 5 und 12 warfen westlich vom Röhr-Teich die feindliche Kavallerie zurück und hieben in die IR 26 und 28 des Feindes ein. Die übrigen Regimenter attackierten den rechten Infanterie-Flügel mit den IR 1, 7, 42 und 41, zersprengten sie, nahmen ganze Bataillone mit 26 Fahnen gefangen und erreichten die Höhe, so daß das südliche Treffen kehrtmachen mußte. Flankenfeuer der Grenadiere Ferraris von Zinna und die Gegen-Attacke der Kürassier-Brigaden Zollern und Bettoni zwangen sie aber zum Rückzug. Im Nachstoß zerschlug das Kürassier-Regiment Serbelloni die II./IR 25 und IR 35, die sich am Waldrand sammelten. Holstein drängte mit der Kürassier-Brigade Aschersleben ostwärts des Zscheitschken-Grabens die feindliche Kavallerie zurück.
Jetzt entwickelte Hülsen das IR 7, die Gren.Btl. G I/XI, 2/G II, 11/14, 38/43, mit der Brigade Butzke die letzten 11 Bataillone zum dritten Angriff. Die Österreicher hatten aber die IR 17,8 und 2 von der linken Flanke herangezogen und empfingen sie mit wütendem Feuer. Dennoch wurde die Höhe erreicht und Batterien genommen. Wieder fielen das Kürassier-Regiment Erzherzog Leopold über den linken, die Karabiniers Normanns über den rechten Flügel her, während Ried Hülsen durch den Wald im Rücken faßte. Der Angriff löste sich in verzettelte Schießerei auf und erlosch. Um 17.30 Uhr begab sich Daun nach Zinna im Gefühl, Sieger zu sein. Der König entschloß sich, in der Dunkelheit unter dem Schutze der Kavallerie hinter dem Striebach seine Truppen zu sammeln in der Hoffnung, die angeschlagenen Österreicher würden das Schlachtfeld räumen, zumal ja Zieten in ihrem Rücken stand.

Zieten hatte gegen Lacy und frontal gegen die Süptitzer Höhen keine Chancen. Er wartete das Fortschreiten des Angriffes im Norden ab und rückte nach Westen, indem er die Brigade Tettenborn aus dem zweiten Treffen links einsetzte. Als die Dunkelheit kam und im Norden das Feuer nachließ, entschloß er sich gegen 16.45 Uhr, auf Großwig vorzugehen, wobei Kleist den Abmarsch deckte. Um 17 Uhr erhielt die Brigade Tettenborn Befehl, zur Flanken-Deckung Süptitz zu nehmen, während das Korps sich zu den Schafteichen zog. Tettenborn nahm Süptitz, das die Österreicher anzündeten. Im Feuerschein entdeckte Saldern, daß der Feind in der Mitte zusammenrückte und die Schanzen an den Schafteichen verlassen hatte. Er stieß mit seiner Brigade über den Damm zwischen den Teichen auf den Lausker-Berg und ostwärts davon vor, gegen heftigen Widerstand. Zieten ließ die Brigaden über den Damm, Süptitz und die Höhe 118,2 angreifen, die Kavallerie über die Höhen von Großwig. Um 18 Uhr war der Feind von Südwesten umklammert.

Der Gefechtslärm von Süptitz und Großwig alarmierte Hülsen, der gerade den Rückzug zum Striebach vorbereitete, so daß er von den frisch eingetroffenen IR 22 und 16 die ersten Bataillone nahm und sie am Waldrand über den Vogel-Berg, in der Dunkelheit unbemerkt, Zieten entgegen führte. Dem Nachtangriff unter dem Dröhnen aller Trommeln schlossen sich die Reste der andern Regimenter an. Er überraschte den Feind und rollte seine Stellung auf. Sofort ließ der König so viel Artillerie wie möglich dort in Stellung gehen. Eine starke Angriffsfront umfaßte den Gegner im Halbkreis. Vier Bataillone Lacys von Zinna konnten mit der Kavallerie nur noch den Rückzug decken. Gegen 21.45 Uhr erlosch das Feuer. Zahllose Verwundete und Versprengte litten unter Kälte und Plünderung.
Der König verbot die Bekanntgabe der Verluste wegen ihrer Höhe: 16 670 Soldaten, davon 3 858 Tote, 3 654 Vermißte oder Gefangene, mehr als ein Drittel der Stärke, bei der Infanterie über die Hälfte! Die meisten Infanterie-Regimenter hatten nur noch ein Bataillon, mehrere Grenadier-Bataillone wurden zusammengelegt. Die Zahl der Gefangenen betrug über 7 000; 49 Geschütze, 31 Fahnen und Standarten wurden erobert. Die Österreicher verloren 15 897 Soldaten. Sie hatten 2 954 Gefangene, 8 Kanonen und 45 Fahnen genommen. Sie waren nicht vernichtet, wie der König gehofft hatte.
Strategisch gesehen, war Dauns Stellung vor den Elbbrücken wenig günstig, taktisch dagegen sehr viel besser. Es fehlte ihr an Tiefe, der Wald erlaubte eine verdeckte Annäherung. Ihre unterlassene Befestigung trotz sechs Tagen Zeit war ein Fehler. Dennoch konnte er alle Bewegungen des Königs rasch parieren. Ein Vorhut-Gefecht am Striebach hätte den preußischen Aufmarsch sehr erschwert. Der König strebte eine Vernichtungs-Schlacht an. Napoleon hat ihre Anlage kritisiert, Gaudi hielt sie für genial. Der Anmarsch war äußerst kühn, sehr schwierig und infolge mangelnder Geländekenntnis voller Pannen; Hülsen, die Artillerie und Holstein verspäteten sich. Der vorzeitige Beginn führte zum treffenweisen Einsatz unter hohen Verlusten. Dabei wäre der Angriff über die Großwiger Höhen wahrscheinlich am besten gewesen, wie Zietens Erfolg bewies. Von Norden war die Schlacht verloren. Zieten hatte gezögert; vielleicht sollte er Torgau im Handstreich nehmen, niemand weiß es. Er konnte leicht zwischen zwei Feuer geraten. Sein Antreten am Abend erneuerte den Angriff, vereinigte die Korps, überraschte im Nachtangriff den Feind und brachte die Wendung zum Sieg, im letzten Augenblick. Lacy versäumte, seinen Abmarsch zu hindern. Der Erfolg war zu teuer erkauft, nach Kunersdorf war es die blutigste Schlacht.

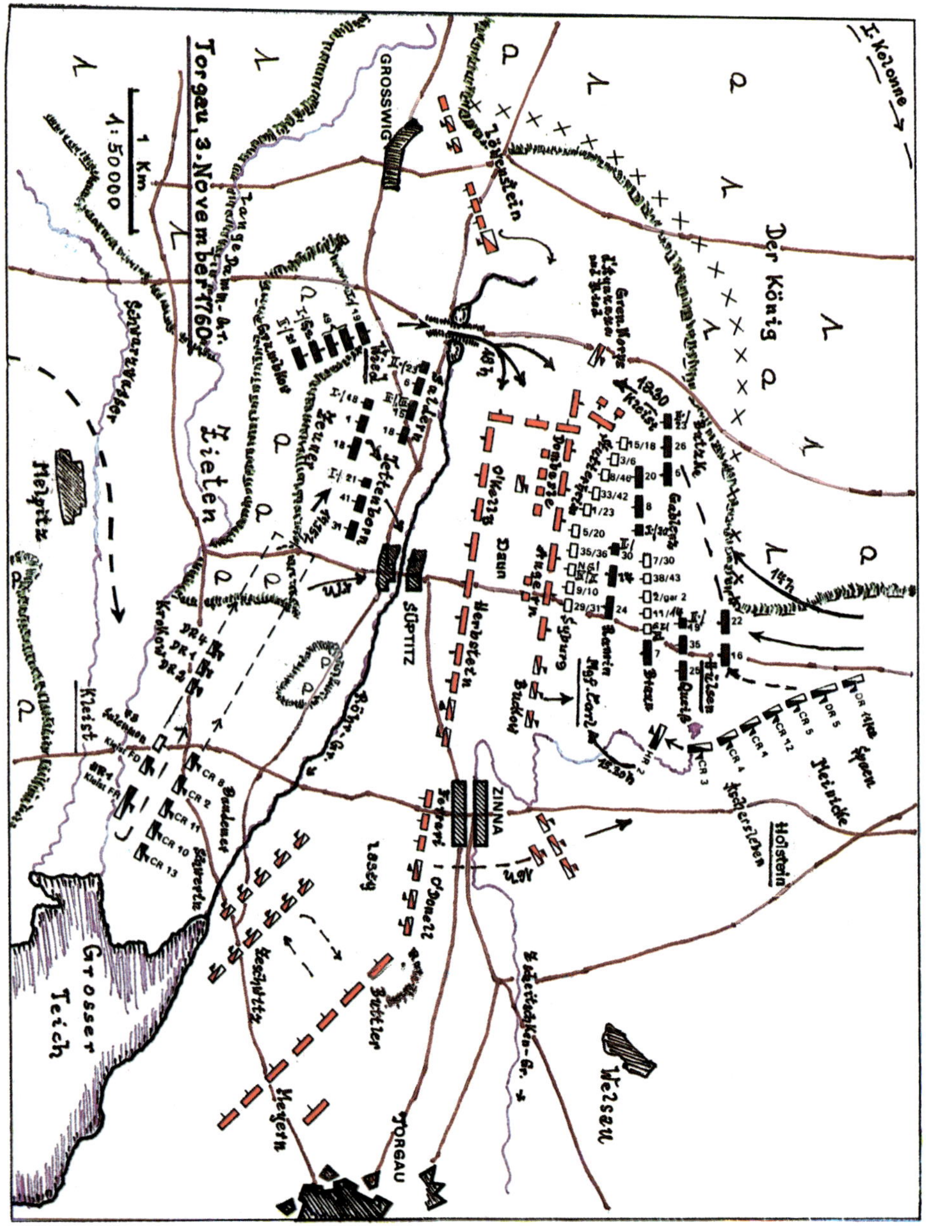
Torgau 3. November 1760
1 Km
1:50000
Der König
Zieten
GROSSWIG
SÜPTITZ
ZINNA
TORGAU
Daun
Grosser Teich
Weiden

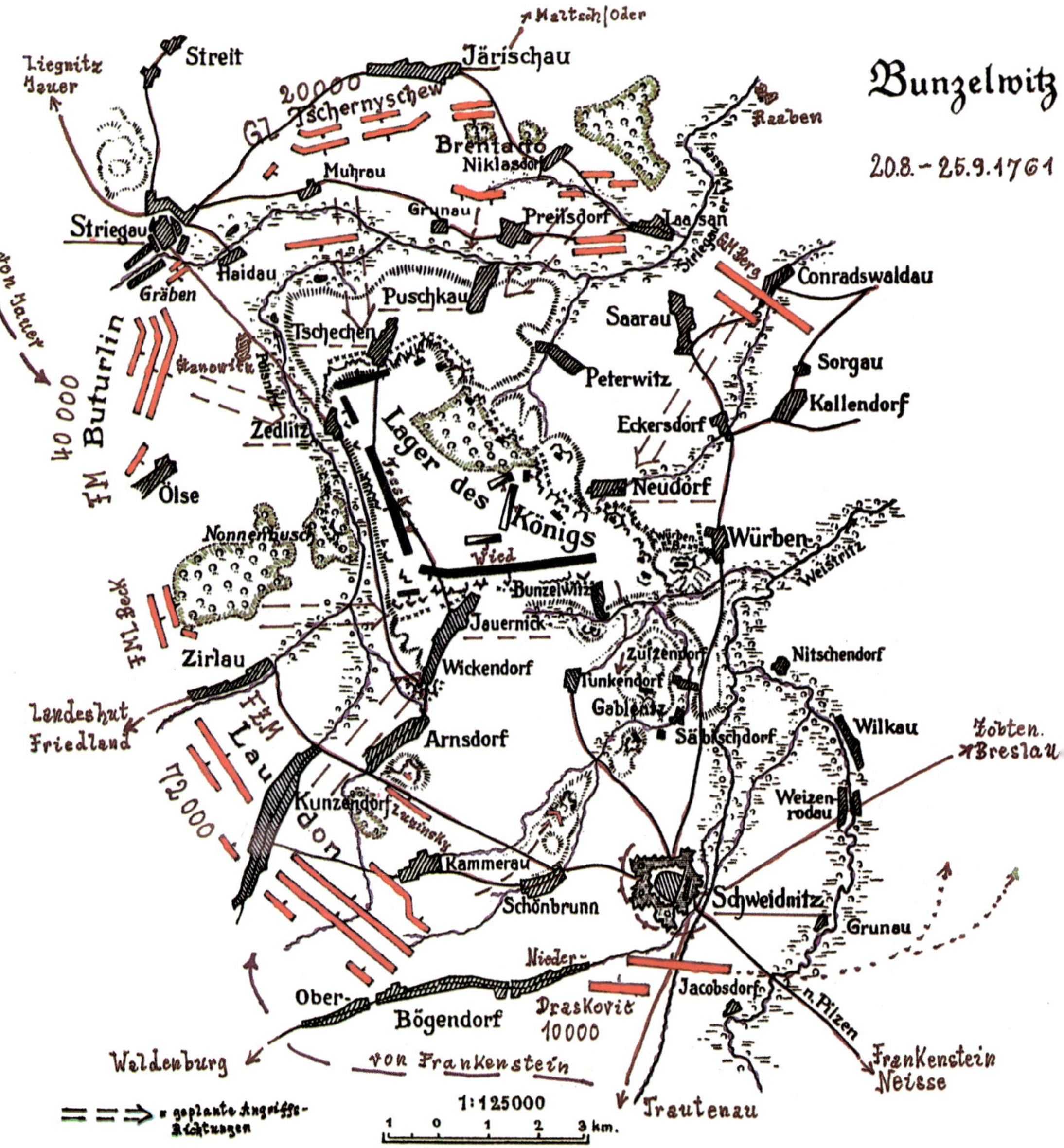
Bunzelwitz
20.8.–25.9.1761
Streit
Järischau
Maltsch/Oder
Liegnitz
Jauer
20000
GL Tschernyschew
Brentendo
Niklasdorf
Muhrau
Grunau
Preilsdorf
Laasan
Raaben
Striegau
Haidau
Gräben
Puschkau
Conradswaldau
Saarau
Sorgau
Kallendorf
Tschechen
Peterwitz
Eckersdorf
von Jauer
40000
FM Buturlin
Zedlitz
Lager des Königs
Neudorf
Ölse
Nonnenbusch
Würben
Weistritz
Wied
Bunzelwitz
Jauernick
FML Beck
Zirlau
Wickendorf
Zülzendorf
Nitschendorf
Tunkendorf
Gablenau
Säbischdorf
Landeshut
Friedland
FZM Laudon
72000
Arnsdorf
Wilkau
Zobten
Breslau
Kunzendorf
Weizenrodau
Kammerau
Schweidnitz
Schönbrunn
Grunau
Nieder-
Ober-
Bögendorf
Jacobsdorf
Draskovic
10000
n. Pilzen
Waldenburg
von Frankenstein
Frankenstein
Neisse
Trautenau
= geplante Angriffs-Richtungen
1:125000
1 0 1 2 3 km.

Torgau, 3. November 1760. *Regiment Lestwitz (Infanterie-Regiment Nr. 31) stürmt am Nachmittag um 5 Uhr das brennende Dorf Süptitz zur Deckung von Zietens Flankenmarsch.*

BUNZELWITZ
20. August — 25. September 1761

1761 wartete Loudon mit 72 000 Mann das Herankommen der Russen unter Buturlin mit 70 000 Mann ab, um vereint den König anzugreifen. Die Russen marschierten von Posen über Militsch auf Namslau, um bei Karlsmarkt die Oder zu überschreiten. Loudon rückte am 19.7. von Frankenstein auf Münsterberg entgegen, als ihm der König vom Lager Pilzen bei Schweidnitz Richtung Neisse zuvorkam. Loudon zog sich zurück; die Russen wichen auf Steinau aus. Der König ging mit 64 Bataillonen, 110 Schwadronen bei Strehlen ins Lager. Am 6.8. kam es unterhalb Breslau zu einer Kanonade mit den Russen, die am 12.8. bei Leubus die Oder überschritten. Der König eilte über Kanth herbei, um sich erneut zwischen Buturlin und Loudon zu schieben, und traf am 15.8. bei Wahlstatt südostwärts Liegnitz auf Vortruppen der Russen und österreichische Kavallerie, die von Striegau kam. Lentulus attackierte mit dem Dragoner-Regiment 10, verstärkt durch zwei Schwadronen des Drag.Rgt. 4, die östrreichischen Karabiniers und Grenadiere zu Pferde und zersprengte sie. Als Buturlin sich am 18.8. bei Eichholz Loudon in Jauer bis auf 10 Kilometer genähert hatte, bediente sich der König eines gewitzten, wenn auch riskanten Ausweges, um die Vereinigung der Verbündeten auf Dauer zu verhindern. Wenn er die Höhen zwischen Freiburg und Schweidnitz im Gewaltmarsch erreichte, ehe Loudon da war, konnte er — ähnlich wie im Lager Schmottseiffen im Juli 1759 — die Österreicher von ihren Magazinen abschneiden, von denen jetzt die Russen mit zehrten. Je größer ihre Zahl, desto eher ihre Trennung und Abzug.

Am 20.8. erreichte er die Höhen nördlich Bunzelwitz zwischen Weistritz, Polsnitz und Striegauer Wasser, eine Meile nordwestlich Schweidnitz, das in preußischer Hand war. Loudon hatte Freiburg besetzt, Buturlin stand am 25.8. bei Hohenfriedeberg, 8 Kilometer nordwestlich davon. Nach dem Einrücken hatte der König sofort überall nach persönlicher Anweisung die Schanzarbeiten aufnehmen lassen, Tag und Nacht, solange es der Feind erlaubte. Schon nach wenigen Tagen hatte sich das geschickt ausgewählte Gelände zwischen dem Pfaffen-Berg bei Jauernick, dem Weinberg bei Zedlitz, der Würben-Schanze ostwärts Bunzelwitz mit Front nach Westen in eine geschlossene Feldbefestigungs-Zone für 39 800 Mann Infanterie, 15 400 Mann Kavallerie, 460 Geschütze, davon 148 schwere, verwandelt, insgesamt eine Macht von 55 200 Soldaten. Der König hatte von den Russen bei Zorndorf und Kunersdorf gelernt. An den Eckpunkten entstanden 24 große Batterien mit flankierendem Feuer, alle offen, Feuer über Bank, unten drei, oben zwei Meter stark, dazu 27 Werke, dem Gelände angepaßt, ohne die üblichen geometrischen Formen. Schon 1759 hatte der König geschrieben: »Da die Artillerie eine der Hauptsachen im Kriege geworden ist, muß man besondere Batterien errichten, damit man den Feind mit seinen Geschützen niederschmettern kann. Das muß man im Lager und, wo es sich darum handelt zu kämpfen, beachten«. Die Würbenschanze galt dem König als 'Zitadelle', das Lager als Festung. Er würde 'ihnen die Nase versengen', wenn seine Feinde ihn angriffen, meinte er.

Der sächsische Artillerie-Hauptmann J.G. Tielke im Stabe Loudons urteilte: »Diese Position war ein Meisterstück der Terrainkenntnis sowie die Verschanzung ein Muster einer gesunden und vortrefflichen Feldbefestigungskunst. Man findet um Schweidnitz herum keine so geschickte Position, diese Festung zu decken«. Der geringste Gelände-Vorteil war ausgenutzt. Kleine Bäche, sumpfige Wiesen erschwerten den Zugang. Die Hindernisse vor den Schanzen hatten eine Tiefe von 20,6 Metern: Sturmpfähle, Palisaden, Wolfsgruben, Flatterminen und spanische Reiter zum Öffnen von Durchgängen, um beweglich zu bleiben. Die Dörfer Jauernick, Bunzelwitz und Teichenau waren voll einbezogen, Zedlitz und Neudorf zum Teil. 25 000 Mann schanzten bis zum 4.9., die andere Hälfte stand unter Gewehr. Die Lehren von Hochkirch und Liegnitz waren beherzigt. Die Front zwischen Bunzelwitz und Würben war unangreifbar. Zwischen Würben und der nördlichsten Schanze bei Tschechen gab es weniger, aber sehr geschickte Anlagen, dazu gutes Kampffeld für die Kavallerie. Der Nordwest-Abschnitt war am schmalsten und stark mit Artillerie bestückt, außerdem zwischen Zedlitz und dem Neudorfer Holz leicht abzuriegeln. Die West-Front war durch die Polsnitz und die Höhen sehr schwer anzugreifen. Der Schlüssel zum Lager lag beiderseits von Jauernick. Ein etwaiger Rückzug mußte über Neudorf und Würben erfolgen. Am 4.9. wurde halbwegs Schweidnitz zwischen Tunkendorf und Säbischdorf ein Außenposten errichtet, der Jauernick und die Verbindung nach Schweidnitz sicherte. Ein Angriff würde den Gegner 30 000 Mann kosten.

Loudon hatte im Lager Kunzendorf das Eintreffen der Russen abgewartet, die zwischen Mehnersdorf und Rohnstock Lager bezogen. Da die Korps Brentano und Beck Striegau besetzten, rechnete der König mit einem Angriff von Stanowitz. Loudon ging jetzt bis Bögendorf und Zirlau vor, Luzinsky auf Arnsdorf, Brentanos Kavallerie bis Laasan. Wegen der ständigen Angriffsgefahr waren bei den Preußen nachts die Zelte abgebrochen, die Bataillone in den Verschanzungen.Nach langem

Lager bei Bunzelwitz: Schlachtordnung der Armee des Königs

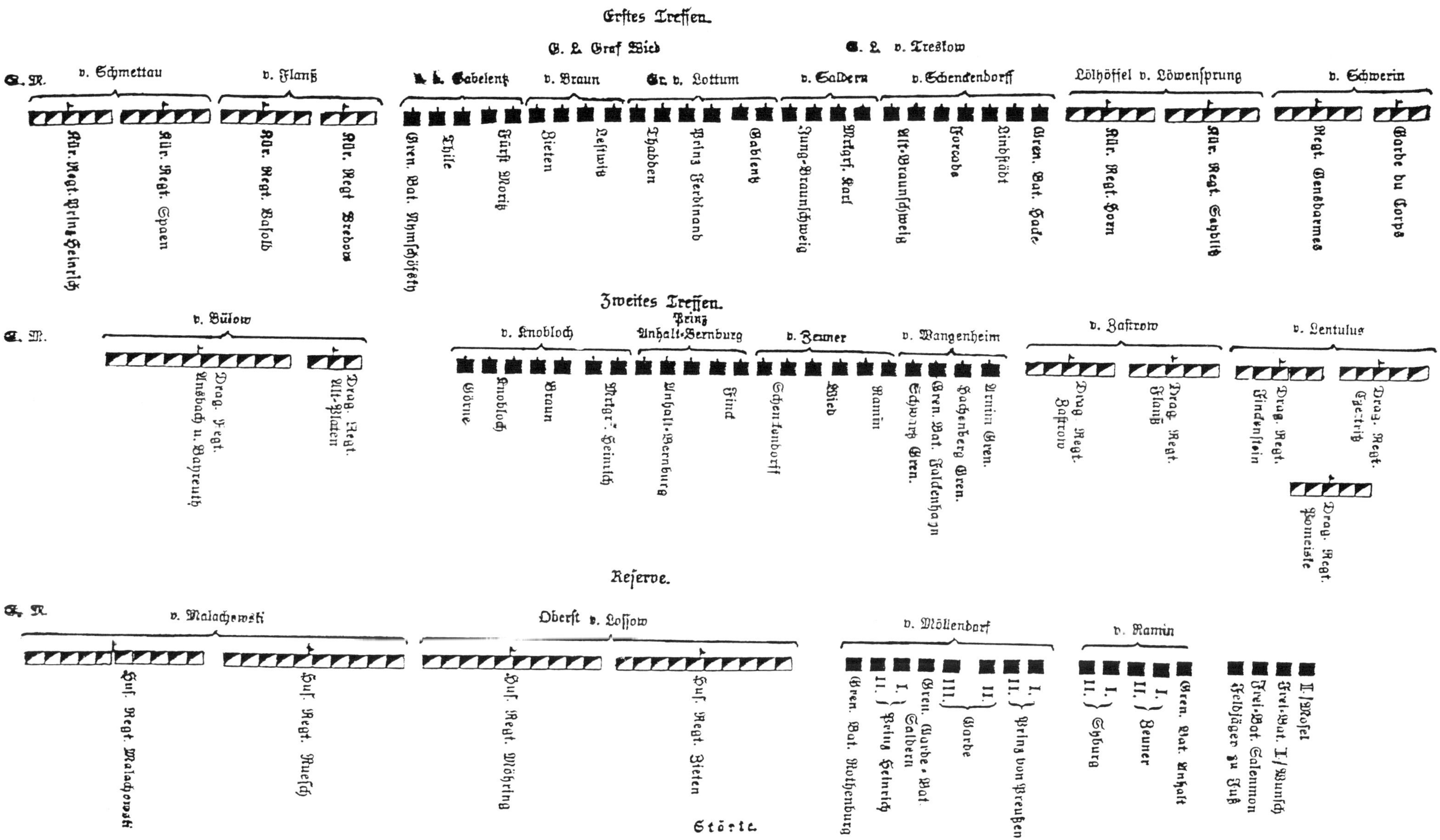

Stärke.

Erstes Infanterietreffen	26 Bat.	
Zweites Infanterietreffen	22 "	
Infanterie-Reserve . .	17 "	
Rechter Kavallerieflügel	— "	38 Esk.
Linker Kavallerieflügel	— "	71 "

Artillerie: 182 Feld- und 130 Regimentsgeschütze,
148 schwere.

Zusammen: 65 Bat., 109 Esk.

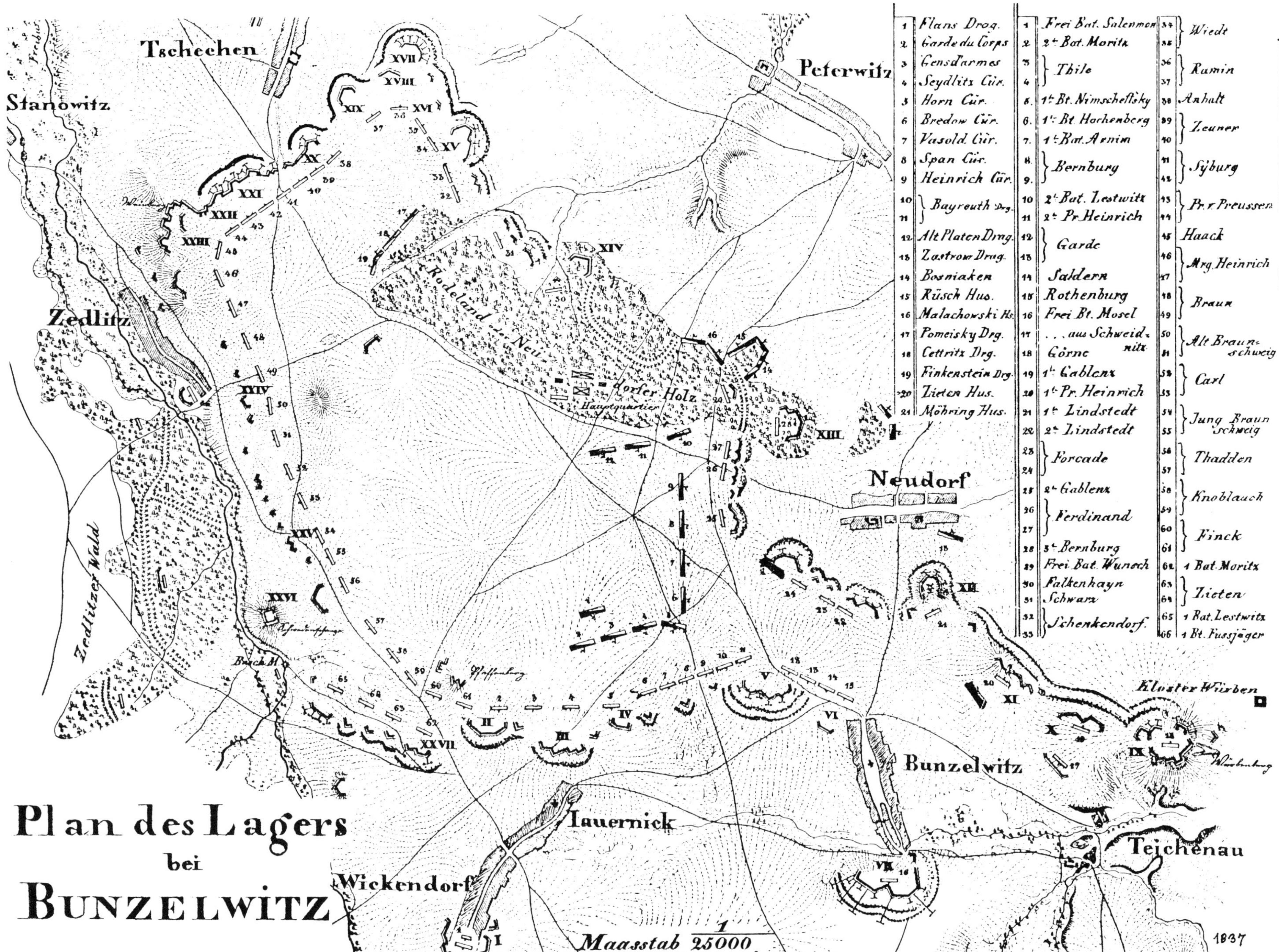

Plan des Lagers
bei
BUNZELWITZ
Maasstab 1/25000
1837
Tschechen
Peterwitz
Stanowitz
Zedlitz
Zedlitzer Wald
Neudorf
Rodeland-Neudorfer Holz
Hauptquartier
Bunzelwitz
Jauernick
Wickendorf
Teichenau
Kloster Würben
1 Flans Drag.
2 Garde du Corps
3 Gensd'armes
4 Seydlitz Cür.
5 Horn Cür.
6 Bredow Cür.
7 Vasold Cür.
8 Span Cür.
9 Heinrich Cür.
10, 11 Bayreuth Drg.
12 Alt Platen Drg.
13 Zastrow Drg.
14 Bosniaken
15 Rüsch Hus.
16 Malachowski Hs.
17 Pomeisky Drg.
18 Cettritz Drg.
19 Finkenstein Drg.
20 Zieten Hus.
21 Möhring Hus.
1 Frei Bat. Salenmon
2 2t Bat. Moritz
3, 4 Thile
5 1t Bt. Nimschefsky
6 1t Bt. Hochenberg
7 1t Bat. Arnim
8, 9 Bernburg
10 2t Bat. Lestwitz
11 2t Pr. Heinrich
12, 13 Garde
14 Saldern
15 Rothenburg
16 Frei Bt. Mosel
17 . . aus Schweidnitz
18 Görne
19 1t Gablenz
20 1t Pr. Heinrich
21 1t Lindstedt
22 2t Lindstedt
23, 24 Forcade
25 2t Gablenz
26, 27 Ferdinand
28 3t Bernburg
29 Frei Bat. Wunsch
30 Falkenhayn
31 Schwarz
32, 33 Schenkendorf
34, 35 Wiedt
36, 37 Ramin
38 Anhalt
39, 40 Zeuner
41, 42 Syburg
43, 44 Pr. v. Preussen
45 Haack
46, 47 Mrg. Heinrich
48, 49 Braun
50, 51 Alt Braunschweig
52, 53 Carl
54, 55 Jung Braunschweig
56, 57 Thadden
58, 59 Knoblauch
60, 61 Finck
62 1 Bat. Moritz
63, 64 Zieten
65 1 Bat. Lestwitz
66 1 Bt. Fussjäger

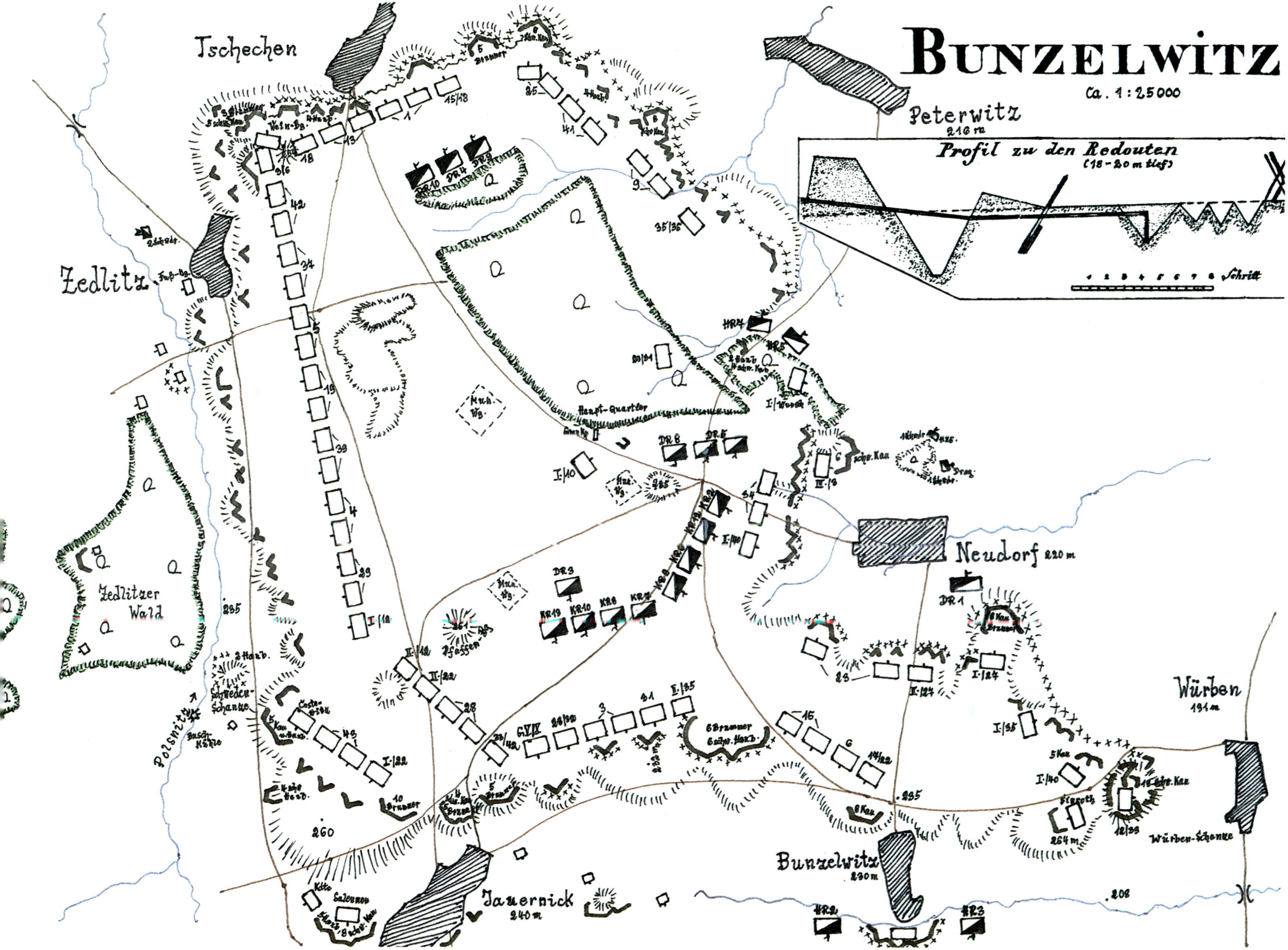
BUNZELWITZ
Ca. 1:25000
Profil zu den Redouten
(18-20 m tief)
Schritt
Tschechen
Peterwitz
216 m
Zedlitz
Zedlitzer Wald
Neudorf 220 m
Würben
191 m
Würben-Schenke
Bunzelwitz
230 m
Jauernick
240 m
Haupt-Quartier
Pfaffen-Bg.
Schweden-Schanze
Poischwitz
260
264 m
295
208
235
233 m

Lager bei Bunzelwitz, vom 20. August bis 25. September 1761. *Die Infanterie-Regimenter Nr. 35 und 40 beginnen sofort nach dem Einrücken mit den Schanzarbeiten bei der Befestigung am Nordwestrand der Würben-Schanze.*

Zureden Loudons rückte Buturlin bis Oelse-Striegau vor, Tschernitschew bis Muhrau, so daß Brentano im Norden bis zum Striegauer Wasser die Einschließung verlängern und Loudon sie bei Schönbrunn und Arnsdorf verengen konnte. Da Loudon mehrfach auf einen Angriff drängte, ihn aber nicht allein wagte, Buturlin ihn aber nicht wollte, kam es am 29.8. zum Kriegsrat mit dem Ergebnis, die Preußen weiter einzuengen, von Schweidnitz abzudrängen und die Festung zu nehmen. Nach einer Niederlage fürchteten die Russen ihren langen Rückmarsch. Als Berg das Striegauer Wasser bis Konradswaldau überschritt, rechnete der König für den 30.9. mit dem Angriff und zog dort seine Vortruppen zurück. Es kam nichts; dafür besetzte Beck den Zedlitzer Wald und Draskovic die Burkersdorfer Höhen südlich Schweidnitz. Loudon entwarf für den 3.9. einen ausführlichen Angriffsplan. Am 2.9. bewilligte ihm aber Buturlin nur ein Hilfskorps für den Fall, daß der König angriffe, während Loudon Tschernitschew mit Brentano bei Tschechen, das russische Hauptheer bei Zedlitz und 10 Bataillone bei Jauernick ansetzen wollte. Der russische Feldmarschall wollte kein »Handlanger eines österreichischen Sieges« sein.

Loudons Plan sah vor: Am 2.9. um 22 Uhr tritt die Österreichische Armee in fünf Angriffs-Kolonnen gegen die Südfront des Lagers beiderseits Wickendorf-Jauernick bis Bunzelwitz an, rechter Flügel zwischen Zülzendorf und Tunkendorf, linker Flügel zwischen Zirlau und Kunzendorf, Flankendeckung rechts zwischen Kammerau und Schönbrunn. Am 3.9. um 4 Uhr greifen die Brigaden Brinken ostwärts Arnsdorf-Wickendorf, Amadei westlich davon, begleitet von Freiwilligen und Zimmerleuten zum Vernageln der Kanonen, die Schanzen ostwärts des Pfaffen-Berges an gegen 5 schwere Batterien, 10 Bataillone, 80 Schwadronen und der Westfront in die Flanke. Grenadiere und Kroaten ersteigen die Schanzen und öffnen sie von hinten. Die nachfolgende Armee unterstützt nur mit dem linken Flügel und hält den rechten gegen Bunzelwitz, Zülzendorf und Schweidnitz zurück. Die Artillerie geht auf dem Mühl-Berg 274,5 bei Ober-Arnsdorf in Stellung. Gleichzeitig greifen die Korps Beck von der Busch-Mühle westlich des Pfaffen-Berges, Brentano und Tschernitschew zwischen Puschkau und Tschechen, Berg von Saarau auf Neudorf, Luzinsky auf Zülzendorf an, während die russische Hauptarmee zwischen Zirlau und Zedlitzer Wald unterstützt. Eroberte Stellungen »sind, koste es, was es wolle, mit Standhaftigkeit zu behaupten«. Es war nicht Loudons Schuld, daß die Schlacht unterblieb. Sie wäre sicher »die merkwürdigste und schrecklichste dieses Jahrhunderts geworden« meinte Tielke.

Am Abend des 3.9. brach die Armee des Königs nicht mehr ihre Zelte ab; er halbierte die Gefechtsbereitschaft für die Nacht, je Regiment nur noch ein Bataillon. Die Truppe trat statt abends nur noch früh um 2 Uhr ins Gewehr. Als das Vieh verzehrt war, entsandte der König Bülow mit den HR 3, DR 5 und dem IR 39 in die Dörfer ostwärts Schweidnitz zur Beitreibung. Er kam mit 200 Rindern, 300 Schafen ungestört zurück. Brot und Fourage gab es genug in Schweidnitz. Nach langen Gerüchten eines Abzuges sah man am 9.9. abends Bewegungen im russischen Lager. Im Norden rückte Brentano auf Grunau heran. Die Armee trat sofort ins Gewehr. Als um 22 Uhr das russische Lager in Flammen aufging, wußten die Preußen, daß sie davongekommen waren. Am nächsten Morgen standen die Österreicher in ihrer alten Stellung zwischen Kunzendorf und Freiburg; im Laufe des Tages gingen sie auf Seifersdorf und Hohenfriedeberg zurück. Die Russen marschierten über Jauer zur Oder, nur das Korps Tschertnitschew blieb. Der König war der größten Gefahr des ganzen Krieges entgangen. Er sandte am 11.9. den Russen das Korps Platen nach und rückte am 26.9. nach fast sechs Wochen nach Pilzen und am 28.9. nach Münsterberg, weil die Vorräte zur Neige gingen, in Neisse aber genug lag.

Loudon blieb bei dem Gedanken, Schweidnitz im Handstreich zu nehmen, sobald der König weit genug entfernt war. Er kannte die Verhältnisse in der Festung genau, die nur von 4 Bataillonen IR 32, 36 und 38 besetzt war. Am 30.9. ließ er die Stadt mit Kavallerie umringen, die sich ständig verengte. Das Angebot Tschernitschews zur Mitwirkung lehnte er bis auf 800 Grenadiere ab. Vier Sturmkolonnen aus je 5 Bataillonen, dazu Pioniere, Zimmerer, Arbeiter, Leiternträger wurden gegen die vier Forts angesetzt: I unter Wallis von Säbischdorf, II unter Linck von der Striegauer Straße, III unter Kalwell von Schönbrunn, IV unter De Vins von Bögendorf. Kein Schuß durfte fallen. Janus führte mit Kroaten von Jakobsdorf einen Ablenkungsangriff auf das Wasser-Fort. Um 2 Uhr war Angriffs-Beginn. Plänkel-Feuer erleichterte den Anmarsch. Zuerst fiel Fort IV, wobei das Pulvermagazin mit 400 Mann in die Luft flog, als letztes das Fort I; das Wasser-Fort wurde von innen von Kriegsgefangenen geöffnet. Um 7 Uhr war die Festung genommen; stundenlange Plünderung folgte. Loudon verlor 1 457 Österreicher, 97 Russen und nahm General v. Zastrow, 107 Offiziere, 3 240 Soldaten gefangen, ohne das Funktions-Personal. Der König mußte den Marsch auf Neisse einstellen und konnte Schweidnitz erst 1762 wieder einnehmen.

Der König hatte bewiesen, daß er mehr konnte als nur angreifen; hier war er Meister der Defensive und des Blutsparens! Seine Armee blieb jederzeit schlagkräftig nach allen Seiten. Seine Gegner lagen im freien Feld, stritten sich um die Versorgung und mißtrauten sich, seit die Russen 1759 allein geblieben waren. Trotz innerer Niedergeschlagenheit wirkte sein persönliches Beispiel auf die Soldaten durch feste Gelassenheit, die Vertrauen bildet. 1843 bekam die Eisenbahn-Kreuzung unweit Bunzelwitz den Namen 'Königszelt'.

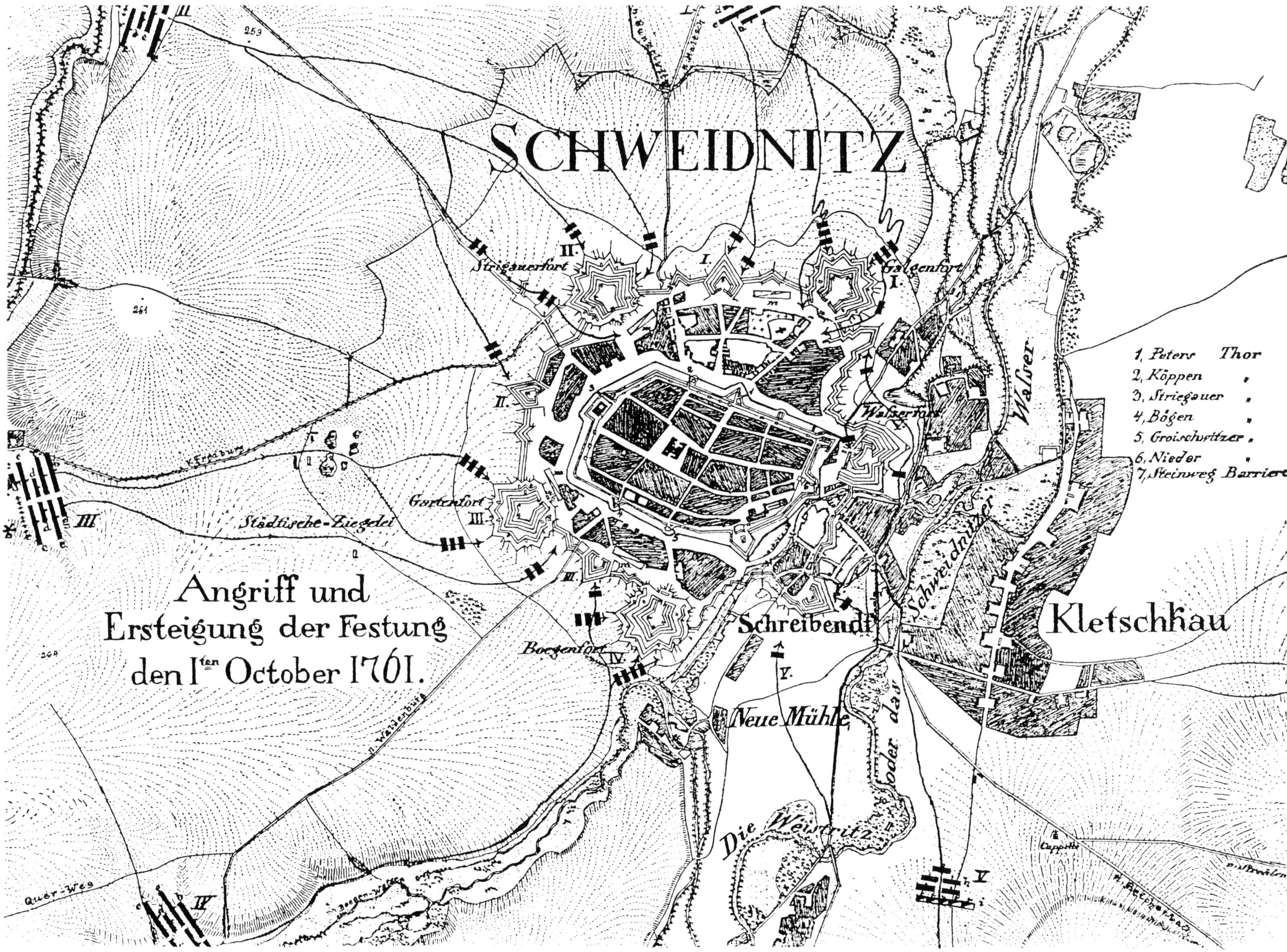

SCHWEIDNITZ
Angriff und
Ersteigung der Festung
den 1ten October 1761.
Strigauerfort
Galgenfort
Wasserfort
Gartenfort
Boegenfort
Städtische-Ziegelei
Schreibendf
Neue Mühle
Kletschkau
Schweidnitzer
Wasser
Die Weistritz
oder das
Quer-Weg
1, Peters Thor
2, Köppen
3, Striegauer
4, Bögen
5, Groischwitzer
6, Nieder
7, Steinweg Barriere

BURKERSDORF

21. Juli 1762

Ende Juni 1762 erwartete der König bei Bettlern südlich Breslau das Eintreffen des Korps Tschernitschew, nachdem der Zar Peter III. Friede und Bündnis am 5.5. unterzeichnet hatte. Friede mit Rußland und Schweden entlastete die überforderte Armee. Preußens Finanzen erlaubten die Verstärkung der Artillerie auf 662 Geschütze, davon 362 schwere, und die personelle Aufstockung der Regimenter. Der König setzte auf Zeitgewinn und Schonung der Kräfte. Am 30.6. überschritten die Russen bei Auras die Oder mit 19 362 Mann in 5 Gren.Btl., 9 Inf.Rgt., 1 Kür.Rgt., 1 000 Kosaken und rückten am 1.7. mit den Preußen in ein Lager bei Sachwitz. Erstmalig war der König mit 75 000 Mann Daun an Zahl gewachsen, der zwischen Zobten und Kratzkau Schweidnitz deckte.

Um Daun nach Süden von Schweidnitz abzudrängen, setzte der König das Korps Wied auf Striegau in Marsch, worauf Daun am 2.7. auf Freiburg und Ober-Bögendorf zurückging. Der König folgte bis Bunzelwitz und sandte Wied nach Friedland in den tiefen Rücken des Feindes. Er folgte mit dem zweiten Treffen, während das erste unter Zieten bei Bunzelwitz stehenblieb. Am 6.7. gab es bei Adelsbach ein hitziges Gefecht mit Kräften Brentanos, das Daun in eine Front nach Nordwesten zwischen Reußendorf und Burkersdorf einschwenken ließ. Der König zog seine Armee bis Seitendorf — Hohgiersdorf nach. Wieds Vorstöße bis Trautenau bewegten Daun nicht aus seiner Stellung, sondern führten zum Ausweichen Brentanos bis Dittersbach und zur Verstärkung der Truppen bei Braunau aus der Grafschaft Glatz.

Da entschloß sich am 13.7. der König, Dauns Stellung an der tiefen Flanke bei Leutmannsdorf und Burkersdorf aus den Angeln zu heben und gleichzeitig seine Verbindung zu Schweidnitz durchzutrennen. Gelang es, diese Höhen zu nehmen, war seine unangreifbare Stellung am Dittmannsdorfer Grund unhaltbar. Den Sturm sollte das Korps Wied durchführen, das heimlich hinter der Front auf den entgegengesetzten Flügel geworfen wurde zum Angriff am 21.7. Um Hadik und Brentano zu fesseln, blieb ein Detachement unter Gablentz bei Trautliebersdorf stehen. Am 17.7.marschierte die Brigade Möllendorff um 1 Uhr von Seitendorf nach Kunzendorf, um 20 Uhr Wied bei strömendem Regen bis Gablau und Alt-Reichenau, in der ersten Kolonne IR 22, 10, 31, 25, Wunsch und DR 9, in der zweiten IR 3, I./IR 37, IR 16, 12 und die KR 8 und 7, dazu das Gren.Bt. 29/31 mit dem I./IR 37 mit Brotwagen aus Landeshut.

Während Wied am 18.7. nachts unbemerkt Jauernick, Bunzelwitz und Würben erreichte, setzte Tschernitschew den König in Kenntnis, daß Zar Peter III. abgesetzt und der Rückmarschbefehl nach Polen erteilt sei. In Freundschaft erreichte der König seine Verschiebung um drei Tage und Geheimhaltung. Man kannte sich von der Gefangennahme bei Zorndorf. Am 19.7.nahm der König Hauptquartier in Bögendorf, während Möllendorff nach Roth-Kirschdorf ging. Wieds erste Kolonne erreichte über Nitschendorf Kreisau , die zweite über Weißkirschdorf Faulbrück. Möllendorff und HR 7 marschierten zwischen Nieder-Weistritz und Esdorf auf, rechts verlängert durch die Brigade Knobloch von Bögendorf mit den Gren.Bt. 12/39, 17/22, IR 28, 19 und 5 Schwadronen DR 5. Die Kavallerie setzte sich hinter die Brigaden mit Front gegen Schweidnitz. Abends trafen 45 Stück 10- und 7-pfündige Haubitzen und 10 schwere Zwölfpfünder Kanonen des 2. Feldartillerie-Regiments für die große Batterie bei Ohmsdorf ein. Schweidnitz war abgeschnitten.

Wegen seiner Stellung hielt Daun einen Angriff vorn oder in der rechten Flanke für ausgeschlossen, mehr fürchtete er für den linken Flügel zwischen Reußendorf und Charlottenbrunn. Die Höhen beiderseits der Weistritz beherrschen das Vorland bis Schweidnitz. Steil und dicht bewachsen, waren sie mit Schanzen gekrönt, durch Verhaue und Palisaden verstärkt, verbunden und mit Unterständen befestigt. Tempelhoff sah sie: »Ich gestehe, in diesem Kriege weder bessere noch mit so vielem Fleiß erbaute Werke gesehen zu haben, daß es unmöglich zu sein schien, einen Feind zu vertreiben«. Am 20.7. nachmittags verstärkte Daun die 5 1/2 Regimenter auf den Burkersdorfer Höhen durch 3 Bataillone, ein Dragoner-Regiment und befahl Brentano, mit seinem ganzen Korps die Höhen bei Ludwigsdorf, Michelsdorf und Leutmannsdorf zu besetzen.

Grenadiere vom Gren.Btl. 24/34 und IR 34 nahmen nach 22 Uhr das Schloß Ohmsdorf weg für die große Batterie. Gegen Morgen des 21.7. war alles fertig. Wenige Stunden später drängte die preußische Kavallerie die östereichischen leichten Truppen von den Höhen westlich Dittmannsdorf über den Grund zurück. Gleichzeitig gingen beiderseits die Brigaden Ramin und Manteuffel vor, denen das russische Korps den Rücken sicherte. Die ostwärtige Flanke des linken Flügels sicherte weiträumig Württemberg mit 15 Schwadronen. Daun eilte vom Hauptquartier Tannhausen ins Lager. Es wurde Generalmarsch geschlagen, die Truppen besetzten die Stellungen, die Geschütze eröffneten das Feuer.

Aufstellung

der Armee des Königs im Juni 1762 vor dem Eintreffen des russischen Hilfskorps.

Hauptquartier des Königs: Bettlern.

Vorposten vor Brieg:

- 2tes Freibat. Wunsch in Töppendorf bei Strehlen.
- 10 Esk. Möhring Hus. zwischen Töppendorf u. Grottkau.
- 1stes Freibat. Wunsch in Grottkau.

Vorposten am Schweidnitzer-Wasser und an der Lohe:

- 5 Esk. Gersdorf Hus., 3 Esk. Schony Hus. zwischen Lissa und Schalkau.
- 5 Esk. Zastrow Drag. bei Gr. Schottgau.
- 1 Freibat. Salenmon in Schlosnitz.
- 10 Esk. Lossow Hus. bei Paschwitz und Woichwitz.
- 1 Bat. Fußjäger in Sachwitz.
- 10 Esk. Bosniaken bei Gnichwitz.
- 1 Freibat. Schony in Koberwitz und Peltschütz.
- 10 Esk. Malachowski Hus. bei Koberwitz.
- 5 Esk. Czettritz Drag., 5 Esk. Alt-Platen Drag. bei Magnitz.
- 10 Esk. Zieten Hus. bei Wiltschau.

Erstes Treffen.

	Zieten.				Markgraf Karl.			Zieten.	
G.L.:	Krockow.		Graf Neuwied.			Manteufel.		Pr. v. Würtemberg.	
G.M.:	Schmettau.	Flanß.	Knoblauch.	Braun.	Zieten.	Saldern.	Schenkendorf.	Löllhöfel.	Schwerin.
	5 Esk. Spaen Kür. in Rohrau, Barottwitz, Saulwitz. 5 Esk. Prinz Heinrich Kür. in Mollwitz, Hünern, Laugwitz, Grüningen, Hermsdorf.	5 Esk. Bredow Kür. in Marschwitz, Goy, Giesdorf, Jätzdorf, Rosenhayn. 5 Esk. Vasald Kür. in Deutsch-Steine, Linden, Hennersdorf, Haydau.	2 Bat. Moritz in Jauer und Klosdorf. 2 Bat. Thile in Bankau und Köchendorf. 1 Gr.-Bat. Mosch in Zindel.	2 Bat. Lestwitz in Mechwitz und Güntersdorf. 2 Bat. Zieten in Johnwitz, Deutsch und Poln. Breile.	2 Bat. Gablentz in Gr. Mochbern. 2 Bat. Ferdinand in Siebischau, Plankenau. 2 Bat. Thadden in Rothsürben u. Kl. Oels.	2 Bat. Alt-Braunschweig in Hartlieb und Klettendorf. 2 Bat. Karl in Herrmannsdorf. 2 Bat. Mosell in Opperau, Ob. und Nd. Hof.	1 Gr.-Bat. Hacke in Criptau und Kentschkau. 2 Bat. Lindstädt in Gräbschen und Gabitz. 2 Bat. Forcade im Schweidnitzer Anger und Neudorf.	5 Esk. Seydlitz Kür. in Stanowitz, Leisewitz, Zottwitz, Seifersdorf, Würben bei Ohlau. 5 Esk. Manstein Drag. in Masselwitz, Pilsnitz, Neukirch, Schmiedefeld bei Lissa.	3 Esk. Garde du Corps in Hundsfeld und Wildschütz. 5 Esk. Gensdarmes in Weigelsdorf, Mirkau, Schleibitz, Sackrau.

Zweites Treffen.

Bülow.	Ramin.	Pr. v. Bernburg.	Thile.	Rochow.	Thadden.	Gablentz.	Lentulus.
10 Esk. Baireuth Drag. in Hermsdorf, Marienau, Lorenzberg, Louisdorf, Ober-Ecke, Olbendorf.	1 Gr.-Bat. Anhalt in Bettlern. 2 Bat. Syburg in Grünhübel und Lohe. 2 Bat. Zeuner in Poln. Neudorf.	3 Bat. Bernburg in Dürrjentsch, Oldern, Eckersdorf, Schönborn.	2 Bat. Dohna. 2 Bat. Fink. 1 Gren.-Bat. Hachenberg (im Retranchement bei Gabitz.)	2 Bat. Braun (im Retranchement bei Gabitz.)	2 Bat. Kanitz. 2 Bat. Wied in Strachwitz.	1 Gr.-Bat. Falkenhayn. 1 Gr.-Bat. Schwartz. 2 Bat. Ramin (im Retranchement bei Gabitz.)	5 Esk. Finkenstein Drag. bei Gräbschen.

Reserve.

Oberst Graf Lottum.	G.-M. Möllendorf.
1 Gr.-Bat. Drach in Brakau. 1 Gr.-Bat. Görne in Kleinburg und Krittern. 1 Gr.-Bat. Rothenburg in Oltaschin. 2 Bat. Prinz Heinr. in Tschausch und Radwanitz.	1 Gr.-Bat. Saldern in Breslau. 2 Bat. Garden. 2 Bat. Prinz v. Preußen.

Ordre de Bataille
der Königl. preußischen Armee in Schlesien am 1. Juli 1762.

Seine Majestät der König.
General der Kavallerie v. Zieten.
General der Infanterie Graf Czernitschef.

Erstes Treffen.

- General-Lieutenant: v. Krockow.
  - General-Major: v. Schmettau.
    - 5 " Pr. Heinrich " 2
    - 5 Esk. Spaen Kür. 12
  - v. Flanß.
    - 5 " Vasold " 6
    - 5 Esk. Bredow Kür. 9
- v. Manteuffel.
  - v. Knoblauch. 10 Brummer.
    - " Mosch. 39/42
    - " Görne. 12/35
    - Gr.-B. Rothenburg. 11/22
    - Rgt. Thile 28
    - 8 schwere Haubitzen.
  - Brig. Lottum. 10 österr. 12℔der.
    - " Pr. Moritz. 22
    - Rgt. Pr. Heinrich. 2
    - 8 leichte H.
- Palmbach.
  - Gen.-M.: v. Saldern. 10 österr. 12℔der.
    - " Mosel. 10
    - " Markgr. Karl. 19
    - Rgt. A.-Braunschweig. 5
    - 8 leichte H.
  - Schenkendorf. 10 österr. 12℔der.
    - " Forcade. 23
    - Rgt. Lindstädt. 27
    - Gr.-B. Hacke. 3/6
    - 8 schw. H.
- Lapuchin.
  - Benkendorf. 16 russ. schwere Haubitzen.
    - Gr.-B. Kolubachin.
    - Rgt. Czernitschef.
  - Piethof.
    - " Piethof.
    - Rgt. Nummers.
- Prinz v. Würtemberg.
  - Nummers. 10 Brummer.
    - Rgt. König v. Preußen.
    - Gr.-B. Kaschkin.
  - Lölhöfel.
    - 5 " Manstein " 4
    - 5 Esk. Seidlitz Kür. 8
  - Schwerin.
    - 5 " Gensdarmes. 10
    - 3 Esk. Garde du Corps. 13
- Gen.-Maj. v. Maslow.
  - Gr.-B. Dolgorucki.
  - " Lapuchin.
  - " Neronow.

Zweites Treffen.

- General-Major: v. Bülow.
  - 10 Esk. Baireuth Drag. 5
- v. Möllendorf. 10 Brummer.
  - Gr.-B. Drache 24/34
  - 1 B. Saldern. 6
  - 2 B. Garde. 15
  - Rgt. Pr. v. Preußen. 18
- v. Ramin. 10 österr. 12℔der.
  - " Zeuner. 1
  - Rgt. Kais. v. Rußland.
  - Gr.-B. Anhalt. 15/18
- Pr. Dolgorucki. 10 österr. 12℔der.
  - " Dolgorucki.
  - Rgt. Lapuchin.
- Dunten. 10 österr. 12℔der. 10 Brummer.
  - " Benkendorf.
  - " Stoffeln.
  - Rgt. Palmbach.
- Osthof. 16 berittene 6℔der.
  - 5 Esk. Osthof Drag.
- v. Zastrow.
  - 5 Esk. Zastrow Drag. 1
  - 5 Esk. Czettritz Drag. 4

Reserve-Korps.

- 10 Esk. Losow Hus. 5
- 10 Esk. Bosniaken.
- 1 Esk. Mosbauscher Hus.
- Pulk Kosacken.
- Bat. Fußjäger.
- Frei-B. Hüsen.
- Frei-B. Cellemon.
- 10 Esk. Malachowski Hus. 7
- 10 Esk. Zieten Hus. 2

Korps des Gen.-Lieut. Grafen Neuwied.

- Erstes Treffen.
  - v. d. Gablentz. 10 österr. 12℔der.
    - Gr.-B. Falkenhayn. 29/31
    - " Schwarz. 35/36
    - Regt. Ramin. 25
  - G.-M.: v. Zieten. 10 schw. 6℔der.
    - Regt. Gablentz. 40
    - " Pr. Ferdinand. 34
    - " Thadden. 4
  - 8 leichte Haubitzen.
- Zweites Treffen.
  - v. Thadden.
    - Regt. Fink. 12
    - " Syburg. 16
  - G.-M.: Braun. 10 leichte 12℔der.
    - Regt. Braun. 37
    - " Lestwitz. 31
    - " Zieten. 43
- Reserve.
  - Gen.-Maj. Pr. v. Bernburg.
    - Regt. Pr. Bernburg.
  - Obl. v. Reitzenstein.
    - 5 Esk. Finkenstein 10 Drag.
    - 2 Frei-B. Wunsch.
    - 3 Esk. Schony Fr.-Husaren.
    - Pulk Kosacken.
  - Oberst v. Pomeiske.
    - 8 Esk. Gersdorf Hus. 8
    - 5 Esk. Pomeiske Drag. 9

Korps des Herzogs von Bevern.
Gen.-Lieut. v. Werner.

- G.-M. v. Thile. 10 österr. 12℔der.
  - 1 Garn.-B. 42 Caß aus Kosel.
  - 1 B. Markg. Heinrich.
  - " Kassel. 45
- Ob. v. Stechow. 10 leichte 12℔der.
  - " Neuwied. 41
  - Rgt. Kanitz. 2
- G.-M. v. Zeuner. 4 schw. 6℔der.
  - steh. 5 " Sachsenberg.
  - steh. 2 " Ingersleben.
  - " Rothkirch.
  - 4-7℔dige Haubitzen.
- Ob. v. Kleist. 8 leichte 12℔der.
  - " Benkendorf. steh. 3
  - " Bubberg. 21/27
  - " Bock. 47/G.W.
- v. Nimschefski.
  - " Thielau. 44/46
  - " Busch. steh. 6
  - Gr.-B. Kleist 37/40
- Gen.-Maj. v. Lentulus.
  - Frei-Batall. Courbiere.
  - 2 Frei-Bat. Horst.
  - Gren.-Bat. Chaubet. 28/32
  - 5 Esk. Alt-Platen Drag. 8
  - 5 Esk. Flanß Drag. 3
  - 5 Esk. Würtemberg Drag. 12
- Oberst v. Möhring.
  - 10 Esk. Werner Hus. 6
  - 10 Esk. Möhring Hus. 3

Ordre de Bataille
der österreichischen Armee in Schlesien im Mai 1762.

General-Feldmarschall Daun.

General-Feldzeugmeister: Haddick. — Laudon. — Lascy. — Odonell.
General-Feldmarschall-Lieutenant: Podstatzky. — Unruh. — Müffling. — Prinz v. Anhalt-Zerbst.
General-Feldwachtmeister:

Rebach.
- 5 Esk. Anhalt-Zerbst Kür.
- 5 „ Alt-Modena Kür.
- 5 „ Savoyen Drag.

Naselly.
- 2 Bat. Gaisruck.
- 2 „ Walbeck.
- 2 „ Neuperg.

Palfy.
- 2 Bat. Angern.
- 2 „ Lascy.
- 2 „ Andlau.

Koch.
- 2 Bat. Kinsky.
- 2 „ Thierheim.

Mercy.
- 2 Bat. Puebla.
- 2 „ Haller.
- 1 „ Baden-Baden.

Vogelsang.
- 2 Bat. Erzh. Ferdinand
- 1 „ Los Rios.
- 2 „ Leop. Daun.
- 2 „ Alt-Kolloredo.

Belgiogoso.
- 5 Esk. Anspach Kür.

Besony.
- 5 Esk. Erzh. Joseph Drag.
- 5 „ Erzh. Maximilian Kür.

General-Feldmarschall-Lieutenant: Prinz Albrecht. — Unruh. — Müffling. — Martigny.
General-Feldwachtmeister:

Caramelly.
- 5 Esk. Prinz Albrecht Kür.
- 5 „ Odonell Kür.
- 6 „ Erzh. Leopold Kür.

Amadey.
- 2 Bat. Durlach.
- 1 „ Mercy.
- 2 „ Wallis.

Pfuel.
- 2 Bat. Sincere.
- 2 „ Laudon.
- 2 „ Ab. Bathiany.

Ziegan.
- 2 Bat. Königsegg.
- 2 „ Platz.
- 2 „ Sprehremberg.
- 2 „ Wolf.

Kallenberg.
- 2 Bat. Harrach.
- 1 „ de Ligne.
- 2 „ Kollowrath.

Esterhazy.
- 5 Esk. Lichtenstein Drag.
- 5 „ Buckow Kür.

Reserve-Korps.

General-Feldmarschall-Lieutenant: Brentano. — Ellrichshausen.
General-Feldwachtmeister:

Uhiazy.
- 5 Esk. Darmstadt Drag.
- 5 „ St. Ignon „
- 5 „ Kolnocki Hus.
- 5 „ Nadasdy „

Roth.
- 3 Bat. 2 Gr.-Komp. Kreutzer.
- 3 „ 2 Gren.-Komp. Warasdiner.
- 5 Esk. 1 Gren.-Komp. Kollowrath Drag.
- 4 „ Karlstädter Hus.

Ferrari.
- 2 Bat. Bethlehem.
- 2 „ Laudon Grenadiere.
- 2 „ d'Arberg.

Lichtenstein.
- 11 Esk. Grenadiere u. Karabiniers zu Pferde.
- 8 Bat. Grenadiere.

Gourcy.
- 1 Bat. 1 Gr.-K. Oguliner.
- 1 „ Licaner.
- 2 „ Sachsen-Gotha.
- 2 „ Baireuth.
- 2 „ Breisach.

Luzinski.
- 5 Esk. Kaiser Hus.
- 5 „ Luzinski Hus.
- 5 „ Jung-Modena Drag.
- 5 „ Würtemberg Drag.

Detaschirte Korps.

General-Feldmarschall-Lieutenant:

Draskowitz bei Wartha und Silberberg.
- 2 Bat. 2 Gr.-K. Teutschmeister.
- 2 „ 2 Gr.-K. Botta.
- 2 „ 2 „ Leopold Palfy.
- 2 „ 2 Gren.-K. Oguliner.
- 3 „ Banalisten.
- 2 „ 2 Gr.-K. Simbschön.
- 2 „ Ahremberg (Garnisontruppen).

Beck in Oberschlesien.
- 2 Bat. 2 Gren.-K. Marschall.
- 2 „ 2 Gren.-K. Forgatsch.
- 2 „ 6 Gren.-K. Toskaner.
- 2 „ 2 Gren.-K. Gradiskaner.
- 2 „ 2 Gren.-K. Peterwardeiner.
- 3 „ 2 Gren.-K. Broder.
- 1 „ 2 Gren.-K. Jäger von Beck.
- 5 Esk. 1 Gren.-K. Sachsen-Gotha Drag.
- 5 „ 1 Gren.-K. Althon Drag.
- 5 „ 1 Gren.-K. Leutmannsdorf Kür.
- 5 „ 1 Gren.-K. Augasser Kür.
- 6 „ Bethlehem Hus.
- 6 „ Palfy Hus.

Anmerk. Es ist diese Ordre de bataille aus mehreren ziemlich übereinstimmenden Listen, welche dem Könige zugegangen sind, zusammengetragen worden.

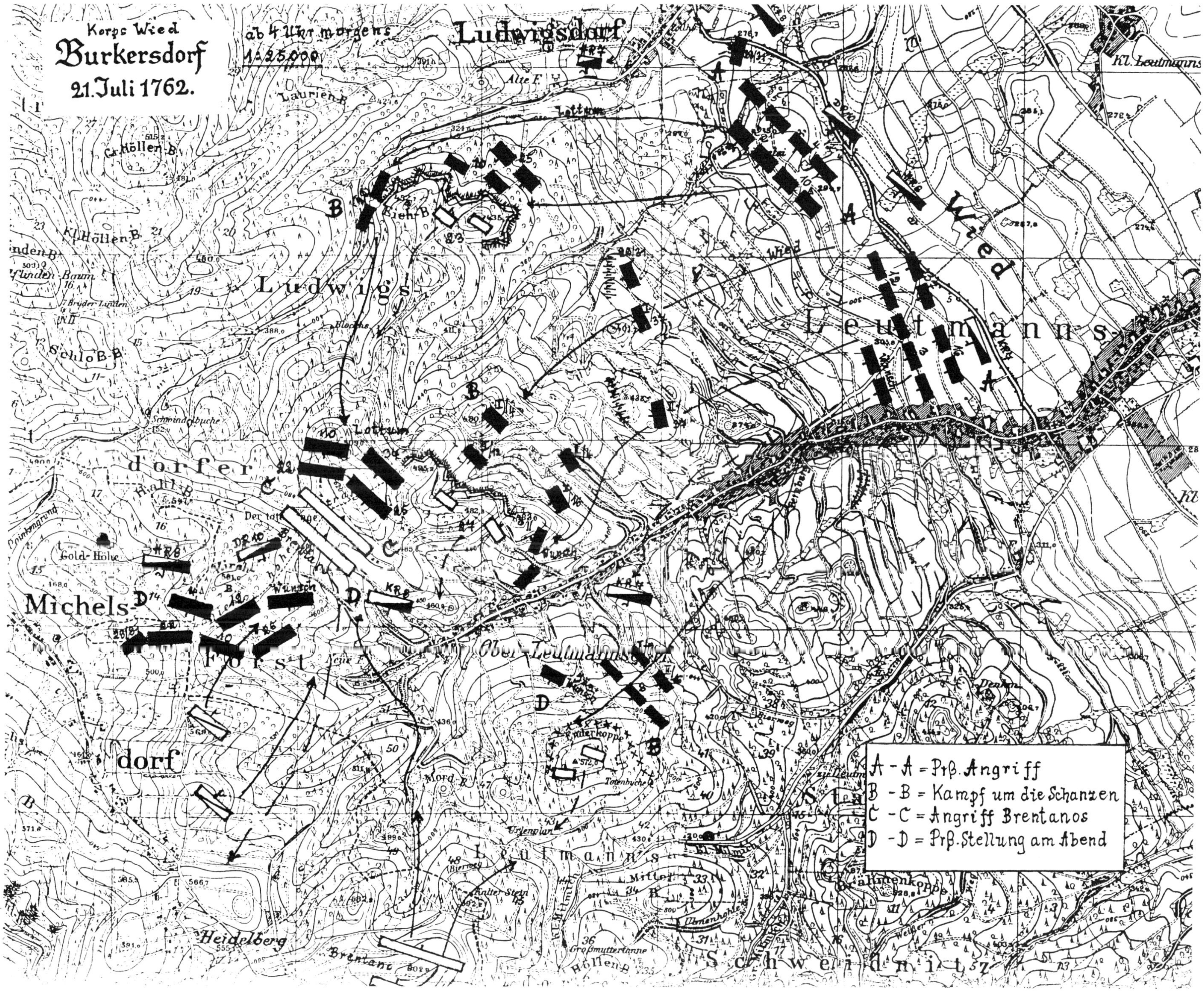
Korps Wied
Burkersdorf
21. Juli 1762.
ab 4 Uhr morgens
1:25000
Ludwigsdorf
Ludwigs-
dorfer
Forst
Michels-
dorf
Leutmanns-
Wied
Schweidnitz
A - A = Prß. Angriff
B - B = Kampf um die Schanzen
C - C = Angriff Brentanos
D - D = Prß. Stellung am Abend

Burkersdorf, 21. Juli 1762. *Das Infanterie-Regiment Nr. 22 wirft am rechten Flügel unter Lottum durch Umgehung das Österreichische Regiment Baden-Baden (Infanterie-Regiment Nr. 23) vom Eich-Berg (452 Meter) nördlich Ludwigsdorf.*

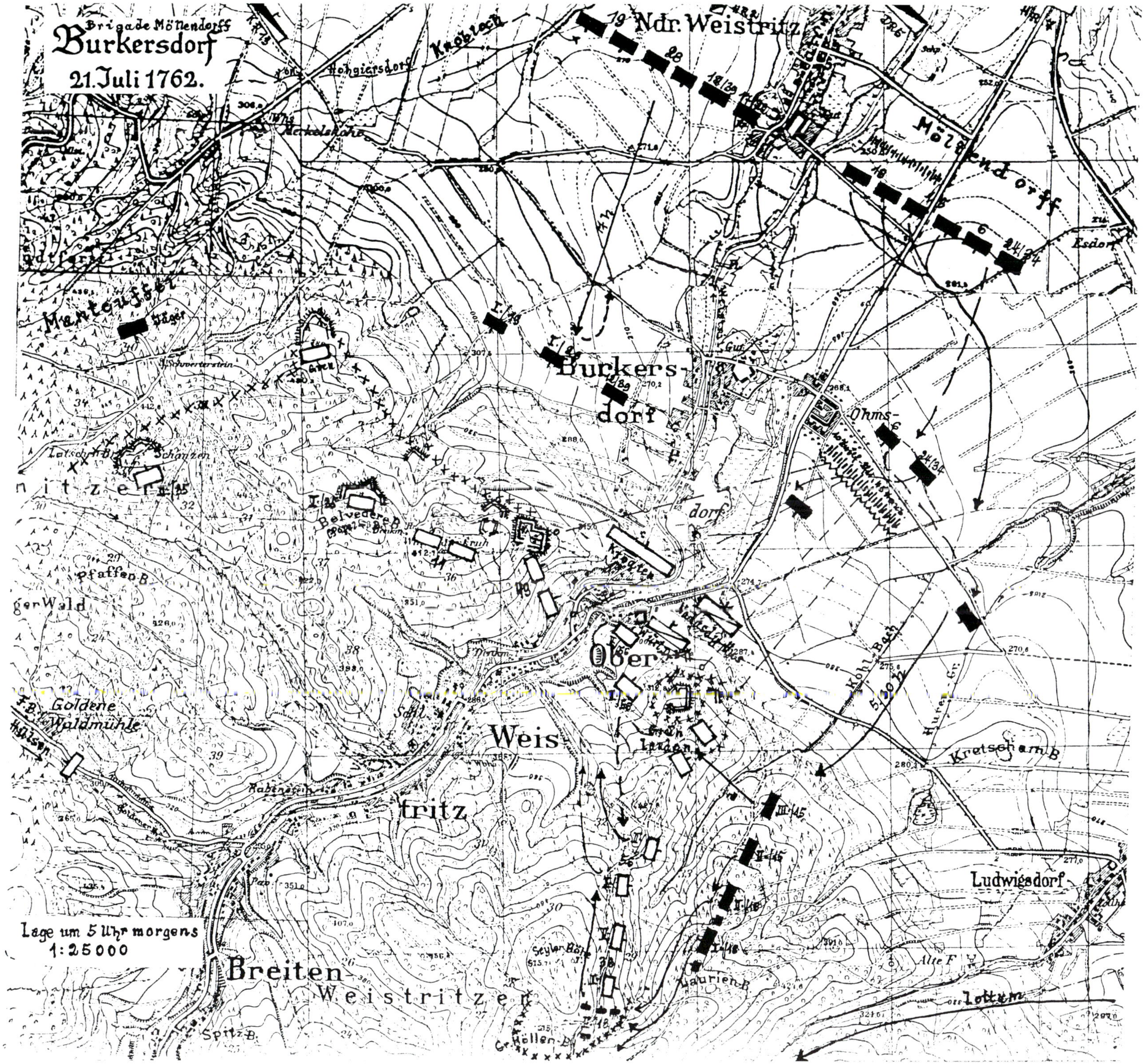
Brigade Möllendorff
Burkersdorf
21. Juli 1762.
Ndr. Weistritz
Möllendorff
Manteuffel
Burkers-
dorf
Ohms-
dorf
Belvedere B.
Pfaffen B.
Goldene Waldmühle
Ober
Weis
tritz
Kretscham B.
Ludwigsdorf
Lage um 5 Uhr morgens
1:25000
Breiten-
Weistritzer
Lottum

Der König erschien um 3.30 Uhr bei den Angriffstruppen des linken Flügels und befahl Möllendorff die Feuereröffnung aller Batterien, sobald vom zuerst antretenden Korps Wied Gefechtslärm ertöne. Es war nachts unbemerkt von der Peile bis zur Straße Wierischau-Kl. Leutmannsdorf vorgerückt, während Daun das Korps Brentano mit 12 Bataillonen, 20 Schwadronen am Vorabend auf die überragenden Höhen ostwärts Michelsdorf-Heidelberg verlegt und ein Vorgehen verboten hatte. Die Gegner wußten nichts voneinander. Leutmannsdorf war von Kroaten besetzt, am Südrand des Dorfes standen 6 Bataillone für einen Flankenstoß. Von den drei Angriffs-Brigaden führte die nördliche Lottum, die südliche Bernburg, die mittlere Wied selbst. Jede hate 10 schwere Geschütze.

Bernburg ließ Leutmannsdorf durch die Jäger von Wunsch säubern, während die schweren Batterien halbstündiges Vorbereitungsfeuer schossen. In dieser Zeit ging das Korps Brentano bis Ober-Leutmannsdorf-Hahl-Berg vor. Nachdem die II./IR 12 und II./IR 16 zur Verstärkung eingetroffen waren, griff Bernburg in dem durch Schluchten, Gräben und Gebüsch äußerst schwierigen Gelände zügig an und warf den Feind, der sich mehrfach setzen wollte, bis in die Wälder vor Heidelberg und Heinrichau zurück. Das IR 3 zeichnete sich besonders aus; es verlor 149 Tote und Verwundete.
Fast gleichzeitig hatte Wied die Artillerie auf die ersten Höhen Stellungswechsel machen lassen, eine unglaubliche Anstrengung, und die Schanzen am Eich-Berg wie an der Höhenlinie von Punkt 495,2 nach Ober-Leutmannsdorf unter Feuer gehalten. Danach griff Lottum mit den IR 22, 10, 25 den Eich-Berg an, den er wegen hartnäckigen Widerstandes durch einen tiefen Grund nördlich umfaßte und von zwei Seiten nahm. 11 Kanonen wurden erbeutet. Die Reste des österreichischen Regiments Durlach kamen erst in der Stellung Brentanos zum Stehen. IR 10 zeichnete sich aus, verlor aber 300 Verwundete und Tote.

Wied setzte gegen die südliche Schanze das Freiregiment Wunsch, IR 4 und II./IR 12 an, denen zur Unterstützung und Nachführung der Artillerie Gren.Btl. 29/31 und IR 37 folgten. Gelände-Hindernisse und tapferer Widerstand verzögerten den Erfolg; die Verluste bei Wunsch hatten 120 Mann, beim IR 4 über 300 Mann erreicht. Da kam Wunsch durch den Hohlweg südlich der Schanze dem Feind in den Rücken. Unter Verlust von zwei Kanonen gingen alle österreichischen Truppen auf die Höhen westlich Michelsdorf — Heinrichau zurück. Wied hielt die ostwärtigen Höhen, verstärkt durch die HR 8, DR 10, KR 8, 7 und das HR 7 bei Ludwigsdorf. Damit war die Stellung Dauns aus den Angeln gehoben! 25 Offiziere, 1 568 Mann blutige Ausfälle hatte das gekostet. Lottum wurde General, 14 Pour-le-mérite anerkannten den Erfolg.

Als Wieds Erfolg sich abzeichnete, unterbrach die Ohmsdorfer Batterie das Feuer für den Angriff der Brigade Möllendorff. In diesem Augenblick drohten 4 000 Mann aus Schweidnitz mit Ausfall in den Rücken. Während seine Brigade kehrtmachte, erkundete Möllendorff auf Meldung der Husaren einen unbesetzten Weg längs des Kohl-Grundes zum Gr. Höllen-Berg und zur Seyler-Höhe in den Rücken des Feindes. Als DR 5, HR 7 und die Kürassier-Brigade Schwerin den Ausfall zurücktrieben, griff Möllendorff mit den IR 15 und 18 an, Freiwillige voraus, Geschütze im Mannschaftszug, die steile Schafstrift hinauf bis zum großen Verhau auf den Höhen, über den 200 Meter höheren Kamm abwärts in die feindliche Stellung. Ligne sah sich mit seinen drei Regimentern von zwei Seiten gefaßt. Der 15 Meter tiefe Verhau wurde angezündet, IR 18 nahm die Schanzen, die Österreicher zogen ab.
Damit war die Ostflanke Dauns auf 4 Kilometer aufgerissen, O'Kellys Stellung auf dem Nordufer der Weistritz unhaltbar, da er zwischen Möllendorff und Manteuffel stand. Unter dem Feuer der Ohmsdorfer Batterie waren gleichzeitig 3 Bataillone der Brigade Knobloch vorgegangen, um sein Eingreifen zu verhindern, 3 Tote. Möllendorff schlug einen Nachtangriff über die Weistritz vor. Das Gefecht erlosch gegen 15 Uhr, während der linke preußische Flügel bis 17 Uhr Daun in Atem hielt, der um 22 Uhr zurückging und Schweidnitz aufgab. Am nächsten Tag zogen die Russen ab. Die Österreicher verloren 550 Gefangene, 700 befreite Preußen, etwa 2 500 Verwundete und Tote, danach noch 7 000 Überläufer. Schweidnitz, ab 7.8. belagert, kapitulierte am 10. Oktober, mit 9 000 Gefangenen, 352 Geschützen.
Mit Unrecht wird die Schlacht sehr unterschätzt. Nach 20 Monaten ein preußischer Sieg, der die Erneuerung der Armee bewies! Ihre Ausdehnung über 10 mal 16 Kilometer verlangte einen gut verteilten Einsatz starker Kräfte. Brachte Torgau schon keinen geschlossenen Angriff der Armee mehr, so kamen hier 5 Brigaden mit 31 Bataillonen, 11 Kavallerie-Regimentern in zwei Stoßgruppen, vier Kilometer getrennt, mit zugeteilter Artillerie von links nach rechts gestaffelt an der Flanke des Feindes zum Einsatz, dem Gelände angepaßt, Einzelkämpfer voraus. Das überraschende Umgehungs-Manöver, der kräftesparende Angriff und das Zusammenwirken mit Ramin, Bülow und Manteuffel am anderen Flügel klappten vorzüglich. Die Unterführer hatten gelernt, räumlich getrennt selbständig auf das gleiche Ziel zur gleichen Zeit zusammenzuwirken, anhand einzelner Aufträge. Der König sprach von einer 'Defensive im Gewand der Offensive'. Dauns Fehler war die Fixierung auf seinen linken Flügel wie der verspätete Einsatz Brentanos am rechten Flügel, und das noch halbherzig.

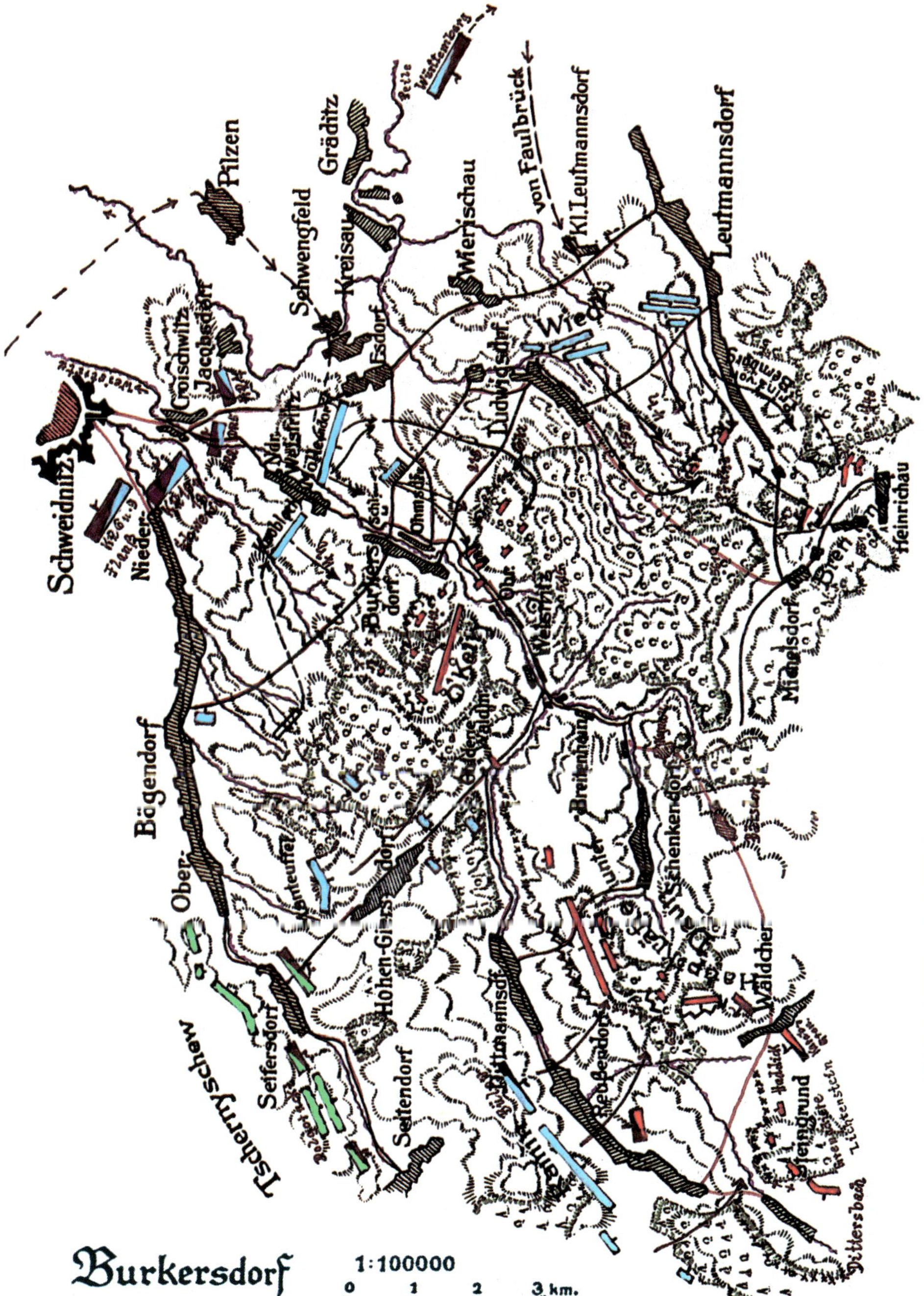

Burkersdorf
21.Juli 1762.

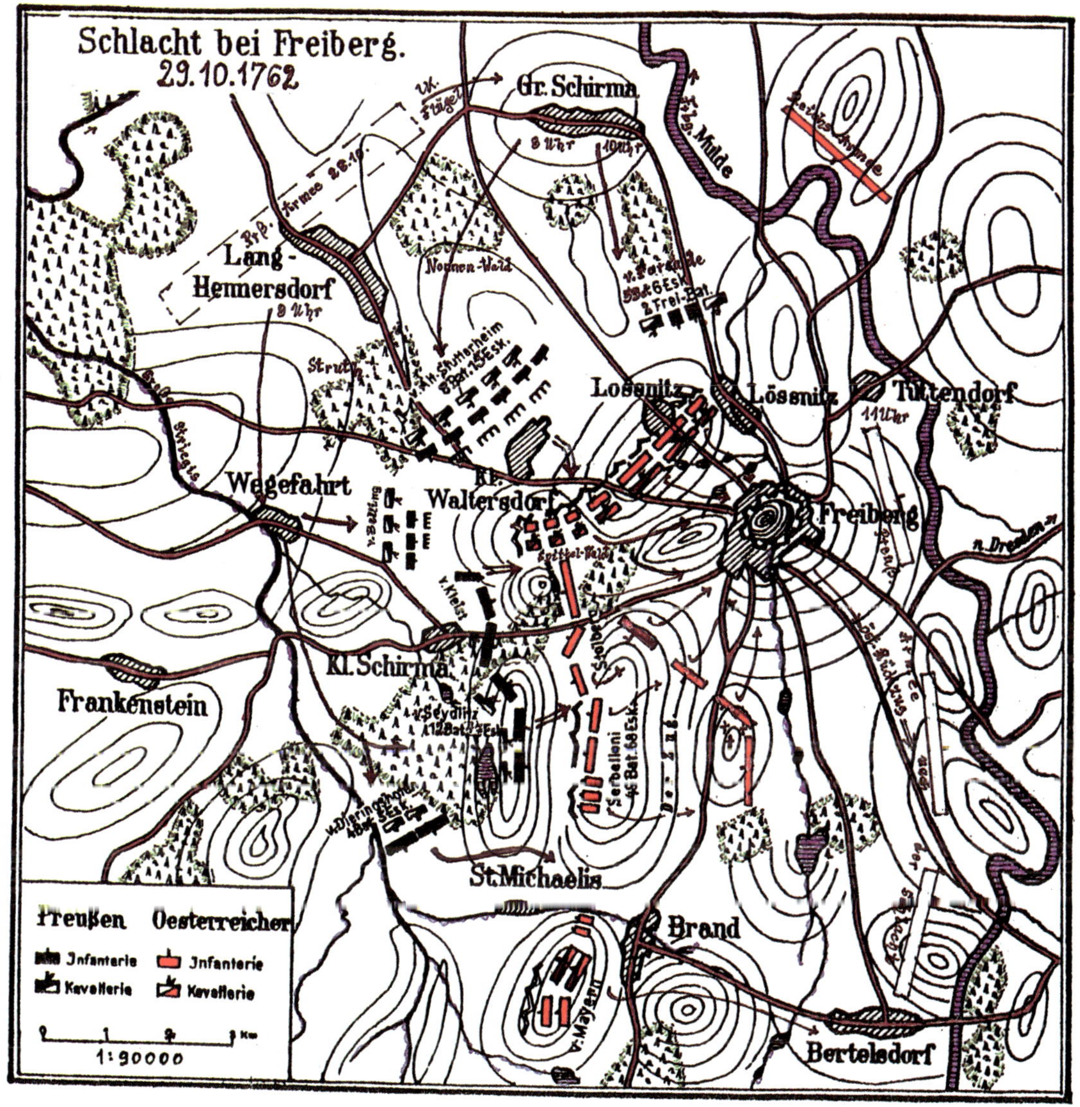

FREIBERG

29. Oktober 1762

Nachdem Schlesien bis auf die Grafschaft Glatz gesichert war, sandte der König Mitte Oktober 1762 Generalleutnant Graf Wied mit 20 Bataillonen, 60 Schwadronen, 59 schweren Geschützen nach Sachsen, um für den Friedensschluß ein Faustpfand für die Grafschaft zu gewinnen. Vor Österreichern und Reichsarmee hatte Prinz Heinrich am 30.9. von Pretzschendorf zur Freiberger Mulde und am 16.10. von Freiberg auf den Zellaer Wald bei Nossen zurückgehen müssen.

Am 17.10. stieß Kleist mit seinen leichten Truppen, dem Gren.Btl. 9/10 und dem DR 7 bis Klein-Waltersdorf vor, überfiel die Husaren und Kroaten Brunians und verfolgte sie bis Freiberg. Gleichzeitig zogen die Brigaden Düringshofen, Bandemer und Manstein bis Goßberg, Alt-Stutterheim zum Steinberg nördlich Groß-Schirma, Jung-Stutterheim mit dem DR 7 bis Groß-Voigtsdorf, die Brigade Queiß bis Siebenlehn und Ober-Gruna. Die Brigade Taube besetzte den Schloßberg Nossen, Belling Hainichen, Kleist Groß-Schirma. Die Armee bildete 12 - 15 Kilometer nordwestlich Freiberg einen Halbkreis in günstiger Stellung. Am 22.10. ging Prinz Heinrich auf Etzdorf, Marbach, Nossen zurück, nachdem Kleist einen Vorstoß im nächtlichen Gegenangriff auf Freiberg zurückgeworfen hatte. Wied konnte erst am 28.10. bei Radeberg eintreffen.

Die Reichsarmee unter Prinz Stolberg verschanzte sich am Westrand Freiberg, am rechten Flügel Österreicher unter Campitelli, vor Mitte und linkem Flügel den Hospital-Wald mit starken Verhauen, auf den Höhen nördlich St. Michael das österreichische Korps Mayer. Ihre Front war nach Nordwesten gerichtet und im Norden durch das tiefe Mulde-Tal sicher. Das Vorgelände ist wellig und von Gehölzen und Teichen durchsetzt. Die Verbündeten hatten 31 000 Mann mit 45 Bataillonen, 74 Schwadronen, 46 Geschützen und erwarteten Verstärkung durch das Korps des Prinzen Albert von Sachsen.

Die 24 Bataillone, 7 Frei-Bataillone, 72 Schwadronen der Preußen umfaßten 15 636 Mann Infanterie, 7 021 Mann Kavallerie, zusammen 22 657 Soldaten. Ein Viertel waren Frei-Truppen zwischen altgedienten Truppenteilen, die sich sehr bewährten. Jeder Brigade waren 8 — 10 schwere Geschütze zugeteilt, die Masse der schweren Artillerie hatte Forcade. Ostwärts der Mulde stand das Korps Hülsen, das beim Angriff bis Reinsberg vorgehen sollte, um den Gegner nordostwärts Freiberg zu binden. Am 28.10. entschloß sich Prinz Heinrich zum Angriff mit 7 Brigaden auf 6 Kilometer Breite mit Schwerpunkt rechts gegen die Höhen zwischen Brand und Freiberg. Das Gelände zwang Prinz Heinrich, vier ziemlich selbständige Angriffs-Gruppen zu bilden, die gut zusammenwirken mußten: Vorhut unter Kleist, rechten Flügel unter Seydlitz, linken Flügel unter Alt-Stutterheim, verstärkt von Belling, und Forcade mit der Brigade Taube.

Am 28.10. ab 20 Uhr rückten sie in ihre Ausgangsstellungen, mit genauen Anweisungen für die schwierige Operation: Kleist geht über Lang-Hennersdorf bis Bräunsdorf, wo er Seydlitz erwartet, dann bei Tagesanbruch zwischen Oberschöna und Kleinschirma auf die Höhen nördlich St. Michael, dort Angriff gegen den linken Flügel des Gegners zwischen Erbisdorf und Freibergsdorf, bei Erfolg Abschneiden des Rückzuges bei Bertelsdorf. Seydlitz erreicht von Goßberg Bräunsdorf, nimmt die schwere Artillerie auf und folgt Kleist mit den Brigaden Düringshofen und Manstein und führt den Haupt-Angriff von Südwesten auf Freiberg. Belling säubert nach Abmarsch von Kleist den Struth-Wald und fesselt den Feind bei Kleinwaltersdorf. Jung-Stutterheim geht nördlich Kleinschirma gegen den Hospital-Wald vor und öffnet, sobald bei St. Michael gefeuert wird, mit Freiwilligen Schanzen und Verhau, um bei Erfolg rechts mit der ganzen Brigade anzugreifen. Bandemer folgt rechts rückwärts. Forcade sichert die Nordflanke auf den Höhen südlich Groß-Schirma mit starker Artillerie. Weicht der Feind, geht er bei Rothenfurt über die Mulde und sucht Verbindung mit Hülsen. Alt-Stutterheim marschiert bei Langhennersdorf auf und läßt bei Tagesanbruch den Feind bei Kleinwaltersdorf beschießen. Sollte er weichen, besetzt er das Dorf.

Mit Tagesanbruch des 29.10. trat die Armee an, zuerst die rechte Kolonne mit den Brigaden Kleist, Queiß, Düringshofen, Manstein, die den weitesten Anmarsch hatten. Dann griff Belling den Struth-Wald an und setzte sich am Rand fest. Jung-Stutterheim bog nördlich Wegefarth ab und erreichte die Höhe südlich des Pfarrwaldes, um Belling zu unterstützen und sich zum Angriff auf den Spitalwald bereitzustellen, 300 Freiwillige am rechten Flügel. Alt-Stutterheim marschierte südlich des Nonnenwaldes auf und ließ zwei schwere Batterien in Stellung gehen.

Am Stein-Berg bei Oberschöna vertrieb Kleist Husaren und Kroaten. Die Frei-Bataillone Heer, Lüderitz und Kleist-Kroaten warfen drei Bataillone am Spitalwald

Armee des Prinzen Heinrich in Sachsen

Schlacht bei Freiberg am 29. Oktober 1762.

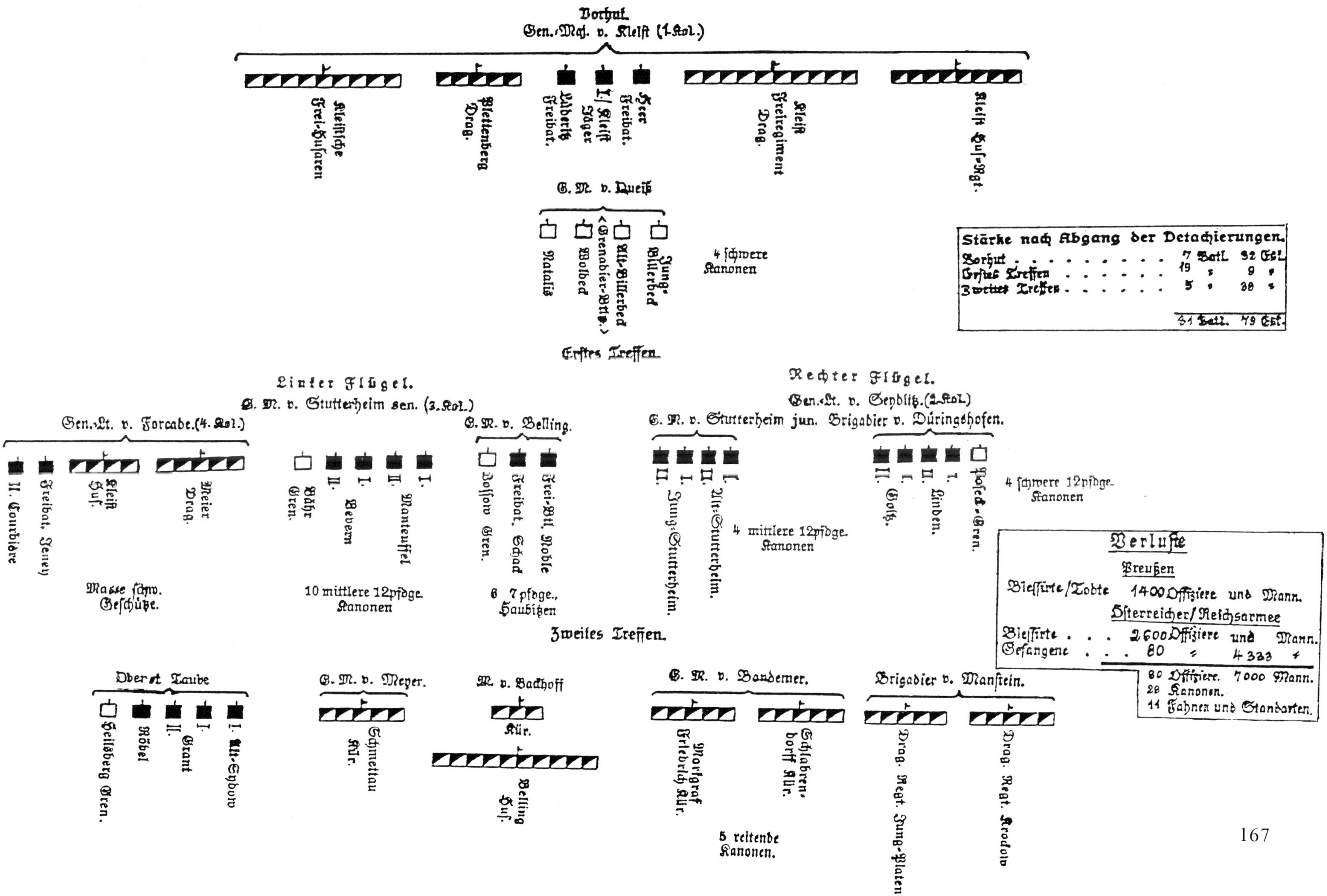

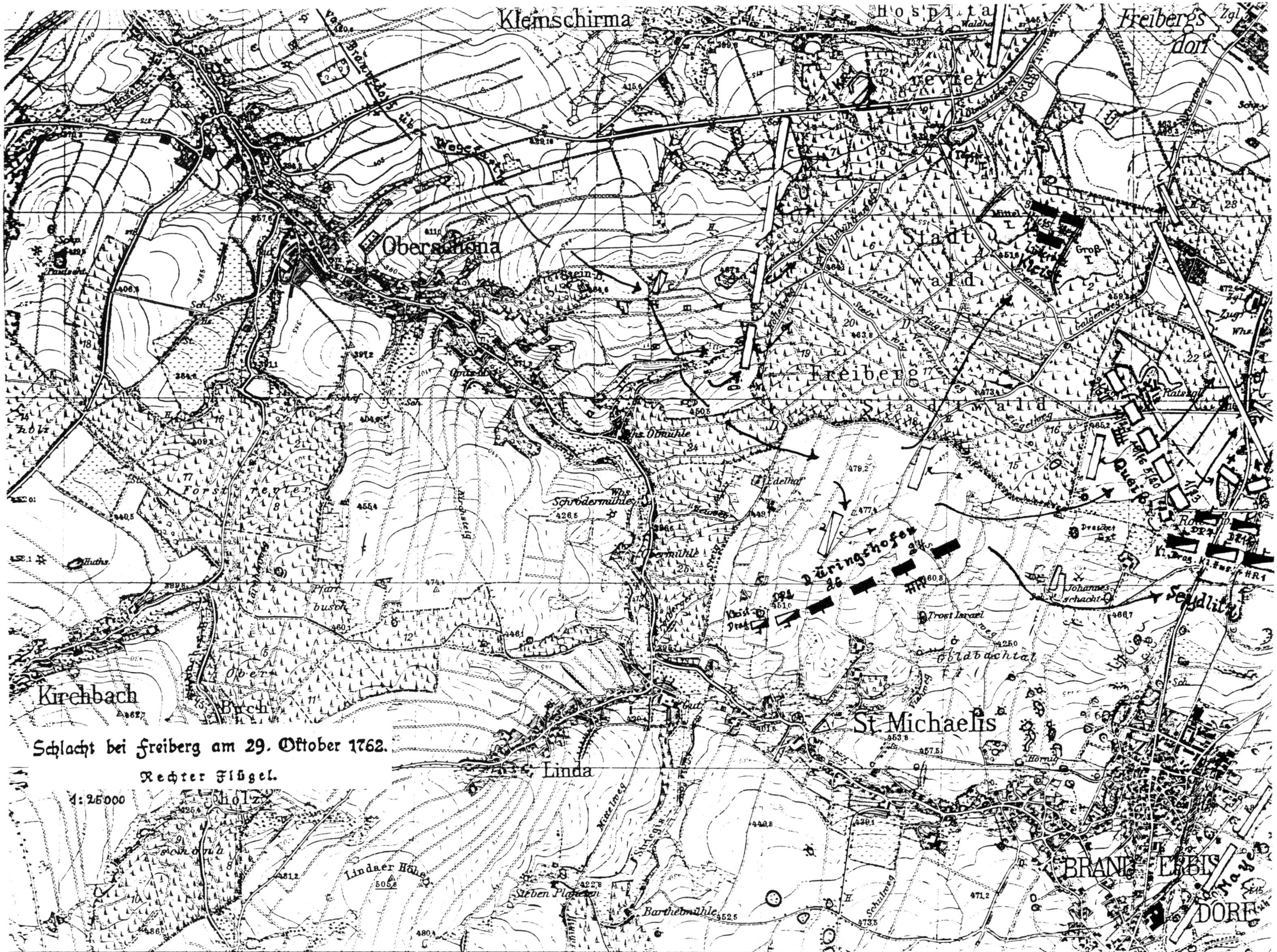

Schlacht bei Freiberg am 29. Oktober 1762.
Rechter Flügel.
1:25000

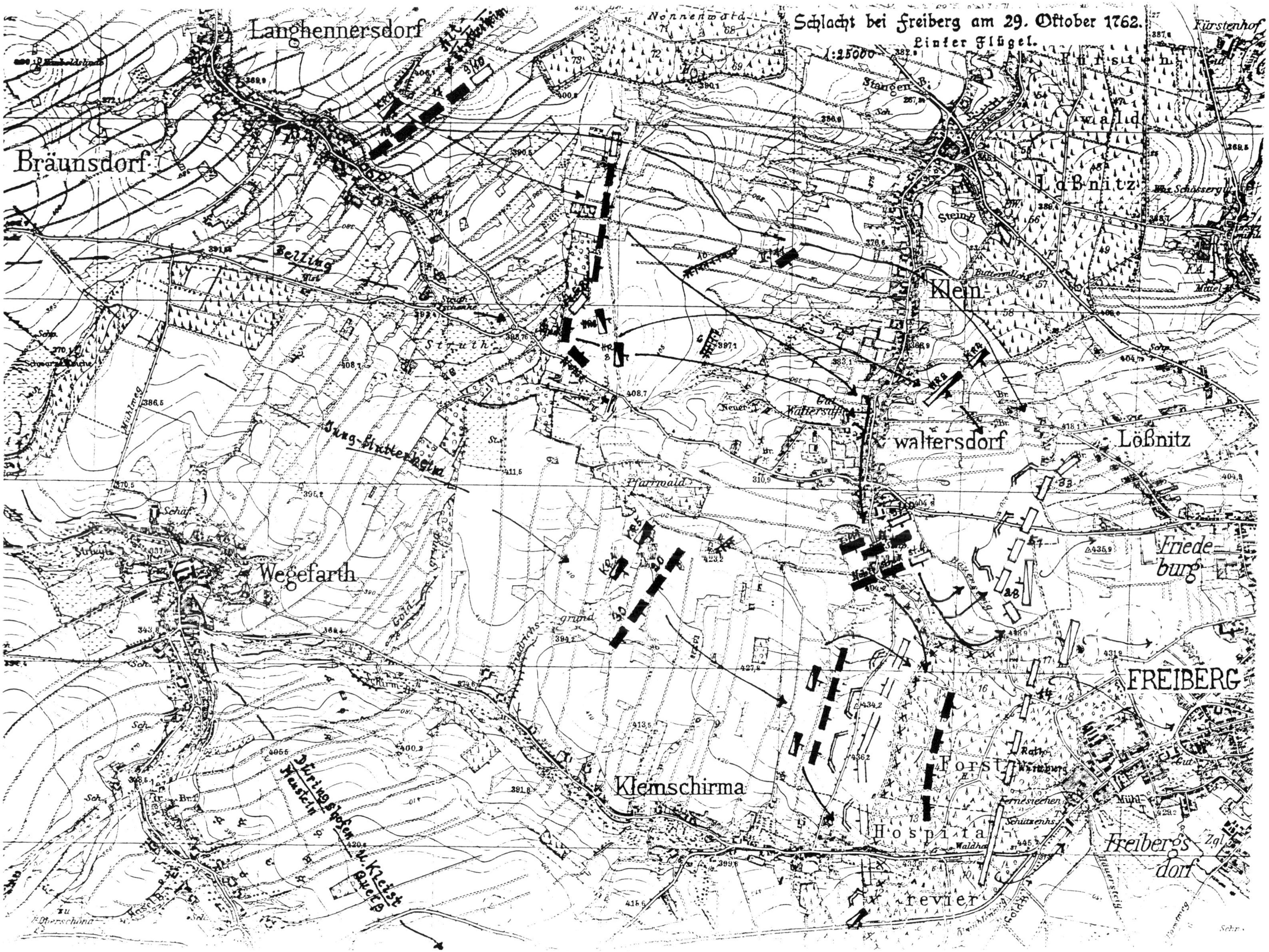
Schlacht bei Freiberg am 29. Oktober 1762.
Linker Flügel.
1:25000
Langhennersdorf
Nonnenwald
Bräunsdorf
Fürstenhof
Fürsten
wald
Loßnitz
Klein-
waltersdorf
Lößnitz
Struth
Wegefarth
Friede-
burg
FREIBERG
Klemschirma
Forst
Hospital
revier
Freibergs-
dorf
Pfarrwald
Friedrichsgrund
Jung-Stutterheim
Düringshofen u. Kleist
Belling

Freiberg, 29. Oktober 1762. *Die Attacke der Belling-Husaren wirft mit dem Kürassier-Regiment 4 den rechten Flügel des Feindes zwischen Lößnitz und Friedeburg.*

und drangen am Galgenweg in nordostwärtiger Richtung in den Wald ein, während die Kolonne die Höhen von St. Michael besetzte. Dabei wurde das österreichische Korps Mayer jenseits Erbisdorf erkannt, den Prinz Heinrich durch die Brigade Düringshofen festhielt. Er setzte den Angriff fort und ließ Jung-Stutterheim sofort auf den Wald antreten. Der Feind verlängerte daraufhin seine Front links bis zur Rats-Ziegelei.

Jung-Stutterheim griff die nördliche Schanze nach Artillerie-Vorbereitung mit dem I./IR 30, die südliche ostwärts Kleinschirma mit den Freiwilligen unter Hauptmann Pfuhl an. Am Verhau und im Walde wehrte sich der Gegner heftig. Auch der Einsatz des II./ IR 20 brachte keinen Erfolg, bis Alt-Stutterheim von der Nordflanke mit einem Bataillon IR 7 eingriff und seine schwere Artillerie bis Kleinwaltersdorf vorzog. Um dem vor dem Spitalwald stockenden Angriff zu helfen und den Erfolg des rechten Flügels auszunutzen, griff Alt-Stutterheim über seinen Auftrag hinaus mit seinen Truppen, Belling und dem KR 4 Kleinwaltersdorf und den rechten Flügel des Feindes mit 6 Bataillonen vor der Höhe 435,9 bei Friedeburg an. Bellings Bataillone drehten im Tal gegen den Nordrand des Spitalwaldes ein.

Die feindliche Kavallerie zog sich auf Freiberg zurück, die Infanterie mußte erneut attackiert werden. Die österreichischen Inf.Rgt. 33, 51, 28, 14 und Roth-Würzburg des rechten Flügels wurden zersprengt und gefangen, der Rest bis Tuttendorf gejagt. Dieser Angriff entschied die Schlacht! Als Jung-Stutterheim seinen Frontalangriff erneuerte, ging der Feind wegen der bedrohten Flügel auf Hilbersdorf zurück. Bandemer verfolgte ihn mit den KR 5 und 1 bis an die Mulde. Die Aufforderung Alt-Stutterheims an Forcade, sich von Norden auf Tuttendorf dem Angriff anzuschließen, um dem Feind den Rückzug zu verlegen, lehnte dieser ab, weil es »gegen die Vorschrift« sei. Nur die Frei-Bataillone Jeney, Courbière und das HR 1 gingen bei Groß Schirma über die Mulde und machten viele Gefangene.

Beim Angriff des rechten Flügels führten die vier Grenadier-Bataillone der Brigade Queiß und das Gren.Btl. 1/23 den Hauptstoß, rechts gegen die feindliche Kavallerie durch Kleist mit seiner Kavallerie und den DR 7 und 11, zusammen 37 Schwadronen, links durch die beiden Frei-Bataillone und Kleist-Jäger zwischen den beiden Teichen gedeckt. Der tapfere Angriff der Grenadiere, an ihrer Spitze Seydlitz, kam in heftigem Feuer zum Stehen. Mehrfache Versuche der feindlichen Kavallerie, gegen sie vorzubrechen, wehrte Kleist ab.
Da führte Prinz Heinrich die Gren.Btl. 19/25 und 1/23 nach rechts in die linke Flanke des Feindes, dahinter Kleists Kavallerie. Die feindliche Kavallerie wartete den Angriff nicht ab, sondern verließ ihre Infanterie, so daß die preußischen Grenadiere ohne große Verluste erheblich Boden gewannen. Nach dreistündigem Kampf trat der Gegner den Rückzug auf Hilgers-Vorwerk an, wo er die Mulde in großer Unordnung überschritt. Jetzt zog sich auch Mayers Korps auf Bertelsdorf zurück und rückte nach Dippoldiswalde ab, verfolgt von Kleists Kavallerie.

Hülsen war um 2 Uhr auf Reinsberg und Neukirch vorgegangen, von wo 4 Bataillone, 5 Frei-Bataillone, 25 Schwadronen bei Krummen-Hennersdorf und Conradsdorf die Verbindung des Feindes mit Dresden verunsicherten. Er beunruhigte den Rückzug der Reichsarmee. Prinz Stolberg ging auf Frauenstein zurück, gefolgt von Kleist und Belling bis Pretzschendorf und Burkersdorf. Auch Buttlar zog sich von Naundorf auf Beerwalde zurück. Wied marschierte am 31.7. über die Elbe bis Schlettau und sandte Prinz Heinrich die IR 21, 8 und KR 3 nach Freiberg. Am 1.11. zog Hülsen dorthin nach, während Wied dessen Stellung einnahm. Prinz Heinrich nutzte alle Vorteile seines Sieges. Die Lage war stabilisiert, die Armee ging weiter nach Südosten vor.

Die Preußen verloren etwa 1 400 Mann. Die Verbündeten büßten rd. 2 600 Tote und Verwundete ein. Gefangen wurden von der Reichsarmee 1 General, 25 Offiziere, 1 002 Mann, von den Österreichern 54 Offiziere, 3 331 Mann, zusammen 80 Offiziere, 4 333 Mann. Viele desertierten. 28 Geschütze, 9 Fahnen, eine Menge Munitionswagen, die Lager von zwei Regimentern wurden erobert. Die niedrigen Verluste der Preußen kamen von geschickter Gelände-Ausnutzung.

»Prinz Heinrich hatte alle Talente eines ersten Feldherrn entwickelt und das Werk mit einem Siege gekrönt, der dem König nicht allein den Besitz des Erzgebirges und Thüringen verschaffte, sondern aufrichtige Neigung zum Frieden erweckte«, schreibt Tempelhoff. Am 27.11. kam es zum Waffenstillstand, am 30.12.1762 begannen in Hubertusburg die Verhandlungen. Meister der Defensive und kleinerer Unternehmen, hatte Prinz Heinrich mit seiner ersten und einzigen Schlacht den Krieg beendet. Wieder zeigte sich im getrennten Vorgehen gemischter Kolonnen gegen sich ergänzende Ziele ein neues Denken moderner Art. Alles hing von den Brigade-Kommandeuren ab. Hätte Forcade Initiative und Energie wie die anderen gebracht, die Verbündeten wären vernichtet worden. Maria Theresia gab endlich auf, die Lage in Sachsen war unhaltbar. Heinrich schrieb: »Ich unternahm zwei wirkliche und zwei Scheinangriffe. Der Feind leistete erbitterten Widerstand, aber die Tapferkeit Ihrer Truppen gewann die Oberhand«. Der König lobte: »Durch diesen Sieg werden Sie den Ruhm für sich in Anspruch nehmen können, der österreichischen Hartnäckigkeit den letzten Stoß versetzt zu haben«.

Führungs-Vorschrift des Königs,
auf Grund seiner Erfahrungen nach zwei Kriegen 1747/48 als geheime Auswertung und zur Entwicklung von Führungsgrundsätzen verfaßt.

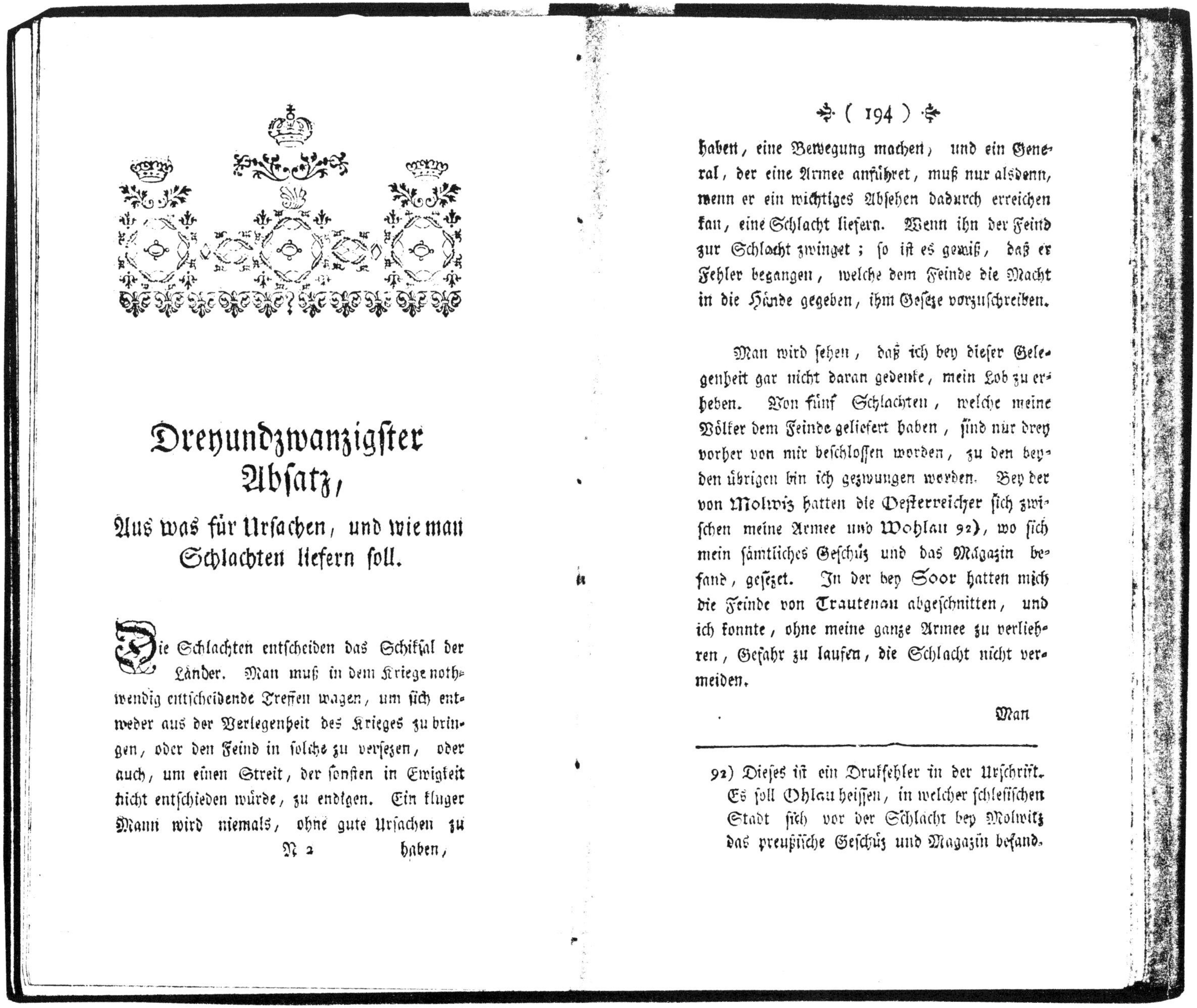

Dreyundzwanzigster Absatz,

Aus was für Ursachen, und wie man Schlachten liefern soll.

Die Schlachten entscheiden das Schiksal der Länder. Man muß in dem Kriege nothwendig entscheidende Treffen wagen, um sich entweder aus der Verlegenheit des Krieges zu bringen, oder den Feind in solche zu versezen, oder auch, um einen Streit, der sonsten in Ewigkeit nicht entschieden würde, zu endigen. Ein kluger Mann wird niemals, ohne gute Ursachen zu

N 2 haben,

(194)

haben, eine Bewegung machen, und ein General, der eine Armee anführet, muß nur alsdenn, wenn er ein wichtiges Absehen dadurch erreichen kan, eine Schlacht liefern. Wenn ihn der Feind zur Schlacht zwinget; so ist es gewiß, daß er Fehler begangen, welche dem Feinde die Macht in die Hände gegeben, ihm Geseze vorzuschreiben.

Man wird sehen, daß ich bey dieser Gelegenheit gar nicht daran gedenke, mein Lob zu erheben. Von fünf Schlachten, welche meine Völker dem Feinde geliefert haben, sind nur drey vorher von mir beschlossen worden, zu den beyden übrigen bin ich gezwungen worden. Bey der von Molwiz hatten die Oesterreicher sich zwischen meine Armee und Wohlau 92), wo sich mein sämtliches Geschüz und das Magazin befand, gesezet. In der bey Soor hatten mich die Feinde von Trautenau abgeschnitten, und ich konnte, ohne meine ganze Armee zu verliehren, Gefahr zu laufen, die Schlacht nicht vermeiden.

Man

92) Dieses ist ein Drukfehler in der Urschrift. Es soll Ohlau heissen, in welcher schlesischen Stadt sich vor der Schlacht bey Molwitz das preußische Geschüz und Magazin befand.

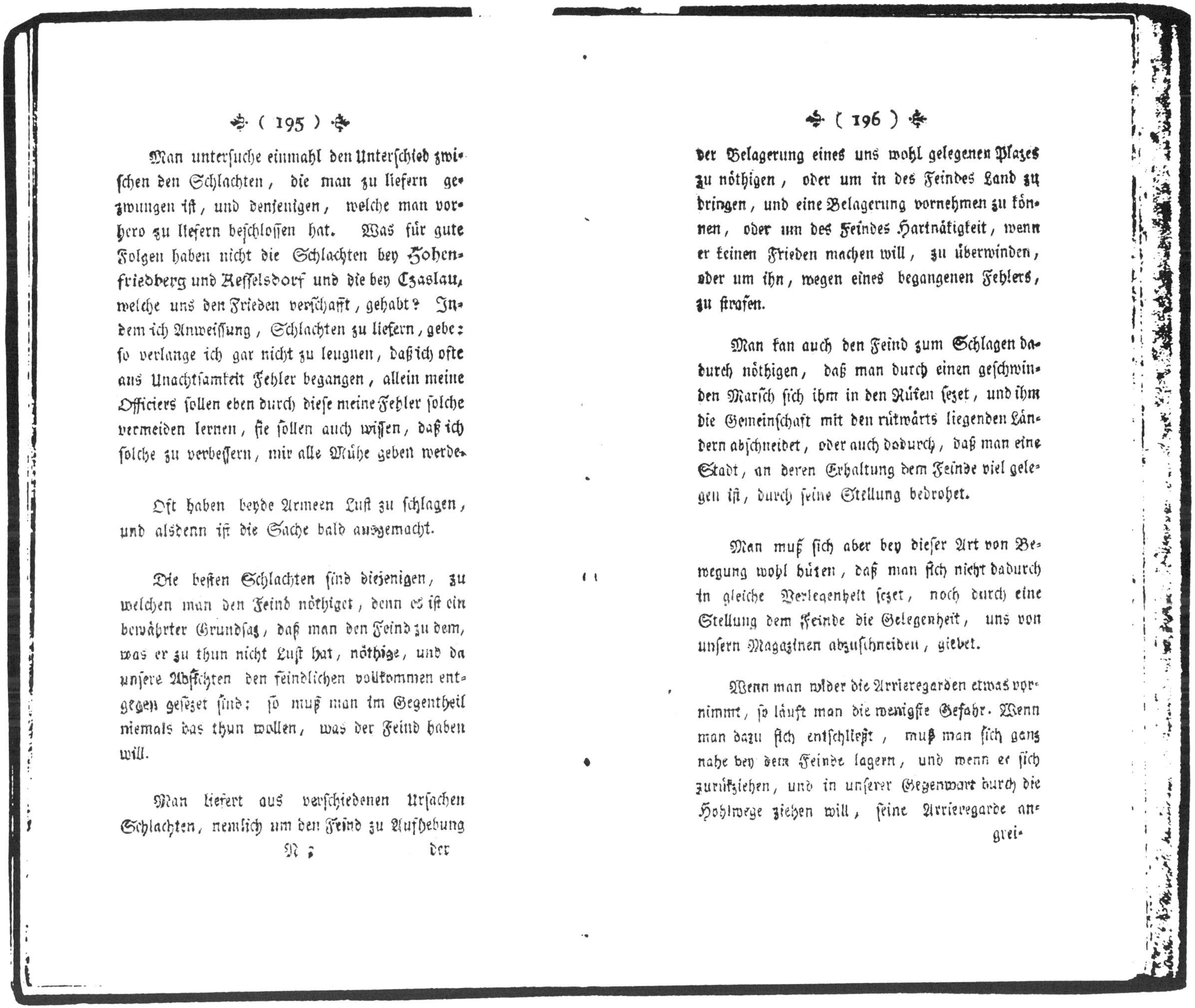

-:- (195) -:-

Man untersuche einmahl den Unterschied zwischen den Schlachten, die man zu liefern gezwungen ist, und denjenigen, welche man vorhero zu liefern beschlossen hat. Was für gute Folgen haben nicht die Schlachten bey Hohenfriedberg und Kesselsdorf und die bey Czaslau, welche uns den Frieden verschafft, gehabt? Indem ich Anweissung, Schlachten zu liefern, gebe: so verlange ich gar nicht zu leugnen, daß ich ofte aus Unachtsamkeit Fehler begangen, allein meine Officiers sollen eben durch diese meine Fehler solche vermeiden lernen, sie sollen auch wissen, daß ich solche zu verbessern, mir alle Mühe geben werde.

Oft haben beyde Armeen Lust zu schlagen, und alsdenn ist die Sache bald ausgemacht.

Die besten Schlachten sind diejenigen, zu welchen man den Feind nöthiget, denn es ist ein bewährter Grundsaz, daß man den Feind zu dem, was er zu thun nicht Lust hat, nöthige, und da unsere Absichten den feindlichen vollkommen entgegen gesezet sind: so muß man im Gegentheil niemals das thun wollen, was der Feind haben will.

Man liefert aus verschiedenen Ursachen Schlachten, nemlich um den Feind zu Aufhebung

N 2 der

-:- (196) -:-

der Belagerung eines uns wohl gelegenen Plazes zu nöthigen, oder um in des Feindes Land zu bringen, und eine Belagerung vornehmen zu können, oder um des Feindes Hartnäckigkeit, wenn er keinen Frieden machen will, zu überwinden, oder um ihn, wegen eines begangenen Fehlers, zu strafen.

Man kan auch den Feind zum Schlagen dadurch nöthigen, daß man durch einen geschwinden Marsch sich ihm in den Rüken sezet, und ihm die Gemeinschaft mit den rükwärts liegenden Ländern abschneidet, oder auch dadurch, daß man eine Stadt, an deren Erhaltung dem Feinde viel gelegen ist, durch seine Stellung bedrohet.

Man muß sich aber bey dieser Art von Bewegung wohl hüten, daß man sich nicht dadurch in gleiche Verlegenheit sezet, noch durch eine Stellung dem Feinde die Gelegenheit, uns von unsern Magazinen abzuschneiden, giebet.

Wenn man wider die Arrieregarden etwas vornimmt, so läuft man die wenigste Gefahr. Wenn man dazu sich entschliest, muß man sich ganz nahe bey dem Feinde lagern, und wenn er sich zurükziehen, und in unserer Gegenwart durch die Hohlwege ziehen will, seine Arrieregarde angrei-

Im Juni 1748 erhielt diese "Generalprinzipien des Krieges" Prinz August Wilhelm von Preußen als "die Frucht unserer Feldzüge und meines Nachdenkens".

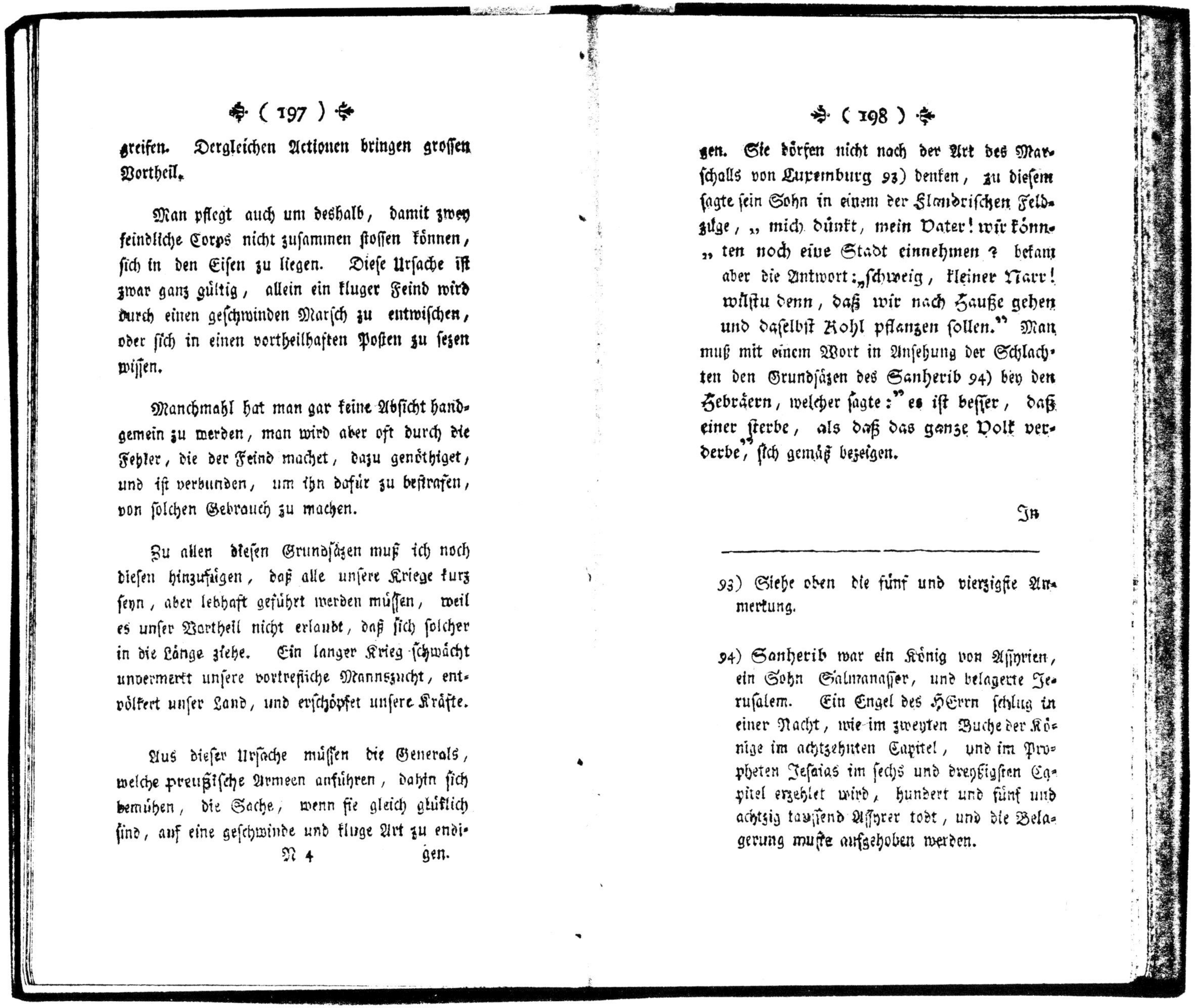

(197)

greifen. Dergleichen Actionen bringen grossen Vortheil.

Man pflegt auch um deshalb, damit zwey feindliche Corps nicht zusammen stossen können, sich in den Eisen zu liegen. Diese Ursache ist zwar ganz gültig, allein ein kluger Feind wird durch einen geschwinden Marsch zu entwischen, oder sich in einen vortheilhaften Posten zu sezen wissen.

Manchmahl hat man gar keine Absicht handgemein zu werden, man wird aber oft durch die Fehler, die der Feind machet, dazu genöthiget, und ist verbunden, um ihn dafür zu bestrafen, von solchen Gebrauch zu machen.

Zu allen diesen Grundsäzen muß ich noch diesen hinzufügen, daß alle unsere Kriege kurz seyn, aber lebhaft geführt werden müssen, weil es unser Vortheil nicht erlaubt, daß sich solcher in die Länge ziehe. Ein langer Krieg schwächt unvermerkt unsere vortrefliche Mannszucht, entvölkert unser Land, und erschöpfet unsere Kräfte.

Aus dieser Ursache müssen die Generals, welche preußische Armeen anführen, dahin sich bemühen, die Sache, wenn sie gleich glüklich sind, auf eine geschwinde und kluge Art zu endigen.

N 4 gen.

(198)

gen. Sie dörfen nicht nach der Art des Marschalls von Luxemburg 93) denken, zu diesem sagte sein Sohn in einem der Flandrischen Feldzüge, „mich dünkt, mein Vater! wir könn„ten noch eine Stadt einnehmen? bekam aber die Antwort: „schweig, kleiner Narr! willstu denn, daß wir nach Hauße gehen und daselbst Kohl pflanzen sollen." Man muß mit einem Wort in Ansehung der Schlachten den Grundsäzen des Sanherib 94) bey den Hebräern, welcher sagte:" es ist besser, daß einer sterbe, als daß das ganze Volk verderbe," sich gemäß bezeigen.

In

93) Siehe oben die fünf und vierzigste Anmerkung.

94) Sanherib war ein König von Assyrien, ein Sohn Salmanasser, und belagerte Jerusalem. Ein Engel des HErrn schlug in einer Nacht, wie im zweyten Buche der Könige im achtzehnten Capitel, und im Propheten Jesaias im sechs und dreyßigsten Capitel erzehlet wird, hundert und fünf und achtzig tausend Assyrer todt, und die Belagerung muste aufgehoben werden.

Fünfzig Generale und höhere Offiziere bekamen 1753 eine deutsche Übersetzung ausgehändigt, rechtzeitig für die Ausbildung am Ende der friedlichen Zwischen-Periode. Sie durfte nicht ins Feld mitgenommen werden.

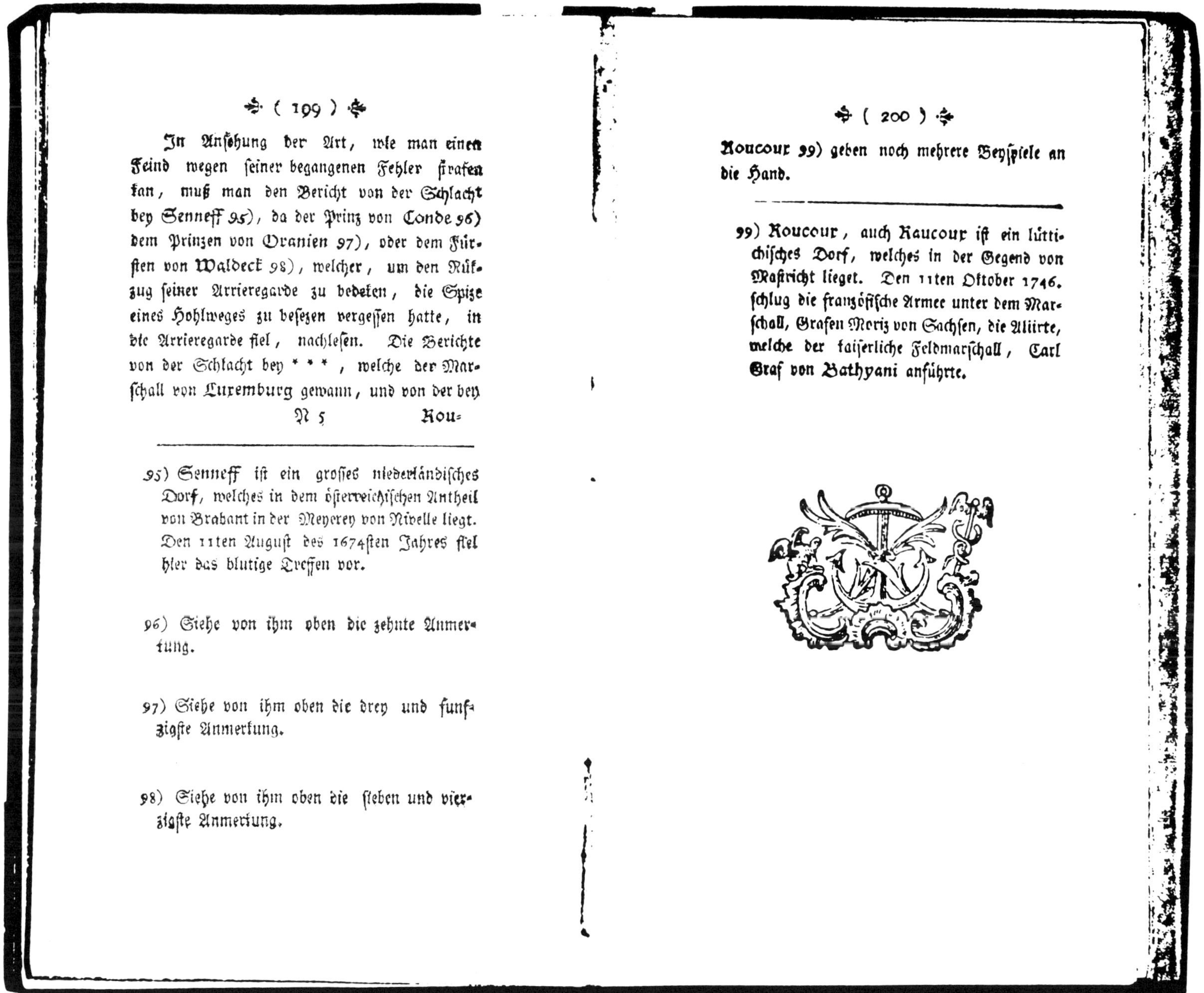

(199)

In Ansehung der Art, wie man einen Feind wegen seiner begangenen Fehler strafen kan, muß man den Bericht von der Schlacht bey Senneff 95), da der Prinz von Conde 96) dem Prinzen von Oranien 97), oder dem Fürsten von Waldeck 98), welcher, um den Rükzug seiner Arrieregarde zu bedeken, die Spize eines Hohlweges zu besezen vergessen hatte, in die Arrieregarde fiel, nachlesen. Die Berichte von der Schlacht bey * * *, welche der Marschall von Luxemburg gewann, und von der bey Rou-

N 5 Rou-

95) Senneff ist ein grosses niederländisches Dorf, welches in dem österreichischen Antheil von Brabant in der Meyerey von Nivelle liegt. Den 11ten August des 1674sten Jahres fiel hier das blutige Treffen vor.

96) Siehe von ihm oben die zehnte Anmerkung.

97) Siehe von ihm oben die drey und funfzigste Anmerkung.

98) Siehe von ihm oben die sieben und vierzigste Anmerkung.

(200)

coucour 99) geben noch mehrere Beyspiele an die Hand.

99) Roucour, auch Raucour ist ein lüttichisches Dorf, welches in der Gegend von Mastricht lieget. Den 11ten Oktober 1746. schlug die französische Armee unter dem Marschall, Grafen Moriz von Sachsen, die Alliirte, welche der kaiserliche Feldmarschall, Carl Graf von Bathyani anführte.

1759/60 erbeuteten die Österreicher zwei Exemplare. 1761 erschien die Vorschrift mit dem Titel "Der Königs von Preußen Majestät Unterricht von der Kriegs-Kunst an seine Generals" in Frankfurt und Leipzig. Übersetzungen in Englisch und Russisch folgten.

Literatur-Verzeichnis

Der Königs von Preußen Majestät Unterricht von der Kriegs-Kunst an seine Generals, übers. von Georg Rudolf Färch, Frankfurt und Leipzig 1761

Der Feldzug der Kayserl. Rußischen, Kayserl. Kgl. und Kgl. Preußischen Völker im Jahre 1761 von J.G. Tielke bey Samuel Friedr. Barthel, Freyberg 1778

Geschichte des siebenjährigen Krieges in Deutschland als eine Fortsetzung der Geschichte des General Lloyd von G.F.v. Tempelhoff, Verlag J.F. Unger, Berlin 1783 – 1801

Geschichte des Siebenjährigen Krieges in einer Reihe von Vorlesungen von den Offizieren des Großen Generalstabes (Als Manuskripte zum Gebrauch der Armee gedruckt), Berlin 1823 – 1847

Schlachten-Atlas 5. Ausg. von F.R.v. Rothenburg, Verlag Kortmann, Berlin 1835

Die Kriege Friedrich des Großen, hsgb. vom Großen Generalstab / Abt. f. Kriegsgeschichte, E.S. Mittler, Berlin 1890 – 1913

Kriege Friedrich des Großen 1740 – 1763, Bd. II. Der siebenjährige Krieg von v. Hoen-v. Bremen, Verlag Voss, Buchhandlung Berlin 1912

Preußen-Deutschlands Kriege von der Zeit Friedrich des Großen bis an die Gegenwart, Bd. 2. Die Kriege Friedrich des Großen 1756 – 1763 von v.d. Boeck, Verlag Voss, Buchhandlung Berlin 1912

Geschichte der Preußischen Armee von Curt Jany, Bd. II, 2. erg. Aufl. hsgb. von Eberhard Jany, Biblio-Verlag, Osnabrück 1967

Friedrich der Große und seine Armee von Christopher Duffy, 2. Aufl. Motorbuch-Verlag, Stuttgart 1983

Genehmigte Lizenzausgabe für „Edition DÖRFLER“ im NEBEL VERLAG GmbH, Utting

ISBN 3-89555-004-3

1 2 3 4 5 4 3 2 1 0